装いの心理学

整え飾る こころと行動

The psychology of adornment

鈴木公啓 編著
Tomohiro Suzuki

北大路書房

目　次

第2部　装いの関連テーマ

序　章
装い探訪

朝起きて，寝間着を脱ぐ。出かけるための服を着て，化粧をして髪を整える。もしくはヒゲを剃って髪をなでつける。出先で鏡の前で髪を整え直す。日によっては，お店で服を選んで試着し購入するかもしれない。化粧品やアクセサリーを買うかもしれない。もしかすると，プチ整形の施術を受けるかもしれない。家に帰ってくると，服を脱ぎ，部屋着に着替える。化粧を落としたり，腕時計を外したりもする。眼鏡をしている人は，寝る前にはずすであろう。そして，寝間着で眠りに落ち，寝ているあいだは寝間着をまとっている。

人は常に何かしらの装いをおこなっている。装いをおこなわないのは，一般的には，せいぜいお風呂のなかにいるときぐらいであろうか。もしくは，非常に親密な関係である相手と過ごすときなどであろうか。人は生まれ落ちた瞬間から，毎日装いをおこなっている。常に装いをおこなう生き物が人なのである。

この章では，以降の章の理解の助けとすべく，装いの特徴や性質について，暫定的にまとめていく。そして，これ以降の章をとおし，装いの心理学の世界を概観したのちに，改めて終章にて，装いの特徴や性質についてまとめてみる。終章においては，装いの定義も試みることとしたい。

1　装いとは

装いの始まり

われわれ人が装いをおこないだしたのはいつ頃と思われるであろうか。人類がアフリカで誕生したのは500–700万年前といわれている。そして，人類の祖先であるホモサピエンスが誕生したのは20万年前であり，南アメリカ大陸の南端に到着した（世界中に広まった）のは1万2,000年前である（海部, 2005）。さて，装いの始まりは，どのあたりなのであろうか。

じつは，装いがいつからおこなわれはじめたかについては，明確にはなっていない。しかし，ブロンボス遺跡から発見された貝殻ビーズにより，少なくとも，7万5,000年前には装いがおこなわれていたことが推測されている（Vanhaeren, d'Errico, Stringer, James, Todd, & Mienis, 2006）。もちろん，赤色オーカー（酸化鉄による赤褐色の顔料）によって身体に色をつける装いが，それよりも前からなされていた可能性はある[1)]。しかし，身体に塗布したものは時間とともになくなってしまい，後世に発見されるような形では残らないため，証拠として見つけようがない。衣服の場合も，繊維は朽ちてしまうため，これも証拠として残らない[2)]。そのため，形で残り発掘されたそのビーズが，現時点で確認できる最古の装いの証拠とされている。

さて，7 万 5,000 年前ということは，埋葬（10 万年前）や線刻（10 万年前）よりも新しいが，画像（4 万年前）や楽器（3 万 7,000 年前）よりも古い。つまり，いわゆる洞窟壁画よりもずっと古い。それほどの昔から，人びとは装いをおこなっていた。そして，証拠は残っていないが，7 万 5,000 年前よりもさらに昔から，人びとは装いをおこなってきたのだと考えられる。

ヒトが人としての意識をもったときから，何かしら身体を整え飾るといったことがなされていた可能性はある。身体に何かを刻み込んだり，穴をあけ何かを取りつけたり，塗ったり，または，巻きつけたりしていたものと思われる。それは現在のある一部族の装いからも垣間見ることができるかもしれない（図 0-1）。

図 0-1　ある部族の装い（Silvester, 2007）

装いの普遍性

身体を整え飾る，つまり，装うことは，あらゆる時代そしてあらゆる文化にておこなわれてきた行為である。つまり，時間的・空間的普遍性がある。装いがおこなわれない時代や場所は存在しない。あらゆる人が何かしらの装いをおこなう（e.g., Entwistle, 2000）。いわゆる裸族といわれる人たちも，紐など何かしらを身につけている。入浴などの特定の場面を除き，基本的に人びとは古今東西例外なく装いをおこなっている。人の歴史のなかで途切れることなく装いはおこなわれてきたといえる。

また，装いは男女ともにおこなう。現在の欧米や日本などの多くの文化においては，男性よりも女性のほうが装いに熱心であったり，バリエーションが豊富であったりと，性差が確認される。しかし，男性がまったく装いをおこなわないということはない。男性も程度はともかく日々装いをおこなって生活している[3)]。なお，この性差は，すべての時代や文化で共通して確認できるわけではない。男性のほうがより装いをおこなっていた文化も存在する。日本においても，男性が女性に負けず劣らず見た目にこだわり，肌を磨くなど装いをおこなっていた時代が存在する（前田, 2009）。

さらに，男女ともに，幅広い年齢層で装いはおこなわれる。生まれてすぐには養育者が肌着を取り替えたりしてくれるが，数年も経つと，自分でお気に入りの服や靴を選んで身につけるようになる。そして，それから年月が経ち高齢者になっても，程度はさまざまであるが，装いをおこなう。それこそ，死に装束にくるまれるまでは，健康でさえあれば自分で装いをおこなう。装いは一生おこないつづけるものなのである。

もちろん，時代や文化によって，おこなう装いの内容や性質は異なってくる。また，何を魅力的と感じるか，何が主流となるかも，そのときの時代や文化，または場面で異なってくる。それぞれの文化において多種多様な装いが生みだされ，人びとはそれを取捨選択して社会での営みをおこなっている。

2　装いの種類

装いには，外観変化のあらゆることが含まれる（e.g., DeMello, 2007；石田, 2000；石井, 2003；山村, 2016）。装いには化粧品の塗布による（狭義の）化粧[4) 5)]，衣服（被服）を身につけることによる服装（着装／衣装[6)]）がある。また，装身具（アクセサリー）[7)]を身につけることによる着装などがある。ボディペインティングもある。さらに，整髪・染髪（ヘアスタイリング），加工（手入れ）した爪，日光浴などによる日焼け，ピアッシング（図 0-2），瘢痕（はんこん）文身（図 0-3），刺痕文身（いわゆるイレズミ），美容外科施術（通称，美容整形手術）による変化，歯科矯正による変化，痩身希求行動（ダイエッティングなど）やエクササイジング，ボディビルディングによる体型変化，そして，纏足（てんそく）（図 0-4），リップディスク（唇にはめる皿）により広げられた唇（図 0-5），首輪を巻いて長くした首（図 0-6），涅歯（でっし）（いわゆるお歯黒），スプリットタン，歯牙変工（歯を削って尖らせたり，または抜いたりすること）や頭蓋変形，割礼など，きわめて多くのことが装いに含まれる。この

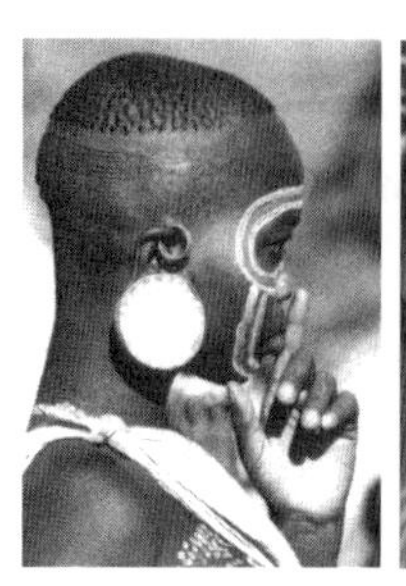
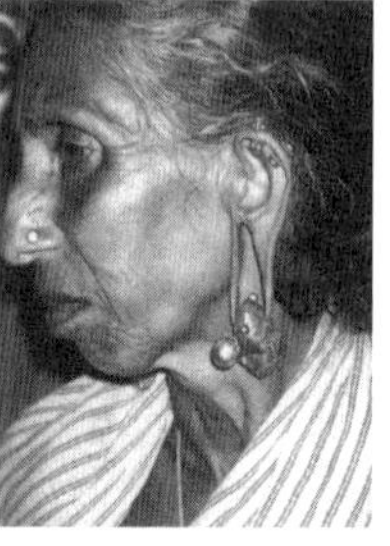

図 0-2　ピアッシング（Morris, 2004）

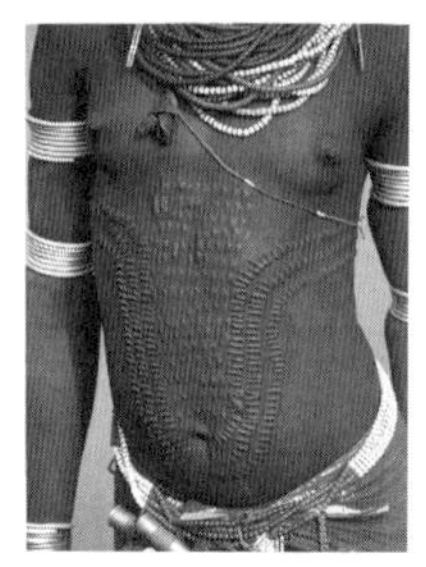

図 0-3　瘢痕文身（Morris, 2004）

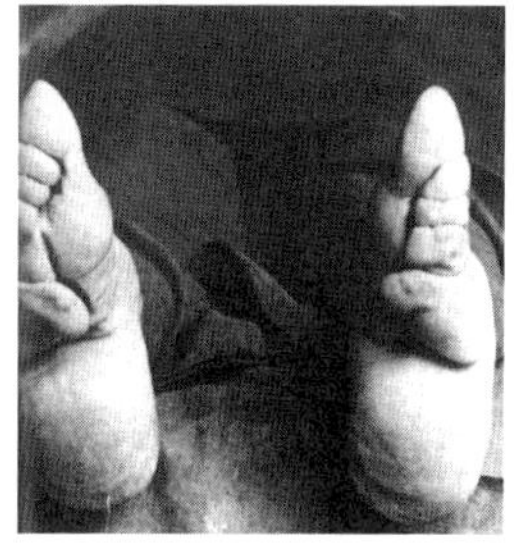

図 0-4　纏足（Rudofsky, 1971）

図 0-5　リップディスクにより広げられた唇（Rudofsky, 1971）

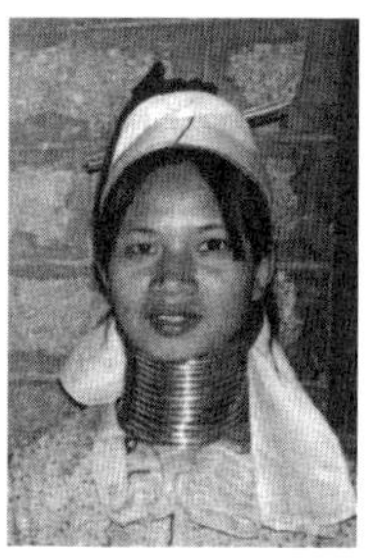

図 0-6　首輪を巻いて長くした首（下田, 2015）

ほかにも，近年はセイリーン・インフュージョン（生理食塩水を体内に注入し身体を変形させる）やインプラントを入れたりすることによる装飾など，新しい装いがアーティストなどを中心に生みだされている。

ここで，上記のうち，見慣れない（聞き慣れない）装いを中心にいくつか簡単に説明をおこなおう。瘢痕文身とは，肌に小刀などにより切れ込みを入れたり，焼灼したりすることによる傷跡やケロイドによって肌に模様を描いたものである。

刺痕文身とは，肌に針などで傷をつけ，そこに墨汁など染料をすり込み定着させることによって肌に模様を描いたものである。肌の色が濃い民族は前者を，肌の色が薄い民族は後者の装いをおこなう。体型変化は，痩身希求行動（ダイエッティングなど）により痩身体型になったり，エクササイジングにより引き締まった体型になったり，ボディビルディングにより隆々たる筋肉を発達させた体型にすることである。また，纏足は，以前中国の一部でおこなわれていた装いであり，女性の足を幼い頃から小さく縛って小さなままにすることである。

3　装いの機能

ここでは，装いの機能や効用の分類について概観することとする。装いの機能が十分にはたらいた場合，そこに効用が生まれる。また，人びとはその効用を意識的・無意識的に期待し，それが動機となる。なお，心理的機能だけではなく，社会的機能，そして身体管理機能などほかの機能も存在する。以降の章において，機能もしくは効用や動機についても触れられているので，ここではそれぞれの機能について，簡単に言及するにとどめる。なお，心理的機能については終章で改めて検討したい。

身体管理機能

身体管理機能とは，装いによって身体をさまざまな外的刺激から保護したり適切な状態を維持したりする機能のことである。簡単にいうと，身体をよい状態にする機能である。装いには，そもそも皮膚の保護という目的がもとになっているものもある（e.g., Kligman, 1985）。アイメイクは日差しから目を保護し，また，虫による伝染病を防ぐという効用があったといわれている。涅歯（お歯黒）は，虫歯を防ぐという効用があったとされている。古代エジプトの貴族はかつらをしていたといわれているが，その（かつらの内側にある剃髪）の理由は，しらみ対策だったともいわれている。現代においても，装いには身体管理というはたらきがある（Kaiser, 1985）。雪山に短パンとTシャツで行く人はいないであろう。また，強い日差しの下では帽子をかぶったりするであろう。乾燥を防ぐためにクリームを塗るということもあろう。このように，装いには，身体を守ったり状態を適切に管理したりする機能が存在する。なお，現在のような科学的知識がなく，悪霊によって病気になったり呪術によって治ったりすると考えられていた時代においては，治療の呪術としての装いに，悪霊から身を守るという身体管理機能のはたらきがあった（期待されていた）といえるであろう。

社会的機能

社会的機能も，装いの重要な機能である。心理的機能よりも重要といえるかもしれない。社会的機能は，装いによって，所属する集団を自他に認識させたり，身分や立場を表したりといったはたらきがある。このような装いによる区別は，多くの文化で確認される（Ross, 2008）。多くの文化において装いは身分や立場と対応しており，従来は自由な装いをおこなうことはできなかった[8)]。特定の装いをおこなえる（おこなう）のは特定の立場の人だけであり，その文化にいる限り，第三者から見れば即座にその人がどういう立場か明確であった。

たとえば，日本では以前，涅歯（お歯黒）が，未婚か既婚かを示すものとして用いられていたこともある。もし未婚か既婚かわからなければ，異性が（余計な）行動を起こすこともありえる。その場合，当人とまわりを巻き込んだトラブルになりかねない。その点，相手が既婚者であることが明確であれば，多少は余計なトラブルを低減させることができる。涅歯が，その社会において既婚という標となり，社会の安定化に一役買っていたといえる。また，同じ身分と思って対応したらじつは異なった身分であったというようなことも，衣服の違いによって避けることもできる。このように，社会生活を円滑にするために，装いの社会的機能が用いられている。装いによる立場の区別は，以前よりも緩やかになってきているといわれてもいるが，現在でも完全に消えてしまったわけではない。

なお，身近なところでも，社会的機能が多くの場面で重要なはたらきをしていることが確認できる。特に制服（ユニフォーム）においてその機能を確認することが可能であろう。警察官は警察官の制服を着装しているため，警察官であることを周囲に示すことができている。そして，われわれもそのように判別できる。スポーツ競技においても，ユニフォームがあるからこそ，複数人が入り乱れた場面でも，自他のグループのどちらのメンバーか一目で判別できる。これは，選手も応援する側も同様である。また，仲間集団で似たような服装をおこなうのも，集団への所属意識を喚起させ集団としてのアイデンティティをお互いに確認するといった，社会的機能が期待されているといえよう。

社会的機能は，社会が生みだした規範に基づいておこなわれる装いによって生じる機能である。だからこそ，その規範が重要であり，それが曖昧になってくると社会的機能は失われていく。しかし，規範が共有されてさえいれば，お互いが自身の位置づけを互いに確認し，明示し，それによって対人関係や社会システムが円滑に営まれていく。装いの社会的機能は心理的機能と同様に装いの重要な機能の１つである。

心理的機能

そして，本書で特に取り上げていくのが，装いの心理的機能である。これは，自他の心理面への影響を生じさせる機能である。これまでの装いの効用や動機について言及している数多くの幅広い実証的研究もしくは言説を概観すると（e.g., 飽戸, 1982；大坊, 1996；大久保・鈴木・井筒, 2011；松井・山本・岩男, 1983；鈴木, 2012；神山, 2003；Wohlrab, Stahl, & Kappeler, 2007；吉岡, 1996）[9]，装いにはおもに，「対自的機能」と「対他的機能」という２つの心理的なはたらきがあるといえよう。対自的機能とは，装いの結果を自分の目をとおして認知することによって生じるはたらきであり，気分が高揚したり，自信が向上したり，自己充足感が生じたり，不安が低減したり，また，それによって積極的な行動をおこなうようになるなどの効用を生じさせる。対他的機能とは，装いの結果を他者の目をとおして他者が認知することによって生じるはたらきであり，他者がその装った人を魅力的と評価したり，個性的と評価したりするなどの効用を生じさせる。場合によっては，恐怖を感じるという効用を生じさせることもあろう。この対自的機能と対他的機能の２つの機能がはたらいた結果生じる効用を，人びとは意識的または無意識的に期待している。そして，装うことによりその効用を得ているといえる。

その他の機能と機能の分類

宗教的・呪術的な機能などもあり，それは，集団としての同一性を高めるといった効用，もしくは，病の治癒（悪霊が身体に入ってくるのを防ぐといったものも含む）といった効用（実際の効果はともかく）があったであろう。直接的に病の治癒のために用いられた装いもある[10]。イニシエーションといった位置づけの装いもあるであろう。

これらの機能，そして，これまで説明してきた身体管理機能，社会的機能，そして心理的機能などは，明確に切り分けることができない場合もある。ある程度の重なりをもって機能ははたらき，そして，効用が生じる。ある装いがまわりに特定の集団の一員であることを明示するとともに，その装いをおこなった本人には精神的高揚を生じさせる場合もある。これは，社会的機能と心理的機能が同時に生じている例といえるが，このようなことはけっしてめずらしくはない。サラリーマンがスーツを着てネクタイを締めて，社会の一員としての位置づけを示すと同時に，自分に気合いを入れるといったことも，日々おこなわれていることであろう。

4　本書の方向性および各章の内容

身体の外観を整え飾るという行為は人において普遍的なものである。人における装いの意味や機能を理解することは，人そのものの理解にも寄与すると考えられる。しかし，これまで装いに関するテーマは，学術的に扱う価値がないとみなされやすく，十分な検討がおこなわれているとは言いがたい状況であった。しかし，装いは間違いなく人の根幹に関連する重要なテーマである。

本書では，さまざまな装いの内容や関連する事象について，現時点で明らかになっている基本的な内容を中心に概観し紹介していく[11)]。第1部では，これまで一般的と考えられてきたような基本的な装いと，今回新たな観点で装いと位置づけた装いについて，各章で紹介をしていく。第2部では，装いに関連する興味深いさまざまな現象やテーマについて紹介していく。そして，それらをふまえたうえで，終章において改めて装いというものについて考えてみたい。

まず，第1部（第1章から第11章）である。ここでは，現代の日本において比較的おこなわれているさまざまな装いの種類ごとに，その特徴などについてまとめている。第1章ではおもに顔を化粧品で飾る装いであるメイクアップについて，第2章ではおもに顔の肌の状態を整えるスキンケアについてまとめている。どちらも化粧に含まれる装いであるが，前者はおもに飾るというはたらきがあり，後者はおもに整えるというはたらきがある。それぞれ期待される機能や効用が異なっていることが確認できるであろう。第3章では身体に衣服をまとう装いであるアウターについて，第4章では，同じく身体にまといはするが，アウターとは異なり基本的には人目に映らない衣服である下着についてまとめている。どちらも身につけるという点では同じであるが，人目に映るかどうかという大きな違いがある。そのため，同じ着装であってもそれぞれの独自性が確認できるであろう。第5章はピアッシング，第6章はイレズミ，そして第7章は美容整形である。いずれも，現代日本ではそれほど一般的とはみなされていない装いではあるが，だからこそ，人の装いについての態度や志向性，そして本質についてわれわれに教えてくれることに気づくであろう。第8章の体型は，ほかの装いをおこなうキャンパスである身体そのものの形を大きく変化させようとする装いである。なかでも，痩身に着目し，その特徴についてまとめている。第9章は体毛に関する章である。ヘアスタイリングについての心理学的研究は少なく，また，除毛・脱毛についても研究はほとんどおこなわれていない。しかし，数少ない研究を概観することにより，体毛に関する行動にどのような心理的背景が存在するのかについて知ることができるであろう。第10章は，しぐさや歩容（歩き方）といった，従来は装いとして位置づけられておらず，あくまでも非言語コミュニケーションのチャネルの１つとして扱われていたものを，装いという観点からその性質などについてまとめている。装いの広さを知ることができるであろう。第11章は言葉である。これは非言語コミュニケーションのチャネルとして扱われていた。しかしここでは，装いの１つと位置づけて，その特徴をみていく。装いの新たな姿が確認できるであろう。第１部の後半の章によって，装いの広さに驚き，従来もっていた装いの概念やイメージが変わっていくのではないだろうか。

つづいて，第２部（第12章から第16章）である。各章において，装いと関連するさまざまな現象やテーマについてまとめている。第12章は，特定場面での着装の１つであり，今や世界に名が知られるようになってきたコスプレについてまとめている。装いの機能のはたらきが，顕著に確認できる現象ともいえよう。第13章は，化粧の心理面での変化の積極的な活用として，外見ケアそして心理ケアとしての化粧療法についてまとめている。今後いっそう発展していくことが望まれるテーマである。第14章は，化粧による炎症などの，装いによる身体トラブルとその背景についてまとめている。健全な社会構築のためには注意しておかないといけない内容といえる。第15章は，装いの低年齢化についてまとめている。これまであまり取り組まれてこなかった内容であるが，これも健全な社会構築という点では重要な問題といえよう。第16章は，装いの文化差についてまとめている。装いは文化普遍的ではあるものの，個々の装いの形態や用いられ方には文化による違いも存在し，背景も異なる。そのことが確認できるであろう。第２部のこれらの章をとおし，装いの深さとおもしろさが伝わることを期待している。

そして終章においては，それまでの章の内容をふまえつつ，装いの特徴や定義についてまとめることとする。

それでは，扉を開き（ページをめくり），広くて深い装いの心理学の世界へと歩みを進めてもらいたい。

注

1)　たんに皮膚を乾燥や紫外線から守ったり，または寄生生物から守ったりするだけであれば，ほかの動物のようにドロを塗ればよい。しかし，人は，赤色オーカーを身体に塗るという，装うことを意図した塗布を身体におこなっていたようである。

2)　近年では，衣服に寄生していたシラミの化石といった間接的な証拠から，衣服の起源を検討している研究者たちもいる。

3)　服で着飾ったりするのは女性がおこなうものであり，装いは男性には関係ない旨のことを言う年配の男性なども散見されるが，彼らであっても，葬式の場に白いネクタイで行きはしないだろうし，大事な仕事の相手と会う場合にはネクタイやシャツに気を配るであろう。そして，気になる異性などがいれば，しゃれっ気を出してふだんとは異なる装いをするであろう。そもそも，裸で外には出ないであろう。

4) 化粧はさらに，手入れと飾りの2つに分けられる。

5) 香水（化粧品の一種）などによる香りづけも装いに含まれる。視覚における装いではないが，その人の身体（による体臭）とともにその人をつくりあげるものである。

6) 衣装は，特定の目的のための着装というニュアンスがある。具体例としては，舞台衣装やコスプレの衣装などがあげられる。

7) 衣服以外で身につけるものをさす。髪飾り，首飾り，耳飾り，指輪，腕輪，ブローチ，ネイルチップなどがある。

8) 自由な装いができるようになったのは，ある意味では最近のことである。

9) 使用されている用語の定義が十分におこなわれておらず，その示す内容が明確でない部分もある。これらについては，終章にて現状を確認しつつまとめていきたい。

10) 第6章で述べているように，イレズミは身体の治療のためにも用いられていた。

11) より深く掘り下げていく方向性で内容を構成することも1つではあるが，あくまでも，装い研究の現状をいったんまとめて今後の展開のための基礎を固めておきたいという思いから，今回の方針でまとめることとした。とはいえ，十分に装い研究の広さと深さを知ることができる内容と構成になっていると思われる。

コラム 1

非言語コミュニケーションにおける装（粧）い

人とのつながりをもち，社会性を発揮するにはことばによるものとそれによらないもの（非言語コミュニケーション；NVC）とがある。ことばは伝えたいメッセージを意図的にその場や相手に合わせておこなうものであるが，NVC は異なる。誰かと出会う状況で，そこに「いる」だけでメッセージは発信されている。当人すら意識せずにそのメッセージを発していることが多い。しかも，メッセージを受ける側も「いつの間にか」受け取っており，ずいぶんあとになってからその意味に気づくこともある（後々まで気づかないことすらある）。このように NVC は多くのメッセージを送受信するものであり，自動的なので，ある意味では効率はよいともいえる。

NVC にはことばを補う，あるいは強調するはたらきをする視線，しぐさ，顔の表情など身体部位に由来するチャネルがある。これに対して，化粧や被服はその人個人の特徴を強調したり，薄めたり，あるいはその人にふだんない特徴を創作することもできる。基本としては，自己開示，自己呈示の機能発揮に有効だ。化粧には①自分の特徴を強調／抑制して，魅力を増すために外見の改善をおこなうこと，②日常的な自分からの変身を試みて，ふだんの自己を否定し，別な自分を発見しようとすることの 2 つの意味がある。

服装の場合も化粧と同様の意味がある。注目すべきは，化粧以上に，社会・文化所属性や，対人関係との関連が強くはたらくことである。自分の個性や感情状態を反映するものとして服装は選ばれる。（装飾品などによる）ほかの装いにも似たような意味がある。

相手との関係や出向く場面を考慮してカジュアルかフォーマルかを選択することもあり，相手との関係を強調するための双子コーデ（コラム 7 参照）もある。さらに，スポーツ・チームや職場のユニフォームは，集団への帰属性を集団内外に示すものであり，集団同一性，他集団への対抗意識を示すことになる。男女らしさ，世代，職業イメージなどを容易に示すものでもある。その特徴によって，当事者の社会性を判断する重要な手がかりにもなるのである。

コラム 2

本書で頻出する統計用語

ここでは，本書で頻出する統計（指標）について簡単に紹介をおこなう。心理学の研究においては基本的には実験や調査がおこなわれ，そこで得られたデータに対して統計処理がおこなわれる。そのおかげで心理学は客観的に人の心のメカニズムを明らかにする試みをおこなえるのである。本書でも，さまざまな研究の知見が紹介されており，いくつかの分析について記述がおこなわれている。ここでの説明は，本書内での記述の理解に役立つことと思われる。

相関分析およびピアソンの積率相関係数（*r*）

相関分析は，2 つの事象の関連の程度を明らかにするための分析手法の 1 つである。その分析方法における指標にはいくつかの種類があり，よく用いられるものにピアソンの積率相関係数（*r*）がある。これは，-1 から +1 のあいだの値をとり，その値がプラスであれば正の相関（一方が大きいともう一方も大きい），その値がマイナスであれば負の相関（一方が大きいともう一方は小さい）を意味する。そして，絶対値で 1 に近いほど（つまり，-1 もしくは +1 に近いほど），関連性が強く，0 に近いほど関連性が弱いことを意味する（もし値が 0 であれば，相関がないことを意味する）。なお，1 の位の 0 は記述しない（0.3 → .3）のが一般的である。

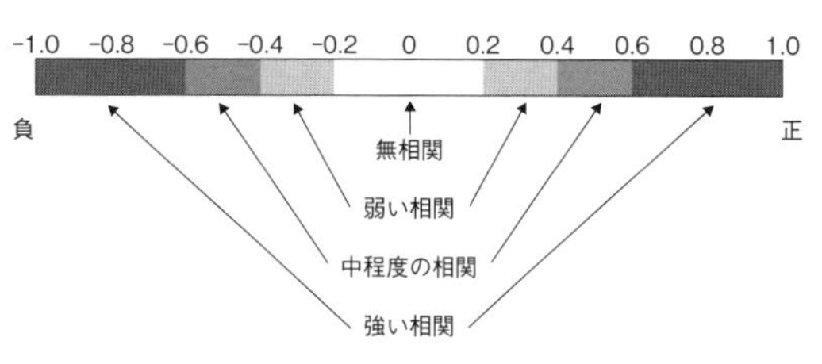

図　ピアソンの積率相関係数の読み取り
（鈴木（2018）をもとに作成）

因子分析

質問項目に対する回答傾向をもとに，人が潜在的にもっている因子（観察可能な行動などをもとに理論的に構成された構成概念。性格など）を抽出する分析方法を因子分析という。たとえば，「人前で自分を目立たせようと張りきる」「初対面の人には自分の魅力を伝えようとする」「注目されていないときには人の気を引くようなことをする」「自分の言動がまわりから変だと思われていないか気にする」「他者の表情や反応に気を配っている」「相手の機嫌を損ねるようなことはしないようにする」といった質問について，どのくらい自分があてはまるかの回答を求めて因子分析をおこなったところ，2 つの因子が抽出されたとする。そして，1 つめの因子は「人前で自分を目立たせようと張りきる」「初対面の人には自分の魅力を伝えようとする」「注目されていないときには人の気を引くようなことをする」が対応し，2 つめの因子は「自分の言動がまわりから変だと思われていないか気にする」「他者の表情や反応に気を配っている」「相手の機嫌を損ねるようなことはしないようにする」が対応していることが示されたとしよう。そうすると，1 つめの因子を反映している項目の内容から，この 1 つめの因子を「自己有能さ主張」という構成概念とみなし，2 つめの因子を「拒否的評価回避」という構成概念とみなすことが可能かもしれない。そして，結果として，「自己有能さ主張」と「拒否的評価回避」の 2 つの因子が抽出されたとみなすのである。

第１部

装いの種類

第1章
メイクアップ

「あなたはなぜメイクをするのですか」。

「キレイになりたいから」「身だしなみだから」「みんながしているから」「かわいいって言われたいから」「スッピンじゃ無理だから」……。

メイクをするのにはそれぞれ理由があるはず。では,「なぜキレイになりたいのですか」「なぜ身だしなみだからメイクをするのですか」「なぜみんながしているからメイクをするのですか」「なぜかわいいって言われたいのですか」「なぜスッピンでは無理なのですか」。

はるか昔から,メイクアップはおこなわれてきました。そして,これからもメイクアップは人類と共にあるでしょう。人びとのメイクアップへの関心は尽きないのです。

1　メイクアップとは

化粧とは,広義には,身体加工(髪を切るなど),色調生成(刺青など),塗彩(メイクアップ)に分類される(村澤, 2001)。装いと同義に用いられることがあり,その範囲も広い(終章参照)。本章では,化粧品などを塗布することによる装いである「塗彩(メイクアップ)」を取り上げる(以降,メイクアップと表記する)。

メイクアップとは,ファンデーション,アイブロー,アイカラー,アイライン,マスカラ,チークカラー,リップカラーなどを用いて,顔の形や色を変化させることである(村澤, 2001)。そして,メイクアップは,容貌を美しく演出する化粧をさし,肌の悩みをカバーしたり,好みの色を用いたり,あるいは目を大きく見せたいなど,理想の容貌を叶えるためにおこなわれる(高野, 2015)。メイクアップは身体や髪に対しておこなうものも含むが,本章では顔に用いるメイクアップのみをメイクアップ(ないしはメイク)と表記する。従来の分類をもとに名称と機能をまとめたものを表1-1に示す。

表 1-1　名称と機能
（日本理容美容教育センター（2018）をもとに作成）

名称（部位）	化粧品（種類）／方法	おもな機能とねらい
ベースメイク（顔全体・首）	【ファンデーション】 ・リキッドタイプ ・プレストパウダータイプ ・ケーキタイプ ・クリームタイプ ・スティックタイプ	・素肌よりも美しく，自然な感じのつややかな肌に整える。 ・肌の色調や質感を美しく，肌のきめも整える。 ・ほこりや風，紫外線や寒さなどの刺激を防ぐための薄い皮膜をつくる。 ・シミや傷，ニキビ跡などの軽いトラブルを目立たないようにする。
	【ハイライト】	顔の骨格の高くなっている部分に，肌より 2 段階程度明るい色を置く。肌より明るい色の効果（膨張・前進）によって，より高さを強調する。
	【ローライト】	骨格のくぼんでいる部分や影として強調したい部分に，肌より 2 段階程度暗い色を置く。肌より暗い色の効果（収縮・減退）によって，よりくぼませたり，狭さを強調する。
	【カバーホワイト】	影が出やすい部分や，クマやくすみが目立つ部分に，肌より 1–2 段階程度明るい色を置くことで，影やくすみを消す。
	【アクセントカラー】 ①チークルージュ ②シェーディングルージュ ③ノーズシャドー	自然な色みに仕上げたいときなどに，クリームタイプのアクセントカラーを使用する。 ①明るい色合いにより，丸さや高さを強調する。 ②暗い色合いにより影を入れる。 ③暗い色合いで鼻筋側面の影を強調する。
アイメイクアップ	【アイライン】 ①アイシャドー ②カラーアイシャドー	目の縁を線で縁取ることによって，眼の形をはっきりと強調する。 ①アイシャドーは，目元にやわからい影をつけたり，立体感を強調するためにくぼませて見せるなど，目元のベースづくりとして使用する。 ②カラーアイシャドーは，有彩色のもつ色の印象を利用して，目元にさまざまな表情をあたえる。
	【アイラッシュメイク】 ・アイラッシュカール ・マスカラ ・つけまつ毛 ・まつ毛エクステンション	まつ毛をカールさせ，マスカラでまつ毛を長く見せたり，つけまつ毛やまつ毛エクステンションを装着することによって，ボリューム感を与え，目を大きく見せたり，表情を豊かに見せたりする。
アイブロウメイクアップ	【眉毛の長さと形の調整】	眉毛の長さや，量，形を，カット，トリミング，トゥイーズなどにより，バランスを整える。
	【ドローイング】	眉の形をラインではっきりと強調するため，アイブロウペンシルで 1 本 1 本描いていく。
	【シェーディング】	ブラウンなどのアイシャドーで，眉毛に影をつけ，自然な仕上がりにする。
リップメイク	・口紅 ・リップペンシル（ライナー） ・グロス	唇をきれいに見せるため，また，形を整え，血色を補うためにおこなう。
ブラッシュオンメイクアップ	【頬　紅】 ・チークルージュ ・シェーディングルージュ	頬に血色を補ったり，骨格の修正をしたり，くすみをカバーしたりなど，顔全体のバランスを見ながらおこなう。

ポーラ文化研究所（2017）は，15–74 歳の 1,800 名の女性を対象に，化粧意識・行動に関する web 調査をおこない，その 8 割以上が日常的にメイクアップをおこなっていることを明らかにしている。使用率の高いメイクアイテムは「ファン

デーション」(84%),「口紅」(79%),「アイシャドー」(76%),「アイブロー」(74%),「チークカラー」(71%)の順となっており，メイクにかける時間は平均15.1分であることも報告されている。また，ドゥ・ハウス（2017）は,20–50代の827人の女性を対象にメイクアップに関するweb調査をおこない，ポーラ文化研究所（2017）と同様，8割以上がメイクアップをおこなっていることを明らかにしている。さらにメイクアップする理由として,20代は「自分をよく見せるためのもの」であり，30代以上は「最低限，人に不快感を与えない程度にするための身だしなみ」であることなどを明らかにした。

このように，多くの女性にとって，化粧は生活の一部であり，一生涯つき合うものとなる可能性が高いことが示唆されている。一方で，男性のメイクアップについては，心理学領域における研究が現段階では比較的少ない。本章におけるメイクアップは，女性に関するメイクアップであることを前提に紹介をしていく(男性のメイクアップについてはコラム3で紹介する)。

化粧のはたらき

メイクアップの基本的なはたらきは,「隠す」と「見せる」という2つの要素から成り立っている（村澤, 2001)。村澤（2001）によると「隠す」は，自己の欠点や弱点をカムフラージュすることを意味し，その範囲は，シミやソバカスをファンデーションでカバーすることだけでなく,(口紅1本さしただけでも) 素顔をむき出しにしていないと思える心理的なことも無視できないと指摘している。一方,「見せる」はより積極的な行為で，新たな自己を表現して見せることだとし，血色がよく健康的に見せたり，美しく魅力的に見せたりすることなどがあてはまるという。なぜ人は，メイクアップによって自分の顔の欠点を隠したり，より美しく魅力的に見せたりするのだろうか。

2　化粧の対他と対自の心理的効用

これまで社会心理学の分野では，化粧の意義や効用を見いだすための研究が数多くなされてきた。代表的な研究として松井・山本・岩男（1983）は，化粧の効用について「化粧中の満足」「対人的効用」「心の健康」の3つに大別された13の仮説について検討しており，調査対象者の化粧品の使用アイテム数を化粧度として群分けし，化粧度別に分析をしている。その結果，化粧度が高いほど，化粧の効果を自覚する人が多くなるという関連を見いだし,「化粧行動のもつ心理的効用の構造」モデルとしてまとめている（図 1-1）。このモデルでは，「対人的効用」が「心の健康」をもたらすことを示している。そしてその「対人的効用」は，外見的欠陥の補償，外見的評価の上昇・同性への優越意識，異性の魅力度の上昇，自己顕示欲求の充足，周囲への同調・期待への対応，社会的役割への適合，伝統的性役割に基づく identity の自覚の８つに整理されている。また「心の健康」は，積極的な自己表現や対人行動，自身や自己充足感の２つがあげられている。なお，「化粧行為自体の満足感」も「心の健康」をもたらすことが明らかになっている（伊波, 2004）。

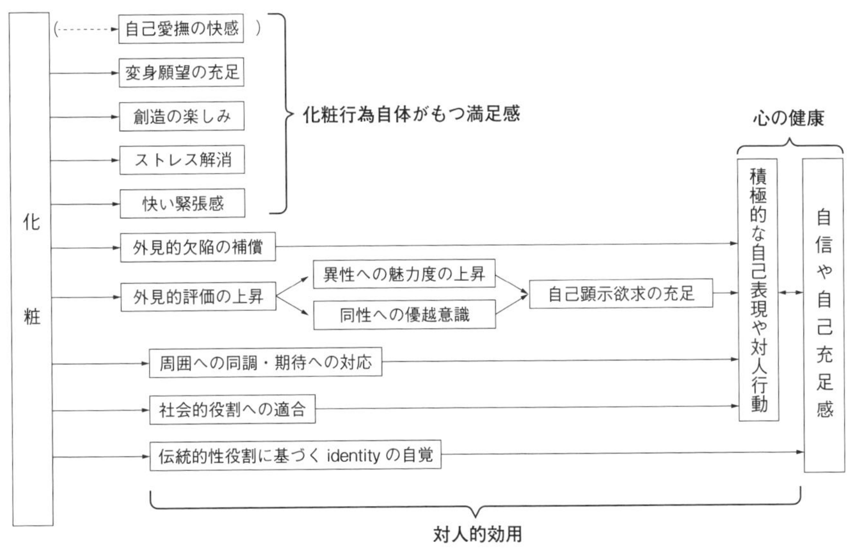

図 1-1　化粧行動のもつ心理的効用の構造（松井ほか, 1983）

上記の化粧の「対人的効用」のなかでも，社会心理学領域における化粧研究では，外見的魅力に関する研究が多くみられる。また，近年，メイクは社会的スキルの１つとしてみなされており，周囲への同調や期待への対応など，社会的役割への適合をするためのスキルの１つとしてとらえることができる。本章では以降，外見的魅力への化粧の影響，および，社会的スキルと化粧に関して検討した研究を概観する。つづいて，「心の健康」における，化粧による対人積極性についての研究を概観する。

化粧の対他的効用

▶外見的魅力への化粧の影響

化粧をすることにより，外見的魅力が高まることが研究にて示されている。たとえば，コックスとグリック（Cox & Glick, 1986）は，化粧をしている顔としていない顔の女性の写真を提示し，その印象評定をおこなっている。その結果，化粧をしているときのほうが，魅力的，女性的，セクシーであることが明らかとなった。グラハムとファーナム（Graham & Furnham, 1981）やワークマンとジョンソン（Workman & Johnson, 1991）は，メイクの有無だけでなく，メイクの段階を操作している。ノーメイク，ナチュラルメイク，ヘビーメイクを施した女性の写真を提示し，魅力度などの評定を求めた結果，化粧度が上がるほど魅力度や女性性の評価が高まることが明らかとなっている。特に男性評価者は，ノーメイクよりもメイクをしている顔のほうが，魅力が高いと評価することが明らかとなっている（Cash, Dawson, Davis, Bowen, & Galumbeck, 1989；Hamid, 1972)。

わが国においても，津田・余語・浜（1989）において，素顔，自己化粧，技術者化粧の女性の写真を提示し，魅力度などを検討している。その結果，素顔よりも化粧顔のほうが，魅力度評価が高いことが明らかとなっている。高野（2010）は，素顔とメイク顔それぞれの笑顔度を調整した写真を提示した結果，「魅力的な」「美しい」「好ましい」などの印象において，メイク顔が多く選択されたことを明らかにしている。また，川名（2012）は，メイクの有無，笑顔の有無の組み合わせによる4つの写真を提示した結果，化粧顔は美的魅力などを有意に高め，友人や恋人としての関係を希望されることが明らかにされている。この結果から化粧は，魅力評価を高めるだけでなく，対人関係にも影響することが示唆される。

なお，ミンスほか（Mims, Hartnett & Nay, 1975）やハレル（Harrell, 1978）は，化粧の有無による援助行動の違いを検討している。その結果，メイクをしている人のほうが，より時間をかけて援助を受けられることが明らかとなっている。

このように，メイクにより魅力が高まることが明らかにされてきた。その一方で，メイクをすることで魅力が下がることもあるといわれている。大坊（1998）によると，化粧には，ポジティブな効果だけでなく，ネガティブな効果をも引き起こす「化粧の両面効果」がある。つまり，顔に合わない化粧や，状況や役割などに不適切な化粧を施してしまえば，外見的魅力や客観的評価を下げてしまう可能性もあることが想定される。このことについて，九島・齊藤（2015b, 2016）は，メイクと顔形態の組み合わせを作成し，それらの印象評価の違いについて検討している。その結果，メイクの種類によって印象評価が変わることがあること，また，ベースとなる顔形態の違いによって，同じメイクでも印象評価が異なる場合があることを明らかにしている（図1-2)。そこでは，特定の評価を下げてしまうことが確認されている。

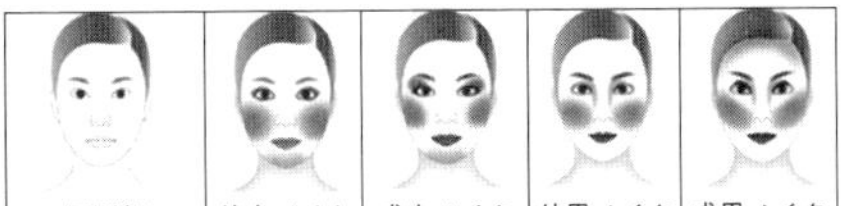

原型顔	幼女メイク	成女メイク	幼男メイク	成男メイク
人　柄	↑	↑		↓
若　さ	↑		↓	↓
知　性	↑	↑	↑	↑
女性性	↑	↑	↑	

図 1-2　メイクの違いによる印象評価の違い（九島（2017）をもとに作成）

注）幼女メイク：幼く女性的なメイク，成女メイク：成熟的で女性的なメイク，幼男メイク：幼く男性的なメイク，成男メイク：成熟的で男性的なメイク。

▶社会的スキルとしての化粧

社会的スキル（ソーシャルスキル）とは，対人場面において適切かつ効果的に反応するために用いられる言語的・非言語的な対人行動と，そのような対人行動の発現を可能にする認知過程との両方を包含する概念である（相川, 1996）。

大坊（1993）は，顔の印象管理という観点から，化粧を社会的スキルの１つとしてとらえている。メイクにより顔を管理するスキルは，相手に応じて化粧を変えるとか，流行の化粧を取り入れるなど，化粧を誇張して促進的に活用する側面（先端的・高感度化粧）と，メイクを抑えめにして，周囲との調和を保とうとする抑制的な側面（抑制的・中性化化粧）という二面性があるという。このような点から，化粧と社会的スキルの検討がされてきている。平松（2009）は，大学生における個人内要因と化粧意識の関連を検討し，対人スキルが高く，女性性，公的自意識の高い人は，「魅力向上・気分高揚」についての意識も高い傾向にあることを明らかにした。

また，化粧と社会的スキルの関連に加え，化粧による精神的健康との関連も検討されている。加藤・石原・大木（2010）は，化粧の意識と行動の不一致が心理的健康に及ぼす影響を検討した結果，化粧による心理的効用を認知せず，そして化粧頻度が高い群においてはソーシャルスキルが低く，心理的に健康が低く，自己効力感が低いことを明らかにした。さらに，高橋・堀・岩男（2000）においても，化粧習慣により精神的健康度や社会的スキルが異なることを示した。具体的には，どんな場面でもよく化粧をし，化粧に対する好意や肯定度，期待が高い「コスメフリーク型」は社会的スキルが高く，対人的緊張が低く，精神的に健康であり，また，平均的な化粧をおこなうが，化粧への関心や期待は高くない「化粧義務型」も精神的健康度や社会的スキルが高いことが明らかにされている。一方で，どんな場面でも化粧をせず，化粧に対する嫌悪感・マイナスイメージをもっている「化粧否定型」は精神的健康度，社会的スキルともに低いという結果が示されている。

化粧がもたらす「心の健康」

▶対人積極性への化粧の影響

化粧により対人積極性が高まることが多くの研究によって明らかにされてきた。たとえば，岩男・菅原・松井（1985）は，18–44歳の女性500名を対象に，化粧の効用意識を調査し，対象者の約半数が「化粧をしている時は人に対して積極的になれる」と回答していることを明らかにしている。宇山・鈴木・互（1990）は，メイクによって，若い世代ほど積極性が上昇すると感じ，年代が高くなるにつれてリラックスし安心すると感じていたと報告している。

また，化粧の対人的積極性への影響については，意識面だけではなく行動面についても検証されている。余語（1993）は，他者への直視量に着目し，20–50代の女性を対象に実験をおこなった。素顔条件と化粧条件を設定し，面接場面で実験対象者が面接者を直視する量を測定したところ，いずれの年代においても素顔条件よりも化粧条件で，直視量が増加する傾向が観察されたことを明らかにしている。また，化粧により，鏡に向かって微笑む回数が増加することも報告している。大坊（1995）は，発話数を取り上げ，女子大学生22名にノーメイク，ヘビーメイク，ナチュラルメイクのタイプの異なる化粧を施したあと，発話文字数を測定したところ，ナチュラルメイク条件で最も多く，次いでヘビーメイク条件となり，ノーメイク条件では最も発話文字数が少なかったという結果を得ている。岩男・松井（1984）は，銀座路上の実験により，メイクアップアーティストによる化粧後に，内向的な人ほど対人距離が縮まる傾向を見いだしている。また，遠藤・森川・箕輪・結城（2007）も入念な化粧を施されると対人距離が縮まることを観察した。

化粧の対人相互作用

このように，化粧が対人積極性に影響することが明らかにされてきている。ではなぜ，化粧にこのような対人的効用があるのか，菅原（1993）は，より高次な社会心理学プロセスを想定し，説明を試みている。

菅原（1993）は，「アイデンティティの自覚と外見の効果モデル」により，化粧が対人行動に影響する過程について，自己の目と他者の目の相互に関連した2つのフィードバックループによって説明している（第4章，p.66 参照）。そして，内面が外見をつくりだすだけでなく，外見が内面をつくりだす可能性を示している。菅原（2001）は，外見の変化は他者に与える印象を変化させ，他者からの新たな反応を引きだし，その反応を受け取って個人は自分が期待される立場や役割をますます強く認識し，この認識が自己の外見や立ち居ふるまいをそれらしく変えていく，一種の「自己成就的予言」の過程であると論じている。また，高野（2001）は，理想の顔と理想の性格のあいだには正の相関があることを明らかにしたうえで，メイクによって理想の自己イメージを顔に表現することで，心自体も理想に近づくのではないかという見解を述べている。

化粧の効用と対人相互作用に関して，上述した菅原（1993）の「アイデンティティの自覚と外見の効果モデル」以外にも，いくつかの代表的なモデルが提示されてきている。まず，大坊（1997）の，「粧（装）いの対自的・対人的「効用」の循環のモデル」では，化粧は自分のためと他者のための２つのルートがあるという見解が示されている。このモデルでは，粧い（装い）が自己から他者へと一方向に向けられ，役割も粧う（装う）者から他者へ一方向に設定されている。また，木戸（2015）は，化粧行為を「化粧当事者」と「宛先となる人」の中間に立ち現れるものとして位置づけ，自己は他者へ向かう行為として化粧をし，他者は，それを受けてなんらかのフィードバックを化粧行為の当事者に返す円環的なモデルを提出している。このように，化粧が他者との相互作用のなかから対他的効用をもたらすことがいくつかのモデルから説明が試みられてきた。

このように，化粧は対他的にも対自的にもさまざまな効用や影響をもたらすことが示されてきた。先述したとおり，実際に多くの女性が化粧をおこなっていることからも，化粧のもたらす効用が実感されていることは想像に難くない。そして，実際のメイクアップは，色・形・質感の３つの要素を組み合わせることによりおこなわれ，人びとは無意識的に幾何学的錯視や色の錯視といった錯視の効果を利用したテクニックを随所に応用している（高野，2001）。

3　化粧と顔の科学

メイクによる錯視効果

櫻井（1993）によると，化粧は外見上の好ましい特徴を際立たせると同時に，マイナス要因を打ち消したり弱めたりする「だまし」の効果を狙ってなされるため，化粧技術のなかにはよく知られている錯視と共通する要因が含まれている場合があるという。

たとえば，ミューラーリヤー錯視を応用し，アイラインを外に向け広げて描くと，目は切れ長で大きく見せることができる（図 1-3）。また，エビングハウス図形（円対比錯視）を応用し，目に隣接する眉を短く描くことで目を大きく見せることができる。さらに，ツェルナー錯視を応用し，マスカラのつけ方で，目をつり目やたれ目に見せることができるなど，多くの錯視がメイクに応用できる（山本, 2004）。しかし，化粧の錯視効果の定量的な研究は限られており，化粧分野では，プロなどの経験則が先行している（森川, 2012）。

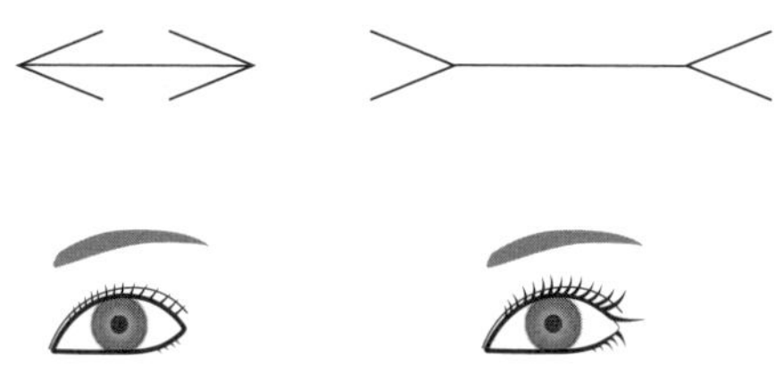

図 1-3　ミューラーリヤー錯視とアイライン

化粧と知覚に関する研究として佐藤・阿部（2008）や阿部・佐藤・遠藤（2009）は，目の大きさの知覚に及ぼすアイシャドーの効果を，アイシャドーの濃さ，位置，範囲により検討している。その結果，上まぶたにアイシャドーを入れた場合は，アイシャドーが濃くなるにつれて奥行き感と大きさが拡大することが示された。

さらに，錯視量を厳密に測定した数少ない研究である森川・藤井（2009）においては，コンピュータで作成した顔にさまざまなアイメイクを施し，その錯視効果を測定している。標準的なサイズの目において，最大 7.3%（面積では 15%）大きく認知されるとの結果が得られている。日本人の標準的な目の面積は 3cm^2（横幅 3cm×縦 1cm）のため，15% 拡大により 3.45cm^2 となる。これは，数ミリのサイズの違いによって印象が大きく左右される顔にとっては，大きな違いといえよう。小さな錯視量で大きな印象変化を生じる理由として，森川（2012）は，顔や体の大きさなどの識別は，社会生活における対人判断において重要であるがゆえに，人間の視覚システムの顔や身体の識別に対する識別感度が非常に高くなっていると論じている。

このように，メイクアップによる印象操作の１つとして，錯視効果が期待できると考えられる。人はメイクの錯視効果などによって，どのような「顔」をめざし，どのような印象をめざしているのだろうか。以下では，魅力的な顔といわれている顔において，顔の形態特徴と印象に関する研究を概観する。

女性の顔の魅力

外見魅力のなかでも有力な手がかりとなるのが，顔であると考えられてきている。具体的にどのような顔が魅力的であるのかについて，カンニンガム（Cunningham, 1986）は，女性の顔の詳細な構造特徴と対人魅力の関係を検討し，以下の3つの魅力の手がかかりを明らかにしている。魅力の手がかりの1つめが「幼児性」の特徴であり，大きな目，小さな鼻，小さな顎，目と目の間隔の広さなどがある。2つめが「女性としての成熟（女性性）」の特徴であり，高い頬骨，狭い頬などがある。3つめが「表現力」の特徴であり，眉毛の位置の高さ，大きな瞳，微笑などがある。年齢・性別の顔形態特徴をまとめたものを表1-2に示す。なお，大坊（2001）は，上記の3つの特徴に「造形美」の特徴を加え，顔の魅力の手がかりを4つに分類している。

表1-2　年齢・性別の顔形態特徴（九島・齊藤, 2015a）

顔形態	子どもの特徴	大人の特徴	女性の特徴	男性の特徴
輪郭	丸い	面長	丸い	四角い
額	広い	狭い	広い	狭い
眉	短い・角度小さい	長い・角度大きい	眉山の位置が外側・面積が小さい・下がっている	眉山の位置が内側・面積が大きい・上がっている
眉間	広い	狭い	広い	狭い
目眉間	広い	狭い	広い	狭い
目	大きい・丸い	小さい・切れ長	大きい・丸い	小さい・切れ長
頬	広い・ふっくら	狭い・シャープ	ふっくら長め・広い	シャープで短め・狭い
頬骨	出てない	出てない	出ている	出ている
鼻	小さい・低い・丸い・丸い	大きい・高い・尖っている	小さい・低い・丸い・丸い	大きい・高い・尖っている
口	小さい・薄い	大きい・厚い	大きい	大きい
顎	小さい	大きい	短い・小さい	長い・大きい

▶造形美

造形美は，いわゆる黄金率のような「形の美」で，審美感情を満たす手がかりである。部位特徴が平均されたものや，顔全体の形態的バランスと部位間の配置バランスが，選好のもととなる（大坊, 1997）。また大坊（1997）は，美には，普遍的美（絶対美）と社会的美（相対的美）の2型があることを指摘しており，黄金率や，シンメトリー，平均，バランスを，普遍的美（絶対美）に分類している。この立場を支持する研究として，カンニンガムほか（Cunningham, Roberts, Barbee, Druen, & Wu, 1995）の研究がある。白人・黒人・ヒスパニック・アジア人女性の写真を提示し，同じく白人・黒人・ヒスパニック・アジア人の男性に，その魅力を評定させた。その結果，写真の女性の人種，評価をする男性の人種に関わらず，魅力的であると判断される顔はほぼ同じで，すべての人種について相関係数.90以上という高い関連を見いだしている。この結果から，顔の魅力は，社会文化的に普遍であるといえる。また，カンニンガムほか（Cunningham et al., 1995）は，魅力的であると評価された顔の特徴について，平均性，幼児性，女性性の顔特徴をもつことを明らかにしている。

また，人体に関しては，古代ギリシャから何世紀にもわたり，頭を含む人の外形を測定する手引きとして使われるカノン（canons：規範）とよばれるいくつかの比率システムを芸術家が開発してきた（Winslow, 2009）。たとえば，顎の先端から鼻の穴までの長さは顔全体の長さの3分の1，同様に，鼻の穴から眉までの距離は眉から髪の生え際までの距離に等しい，というように顔の諸部分が分割され（Paquet, 1997），そのバランスにより顔の美しさを定義づけてきた歴史がある。現代においても新たな顔の美しさのバランスの基準が見いだされている。パレットほか（Pallett, Link, & Lee, 2009）によれば，瞳のあいだの距離が，顔の幅の46%，瞳を結ぶ線と口との間の距離が顔の長さの36%が理想的な比率であり，この比率は平均顔の数値と一致するとしている。

平均顔は，顔の各パーツの大きさおよびそれらの配置が，集団内の人びとに典型的なものであり，極端な特徴を有しないものをさす（Halberstadt, 2007）。ゴルトン（Galton, 1883）は，複数の顔写真を重ね焼きすると顔が平均化され，もともとの顔以上に魅力的になることを最初に発見した。その後の実証的研究として，ラングロワとログマン（Langlois & Roggman, 1990）は，コンピュータに顔写真を取り込み，取り込む写真の枚数を操作した複数の平均顔を作成し，魅力の評定をおこなった。その結果，取り込んだ写真の数が多くなるほど，魅力の評定が高くなることが示された。また，ローズほか（Rhodes, Harwood, Yoshikawa, Nishitani, & McLean, 2002）は，日本人女性の平均顔を，日本人によって魅力評定させている。その結果，先述の研究結果同様に，取り込んだ写真の数が多くなるほど，魅力の評定が高くなることが示された。平均顔が魅力的で好まれる理由については，齊藤（2008）により，親しみ，正常性，対称性，丸み，若さ，健康度の6点に整理されている。

さらに，より魅力的な平均顔の作成も試みられている。ペレットほか（Perrett, May, & Yoshikawa, 1994）は，顔写真を大量に集めて魅力度を評定し，そのなかから最も美しい男女複数の写真をそれぞれ合成し，全体の平均写真との比較をおこなった。その結果，美しい男女の平均写真はそれぞれ，全体平均写真よりも魅力的になることを明らかにした。さらに，魅力的な平均顔が全体平均顔と異なる特徴を誇張すると，女性の顔に限って美しくなった。なお，その特徴箇所は，顎が細く，目が大きく，唇と顎との距離が短いことであり，すなわち，女性性と幼児性の特徴が誇張されたことになる。これらの特徴は，先述したカンニンガム（Cunningham, 1986）と大坊（2001）があげた魅力要因と同様であることがわかる。

▶顔形態と印象の関連

顔の印象を決める要因に関し，小島・南（2008）は，目鼻口などの形状・配置や輪郭などの「形状・配置因子」によって大きく変化すると論じている。顔の形態がどのような印象をもたれるのか，鈴木（1993）は，400 人の女性（20–50 代）の顔写真とその印象評定の関連性から検討している。その結果，①顔から受ける第一印象構造は，因子分析により「あたたかさ」「洗練度」「活発さ」「若さ」の 4 つの因子で構成され，②形態印象構造は，クラスター分析[1]により「肌のきれいさ」「ふっくら度」「目のぱっちり度と彫の深さ」「眉のボリューム」「顔の大きさ」「目—眉の集中度」「顔の長さ」「額の広さ」「口の大きさ」「目と眉の上り具合」の 10 のまとまりであることが示された。さらに，③その印象因子と形態印象因子の間に関連があること，の 3 つを示した。

そのほかに，高野ほか（Takano, Abe, & Kobayashi, 1996）は，形態と印象の関連を検討し，3 つの印象因子（柔和性・活発性・女性性）と 5 つの形態特徴（虹彩のサイズ・顔の横幅と目と眉の比率・眉尻から顎中央までの角度・目から口の距離・顔の横幅と口比率）に関連があることを明らかにし，さらに，5 つの形態特徴は顔の識別と顔印象の両方に影響を与えることを示している。高野・阿部（1997）も，形態と印象（3 因子）の関連を検討し，「輪郭が丸みを帯びていると柔和性が増す」「輪郭が小さく目が大きいと活発性が増す」「目が大きく眉の曲線率が高いと女性性が増す」という，顔形態と印象の関連を見いだしている。阿部・大川・高野（2008）は，顔の形態印象と人格印象，感情評価の関連性を検討した。その結果，顔の形態印象と人格印象，感情評価との関連性を示している。また，加藤・阿磨・森岡・赤松（1998）は，顔の魅力度判断におけるパーツの魅力の影響を検討するため，魅力度の高い顔（あるいは低い顔）のパーツを入れ替え検討した。その結果，目，眉，輪郭が魅力度に影響を与えることと，パーツの魅力度さえ高ければよいということではなく，全体的布置も重要であることを明らかにした。

また，顔形態と印象に関する研究結果の共通点として，顔形態は，特に若さ（幼児性）や女性性の印象と関連があることが示されている。年齢や性などの生物学的な標識を表示することは，顔が担う最も重要な役割の一つであり（根ヶ山，1993），顔形態の年齢と性別の印象は，さまざまな認識的特徴のなかでも対人関係においては特に重要であることが示されてきた（鳥居，2001）。たとえば年齢に関しては，幼児性の特徴の顔形態は，見るものに「かわいい」という感情を生起させ，保護などの行動を解発する生得的なメカニズムである（大坊，1997）。このような幼児性の顔特徴について，ベリーとマッカーサー（Berry & McArthur, 1986）は，成熟した顔特徴と比較して，あたたかく，正直，ナイーブ，服従的などと認知されていることを明らかにしている。幼児性特徴と魅力の関係について，ジョーンズ（Jones, 1995）は，幼型化顔・標準顔・高齢化顔の魅力評定をおこない，その結果，女性顔は幼型化した顔の魅力評価が最も高く，高齢化顔が最も魅力が低いことを明らかにした。そのほかの研究においても，幼型化した顔は魅力が高いと判断されることが明らかにされている。

つづいて，性的二形性（性差）は，顔の魅力の要素として，また，生殖活動と

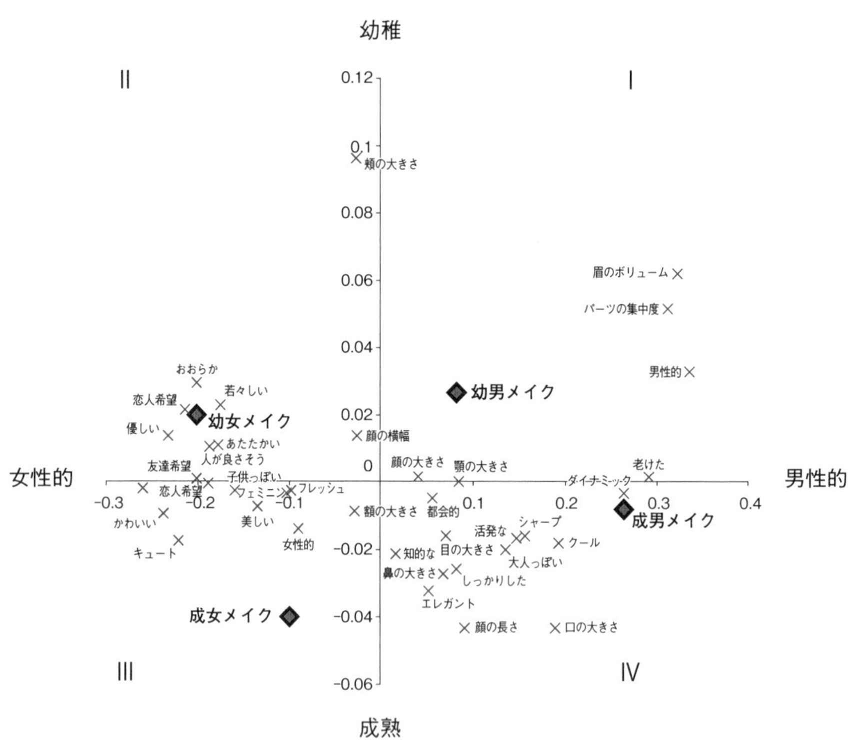

図 1-4　メイクとイメージの布置図
（九島・齊藤，2015b）

配偶者選択の手がかりとして，顔の重要な要因の1つである（大坊, 2001）。女性の顔の特徴は表1-2に示したとおりであり，このような形態的特徴は，おもに思春期以降に性ホルモンの作用によって形成され，これを性ホルモン・マーカーとよぶ（高橋, 2011）。性差と魅力に関して，蛭川・山口（1993）は，男女別の平均画像，男女合成の平均画像，性差を強調した画像を作成しその魅力を比較した結果，女性においては，女性平均か女性度を強調した顔が魅力的であると評定されたことを示している。そのほかの研究においても，女性化した顔は魅力が高いと判断されることが明らかにされている。

九島・齊藤（2015b, 2016）はこれらをふまえ，メイクアップによる印象の違いを検討した結果，顔や化粧の印象は年齢（幼稚的－成熟的）と性別（女性的－男性的）の軸で分類されることを見いだしている（図1-4）。

4　まとめ

知覚された顔の形態により印象が形成され，その印象によって対人魅力が変化する。美しい形態の顔は，美しいという印象をもたれ，魅力的であると判断される。ひいては，さまざまな好意的反応を引きだすことになる。

知覚される顔の形態が異なれば，異なる印象や反応となるため，メイクアップよって，欠点を補ったり，魅力的な顔や理想的な顔へと形態を変化させたりすることで，人は自信をもって社会へ向かえるのかもしれない。また他者からの好印象や高評価を得ることで，自信をもち，対人積極性を上げることができるのかもしれない。そのルートはどうであれ，化粧による対自的・対人的効果があることを，人びとは経験的に知っている。だからこそ，メイクアップをするのだろう。そしてメイクアップは，「心の健康」をもたらす重要な方法の1つであるといえよう。

注

1）データに基づき，類似した内容をまとめる手法のこと。

コラム３

男性のメイクアップ化粧品の使用実態と化粧意識

これまで，男性のメイクアップについての心理学的研究はあまりおこなわれてこなかった。スキンケアについてはある程度扱われており，また，ボディケアやヘアスタイリングなどもある程度は扱われているが，不思議なことに，男性のメイクアップに焦点をあてた研究は数少ない。

しかし，実社会では男性メイクアップの関心が高まってきていることがみてとれる。男性向け化粧品市場は右肩上がりで，そのうちメイクアップ関連化粧品は，市場（1192億円；2016 年度）の 1–2 割に及ぶとされる。さらに，日本経済新聞（2017）によると，2018 年秋，ポーラ・オルビスグループ会社が，業界初となるメイク中心のメンズ総合コスメブランドを発表した。この新ブランドのターゲット層は，「20 代後半からの美意識が高く，美しくなりたいすべての男性」とある。

ここで，最新の男性メイクアップに関する研究を紹介する。

九島（2018a）は，男性の自分の顔の認知とメイクアップ実施状況について 20–50 代の男性 200 名を対象に web 調査をおこなった。その結果，メイクアップの実施状況（眉の手入れも含む）については，9,946 人中 779 人（12.76%）がメイクをしていると回答し，年齢が低くなるほど，メイク実施者が多く傾向にあることを明らかにしている。さらに，メイク実施者のうち，自分の顔を女性的だと認知している人ほどメイクアップ化粧品の使用率が高く，そして，自分の顔を魅力的だと認知している人ほどメイクアップ化粧品の使用率が高いことを明らかにしている。また，九島（2018b）は，男性のメイクアップ化粧品の使用実態と化粧意識について上記と同じ対象者に調査をおこない，メイクアップ化粧品の使用頻度が高い人たちほど，「人から男性らしいと思われたいから」「欠点をカバーしたいから」「化粧をしないと落ち着かないから」「社会的立場上（仕事や立場上，必要だから）」などといった理由でメイクをしていることを明らかにしている（図）。男性メイクアップの研究は始まったばかりである。今後の研究が待たれる。

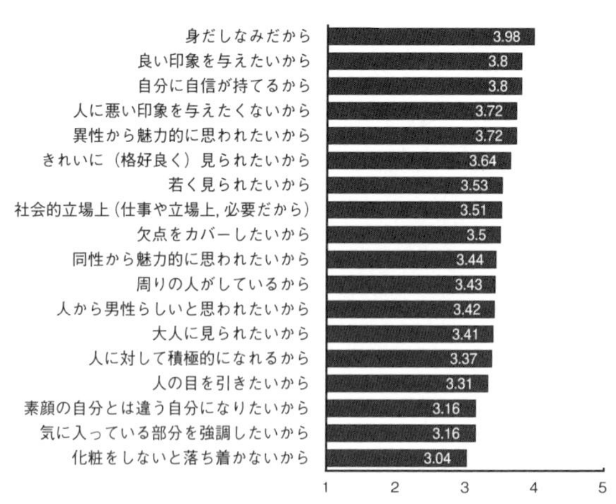

図　男性全体における化粧意識項目の平均値

コラム 4

まつ毛エクステンション

まつ毛エクステンションは，まつ毛を長く濃く見せるためにおこなうメイクアップのことであり，地まつ毛（生えているまつ毛）1 本 1 本に，人毛に類似した人工毛（エクステンション）を装着することである。

まず，まつ毛エクステンションとつけまつ毛との違いについて説明する。つけまつ毛は，まつ毛の付け根部分の皮膚に接着するのに対し，まつ毛エクステンションは，地肌から 1–2mm ほど離して，まつ毛に接着する。そのため，まつ毛エクステンションはより自然に仕上げることができる。まつ毛エクステンションで使用される人口のまつ毛には，太さ，長さ，カールの種類が数多くあり，それらを組み合わせることにより，さまざまな印象の目元をつくりあげることができる。そのため，まつ毛が，短い，細い，少ない，下を向いているなどのまつ毛に関するコンプレックスも解消することが可能とされている。なお，まつ毛エクステンションの持続期間は約 2–3 週間といわれている。

本来まつ毛は，眼を保護するためにあり，ほこりなどが角膜や結膜へ侵入するのを防いでいる。まつ毛の本数は，上まつ毛が約 100–150 本，下まつ毛がその半数程度，そして両者ともに，1 日に全部で 5 本前後抜けるという。また，まつ毛の長さは約 5–10mm で，1 か月に約 0.1–0.8mm 伸びるとされる。まつ毛の毛周期は 3 週間から 4 か月のサイクルであるため，頭髪（3–6 年）ほどには伸びつづけず，一定の長さが保たれている。

リクルートライフスタイル（2017）は，15–69 歳の男女 7,700 人（女性 6,600 人，男性 1,100 人）を対象に，アイビューティーサロンの利用実態（注：まつ毛エクステンションに限らない）について調査をおこなっている。その結果，アイビューティーサロンの利用経験率は，女性で 13.5%，男性で 4.8%となっており，男女ともに若い人ほど，利用率が高いことを明らかにしている。また，まつ毛エクステンションをする理由として，リクルートライフスタイル（2013）は，まつ毛エクステンション利用者の 7 割が，目が大きく見える（76%），または目力アップ（71%）の効果を期待すると回答していることを明らかにしている。

さて，日本では 2004 年頃からまつ毛エクステンション専門サロンが増加しはじめ，それにともない全国の消費者センターへの相談件数も増加している（第 14 章参照）。そのような背景もあり 2008 年 3 月以降，厚生労働省より複数の通知が出ており，まつ毛エクステンションは，美容師が美容所でしかおこなえない業務であることが改めて周知された。ユーザーは，安心しておこなえる店を選ぶ必要がある。

第2章
スキンケア

みなさんは，化粧といった場合に何を思い浮かべるでしょうか。口紅やアイライナーを思い浮かべた人もいるかもしれません。または，マスカラやチークを思い浮かべた人もいるかもしれません。もしかすると，香水やジェルネイルを思い浮かべた人もいるかもしれません。これらは，飾る化粧，つまりメイクアップの化粧となります。

あるいは，ほかの内容を思い浮かべた人もいるのではないでしょうか。メイクアップの準備のための化粧，もしくは，健康や肌の状態を保つための化粧，つまりスキンケアの化粧です。朝起きたとき，あるいは外での活動を終えた1日の終わりに，多くの人は顔を洗い，化粧水や乳液をつけ，場合によっては美容液や保湿クリームをつけるといったスキンケアを習慣としておこなっていることでしょう。これは，機能としては時間とともに肌表面についた汚れや，外向き用に施した化粧品（メイクアップ）を落とすための行為です。しかし，スキンケアをすることで，朝はすっきりと目が覚めた気分になったり，夜は反対にリラックスした気分になったりと，気持ちが切り替わるというような心理的な変化を実感している人もいるのではないでしょうか。

スキンケアは化粧のなかでどのような特徴があり，そしてどのような意義があるのでしょうか。メイクアップとどのように違うのでしょうか。ここでは，化粧のなかのスキンケアに焦点をあてて，装いを読み解いていきましょう。

1　日本人のスキンケアに対する意識の変遷
化粧下からスキンケアへ

「顔を洗う」ことや，「保湿のためのクリームを塗る」ことは，装いのなかで，どのような行為と位置づけることができるのだろうか。表2-1は，阿部（2002）が化粧についてまとめたものである。この表から，上記の行為は，日焼けなどの予防とともにスキンケアという化粧の1つであり，化粧のなかでも，容貌をより美しくするメイクアップとは異なる行為であることがうかがわれる。そもそも，宇野・青木（2010）によると，日本では化粧の語源は「化粧（けわい）」であり，周囲への気配り・気づかいをさす。自分自身を清潔にする，見た目を整え，他者の気持ちをよくするということであり，「化粧（けしょう）」という言葉はスキンケアとメイクアップ両方の意味をもっていたとされる。

表 2-1　化粧の分類（阿部（2002）をもとに作成）

スキンケア	肌を健やかに美しくするお手入れ。洗顔フォーム，化粧水，乳液，マッサージクリーム，美容液などを用いる。「悪影響を取り除く」「バランスを整える」「活力を与える」「環境から守る」の４機能からなる（資生堂スキンケア美容理論より）。
ボディケア	スキンケアのうち，特に首から下の部分に対するものを区別していう。 ボディローション，サンスクリーンなどを用いる。
メーキャップ	着色などにより容貌を美しく変化させる技法。通常，顔に対しておこなう。 首から下に対するボディメイクもあるが，まれである。 ファンデーション，アイシャドウ，口紅などを用いる。
ヘアケア	髪に対するお手入れ。広義には頭皮のお手入れも含む。 シャンプー，ヘアトニックなどを用いる。
ヘアメーク	カットやセット，パーマ，染毛などによって髪の美観を増す技法。 美容院でおこなってもらうことが多いが，日常のセットにはヘアムースやワックスなどを用いる。
フレグランス	香りによって印象を演出し，楽しむもの。

日本では昔から「色の白いは七難隠す」といわれ，肌の状態が対他的な装いの一部として扱われており，スキンケアの重要性がうかがわれる。一方，スキンケアは，日本では鎌倉時代から昭和にかけては「化粧下」，昭和の頃には「基礎化粧」とよばれていた。化粧下とは，化粧の下準備というニュアンスを含む言葉であった（阿部・高野，2011）。そのため，スキンケアをメイクアップから独立したものとして考えるのではなく，その途中と考える人が今でも多いとされている。日本におけるスキンケアは，ケア意識よりも身だしなみ意識の側面の強いものとして化粧と混同して用いられていた。日本において肌のケアがスキンケアとしてメイクアップから独立した概念になったのは，平成に入ってからであると考えられている。

現在，日本人がスキンケアに気をつかっていることが，以下のことから確認されている。2016 年度の国内化粧品市場は，ブランドメーカー出荷金額ベースで 2 兆 4715 億円と推定されているが，女性のスキンケアはそのうちの 46.5％を占める 1 兆 1490 億円であり，メイクアップ市場の 5482 億円の約 2 倍の市場規模である。また，阿部・高野（2011）によると，スキンケアを朝晩に実施する女性の割合も 94–95％と高い（フランスでは 45–55％）ことが示されている。このことからも，日本でスキンケアが日常に根づいていることが読み取れる。

これは女性に限ったことではない。洗顔による肌の汚れの除去や，化粧水や乳液などによる保湿・栄養付加といった手入れは，相対的に男女差が少ない行為であるとされており（平松, 2007），多くの人たちが意図せずに化粧を「身だしなみ」として習慣的に取り入れている（コラム6参照）。また，20–60代の男性の5割強がなんらかの関心をもっていることが明らかにされている（松本, 2016）。

2 スキンケアの使用

スキンケアはメイクアップとは何が異なるのだろうか。第一の違いはその使用様態にある。メイクアップがある程度の年齢に至ってから始められる行為であるのに対して，スキンケアは人が生涯にわたっておこなう行為である。現代社会において，人は生まれてすぐに身体を洗われる。新生児の日常において，沐浴のあとにはベビーローションなどを用いて肌の保湿をおこなう。そのほかにも，赤ちゃんや幼児に日焼け止めやリップクリームなどを塗布するのは，今やあたりまえの行為となっている。その後，生涯をとおして老年期に至るまで，多くの人がスキンケアを実施している。ポーラ文化研究所（2018）によると，スキンケアを毎日〜ほぼ毎日おこなっている人の割合は10代後半で77.3%，20代で78.0%，30代で84.3%，40代で83.0%，50代で84.7%，60代で83.7%，70代前半で72.7%とされており，スキンケアの使用割合は年齢を重ねても安定的に保たれることが明らかにされている。

池山（2013）は，人びとをスキンケアとメイクアップの有無によって大きく5

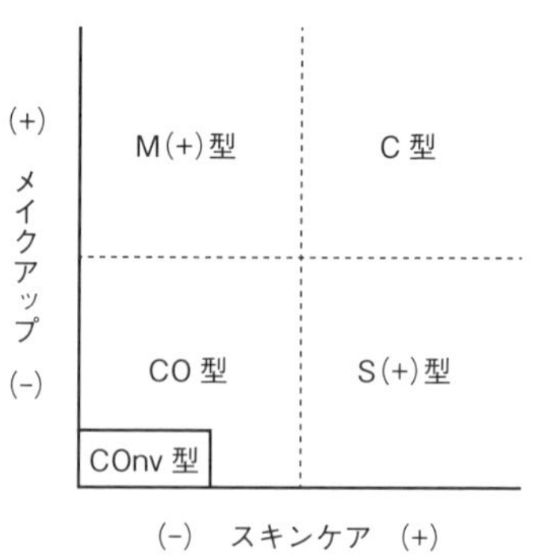

図2-1 化粧行為による分類（池山（2013）をもとに作成）

つのタイプに分類している（図2-1）。それぞれ，スキンケアもメイクアップもなんらかの理由で現在おこなっていないタイプをCO型，スキンケア行為だけをしているS(+)型，メイクだけをしているM(+)型，スキンケアもメイクもしているC型である。このほかに，池山は，時代背景や生活環境の影響でほとんど化粧をした経験がないCOnv型をおいているが，COnv型は現代の高齢者に特徴的なタイプであるとされ，今後は減少すると予想されている。

辻（2012）は，女子大学生を対象に化粧水と乳液の使用率の検討をおこなっているが，化粧水の使用率は100%，乳液は88%とされている。山田（2012）が女子短期大学生82名を対象に実施した研究でも，保湿系アイテムとして，化粧水の使用は93.9%（77名），次いで乳液62.1%（51名）と使用率の高いアイテムであることが明らかにされている。これらのデータはいずれも，短期大学および大学に属する青年期女性を対象としたものであり，社会参入を果たした成人期の女性のスキンケアの実態を詳細に検討する必要はある。先にあげたポーラ文化研究所（2018）の調査から，スキンケアアイテムの使用数は，10代後半で9.44，20代で9.92，30代で8.87，40代で8.09，50代で8.45，60代で7.42，70代前半で6.73であることが明らかにされており，いわゆる老年期とされる60–70代以前には，特に使用アイテム数に大きな変動がないことから，個別のアイテム使用に関しても大きく異ならないと考えられる。

ところで，化粧水の選択においては価格だけではなく，香りにこだわるという回答傾向も確認されている（辻, 2012）。香りに対するこだわりについては，後述の保湿するという機能以外の心理的機能が関連すると思われる。乳液においても，香りが重視される要素の1つであることに変わりはない。他方，化粧水・乳液において，「しっとり」「さっぱり」といった肌触りが重要であるという指摘もある（飯田・別府, 2015）。なお，同じスキンケアに分類される化粧水と乳液でも使用様態に違いがある。乳液は，化粧水と比較すると成分や香り，容器の形状などの製品のバリエーションが多く，化粧水よりも多様なこだわりにより購買行動がおこなわれていることも示唆される（山田, 2012）。

このようなスキンケアの習慣は，個人の習慣として持続する傾向がある一方，社会活動の機会の変化によって影響を受ける。先にあげた，老人福祉センターを利用する65–85歳の健康な高齢女性264人を対象に化粧行為の有無を調査した研究によると（池山, 2013），C型がほとんど（94.4%）であり，CO型は1.8%，S(+)型は3.5%，M(+)型は0.4%と少なかった。ただしスキンケアとメイクアップの両方を毎日するタイプは約半数（58.7%）であり，ときどきするタイプ（43.1%）のなかで一番多いのは，スキンケアは毎日おこないメイクアップをときどきする人であった（47%：なお，スキンケアをときどきしメイクアップは毎日する者は16.5%，スキンケアとメイクアップのどちらもときどきしかしない者は36.5%）。こうした結果から，スキンケアとメイクアップはほとんどの高齢女性がおこないつづけるが，特にスキンケアの頻度は持続しつつ，メイクアップの頻度は減少して継続している人が少なからずいることが明らかにされた。このメイクアップの頻度は，外出頻度と関係するという報告もある（久家・木藤, 2015）。

実際，社会活動の頻度が下がった高齢者の化粧について，要介護高齢女性41名（平均年齢80.1歳）の化粧行為について検討した池山（2013）によると，その対象者のほとんどがCO型とS(+)型であるとしている（スキンケアをしている者は46.9%，メイクアップをしている者は8.1%であった）。要介護高齢女性109名（平均年齢85.2歳）を対象にした行動調査からも健康な高齢女性と比較して,C型の割合が低いこと，そして，CO型の割合が高い傾向が報告されている（COnv型11%，CO型37%，S(+)型27%，M(+)型2%，C型23%）。また，伊波・浜（2000）が老人保健施設利用者100名（平均年齢82.3歳）を対象におこなった研究では，メイクアップをしている女性は11名であり，残りの28名が60–80歳以上に化粧をやめたとしている。化粧をやめた人は，人生の後半における何かしらの転機によって，身辺整理の一環として化粧から離れたものと考えられている。

高齢女性における化粧行為の特徴として，メイクアップの比重が減少し，肌の清潔を保ち状態を整える，保護的役割を担うスキンケアの比重が高くなることがあげられる（伊波・浜, 2000）。

3　スキンケアの生理心理的作用
ストレス・リラクゼーション・感情

スキンケアは，前述のように，メイクアップとは異なる効果が期待され，使用様態も異なる傾向にある。これは，スキンケアのもつ皮膚のケアという機能に起因するものであるが，スキンケアには，この本来的機能だけではなく，生理心理的面でも効用をもつことが指摘されている。スキンケアは，肌状態の改善や維持だけにとどまらず，皮膚感覚にも作用することで，視床下部を刺激して自律神経系に影響し，内分泌系や免疫系にも作用するとともに，リラクゼーション，リフレッシュといった生理心理学的効果を生じさせる。

阿部（2002）は，感情とストレス反応，そして，化粧の感情調整作用についてまとめている。化粧の一環としてのエステティックマッサージによって，①エネルギー覚醒と緊張覚醒が施術後に有意に低下すること，②より鎮静的で平安な心理状態に誘う作用があること，③リラックスやリフレッシュとも関わる心拍にも変化がみられること，④唾液中コルチゾール濃度と心拍率の変化に基づき，視床下部・交感―副腎髄質系に抑制的な作用をもたらしている可能性を明らかにした。類似の傾向は，出産直後の入院中の女性 38 名を対象としたエステティックケアの研究（宇野・青木, 2010）でも，①唾液中のストレスホルモンや免疫指標などのストレス指標の値の有意な低下と免疫指標の有意な増加，②活気の上昇，落ち込みや怒りや混乱などの低下，気分の改善，状態不安といった心理指標の改善，③全体としての美容ケアによるマタニティブルーの改善，といった形で確認されている。

このようなスキンケアによる効果は，専門家によるケアだけにみられるものではない。自身によるものであっても影響があることが確認されている。たとえば，日常的なスキンケアでは朝晩で主観的に異なる作用が生じることが明らかにされている。朝は活力を増大させるような「はずみ」の感情的作用が，夜はやすらぎの深まるような「いやし」の感情的作用が期待される（阿部・高野, 2011）。この感情的作用の実際に迫るため平松（2007）は，阿部（2002）のスキンケアの感情調整作用の研究をもとに，気分，感触，使い心地に関する 12 項目の感情調整作用項目を作成し，男女 794 名（男性 425 名，平均年齢 19.13 歳；女性 369 名，平均年齢 18.99 歳）を対象とした検討をおこなった。そこから，感情調整作用項目の構造が「やすらぎ」と「はずみ」の 2 つの因子でまとめられること，対象とした男女ともに，「やすらぎ」と「はずみ」で朝夕差が認められ，男女ともに「やすらぎ」では夕のほうが朝よりも，「はずみ」では朝のほうが夕よりも因子得点が高い傾向にあることが確認されている。このような気分の変化は，洗顔料，化粧水，乳液といったスキンケアのプロセスのなかで変化するという報告もある。妹尾・竹本・飯田・菅谷・神宮（2000）の報告によると，洗顔料で洗ったあとはリフレッシュ，化粧水の塗布のあとは満足の感情が起こり，それは時間とともに低

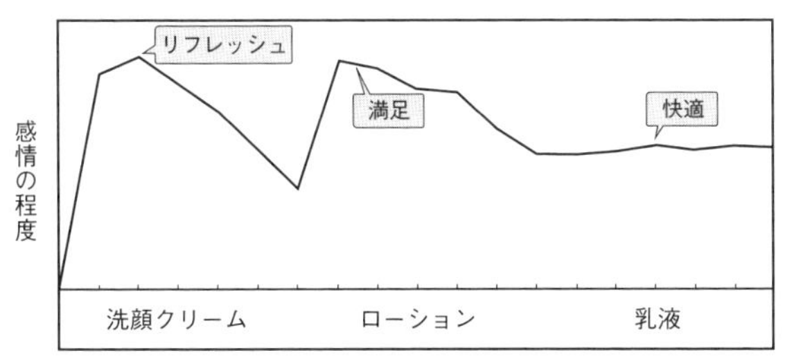

図 2-2　スキンケアにおける時間による感情の変化（妹尾ほか（2000）をもとに作成）

減するが，乳液の塗布のあとには心地よいという感情が持続する（図 2-2）。

このような変化は，それぞれのプロセスで用いられるスキンケア用品の肌触りとその皮膚に対する効用，そして，自分の顔に触れるという行為が影響していると考えられる。たとえば，肌触りとその皮膚に対する効用に関して，河島・引間（2015）は，化粧時の感情変化に関する自由記述を分析し，感情変化を経験したときとして，メイクアップでは「鏡を見たとき」「仕上がりを確認したとき」などの視覚的内容が 99.1％と非常に大きい割合であるのに対し，スキンケアでは「肌を触ったとき」や「手触り」「弾力のある」などの肌に関する触覚が 72.5％と最も大きいことを報告している。また，河島・引間（2013）は，さっぱりした乳液を使用すると活力感が，しっとりとした乳液を使用すると幸福・満足感が生起すると報告している。自分の顔に触れるという行為に関して，河島・引間（2018）は，化粧水を塗ったあとで自己接触（30 秒間手で顔を押さえる）をおこなうことで，覚醒を示す呼吸数の増加，呼気間隔の短縮がみられ，また，心理指標としては幸福・満足感，活動的快，活力感，贅沢感や，ときめきが生起することを報告している（図 2-3）。

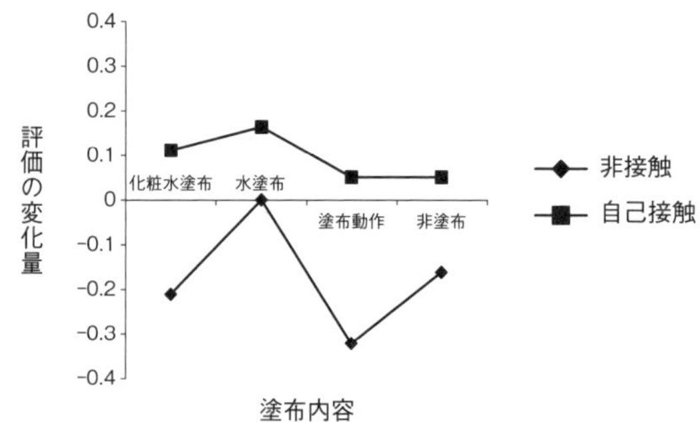

図 2-3　自己接触が「ときめき」に及ぼす影響（河島・引間（2018）のデータの一部をもとに作成）

注）　数値は事前と事後の差であり，大きいほど「ときめいた」の自己評価が実施前よりも実施後で大きくなったことを示す。なお，塗布動作とは，化粧水や水は用いず手で塗布する動作のみおこなっている条件である。

さらに，前述のように，化粧水も乳液も香りが重視されていたが，このような心理的作用を強化するうえで，身体接触の効果だけではなく，香りが心理的変化の手がかりになっている可能性がある。たとえば，菊地・秋田・阿部（2013）は，リップクリームの香りが使用感に大きな影響を与えることを指摘している（図 2-4）。スキンケアに関しては，心理状態の変容による改善なのか，エステティックケアなどの他者からのはたらきかけによるものなのか，スキンケアによる直接的な効果なのか，それぞれに切り分けて考えることはむずかしいとされる。しか

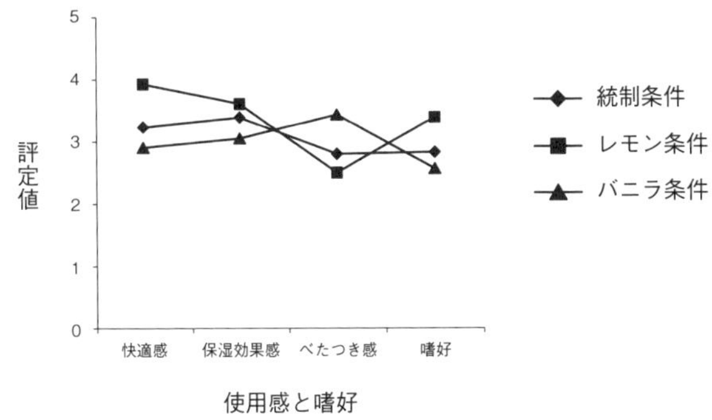

図 2-4　リップクリームにおける香りが使用感と嗜好に及ぼす影響
（菊地ほか（2013）のデータをもとに作成）
注）なお，統制条件は無香である。

し，香りが皮膚のバリア回復能力を向上させる効果についての報告（針谷ほか，2002）などもあることから，スキンケアによる心理的状態の改善が肌状態によい影響を及ぼすことも期待されている。

4　まとめ

スキンケアは，顔の衛生を保ち，保護をするためのものであり，わたしたちは老若男女問わず生涯をとおしてなんらかの形でスキンケアをおこなっている。スキンケアにおいては，成分や機能のみでなく，触覚に作用するテクスチャー（質感や手触りなど）や嗅覚に作用する香りが重要である。それらが感情をはじめとする心理的状態にはたらきかけ，ストレスの緩和やリラクゼーションをもたらし，みずからを慈しむ作用を生じさせるのである。

若い頃は，気を引き締める，よい印象を与える，異性から魅力的に思われるなどを意識して化粧をおこなう傾向がある。そのため，公的自意識（自己の外見や言動などといった他者が観察しうる側面に注意を向けやすい傾向）に関連するメイクアップが重視されるが，歳を重ねると化粧をすることによる心の落ち着き，気分転換や，女性としてのマナーや身だしなみが重視される。そのため，私的自意識（自己の内面といった他者からは直接観察されない側面に注意を向けやすい傾向）に関連するスキンケアが重視されるようになると考えられる（木戸，2015）。スキンケアの習慣は，自分と向き合うこと，つまり自分自身の状態を確認し，自尊感情を保つこと，そしてリラクゼーションにつながることから，現在の化粧研究においては，生涯をとおしてスキンケアを継続させることが生活の質の維持や改善にもつながると考えられている。

今後は，さらなる研究が重ねられ，より直接的な効果・効用のメカニズムの解明が期待される。

コラム5

化粧やおしゃれの教育

現代は，見た目重視の時代といわれる。多様な商品や情報の普及を背景として，社会階層を問わず化粧やファッションは日常的な行為となっている。よりよい見た目をつくり，保つことが現代社会を生き抜くために重要であるという認識は人びとに広く共有されている（石田, 2014）。だが，化粧やファッションを誰かに習って始めることは少ない。個人が入手できる情報の範囲は一般的に偏りがあることから，化粧の方法やファッション・コーディネートは自分なりのやり方で工夫しておこなっている人がほとんどである。そのため，そのときの状態にふさわしいアイテムを使っていない，あるいは個人の魅力を引きだす化粧やファッション（服装や着装）のコーディネートをしているとはいえないような事態も起こりうる。

スキンケアに関連していえば，山田（2011, 2012）の女子大学生を対象にした調査から，ファンデーション使用者に比してクレンジング剤の使用者は少なく，ファンデーションを使用しても化粧落としに適したクレンジング剤を用いていないことが報告されている。また，男性は，洗顔料や化粧水は使用するが，乳液やクリームといった保湿ケアは用いない傾向もある。

現代社会において，化粧などのおしゃれは人生の比較的早い段階から始められる習慣である。関連する情報の取り込みは，女性においては，雑誌やテレビ，インターネットなどのメディア，SNS や友人からの口コミ，母親とのコミュニケーション，そして店頭での購入時のカウンセリングなど多岐にわたる。一方，男性の場合は，他者と化粧やファションの話をする機会はより少なく，女性が友人どうしでする情報交換や店頭での相談といった生の情報を得ることは限定されると考えられる。

女性においてはさまざまな情報の取り込みルートが存在するが，だからといって，先述したように適切な方法を習得しているとは限らない。そのような問題を打開するために石田（2014）は，無自覚のうちに習慣化した自己流の化粧法・美容法に由来する自信のなさや不安を解消し，信頼のおける知識と理論に基づいた方法を納得する形で習得し，良好な人間関係を築くためのスキルを身につける場として大学での化粧教育の試みをおこなっている。また，松本（2016）は，おしゃれ教育学を提案している。化粧法などを教育として取り入れることにより，スキルや教養として装いの力が十分に発揮されることになると期待される。

コラム6

男性の「身だしなみ」意識と清潔志向

現代社会において，男性はメイクアップはおこなわないもののスキンケアはおこなう，という状況のようである。一般男性向けの化粧品は1970年代に発売されはじめた。それ以降，スキンケア化粧品，男性エステなどは順調に普及し，近年では男性向け化粧品の高価格化，百貨店での対面販売などを背景にその市場規模も拡大している。それは，「身だしなみ」意識に基づく清潔志向，とりわけ，つるすべ（肌がつるつるすべすべしている状態）をめざすことが男性の美意識として根づいてきたからといえるだろう（村澤，1996）。

実際，1990年代以降，無味無臭のボーダーレス化されたあいまいな男性像がより魅力的とされるようになり，2000年代には，メトロセクシャルとよばれる都会的で身綺麗な男性たちが自己表現として化粧を取り入れる傾向も認められた（石田，2005）。さらに2010年代には，SNSや画像加工アプリなどのテクノロジーの普及を受けて，そうした男性像はより理想化されたものに変容し，理想の自己像に現実をより近づけるためのスキンケア意識も高まったと考えられる。

このように社会的に構成された男性の美意識とそれに基づいた化粧行為が実践されている現状がある一方で，ジェンダー観としていまだに「化粧」は女性特有のものとして扱われることが多い（川野，2018）。実際，筆者も男子大学生のスキンケアに関するインタビュー調査をおこなおうと試みたが，「化粧」をキーワードとして強調してしまったことから，会話がかみ合わず調査自体がうまくいかなかった経験がある。

「化粧」という概念に対する男性の抵抗感の根強さがあるため，男性の化粧行為を含む美容は，しばしば総称として「身だしなみ」と表現される。「身だしなみ」を受け入れ，「化粧」に対して心理的距離を保とうとする男性のジェンダー観は，それ自体が心理学にとっても興味深い研究対象となると考えられる。

第3章
衣服（アウター）

「あの人は警察官だ」と思うとき，あるいは「まじめそうな人だ」「おしゃれな人だ」と思うとき，あなたは何を手がかりにしているでしょうか。もちろん，表情もあるかもしれません，髪型もあるかもしれません。でも，おそらく最も重要なのは，その人がどのような衣服を着ているのかではないでしょうか。衣服は，その意味で，最も注目される装いの１つです。

衣服は，防寒のために着るのでしょうか。トゲにあたって傷つかない保護のために着るのでしょうか。もちろんそれらも衣服の重要な機能です。しかし，それだけではない機能を衣服は果たしています。

ここでは，装いのなかでの衣服の役割に注目し，その機能を整理したいと思います。わたしたちは衣服によってさまざまな効用を得ていることが確認できると思います。

1　装いとしての衣服の機能

人は，美容整形施術のような手段を用いない限り，自分の身体そのものの外見を変えることはできない。しかし，人が衣服をまとうことで，外見をさまざまに変えることができ，かつ，多くの場合，衣服によって人は互いに印象を形成する。たとえば，体型も，黒い服を着たほうがほかの色の服よりもやせてみえること，同じ色の服でも明度が低いほど細く見えること，同じ黒のストライプやボーダーでもその線が細いほうが体型も細く見えることが指摘されており，服装がその人の体型の印象に影響している（鈴木・廣瀬・蔓谷, 2010）。そのため，衣服は「第二の皮膚（セカンド・スキン）」とよばれることがある（Drake & Ford, 1979）。逆にいえば，人が何かをまとうとき，何をまとうか，どのようにまとうかによってなんらかの意味をもってしまう。衣服は比較的選択の幅が広いものであり，選択を迫られるものである。そのため，衣服にはたんに「保護（温度変化や外的刺激から体を守る）」し，「慎み（身体が発する信号（性的信号など）を抑制する）」を示す機能だけではなく，「装飾（社会的地位，社会的背景，場面職業，役割を示す）」といった機能が従来から指摘されてきた（Morris, 1977）。

人は，この「装飾」によって，さまざまなことを成し遂げていると考えられている。神山（1998）は，その機能として以下の3つの機能をあげている。

「情報伝達」機能

冒頭であげたように，衣服は社会的な役割などを伝える機能を果たす。われわれがショッピングモールに入れば，個別に聞いて歩かなくても，または「わたしは警備員です」という表示をぶら下げていなくても，誰が警備員か，誰が（どの店の）店員か，誰が客かを瞬時に理解するだろう。このように，「情報伝達」機能には，①着装者の正体に関わる「アイデンティティ」の伝達という機能がある。さらに，それだけではなく，②着装者の人柄である「人格」（おとなしいか－活発かなど），③着装者の社会的態度に関わる「態度」（規範遵守的か－規範逸脱的か，目立ちたいか－目立ちたくないかなど），④着装者の心の動きに関わる「感情」や「情動」（元気か－疲れているかなど），⑤多くの人にとっての望ましさに関わる「価値」（現在流行の着こなしを共有しているか－していないかなど），⑥着装者を取り囲んでいる「場」の特徴に関わる「状況的意味」（堅苦しい場か－カジュアルな場かなど）を伝える機能がある（神山, 1998）。

このうち，「人格」つまり「パーソナリティ（性格）」に関しては，人が服装をとおして第一印象を形成することは従来から指摘されてきた（Conner, Peters, & Nagasawa, 1975）。神山・枡田（1990）は，服装により着装する人の印象がさまざまな内容において異なることを示している。永野・小嶋（1990）は，「個人的親しみやすさ」「活動性」「社会的望ましさ」の3つの次元で，服装から人の性格を推定していることを示唆している。このように人が他者の「パーソナリティ」を推定する際には，「どういう性格の人はどういう服を着ているか」といった，自身のもつ「暗黙の人格理論（implicit personality theory）」（Bruner & Tagiuri, 1954）をもとにして判断することが知られている。服装を手がかりとして人がどのようなパーソナリティを推定するかについて検討した神山・牛田・枡田（1987）の研究によると，人は，服装の「奇抜さ」「流行感覚」「色の好み」「性イメージ」の4つの因子をもとに，人のパーソナリティを推定していることが示唆されている。しかし，これは場面や服装の種類によるところもあり，また，服をまとう側の意図とは異なるかもしれない。就職面接での服装意識について調査した高橋・大枝（2013）は，服装によって演出したい自己として「誠実」「積極性」「洗練」「女性的」の４つの因子があり，服装選択の傾向から「おしゃれ志向」「規範逸脱」「機能性重視」の３つの因子があることを報告している。これらは衣服のそれぞれのアイテムやその色・柄・形態がもつ意味の影響を受けるが，それだけではないと考えられる。桐谷・田中・小原・玉垣・宮崎（2007）は，同じ服でも，その服を単独で提示するときと，着た状態で提示するときとでは印象が異なることがあることを指摘している。

なお，服装の印象に及ぼす影響は，非言語メッセージの社会的な意味づけの変容にしたがって，時代とともに変わりゆく。つまり，ある時代においては「悪いもの」とされていたものが将来的には「よいもの」とされることもあれば，その逆もある。これは，衣服に限らず，染髪（第９章参照）やイレズミ（第６章参照），さらに体型（第８章参照）においても同様といえる。流行のなかにそれを確認することができるであろう。

「自己の確認・強化・変容」機能

情報は，他者に対してだけ発信されるものではなく，自己に対しても向けられる。私服も選択可能な病院で，入院中の衣服と闘病意欲について検討した田中・若林・東中須（2016）は，私服選択の１つの要因として病衣に対する抵抗感をあげたうえで，私服を選択する人のほうが，闘病意欲がある人の比率が多いことを報告した。病衣には「家族以外の面会がいやになる」といった社交性の認識に関わる理由以外に，「病人の印象が強く，病気であることを実感する」「明るい色だと元気が出る」といったように，衣服が自己に与える影響があることを示唆している。

また，人は衣服を着用することで，自己を確かめ，強め，変えている。そのため，まとう衣服によって，自己のイメージや判断が変わることが知られている。アダムとガリンスキー（Adam & Galinsky, 2012）は，このことを「衣服化認知（enclothed cognition）」と名づけている。たとえば，着衣が道徳性判断に与える影響について検討した上林・田戸岡・石井・村田（2016）の研究によると，「潔白」といったように善と結びついた白色の服をまとったほうが，「黒幕」といったように悪と結びつきがちな黒色の服をまとうよりも，顕在的な自己評価と潜在的な（意識することが困難な）評価であるIAT（潜在連合テスト）においても，みずからを道徳的だとみなす傾向が高まることが示唆された。このように，衣服は，まとう本人の心理にも強い影響を与えるが，それは服によって変容する自己の社会的意味をとおして影響するものと，服そのものが個人の心理に直接影響するものとがあると思われる。

前者は，たとえば服が属性（たとえば，病人らしさ，あるいは社会人らしさや学生らしさ），価値観（たとえば，「かっちりとした」）や，ジェンダー（たとえば，男らしさや女らしさ＝確認・強化）を含む自己のイメージを形成し，自己の外見を自己のあるべき姿のイメージに近づける（あるいは外見によって自己のあるべき姿のイメージが変化する＝変容）ことで，自信や満足度，不安の低減といった心理的効用につながると考えられている。藤原（1987）は，被服のイメージの検討から，好きな服が自分を理想的な自己に近づけるための位置づけにあることを示唆している（図 3-1）。衣服は本人がこだわって選んだ服だからこそ，いっそう自己の一部になる。自分自身が選び身につける過程において自己のイメージに適合している衣服が選ばれ，自己の貴重な所有物であり身体の一部として拡張自己（extended self：物質的，具体的なモノを自己の一部として統合すること）をつくることになる（神山, 2011）。

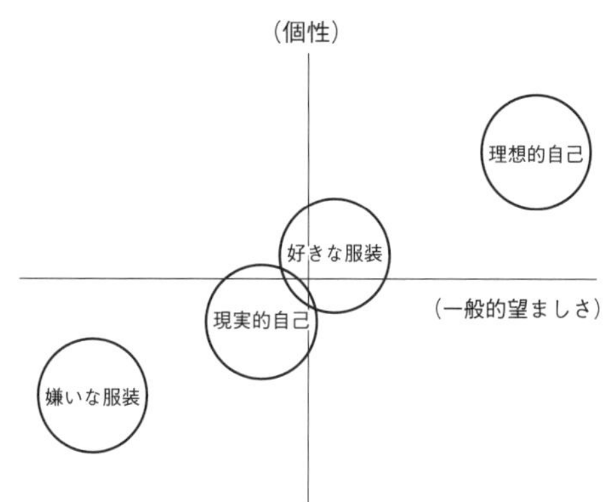

図 3-1　理想的自己，現実的自己，好きな服装，嫌いな服装
（藤原（1987）をもとに作成）

後者の例としては，たとえば，服そのものが，「快活・爽快」「充実」「優越」「安らぎ」といった肯定的感情や「抑欝・動揺」「差恥」「圧迫・緊張」といった，否定的感情を引き起こすという考えである（西藤・中川・藤原, 1995）。実際に，気分調整に衣服を用いているという研究もある（Kwon & Shim, 1999）。

「社会的相互作用の促進・抑制」機能

これまで述べてきたように，服装は，他者が自身に対してもつ印象にも，自己の自信や認知，社交性にも影響する。そのことは，結果的に，他者との関係にも影響する。古くから，「外見のよさ」が採用面接における採用の関係（Forsythe, Drake, & Cox 1985）や対人援助（Harrell, 1978；Guéguen, 2010）に影響を及ぼすことが指摘されている。また，友人関係においても影響する。青年期における同性の友人，異性の友人，恋人に期待することについて研究をおこなった髙坂（2010）は，青年期の友人への期待においては，外見が魅力的であること，より具体的には，かっこいいこと（かわいいこと），スタイルがよいこと，おしゃれであること，男らしいこと（女らしいこと）が求められることを明らかにしている。髙坂（2010）の研究は衣服や化粧のみに限ったことではなく，全体としての魅力を対象とした研究であるが，他者との相互作用として，外見の魅力をつくりだすことが重要であることを示唆している。

実際，友人関係が重要だと考えられる女子高校生のおこづかいの使い方に関する調査からは，以下のようなことが明らかにされている。女子高校生のおこづかいの使い方は，多いものから「買い物」（39.2％），「交際費」（27.5％），「食費」（14.3％）であり，買い物の内訳は，「服（ファッション用品）」（27.3％），「本」（22.2％），「コスメ」（16.5％）である（Tes Tee Lab, 2017）。衣服を選び購入することは，外見の魅力を意図的につくりだすことにも関わっていると考えられる。

しかし，単純に「外見がよい」ことだけが重要なわけではない。とりわけ青年期では，ファッションは個人的なアイデンティティを獲得するプロセスの一部として機能し，またわたしたちのパーソナリティの二面性（他者と異なるわたし／わたし自身としてのわたし）を表出するものとして用いられるとされている（Larrain, 2013）。こうした過程は，自己の二重過程として理解できるものであり，主体としてのわたし（I）のあり方と，他者から知られる主体としてのわたし（me）とが一致しているときに，ファッションにおけるアイデンティティの感覚が成立すると考えられる。そのため，他者が自分のお気に入りの服と同じ服を着ていれば，そのファッションを避ける傾向とともに，その人を避ける行動が生まれると考えられている（向川, 2005）。

2　服装の意味の規定要因

前述のように，服装はとりわけ初期の人間関係において重要な役割を果たしており，かつ，それぞれの衣服やその着こなしが意味するものは，時代や場所によって変化する。そのため，服装を社会生活を円滑に営むうえでの重要な社会的道具（柏尾・箱井, 2006）として用いるためには，その時代のその場でのその服装のもつ意味を正確に理解する必要がある。服装は多様な側面をもつが，ここでは社会的価値という面からとらえた場合に重要なトピックとなる「規範」「印象形成」「流行」に関する心理学的知見について言及する。

規　範

われわれがある服装をしていて，それが望ましくないと感じたり，どこか恥ずかしく感じたりする判断のもとになっているのが規範（norm）である。より一般的には，社会や集団において人が同調を期待されている行動や判断の基準，準拠枠をさす。規範には，公的・外的なものから私的・内面的なものまでさまざまなレベル，形態で存在する。装いの規範意識は，多くの場合において暗黙のうちにその規範が決められている。人びとは，暗黙のルールを内面化し，また，内面化されたルールが人びとの行動を規定している（福岡, 1999）。

これに関連して，公的自意識（自己の外見や言動などといった他者が観察しうる側面に注意を向けやすい傾向）は衣服を選び着る際の基準の重視やそれに対する意識と強く関連することも明らかにされている。自分自身に対する意識が，服装の意識度を高め，それが社会的場面における衣服を選択する際の社会的な基準を重視する度合いに影響するのである（牛田・高木・神山・阿部・福岡, 1998）。さらに，公的自意識の高い者ほど，インフォーマルな場面では実用性や個性・流行を，フォーマルな場面では社会的調和を重視して着装規範に従って衣服を選択するようになる。つまり，人から見られる自分を意識する程度の高い者は，他者の反応やそこから得られるフィードバックを予測したうえで，場面にふさわしい着装行動をおこなうのである。また，そうした行動によりさらに着装規範意識が強められていくことが明らかにされている（牛田・高木・神山・阿部・房岡, 2002）。

印象形成

社会心理学者のアッシュ（Asch, 1946）の印象形成の過程における初頭効果の研究で知られているように，人にとってはじめの印象は重要である。初頭効果として特定の人に対して印象が形成されると，その認識された印象は継続しやすく修正されにくいとされる。印象形成過程では一般に容貌，体格，声，そして服装などが手がかりとなるが，前述のように，特に服装には個人の性格，態度，感情，意図などが反映されるという信念をわたしたちはもっている（永野, 1996b）。そのため，人はそれを手がかりに対象の印象を形成する。高木（2010）は大学生を対象とした研究から，新たな対人関係を形成する際には「落ち着いた」「普通な」衣服が望ましいとされることを明らかにしている。

また，刺激のくり返しの呈示により好意が高まったり評価が高まったりといった単純接触効果が知られているが，衣服においても同様の傾向があることが報告されている（長田・杉山・小林, 1992）。ファッション雑誌から抜き出した新奇な衣装の写真を提示するほど，それに対する高感度が高くなることが示されている。

人は，初対面で服装を手がかりに他者の印象を形成し，さらに，その後も，くり返しまとう衣服によって，その人の印象が強化されていくという段階が想定される。ある人物が，類似した傾向の衣服を着装することによって，まわりの他者はいっそう，その人のイメージを確固たるものとし，そして，そのイメージが周囲の人たちに共有されていくといえよう。なお，人は相手が形成する印象を自分が相手に抱かせたいと思う自己像と一致させるために，それに合った衣服を着装していく。たとえば，他者に上品と認識してもらいたい場合は（必ずしも実際に上品である必要はない），相手が上品と認識するであろう衣服を着装するであろう。これは，印象管理（e.g., Arkin, 1981）といわれている。

流　行

かつて西洋社会において，流行とはごく一部の特権階級が独占するものであった。そのため，より下層の階級の者が上層の階級の模倣をするトリクルダウンセオリーに基づく流行過程が一般的であった。しかし，現在では，流行が身分によって限定されることはなく，基本的には誰もが流行品を手にすることができるようになった。流行している衣服を身につける，あるいは流行遅れにならないように装いに気を配るといった着装意識は，今や多くの人がもつ意識と考えてよいだろう。

古典的な研究として，ジンメル（Simmel, 1904）は流行現象を，ほかの人びとの行為を模倣することで社会や集団に順応しようとする「同調性への欲求」と，ほかの人びとから自分を区別して自己の独自性を表現したいという「差別化への欲求」という2つの欲求を起源とするとした。つまり，流行は同調と差別化の矛盾する欲求から生じる現象である。流行の段階は，4つの段階からなる。新しい様式の「伝達・知覚期」，流行を取り入れる人が現れはじめる「検証・試行期」，検証された様式が普及する段階である「普及期」，最盛期を過ぎてしだいに消滅する「消滅・終息期」である。なお，早い時期に流行を採用する者は，その動機として「差別化の欲求」が，また遅い時期に採用する者は「同調欲求」が強いとされる（永野，1996b）。

流行とメディアの接触との関連において，2000年代以前の研究ではファッションやヘアスタイルは雑誌メディアからの影響が最大とされてきた（中島，1996）。近年ではインターネットやSNSから情報がより手軽に入手でき，ファストファッションの台頭により商品もより安価で入手できるようになったと考えられる（ファストファッションについては，コラム8を参照）。こうした流れのなかで，流行現象も変容しつつある。乳原（2005）は，大量生産され，規格化された流行への大きな移行が生じ，その流行に追随する人が多いとしている。

服装選択における評価基準

以上は，装いとしての服装の意味を規定するものであるが，人はこの要因だけで日々の服装を決めているわけではない。クリークモア（Creekmore, 1966）は，服装を選択する際の評価基準として８つの基準を類型化している（表3-1）。また，日々の服装選択を検討したクウォン（Kwon, 1987）は，服装を選ぶ基準として，「その時的要因（天気，その日にする活動内容，実用性，気分，身体的自己）」と「恒常的要因（服の好み，パーソナリティ）」をあげ，それらが相互に関係している可能性を示唆した。他方で，人は，「品質・性能期待」「流行性・他者承認期待」「似合い・着こなし期待」「自己の顕示・解放期待」といった衣服のベネフィットだけではなく，リスクを感じて，それが服装の選択に影響しているという指摘もある（神山・高木, 1990）。神山・苗村・田中・高木（1990）は，人は衣服の購入時に,「品質・性能懸念」「服装規範からの逸脱懸念」「着こなし懸念」「流行性懸念」「自己顕示懸念」といった不安を感じていること，それらの不安を解消するために,「友人／モデルによる保証」「ブランド／ストアの高イメージによる保証」「品質・性能の確認」「着用方法の確認」「ストア・ロイヤリティ」「購入の即断回避」「販売店員の助言」「家族による保証」「経済的犠牲の軽減」「着用寿命の確認」「試着」「自己納得」をおこなうことを指摘している。

表3-1　被服選択における評価基準の８つのタイプ
（Creekmore（1966）をもとに作成）

①芸術的	被服について美を願望し，美を尊重し，美に関心を抱き，追求する。
②経済的	被服の使用と選択について時間を，エネルギーを，そして金をかけることを好まない。倹約・質素・実用・耐久などを重視する。
③探求的	被服を実験上の原材料として商品的に評価しようとする。変化・冒険・自由を重視する。
④政治的	被服を威厳，差別，リーダーシップのしるしとして使おうとする。権力・地位・名誉を重視する。
⑤宗教的	被服を象徴として精神的，道徳的な表現を強調する。
⑥感覚的	被服に対して暖かさ，涼しさ，滑らかさ，ぴったり身体に合うか，ゆったりしているかなどの快適性を願望する。安全・保護・清潔・着心地などを重視する。
⑦社会的	着ている被服について他人がどう思っているかと他人に対して関心を抱く。他者の被服に対する関心と同調するよう心がける。
⑧理論的	被服がなぜ使われるのか，被服はなぜ必要なのか，被服はなぜ満足を与えてくれるのかという理由を知識として明らかにし，体系化したいと願望する。

3　なぜその衣服を着るのか

服装選択の発達

服装の意味は，どこかに変わらず存在するモノのようなものではなく，人びとの行動のなかで常に刷新されつづけ，そこにしか存在しないものである。装いは，先験的な実体としてとらえるのではなく，自己と状況の交渉の結果として産出されるものとしてとらえる必要性がある（有元, 2001）。そのため，人は，衣服は親などの他者に着せられるものから，みずから選び着るものとなるが，着せられたり，選んだり，ほかの人が自己や他者に言及するのを聞いたりするなかで，親から子，あるいは友人どうしで「服装の意味」が伝達されている。幼い頃は親や友人は子どもにとって重要な他者であり，1つの重要な社会規範となる。他者から伝達された情報を自身の社会的経験を通じて受け入れ，内在化させ，自己のアイデンティティと相互にやりとりし，さらにそれをみずからの行動の基準とすることにより，個人的規範が形成されていくと考えられている（阿部・高木・神山・牛田・辻, 2001）。

これまで，子どもの服装選択の発達については，さまざまな観点から論じられてきた。古典的な研究として，カイザー（Kaiser, 1989）は2–10歳の女児の服装と遊びについての縦断的研究をおこない，年齢とともに男性的な服装をしている子どもは，身体的に活発で，攻撃的な遊びをするようになるのに対し，女性的な服装をしている子どもは，人形遊びなどを好む傾向があるなど，発達にともなって服装に応じた行動をとるようになることを指摘している。3–6歳の子どもをもつ76人の親にインタビューをおこなった研究では（Halim, Ruble, Tamis-LeMonda, Zosuls, Lurye, & Greulich, 2013），3・4歳の女児の約3分の2（68%）と3–6歳の男児の約半分（44%）の親が，子ども自身が，親の意向に関わらず自分のジェンダーに典型的な服を強く好み，また，そうした好みに基づき行動すると報告している（たとえば，女児はピンクのフリルのついた服を好み，男児は女児っぽい服をいやがる）。女児のほうが男児よりも衣服に対する好みについて早い段階で言及する傾向はあるものの，男女ともに発達の初期から，衣服についての嗜好性がはっきりしてくることが指摘されている。

このような嗜好性は，年齢とともに多様になると考えられている。中学生，高校生，そして大学生の男女を対象に服装への関心度合いについて検討した内藤（2014）の研究では，中学生の服装関心度は「流行性」「機能性」「経済性」「適切性」の4つの因子で構成されるが，高校生になるとこれらに「個性」因子が加わっていることが示されている。つまり，自己の社会性，身体性，ファッション性が一体となり，自己への同一性と他者との差異化に結びついた衣服の扱いが可能になっていくことが指摘されている。こうした一連の過程を経て，個人にとって自己を組織化し，社会に向けて発信するための衣服の取り込みが完成に至るのである。なお，内藤（2014）の研究では，場面イメージが服装の選択に大きな影響をもたらすことを示している。中学生から大学生の着装場面を「学校」と想定した場合，中学生では「機能性」や「社会性」を意識した服装がふさわしいと感じるが，高校生や大学生では自己アピールや流行のように「個性」を意識した服装がよいと判断するようになるとしている。これは，服装をとおした自己表現や自己実現が求められるためと考えられる。

幼年期から大学生に至る装いの変遷についてインタビューをおこなった木戸・荒川・鈴木・矢澤（2015）の研究では，衣服の取り込みに関わる価値観が発達とともに変容する様子が示されている。それによると，幼少期には，自己中心的でアニミズム的（自然物や人工物などの無生物をまるで生きているかのように認識し，表現する）な傾向をもつ装いは，クリークモア（Creekmore, 1966）のいう社会的，政治的な傾向（表3-1参照）へと変容していく。つづく小学校時代には本人の所属集団内部の規範や役割によって着衣が決定され，「われわれ意識を支える衣服」の価値が前景化してくる。集団規範に基づく服装選択においては，友人関係の形成と服装選択に関して，集団から浮かないようにしたり（e.g., 高木, 2010），遊びの対象として機能したりすることになる。そして，中学校時代には，社会的な価値観から一歩進み，政治的な価値観も含めたなかでの「自分らしさを保つための」アイデンティティに関連する服装の選択が試みられるようになる。その間，小学校から中学校にかけて，家族との相互作用において服装の選択の自立過程がみられる。この期間に人は自分たちで衣服を選択し購入するという行動を身につけるようになっていくのである。

なお，老年期の着装意識も重要なトピックである。高齢者を対象とした研究は限られるが，着装時に配慮する内容などの検討がおこなわれている（小林, 2003）。高齢者の着装に関しては，動作がしやすく脱ぎ着がしやすいようにと，機能面に配慮されていることが確認できるが，季節感が表れるようにといった配慮もおこなわれていることが確認できる（図3-2）。精神的・身体的な衰えを経験する時期において，それらの機能の衰退をカバーするために，おしゃれな装いや若々しい装いをすることにより，精神的に充実した生活につながると考えられる。高齢者を対象とした幅広い研究がいっそうおこなわれることが期待される。

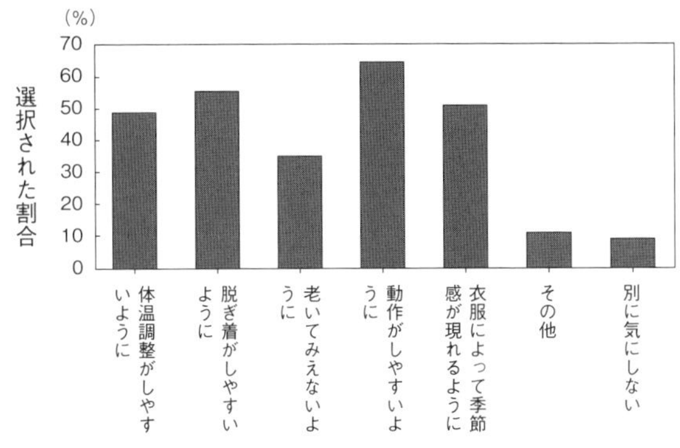

図 3-2　老年期において着装時に配慮する内容（小林, 2003）

4　まとめ

本章では，社会心理学において検討されてきた着装意識を中心に，着装に関わる意識や行動についての知見を概観した。さらに，衣服を選び着るという営みにわたしたちがどのように取り込まれていくかを，発達的な観点からもまとめた。そのなかで，服装の社会的価値を考えるためのキーワードとなる「規範」「印象」「流行」についてまとめた。わたしたちにとって衣服は自己を表現する手段として使用できる道具である。近年では，ファストファッションの台頭から，より容易に衣服を手に入れることができるようになった。それにより，服装はわたしたちにとって身近なコミュニケーションツールとなった。それゆえに，わたしたちがどのような衣服を選択し，身につけるかがより重要な問題となったといえるだろう。

コラム7

双子コーデ

双子コーデという現象を知っているだろうか。市村・新井・今野（2018）によれば，双子コーデとは，同性の友人関係にある2人が，同じ衣服や装飾品，もしくは同じ衣服の色や柄違いを用いて，「同一であるように」全身をコーディネートし，双子のように演出することである。双子という表現が用いられると，一卵性双生児のイメージからか，まったく同じであることを求めているように感じるが，実際には，双子コーデをする2人が同じであるように見せながらも，それぞれの個性も示すというファッションのようである。大学生99名（男性32名，女性66名，不明1名）の調査において，双子コーデをしたことがある経験者は男性1名（3.2%），女性26名（39.4%）と全体としてはけっして多くはないが，女性の経験者のほうが多い。一方，男女共に双子コーデの情報や実際に双子コーデをしている人を見たことがある者は多く，双子コーデは現代青年にとって身近な現象であるようである（市村ほか，2018）。

双子コーデは，「おそろいでかわいい♥」と表現されることがある。ただし，この「かわいい」という表現には，双子コーデをする行為や結果が「かわいい」というだけではなく，さまざまな意味が含まれているようである。たとえば，2人で双子コーデをすることによって，自信がないファッションセンスがよくなる，人と違う目立つことをするので「かわいい」と他者に評価してもらいやすくなるなど，周囲から「かわいい」という好意的な評価を得る手段にもなる。

また，双子コーデは，深い友人関係を示す証ともなるようである。双子コーデという奇抜（？）かつ大胆な行動によって，双子コーデをする2人は互いの深い関係を確認し，「自分にはこんなに仲のよい友人がいる」ということに安心する。また双子コーデをしている自分たちの画像をSNSで投稿し，周囲に自分たちの仲のよさを示し，こんなに時間も労力も金銭も必要となる（たいへんな）ことができる深い友だちがいるのだと見せつけることもできる。

図　双子コーデの例

コラム8

ファストファッション時代をとらえるための新しい被服心理学の必要性

新しく衣服を買うとき，あなたはどのような店を利用するだろうか。衣服を購入する場合にわたしたちにはさまざまな選択肢がある。とりわけ21世紀に入ってからは，ファストファッションの台頭から誰もが気軽に安価に流行の衣服を手に入れることができるようになった。

ファストファッションとは，安価な製品を大量に生産し，新作商品を短いサイクルで流通させるシステムのもとに展開されるファッションである。例をあげると，日本の企業が展開するユニクロやGU，海外の企業が展開するGAP，ZARA，H&Mなどがある。ファストファッションは，自社が製造から小売まで一括しておこなうことによりファッションの大衆化を推し進めた（吉川，2014）。とりわけ若者は，それぞれの生活のスタイルに合わせてファストファッションの利用をおこなっている（大枝・佐藤・高岡，2013）。生活意識として生活を楽しむ傾向のある者は，流行の服装を取り入れるために，また環境に配慮した生活や堅実的な生活をする傾向のある者は，コーディネートの工夫などをするためにファストファッションを利用する。

ファッションの世界では新たなものが絶えず流行する仕組みになっている。それが手軽なものであればあるほど，より多くの人がより強くファッションへの志向をもつことになる。かつては通信技術，製造と流通などの制約から庶民には手が届かない存在であったファッションが，今やあらゆる人に関わるものとなった。こうした衣服を取り巻く環境の変化は，ファッションと人の関わりを射程とする被服心理学やその周辺領域の理論にも影響を与えており，今日的なとらえ方が必要となってきている。

その1つに自己の問題がある。これまでの心理学的な立場では，固定的な同一性を備えた伝統的な社会を生きる「自己」が想定されてきた。たとえば，流行の採用動機は，「自己の価値を高くみせようとする動機」「集団や社会に適応しようとする動機」「新規なものをもとめる動機」「個性化と自己実現の動機」「自己防衛の動機」などがあげられている（永野，1996）。こうした自己観はある一面からの自己のあり方をとらえることはできるが，複雑な現代社会で生きる自己観をとらえるためには十分ではない。ファッションをとらえる自己観については，河野（2014）が述べるようにファッションを考える場合の自己にはみずからの身体を変身させ，他者からの視線を受ける「身体性」の想定が必要である。これに加えて，吉川（2014）は身体性をもつ自己には現在にとどまらない時間性の想定が必要としている。これらを併せて考えると，個人が客観的な自己をどのようにとらえるかについての観点と，発達とともに変容する自己をどのようにとらえるかについての観点が必要ということになる。なお，これらの議論は，哲学的な考え方を含むものである。ファッションの複雑な様相に迫るためには既存の心理学の領域や方法にとらわれるのではなく，学問や研究領域の垣根を融合させるような，革新的な研究のあり方も求められるのである。

第4章
衣服（インナー）

衣服といえばジャケットやシャツ，スカートやズボンなどが思い浮かぶでしょう。しかし，それらと身体とのあいだには下着という衣服もあります。下着はアウターに対してインナーともよばれます。保温や湿気の除去，あるいは体のシルエットの補整など，さまざまな機能を果たしてくれるものです。また，他者には見えないはずのものですが，インナーのおしゃれにこだわる人も少なくありません。インナーは大きな経済市場を形成する装いのアイテムですが，インナーについての研究は国外に目を向けてもほとんど例がありません。「下着」という言葉がもつプライベートなニュアンスからか，研究者が踏み込みにくい雰囲気があることもたしかです。しかし，こうした下着という特殊な衣服にあえて目を向けることで，身体や性，自己意識といった観点から，「装い」という行為の意味を新たに問い直すことができるでしょう。ここでは近年の下着の研究を紹介しながら，「装い」とは何かを改めて考えてみたいと思います。

1　ファッションとしての下着

洋装を支える下着

『日本洋装下着の歴史』（日本ボディファッション協会，1987）によれば，日本における下着は次のような経緯で導入されたという。西洋下着を日本の女性が身につけたのは，1883（明治16）年の鹿鳴館での舞踏会の頃と考えられるが，あくまでもそれは一部の上流階級の女性たちに限定されていた。昭和に入ると洋装下着の国産第一号としてブラジャーとコルセットが製造されるが，これらが本格的に庶民に普及しはじめるのは戦後であった。

終戦後，アメリカ文化の急激な流入にともない，多くの女性たちが洋装を取り入れるようになり，そうした変化にともなって下着に注目が集まった。体型が目立ちにくい和服と違い，洋服はボディラインが強調される。そのため，洋服を着用するためには，下着によって体型を整えることが必須であった。1950年頃の百貨店では下着売り場に，「ブラジャー」とともに「コルセット」がメインの商品として並べられた。「コルセット」はウエストを締めつける被服であるが，ブラジャーとともに，戦後，早くから生産され普及した下着であった。特に，当時流行していたのが，ウエストの細さをアピールするタイプの服装であったことも，「コルセット」への関心を高めたといえる。ニュールックとよばれたそのファッションに関して，当時の資料には，「ウエストをしぼり，ウエストのくびれからヒップにかけての線を特徴的に強調しているのだから，そのウエストラインやヒップラインをきれいに表現するためには，ことさらコルセットが必要であった」（日本ボディファッション協会, 1987）と言及されている。下着には汗を吸収し，また保温する効果があるが，当時は，女性においては，バストやウエストからヒップへのラインを整え，洋服を美しく着るという機能のほうが大きかったといえよう。

このような下着の役割は，和服や戦中のモンペに慣れてきた当時の日本女性には理解しにくかったようである。1950年代中頃の百貨店などでは「下着ショウ」といったイベントが開催された（菅原・COCOROS研究会, 2010）。当時の写真には，女性客の前にモデルが登場し，下着姿から始まり，順次，洋服を身につけていく様子が示されている。当時の男性週刊誌などでは，「逆ストリップ」などと揶揄されたようだが，下着によって整えられたボディラインが，洋服を着た場合のシルエットづくりに効果的であることを理解してもらうための啓蒙活動であったという。この頃，婦人雑誌にも洋装を美しく着るための記事がさかんに掲載され，自身の体型の欠点を知り，下着によって補う必要がある旨が述べられている。このように，和装から洋装へと被服文化が大きく転換していくなか，下着はアウターを身につけるための下地として広がっていったといえよう。

お気に入りの下着

下着は女性のボディラインを整える被服であるが，別の機能も有するものとなってきている。本来，洋服の陰にあって，それを支えるアイテムである下着はそれ自体の存在感を目立たせないよう，その色は外から見えにくい白を基調とするものであった。ところが，1980年頃から色の種類が増えはじめ，1990年以降は赤や青などの原色も加わりデザインも多様化する。そして，この頃には，「勝負下着」という言葉が広く使われるようになる。一般に，その場面とは「異性との交際」として受け取られることが多く，下着の装飾性は「性」の問題，つまり異性への誘惑の道具と関連づけられ，世俗社会のなかで言説化した。

「勝負下着」は本当に誘惑の道具であるのか，この点を明らかにするため，鈴木・菅原・完甘・五藤（2010）は下着に対する意識調査をおこなっている。対象者は首都圏と関西圏在住の18–59歳の1,000名である。なお，「勝負下着」という言葉には偏ったイメージが付与されているため，この調査では「特別な時や大切なシーンで身に着ける下着」として「お気に入りの下着」という表現を使用している。まず，対象者が「お気に入りの下着」とよべるものを所有しているかどうかを尋ねたところ，全体の9割が「ある」と答えていた。年齢による差はほとんどなく，ほとんどの女性が特別な場合に使う下着とその他の一般の下着を区別していた。好みの下着の条件としては，「デザイン」との回答が全体の6割を占めており，「機能」や「素材」「サイズ」などを大きく上回っていた。この「デザイン」はすべての年齢層で最も重視されており，装飾性の要素は特別な下着に欠かせないことが示された。

次に，こうした下着を使用する場面を見ると，図4-1のように，全体としては「好きな人に会うとき」や「デート」が4割と多かった。ただし，これは18–39歳までの比較的若い年層に限定されていた。この年代層においては，ライフステージとして恋愛や結婚が発達課題の1つとして重視されるためと考えられる。一方，「パーティー・宴会」「国内旅行」なども全体の3割が，「同窓会・同期会」「コンサート・観劇」などは2割程度が好みの下着を使用する場面としてあげており，年齢をとおして大きな差はみられなかった。これらは異性に直接関係しない場面である。総じて，異性関係に限らず，通常とは違う特別な場面一般において，多くの女性がデザイン性に優れた特別な下着を身につけていることが示された。このことからも，異性への誘惑という理由だけで下着のファッション化を説明することはむずかしそうである。

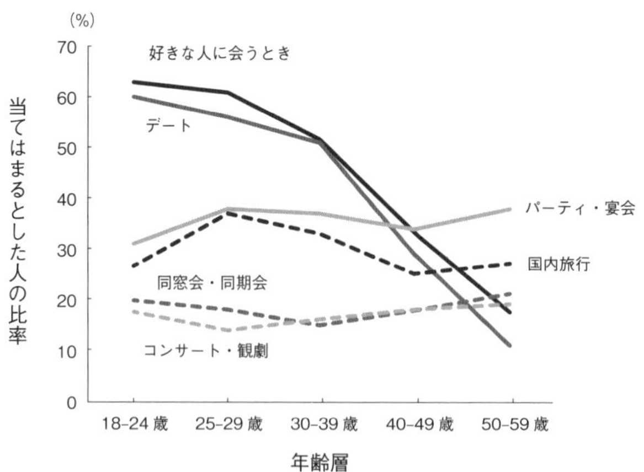

図4-1　年齢層別のお気に入りの下着を使用したい場面
（鈴木ほか（2010）をもとに作成）

2　下着の心理的効用

下着へのこだわりの心理的背景

女性が，隠れて見えないはずの下着のデザインにこだわる背景にはどのような理由があるのだろうか。鈴木ほか（2010）では，「お気に入りの下着」を着る場面での心理的効用について尋ね，因子の構造を探ったところ，「アピール」「気合い」「安心感」の3つの因子を見いだしている。アピールは「パートナー・恋人が喜んでくれる」「異性にセクシーさをアピールできる」など，異性との関係性に関する効用感である。気合いは「やる気を起こしてくれる」「ココロが引き締まる」など，覚醒水準や動機づけを高める効用感，そして，安心感は「ほっとする」「リラックスする」などの緊張緩和を意味する効用感と考えられている。

こうした効用感をどのような場面で必要とするのだろうか。パーティーや同窓会，格式の高いレストランでの食事などの「ハレの舞台」，試験や面接，人前でのプレゼンテーションなどの「面接・プレゼン」，初めてのデートや異性との旅行などの「親密な他者との接触」，落ち込んだ気分から立ち直るとき，ツイていない出来事が続いたときなどの「ストレス対処状況」の4つの状況と心理的効用との関連の検討の結果，表4-1に示すように「親密な他者」と「ハレの舞台」ではアピールと気合いの効用が必要とされているのに対して，「面接・プレゼン」と「ストレス対処状況」では安心感と気合いの効果が求められていることが明らかとなった。つまり，異性との出会いや他者のなかで自己が目立つような場面ではアピール効果が期待され，自身が苦境に置かれる場面では下着による緊張緩和の効果が求められるなど，場面によって下着の効用感を使い分けている様子が認められた。

表4-1　下着に求める効用感と下着を使用したい場面との関連性
（鈴木ほか（2010）をもとに作成）

	ハレの舞台	面接・プレゼン	親密な他者との接触	ストレス
アピール	○		○	
気合い	○	○	○	○
安心		○		○

注）○は相関係数.2以上の関係を示す。

さらに，興味深いことにすべての場面に共通して気合いの効果が求められている。他者との関係性であろうとストレス対処であろうと，これらには共通して集中やがまんといった自己制御が求められる。バウマイスターほか（Baumeister,

Schmeichel, & Vohs, 2007）によれば，自己制御のためには一定の心の資源を消費しなければならない。この概念を借りるとすれば，「気合い」とは「ここ一番」の場面において，心理的資源を集中的に自己コントロールに供給し，消費する効果をさすと考えられる。すなわち，お気に入りの下着によって，女性たちは心の資源をモチベーションというエネルギーに変換していると想定される。

下着の心理的効用に結びつく特徴

下着の心理的効用感は下着のどのような機能や特徴から生まれてくるのだろうか。さらに，お気に入りの下着を着用する理由として，3つの心理的効用感のうち何が特に期待されるのだろうか。鈴木ほか（2010）では，下着の特徴が心理的効果を生みだし，それが，お気に入りの下着への「こだわり」に結びつくというモデルを想定し，これらの関連性を総合的に検討している。

まず，下着への「こだわり」であるが，ここでは普通の下着と特別な下着を区別したり，ハレの舞台で特別な下着を使用したりする傾向などをさす。図4-2が示すとおり，「アピール」「気合い」「安心感」のすべての心理的効用が「こだわり」につながっている。ただし，パス係数[1)]の値を見ると，なかでも「気合い」が下着へのこだわりを強める大きな要因であることが示された。異性へのアピールや安心感よりも，まず特別な場面でのモチベーションを高めることができるという期待が，お気に入りの下着の使用をうながしているようである。

下着の特徴と心理的効用の関連について検討したところ，アピールの効果は「装飾性」から生じ，安心感は「高級感」と「つけ心地」によって担保されている

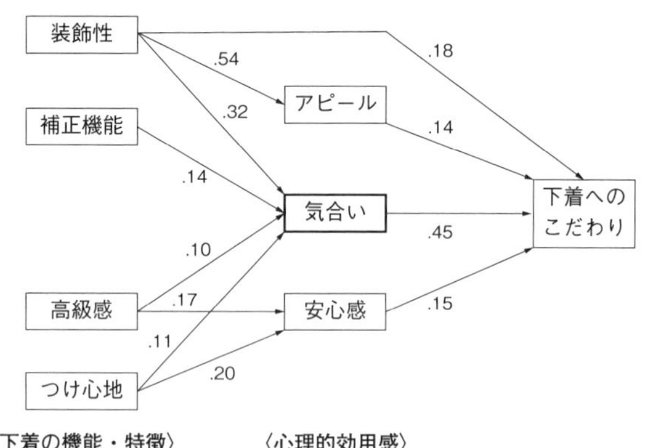

図4-2　下着へのこだわりについての心理モデル（女性）
（鈴木ほか（2010）をもとに作成）

注）値はパス係数。

ことが示されていた。「装飾性」とは見た目がかわいい，セクシーといった特徴，「体型の補整機能」はスタイルがよくみえる，胸の形がきれいにみえるなどの効果をもつこと，「高級感」は高額や有名ブランドであること，そして「つけ心地」は肌触りがよく，楽であることを意味する。すなわち，デザインがかわいく，セクシーな下着は異性に魅力を伝え，ブランド物に心地よく包まれているという感覚が心を落ち着かせる。そして，気合いの効果はすべての下着の特徴から，総合的につくりだされている。いわば，下着のよい面がすべて気合いを高めることにつながっているともいえる。このように，それぞれの心理的効用感が，工業製品である下着の個々の特徴に対応して生みだされているという点は感性工学的な観点からも興味深いと考えられる。

ここで特に注目したいのは「装飾性」のもつ心理的効果である。見た目がかわいくセクシーな下着はたしかに異性へのアピール効果を高めているが，「気合い」の効果を高める要因にもなっている。このことから，下着のファッション化の目的が異性への誘惑だけではないことが確認できる。「気合い」とは先にみたとおり，モチベーションを高めるもので，その効果が期待される場面は多岐にわたる。たとえ他者に直接見せなくても，オシャレな下着を身につけているという自己満足的な感覚は，「気合い」を高める一助となり，さまざまな生活の局面を切り開いていくための心の支えになっていると考えられる。女性たちがそうしたメカニズムを経験的に理解し，下着にファッション性を求めていったものと解釈できる。

男性における下着へのこだわり

男性において，下着はどのような意味があるのだろうか。鈴木・菅原・西池・小松原・西口・藤本（2014）は，男性も女性と同様，下着になんらかの心理的効用を感じることで，「ここぞという場面で特別なパンツをはく」といった「こだわり」が生じているというモデルを設定し分析をおこなっている。調査対象は首都圏在住の15-64歳までの男性1,030名であった。まず，パンツへのこだわりの程度であるが，「ここぞという時，つけるパンツにはこだわりたいと思う」という項目に関して，「あてはまる」か「ややあてはまる」と回答したのは全体の31.7%であった。年齢別にみると50代では22.3%とやや少なく，20代，30代ではそれぞれ，40.8%，37.4%に達している。また，「特に気に入っているパンツとそれ以外を使い分けている」という項目に関しても，全体の33.2%が肯定し，20-40代では4割弱とやや多くなっている。男性においても，パンツにこだわる人は少なくないことが示されている。

次に，お気に入りの下着の心理的効用感については，男性では女性と同様に「異性アピール」「気合い」「癒し（安心感）」が得られたが，これに加えて男らしい気分になれるなどの「男らしさ」と，ツキが回ってくるなどの「開運」が見いだされている。これらのうち，お気に入りのパンツの使用をうながしている要因は，「異性アピール」「気合い」「男らしさ」の3つであるが，女性同様，特に「気合い」の影響が大きかった。しかし，女性において着用の要因であった「安心感」が男性においては見いだされず，代わって「男らしさ」がお気に入りの理由としてあがっていた。男性にとってお気に入りのパンツは緊張緩和につながらず，逆に緊張感やモチベーションを高める機能が強いと考えられる（図4-3）。

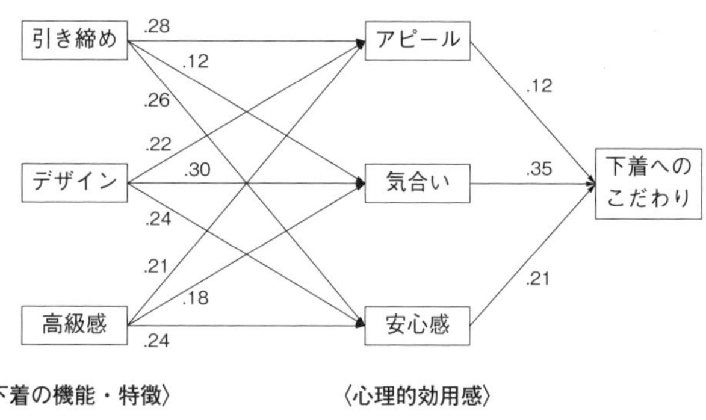

図4-3　下着へのこだわりについての心理モデル（男性）
（鈴木ほか（2014）をもとに作成）
注）値はパス係数。

心理的効用感と下着の機能・特徴との関連については，「デザイン」「引き締め」「高級感」のそれぞれが3つの効果すべてに関与しており，関連の強弱にも大きな差はなかった。女性とはやや異なり，特定のパンツの機能が特定の効果を生じさせる構図は見いだせず，男性においては下着のとらえ方がやや未分化であることが示唆された。

このように，男性においても大筋は女性と同様に，パンツへのこだわりが異性へのアピールだけでは説明できないことが示された。高級でデザインがよく，締めつけ感のあるパンツで気合いを入れ，男性性を再認識することで，異性とのデートや旅行の場面だけでなく，仕事でのむずかしい交渉や面接，結婚式や同窓会といったハレの場，さらにはスポーツクラブやサウナなどの場を過ごしていると思われる。

3 見せる下着

見せる下着の流行

インナーには，色彩化，ファッション化に加えて，アウター化も生じている。1990年代の後半，本来は下着であるはずのキャミソールを，上着もなしにアウターとして使用する，いわゆる「見せる下着」が流行った。ただし，こうしたファッションを企画，販売したのはアウターのメーカーであり，その仕様も透けないように厚めの生地を使用するなど，従来のものとはやや異なっていた。なお，下着メーカーもその後追随している。そして，下着のアウター化は進み，ブラジャーの一部やストラップを見せたり，あえて目立つ色の下着をつけてアウターから透けさせたり，ローライズジーンズのうしろからショーツの一部をのぞかせたりするファッションが登場してくる。これらは総じて「下着ルック」と称された。

こうした風潮は男性週刊誌などで批評されている。その見出しには「男をソソル」「露出は誰のため，何のため」「羞恥心を捨て去った」などの表現が用いられ，またしても，性的なテーマと結びつけた記事が散見される。菅原・鈴木・完甘・五藤・藤本（2010）は18–59歳の女性を対象に，下着や身体の露出に関してどのように感じているのかについての調査をおこなっている。肌や下着を見せるファッション（肌見せファッション）についての経験度は，年齢と強い負の相関があり，年齢が若い人ほどこうした服装の経験度は高かった。また，肌見せファッションへのイメージを尋ねると，高齢層ほど「異性を刺激する」「じろじろ見られる」「奥ゆかしさがない」など性的，非道徳的な印象としてとらえているが，一方，若い層では「セクシー」「かわいい」「かっこいい」などの肯定的な意見が多く，ここでも年齢の違いが際立っていることが示されている。

下着を見せる理由

なぜ，若い女性はこのようなファッションを受け入れたのだろうか。一般的に，身体の一部はプライバシーの領域であり，そこを覆う下着が衆目に晒されることに羞恥心を覚えるはずだと考えられている。そのため，社会においては若い女性の羞恥心の問題が言及されることがあった。しかし，実際はそのような単純な話ではないようである。菅原ほか（2010）では，下着や肌を見せるファッションへの羞恥感についても検討している。「肩出しキャミソール」「ブラのストラップが服の隙間から見える」など12の露出に関して恥ずかしさの程度を尋ね，これを因子分析したところ，大きく2つの因子に分かれている。1つは「見せブラ」「胸元が広く開いた服」など意図的な露出に対する羞恥感であり，他方は「下着の色が洋服から透けて見える」「かがんだときに下着が見える」など偶発的，非意図的な露出への羞恥感である。このように，「見せる露出」と「見える露出」への恥ずかしさは別な感性であることが示されている。そして，肌見せファッションの着用度には，「見せる露出」に関する羞恥感側が大きく影響しており，意図的な露出を恥ずかしいと思うかどうかが，「下着ルック」を採用するか否かを決める要因になることが示された。また，この2種類の羞恥感は，前者は年齢と負の相関がみられるが，後者は年齢とは無関係であり，さらに老若に関わらず高い羞恥感を示していた。結果として高齢層は「見せる」も「見える」も同じように恥ずかしいと感じるが，若年層は「見える」は恥ずかしいが「見せる」は恥ずかしくないと区別をつけている。したがって，「見せる露出」としての「下着ルック」は若年層に受け入れられたものと考えられる。

これらの結果から，菅原ほか（2010）は「下着ルック」が流行した理由を次のように解釈している。まずはアウターメーカーによってキャミソール型のファッションを普及させたことが引き金となる。肩や胸元がこれまでになく大きく開くことで，そこにあった下着がどうしても見えてしまう。若年女性にとっても「見える」のは恥ずかしいため，むしろ「見せて」しまおうという発想が生まれてくる。こうしたニーズを受け，アクセサリー感覚のブラジャーの肩紐やウエスト部分のゴム部分にレースをあしらったショーツなどが登場する。つまり，「下着ルック」は肌見せ系のアウターを着こなすための工夫であったといえる。このように考えると，「下着ルック」の流行は，下着そのものを衆目の前に見せびらかすためのものではなく，「アウターを美しく着る」という下着本来の役割を果たした結果ということになる。

見せることへの羞恥感を分ける要因

上述のように，「見せる下着」の利用は意図的な露出への羞恥感の程度によって決まるが，こうした身体露出に対する感性の違いは，どこからくるのだろうか。菅原ほか（2010）は，この点について「性的刺激管理説」（菅原，2003）の観点から検討している。性的刺激管理説とは，人間が複雑な社会を形成・維持するためには，異性の獲得をめぐるメンバー間の葛藤を極力抑える必要があり，そのために，多くの社会では，公共の場において個々人が自己の発する性的刺激を管理する暗黙の義務を負っているという考え方である。そのため人は，日常の社会生活のなかで性的イメージを喚起させる言動や身体の露出を控えることになる。もし，こうした基準を破ると周囲の人びとに社会的安定の破壊者とみなされ，拒絶，攻撃されることになる。こうした拒絶を受けることに対する警戒反応が羞恥感であり，ゆえに，人は恥ずかしさによって身体の露出を控えるとする。

この考え方に従えば，なんらかの露出があっても，それを性的なものとして周囲が受け取らなければ，恥ずかしいとは感じないことになる。たとえば，海水浴場や身体検査での脱衣は，性的な目的でないことをみなが共有しているので恥ずかしさが生じない。下着や肌を見せるファッションについても同じことがいえる可能性がある。18–24 歳の女子学生を対象に，肌見せファッションの着用経験，着用することの恥ずかしさの程度，および，自身と周囲の人たちの同ファッションに対するイメージについて尋ね，これらの要因間の関連性を分析している（図 4-4）。

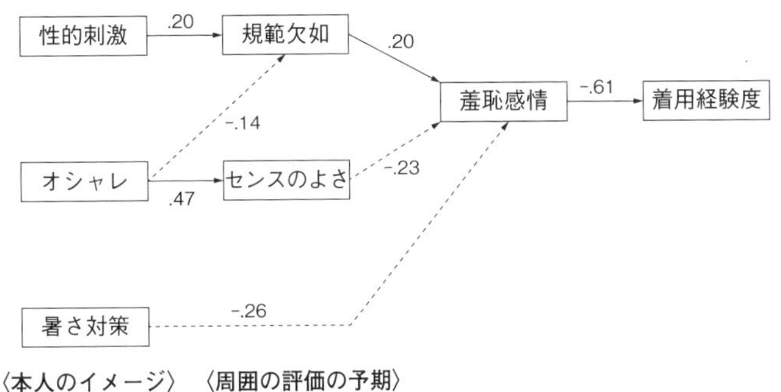

図 4-4　肌見せファッションへの意識と他者評価の予測が羞恥感，着用行動に及ぼす影響
（菅原ほか（2010）をもとに作成）
注）値はパス係数。なお，破線は負の関連を示す。

肌見せファッションの経験度は「恥ずかしさ」の程度によって抑制され，その「恥ずかしさ」に影響を与える要因として，3 つのルートが見いだされた。1 つは肌見せファッションについて「異性を刺激する」「変質者に襲われる」など性的刺激としてとらえる感性である。こうした人は，自身が露出した服装を着たとき，周囲の人から「不道徳」「社会を乱す」などと受け取られると感じており，それが恥ずかしさを強めている。一方，肌身見せ系を「かわいい」「かっこいい」などファッションの一種としてとらえている人は，周囲の人たちからセンスを褒められると感じるので，恥ずかしさは生じにくい。さらに，第三のプロセスとして，暑さ対策としてとらえる人たちも恥ずかしさは感じていなかった。このように，肌見せファッションを採用する女性は，この服をあくまでオシャレやクールビズとして考える一方，採用しない女性は性的な刺激ととらえており，性的刺激管理説の予測と一致していた。ちなみに，「異性にセクシーさをアピールする」など性的な意識とは関連が認められず，男性週刊誌が指摘するような誘惑者の道具としてこの種のファッションが使われているという証拠は見いだされなかった。

こうした知見から，下着の装飾性がなぜ社会的な批判を浴びやすいかという理由がみえてくる。性的刺激管理説が指摘するように，こうした批判は「プライベートな姿を露出し，異性を誘惑しようと企んでいるのだろう」といった憶測に基づいていると想像できるが，その背景に，「隠れた被服に装飾をするのは，あえてそれを誰かに見せるためであろう」との推測があるように思われる。「飾る」＝「他者へのアピール」という暗黙の前提である。しかし，装飾の目的は他人に見せることだけではない。そこに，「装い」や「オシャレ」という行為の本質があるように思われる。

4　下着から考える「装い」の機能

下着のファッション性の起源

（西洋）下着が本格的に普及して約70年であり，その間，さまざまな流行や変化が生じている。装飾性も同様である。1980年代には下着の色彩が一変し，1990年代後半には，肌を見せるファッションの普及にともなって下着のアウター化も進んだ。本来，洋服の陰に隠れた被服にもかかわらず，なぜ女性たちは下着に装飾性を求めるのだろうか。

下着は大きくファウンデーションとランジェリーに大別される。前者はこれまで述べてきたブラジャーやコルセット，ボディスーツが代表で，おもに洋服を着たときのボディラインを整える機能がある。一方，下着にはランジェリーというもう1つの種類がある。スリップなど，汗や湿気などを吸収し，アウターと身体との滑りをよくするために用いられる下着である。なお，最近は洋服の裏地が工夫されているので不要となったが，かつては服の上から下着が透けたり，響いたりしないような目隠し効果も担っていた。こうした機能は重要であるものの，女性たちはファウンデーションがファッション化するかなり前から，ランジェリーの装飾性をも楽しんでいたことがうかがえる。

ランジェリーのなかでもスリップは，洋服をファウンデーションに添って滑らせる（スリップさせる）効果をもつものである。戦前からあったシュミーズと違い，肌にも心地よく，フリルやレースが加えられていてファッション性も高い。昭和

30年代頃には部屋着として使う人も多く，ピンクやパープルなど淡い色彩をつけた商品も人気を博していたという。菅原ほか（2010）はワコールの社内報などから当時の状況を次のように分析している。たとえば，女性社員の昭和30年代当時の回想録には，銭湯での湯上りのひとときを女性たちが思い思いのスリップ姿で過ごす様子が紹介されている。当然，この場所に男性が関われるはずはなく，自分のスリップに満足感を覚え，女性どうしのあいだで互いのファッション性を意識する雰囲気があったことが確認できる。さらに，1958（昭和33）年の同誌の記事でも，女性デザイナーが風呂上がりのスリップについて触れ，「下着がどんどん美しくなってくれることは，見せる，見せないにかかわらず，女にとっては楽しいことなのです。これは男性には分からない」との記述もある。

当初，下着はボディラインを整える機能を中心に開発されてきた。ただ，そうした開発者側の方針とは別に，女性は下着が登場した直後から，自身の身体を直接包み込むこの特殊な被服に対して特別な「おしゃれ心」を感じていたようである。

対他的機能と対自的機能

被服の心理・社会的な機能について神山（1996）は次の3つの要素を指摘している（第3章参照）。第一は，「自己の確認・強化・変容」の機能であり，被服を着ることで個人は自己イメージや自尊感情を自覚し，防衛，強化する。第二は，被服によって他者に自己の情報を伝える「情報伝達」の機能である。被服は着用者のアイデンティティ，人格，価値観などを判断する手がかりとなり，対人認知が円滑におこなわれるようになる。そして，第三の機能は他者との人間関係を規定する「社会的相互作用の促進・抑制」機能である。着用する被服によって対応する相手の反応を変化させ，さまざまな対人関係のなかで他者とのやりとりに影響を与えるという。

これら被服の3つの要素は，対人関係という文脈を意識したとき，自己コントロールのための一連の循環プロセスのなかに位置づけることが可能である（図4-5）。まず，装いをとおし，他者に対する自己の「情報伝達」をおこなって，「相互作用の促進・抑制」を調整することができる。こうした直接的な効果を「対他的機能」とよぶことにする。同時に，自身の着飾った姿を鏡などでみずから確認，あるいは想像することで自己評価が高まるなど，「自己の確認・強化・変容」が生じる。これが「対自的機能」である。ただし，対自的機能で得られるのはたんなる自己満足ではない。そうした自己意識の変化が発言や立ち居ふるまいなど，外見とは別なモードにも反映することで他者との関係性を変える過程が想定できる。そして，そんな自分に対する他者からのフィードバックによって，自身のイメージや評価がさらに変容，強化される。このように，対他的機能と対自的機能は一連の自己コントロール過程のなかで連動し，互いを補完し合う。

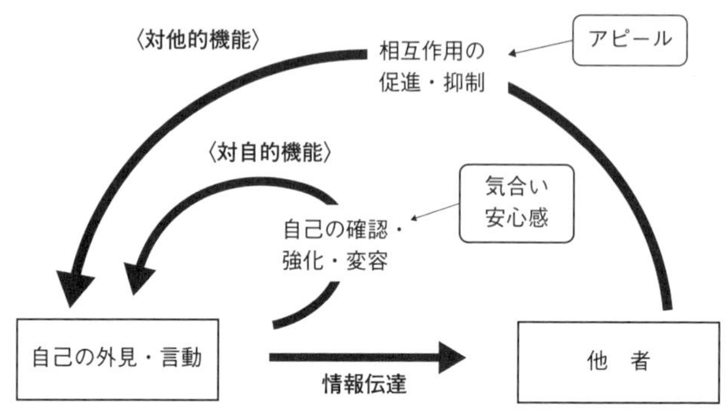

図 4-5　装いの対自的・対他的機能

このプロセスは当然，下着にもあてはまる。下着の心理的機能として見いだされた「アピール」は対他的機能に該当する。異性との関係性のなかで下着がアウターとなり，相手からの愛情を引きだす要素になる場合もある。また，友人との旅行先で温泉に入るときも，下着は自己のセンスを物語る媒介物になる。しかし，下着は相手を魅了するという対他的機能に限定されない。自分の身体をデザイン性の高い，高級な衣服が包んでいるという感覚は「気合い」や「安心感」を高め，重要な場やストレスのある状況を乗り越える手助けとなることが示されている。こうした対自的機能をとおして，下着は個人の社会的活動をうながし，ひいては，対人関係のなかでの自己の価値を高めていくことができる。

これまでの装いに関する研究では，こうしたプロセスの背景にある個人差要因も検討されてきたが，強固な関連がしばしば認められるのが，自己への社会的評価に対する関心である。たとえば，笹山・永松（1999）は化粧行動をうながす認知的諸要因を検討しているが，それら全体に影響する個人の欲求特性として顕示欲求を指摘している。また，痩身行動に関する馬場・菅原（2000）でも，他者から賞賛を得たいとする欲求の強さが，痩身のメリット感を介してダイエット行動をうながしていることを見いだしている。鈴木（2017）においても，同様のことが示されている。下着に関しても，先に述べた菅原ほか（2010）は，下着へのこだわりに影響する多様な要因のほとんどが，賞賛獲得欲求の高さと関連していることを示している。賞賛獲得欲求とは他者からの肯定的な評価を得ようとする傾向であり，否定的な評価を回避しようとする拒否回避欲求とは区別される。こうした点から考えると，下着へのこだわりは，社会的評価の高揚動機と深く関与している。しかし，それは単純に下着姿を他者に直接自慢するという意味とは考えにくい。むしろ，好みの下着を身につけることで自尊心や動機づけが高まり，それを介して他者に積極的に関与できるようになることを期待しているとも解釈できる。すなわち，自己アピールは対他的機能によって直接達成されるだけでなく，対自的機能を介した自己概念の強化によっても間接的に獲得できるという点が重要であろう。女性たちが補整効果だけでなく，下着に装飾性を求める背景には，装いの対自的機能の存在がうかがえる。

5 まとめ

下着は身体保護やアウターの着こなしのためだけではなく，社会的行動への動機づけを高めたり，安心感を高めたりといった心理的機能をもつことが示されている。アウターも同様の機能をもつが，他者に直接見えない下着にもこうした効果があるということは，「装い」という行為のもつ本質的な意味を示唆しているように思われる。すなわち，外見を美しく整えるのは，必ずしも，他者にその姿をアピールするためだけではない。気に入った外見になることで個人は自尊感情を強化し，いつも以上に自分を積極的な状態に誘導できる。「装い」とは他者のみならず，自分自身に向けたアピールともいえそうである。下着についての心理的研究により，その点がより明瞭になったといえよう。

注

1） 影響を想定した関連の程度を示す指標。値の解釈は相関係数と同様。

コラム9

下着のパーツ

「下着は工業製品である」というと違和感を覚える人も少なくないと思われる。下の写真（図）はブラジャーをパーツに分解した様子である。おおよそ，数十もの部分になるが，1つとしてむだなものはないという。下着のデザインはたんに美的観点からだけではなく，物理学的，力学的な構造計算に基づいておこなわれる。そうした意味で，車などの工業製品と同様の行程をたどるともいえそうだ。見た目の美しさも大切であるが，身体をどう補整するかも下着の命である。バストをどのように寄せて上げるべきか。どのような仕様なら補正の効果が出せるのか。そのために，下着の形やパーツの組み合わせによる力学的な計算をおこなって部品を設計する。下着メーカーには，その計算のための基礎的な情報を集める設備も備わっており，すでにのべ数万人の女性の身体データを蓄積しているところもあるという。

ボディラインを整える仕組みができても，デザイナーの美的感性に合わないこともある。逆に，いくらデザインがよくても，お腹を抑える力やヒップアップの効果が損なわれれば最終的に売り上げに響くことになる。下着には多様な側面がある。それぞれの側面でよさが発揮できて初めて消費者に選んでもらえる。安易な妥協はできない。理想のイメージを実現するために，関係者が議論し，試行錯誤して製品のイメージができあがる。それが下の写真である。カップ，カップ裏打ち，カップ上辺布，土台脇布，下辺テープ，ワイヤー，ストラップ。最終的に，これら 40 以上ものパーツを組み合わせて 1 つのブラジャーにする。仕様通りに縫いあげなければ意味がない。優れた下着を生みだすためには，熟練工が 1 つひとつの製品を手作業で縫いあげていく必要がある。

こうした工程によって初めて，装飾性，補整効果，つけ心地などの機能が下着に宿る。そして，その機能がゆえに，使用者は「アピール力」や「気合い」「安心感」という心理的効用を感じ，生活を充実させるために用いることができる（第 4 章参照）。下着とは人びとの感性に訴えるための工学的技術の結晶ともいえよう。

図　ブラジャーをパーツに分解した様子（写真提供：ワコール）

第5章
ピアッシング

ピアスをあけてみたいと思ったことはありますか。でも，あけるのは怖い感じもしますよね。最初にあけるなら耳からでしょうか。へそピアスも格好いいですよね。鼻や眉や舌へのピアスは抵抗ありますか。

ピアスをあける理由は何でしょうか。おしゃれのため？　何か自分を変えるため？　いやなことから逃げるため？　また，どんな方法でピアスの穴をあけますか。

ピアスをあける理由や方法が若者にとって重要な意味をもつことは知っていますか。場合によっては，自傷行為的な意味をもつことは知っていますか。

さらに，さまざまな部位にピアスをつけている若者は，何も考えずにさまざまなピアスをしているのでしょうか。若者文化としてのピアス，社会からみたピアスについて考えていきましょう。

1　ピアッシングの日本における歴史および経験の実態

ピアッシングの歴史

装いにはさまざまな種類があるが，みずからの身体に直接穴をあけて装飾具を取りつけ装飾する着装を，通常はピアスという。本来は，ピアスとは小さな穴をあけて取りつける装身具をさす。そして，ピアッシングとは身体にピアスをとりつけるために穴をあけることをさす。耳につけるピアスは，イヤリング（earring）に含まれ，イヤリングのなかでピアッシングをしてつけるものが，日本ではピアスとよばれている。なお，本章では，このピアッシングに「ピアスをつけた状態」も含意させて論を進めていく。なお，ピアッシングは，耳だけでなく，口，鼻，舌，眉，へそなどさまざまな部位に対して可能である。

体の一部に穴をあけて装身具をつける習慣は，世界のさまざまな文化において古くからおこなわれていた。日本においても，古代にはさかんにおこなわれていたが，中国から伝わった服飾令が取り入れられた段階で，日本では消失し，その後1,000年ほど日本列島には存在しなかった（村澤, 2002)。ピアッシングは体に傷をつける行為であるため，「親からもらった身体を傷つける」のはよくないとする儒教の考えの影響から，ピアッシングは社会的に受け入れにくいものとして存在してきたといえる（村澤, 2002)。しかし，日本では1990年代初頭から2000年代にかけてピアッシングの人気が高まり（田中・水津・大久保・鈴木, 2014)，1999年前後にピアスへの関心がピークを迎えていたことが雪村（2005）や村澤（2002）の調査により示されている。なお，海外においても，ピアッシングをする者の数が増えただけではなく，現在ではより広い範囲の社会階級にまで広まってきている（DeMello, 2000；Sanders, 1989）ことが示されている。

1990年代初頭から2000年代にかけて流行した際には，一般的な耳へのピアッシングも染髪や長髪と同様に反抗や不良の印として認識されていたが，現在では，比較的一般的な「おしゃれ」として認識されてきている。これは，1990年代初頭から2000年代にピアスを経験した青年が成人となり，ピアッシングをおこなっている年齢層が広がることにより，特段ネガティブなイメージがもたれなくなってきたからだといえる。前述の田中ほか（2014）の調査でも，調査をおこなった2014年時点で30代のピアッシング経験がほかの世代よりも多いが，その下の20代でも同様に多いことから，ピアッシングが一時的な流行ではなく，文化の一部にある程度はなってきていることがみてとれる。

経験の実態

ピアスをつけている者はどの程度の割合でいるのだろうか。大久保・鈴木・井筒（2011）の大学生を対象とした調査では，ピアッシングの経験がある学生は28.2%であったが，田中ほか（2014）の学生と社会人を対象とした調査では，学生において経験ありの割合は15.3%で，やや減少している。社会人について年代別でみてみると，ピアッシングの経験ありは，20代では47.1%，30代では58.0%，40代では27.8%，50代では22.0%，60代以上で0%であることが示されている。10代

表5-1　年代ごとのピアッシング経験の割合（田中ほか, 2014）

	10代	20代	30代	40代	50代	60代	合計
経験なし	1,640（84.1）	1,312（66.5）	1,193（60.0）	1,424（71.3）	1,642（81.9）	1,722（86.6）	8,933（75.1）
経験あり	310（15.9）	661（33.5）	796（40.0）	573（28.7）	361（18.1）	267（13.4）	2,969（24.9）
合計	1,950	1,973	1,989	1,997	2,004	1,989	11,902

注）（　）内はパーセンテージ。

後半から60代の男女1万1,902名を対象とした2017年の調査データ[1)]からも，30代の経験者の割合が最も多いことが確認できる（表5-1)。2010年代に30代の者は，1999年前後には10代後半あたりだったことになる。つまり，1999年前後にピアッシングへの関心がピークを迎えていたことが，この調査からもみてとれる。

ピアスをつけている者はいくつつけているのだろうか。ピアッシングの開穴数について，大久保・鈴木・井筒（2011）の大学生を対象とした調査では，今までにあけたピアスののべ穴数は，2個と答えた者が42.9%と最も多く，また，3個以下の者が73.5%であり，ピアッシング経験者の約7割の者のピアス開穴数が1–3個のあいだであるということがわかる（表5-2)。また，性別ごとの割合は，男性では1個と答えた者が45.2%と多く，女性では2個と答えた者が48.2%と多かった。この結果は，男性は片方の耳にピアッシングをしていることが多く，女性は両耳にピアッシングをしていることが多いことによると考えられる。

表5-2　ピアッシングの開穴数の割合（大久保・鈴木・井筒, 2011）

	全体	男性	女性
1	16.3（33）	45.2（28）	3.5（5）
2	42.9（87）	30.6（19）	48.2（68）
3	14.3（29）	11.3（7）	15.6（22）
4	6.9（14）	3.2（2）	8.5（12）
5	7.4（15）	4.8（3）	8.5（12）
6	3.4（7）	0.0（0）	5.0（7）
7	3.4（7）	0.0（0）	5.0（7）
8	2.0（4）	1.6（1）	201（3）
9	1.0（2）	0.0（0）	1.4（2）
10以上	2.5（5）	3.2（2）	2.1（3）

注）値はパーセンテージ。（　）内は人数。

それでは，どの部位にピアスをつけているのだろうか。実際に耳だけではなく口，鼻，舌，眉，へそなどさまざまな場所につけている人も多くなってきているように思われる。ただし，店頭で売られているピアスのほとんどが耳につけるものであり，ピアスをつける場合，一般的に耳からつけはじめるといえる。大久保・鈴木・井筒（2011）の大学生を対象とした調査でも，ピアスをつけている部位については，耳たぶは98.6%，耳の軟骨は15.9%，鼻は2.9%，眉は0.5%，口は1.4%，舌は0.5%，へそは2.4%であった（表5-3)。したがって，ピアスをつけている人のほぼすべてが耳にしているということからも，ピアッシングは耳から開始していることがわかる。

ピアッシングの際は，個人でみずから穴をあけることも容易であり，さらに，イレズミとは異なり，時間がたてば自然に穴がふさがることもあるため，手軽に

表 5-3　ピアッシングの開穴部位の割合（大久保・鈴木・井筒, 2011）

	全体	男性	女性
耳たぶ	98.6（204）	98.4（62）	98.6（142）
耳の軟骨	15.9（33）	12.7（8）	17.4（25）
鼻	2.9（6）	1.6（1）	3.5（5）
眉	0.5（1）	0.0（0）	0.7（1）
口	1.4（3）	0.0（0）	2.1（3）
舌	0.5（1）	0.0（0）	0.7（1）
へそ	2.4（5）	0.0（0）	3.5（5）

注）値はパーセンテージ。（　）内は人数。

楽しめることが特徴としてあげられる。個人でみずから穴をあけている者はどのくらいいるのだろうか。逆に，きちんと病院で穴をあけている者はどのくらいいるのだろうか。大久保・鈴木・井筒（2011）の調査では，ピアッシングの開穴方法について,「自分で安全ピンで」と答えた者は 10.1%,「自分でピアッサーで」と答えた者は 28.0%,「他人に安全ピンで」と答えた者は 2.9%,「他人にピアッサーで」と答えた者は 49.8%,「ピアス屋で」と答えた者は 4.4%,「病院で」と答えた者は 32.5%，その他（ニードル，自分で画鋲など）と答えた者は 3.4% であった。この結果から，病院も含め，他人に穴をあけてもらうという開穴方法を選ぶ者が多いことが示された。自分でも簡単に穴があけられるとはいえ，自分の体に自分で針を通すということに抵抗があることがこの要因として考えられる。また，性別ごとに割合を算出すると，男女ともに他人にピアッサーであけてもらう者の割合が最も多いが，ついで男性は自分でピアッサーであける者の割合が大きく，女性は病院で穴をあける者の割合が大きいことから，女性は男性よりも安全性を考慮していることが示唆される。

2　ピアッシングへのイメージと許容

イメージ

ピアッシングは社会においてどのようにとらえられているのだろうか。ピアッシングが流行した 1990 年代初頭から 2000 年代にはネガティブなイメージが強かったが，現在ではそこまでネガティブなイメージは強くないといえるだろう。さらに，ピアッシングの流行のあとで，社会から許容されるようになってきたといえる。ここでは社会からのイメージと許容の視点から論じていく。

ピアッシングはどのようなイメージでとらえられているのだろうか。ピアッシングへのイメージについて，金（2006）は，おもに女子大学生を対象とした調査をおこない，ピアッシングには「内面的イメージ」「女性的イメージ」「否定的外見イメージ」「ファッション道具イメージ」があることを示している。内面の高揚やファッションに関するイメージがある一方で，特異なものとして他者にネガティブにみられる傾向は従来通り存在する。ただし，金（2006）の研究は女子学生を対象とした調査であるため，男子学生のイメージは反映されていない。このようにピアッシングに関する研究の多くは，女子学生のみを対象とした研究が多いことが課題といえる。

田中ほか（2014）は，男女の大学生と社会人を対象とした調査をおこない，ピアッシングやイレズミなどの身体装飾には「精神的高揚」「反抗心による過剰装飾」「自己呈示」「身体装飾への拒否感」のイメージがあることを示している。「精神的高揚」は，金（2006）のピアッシングに対する「内面的イメージ」と類似しているが，「するとすっきりする」なども含まれることから，ピアッシングなどの身体装飾には「ストレスへの秘薬」（苅田, 2002）としての機能もあると考えられる。「反抗心による過剰装飾」は，他者への威嚇や反抗心が反映しているといえる。ピアッシングにおいては「外部に対する反抗心」（苅田, 2002）が着装の理由としてあげられていることから，他者や社会への反抗，また威嚇できるというイメージがあるといえる。「自己呈示」は，個性や自己表現のために，ピアッシングをツールとして用いるイメージがあるといえる。ピアッシングは自分を演出するツールにもなり（苅田, 2002），手軽な「おしゃれ」の１つとなっているといえる。「身体装飾への拒否感」は，身体を傷つけることへの恐れや，手入れの煩わしさが反映しているといえる。ピアッシングが普及しはじめた1980年代後半にピアッシングによる皮膚炎がマスメディアをとおして報道された（雪村, 2005）こともあり，ピアッシングをすることに対し「不衛生である」といったネガティブなイメージがあるといえる。

ピアッシングのイメージについては，ポジティブなものとネガティブなものが共存していることが特徴としてあげられる。特に，ネガティブなイメージには，イレズミほどではないにせよ，他者への威嚇や反抗心やそれにともなう社会のネガティブな視線も確実に影響している。さらに，知識がないままにただピアスをつけると金属アレルギーになる可能性もあり，その点でネガティブなイメージは依然として存在しているといえる。

許容箇所

どのような部位へのピアッシングが社会的に許容されているのだろうか。大久保・鈴木・井筒（2011）の調査では，部位によるピアッシングに対する許容について扱っており，耳たぶへのピアッシングを受け入れられると答えた者は

98.6%，耳の軟骨は 90.4%，鼻は 40.2%，眉は 38.7%，口は 30.5%，舌は 20.0%，へそは 72.5% であることが示されている（表 5-4）。この結果から，耳へのピアッシングやへそへのピアッシングは大多数が許容しているが，それ以外は許容しない者が多いことがわかる。耳へのピアッシングは一般的なものとしてとらえられているが，それ以外の部位へのピアッシングはまだ社会的に浸透していないということが要因として考えられる。また，耳以外では，へそへのピアッシングが約 7 割の者が許容できると感じていることも明らかになったが，へそへのピアッシングは有名女優やモデルなどがおこなっており，人気の高いものであるため（間宮，1989），一般的に受け入れられていると考えられる。その一方で，へそについては，前述のようにピアッシングをおこなっている者が少ないため，許容できるが，自分ではピアッシングをしない部位といえる。また，性別ごとに割合を算出すると，女性のほうがピアッシングに対して許容している割合が高いことが示されている。

表 5-4　ピアッシングの部位による許容の割合（大久保・鈴木・井筒，2011）

	全体	男性	女性
耳たぶ	98.6（709）	98.7（368）	98.6（341）
耳の軟骨	90.4（650）	88.5（330）	92.5（320）
鼻	40.2（289）	35.4（132）	45.4（157）
眉	38.7（278）	38.9（145）	38.4（133）
口	30.5（219）	27.6（103）	33.5（116）
舌	20.0（144）	13.7（51）	26.9（93）
へそ	72.5（521）	61.9（231）	83.8（290）

注）値はパーセンテージ。（　）内は人数。

さらに，ピアッシングに対する許容については，ピアスをする側の性別や世代，職業も関わってくる。一般的に，女性のピアッシングのほうが許容されやすい。女性はピアッシングをしていても問題視されないが，男性のピアッシングはネガティブにとらえられやすいのが現状である。また，学生のときはよくても，社会人になると，男性がピアスをつけることは多くの職業でむずかしくなる。特に，営業職の男性がピアスをつけることなどは忌避されやすいといえる。つまり，耳へのピアッシングが社会に浸透し許容されているといっても，性別や世代，職業などで許容のされ方は異なってくる。

3　ピアッシングに期待される効用と動機

ピアッシングをすることは何をもたらすのだろうか。さらに，どのような理由，つまりどのような動機によってピアッシングをおこなうのだろうか。おしゃれのためにピアッシングをして自己満足を求める者もいれば，大人への反抗からピアッシングをして個性の表現を求める者もいる。さらに，これまでの自分を変えたいと思いピアッシングをして，開運や自己変容を求める者もいる。ピアッシングは個人によって意味づけが異なり，期待する効用も動機もさまざまであると考えられる。本節では，ピアッシングに期待される効用と動機について論じていく。

ピアッシングに期待される効用にはさまざまな内容があげられる。特に，最も重要な効用はおしゃれとしての身体の表面的な変化による自己満足や個性の表現であろう。また，ピアスはおしゃれとしての身体の表面的な変化だけでなく，外部に対する反抗心，ストレス解消，護符的意味合いなどの意味合いももっているといえる（苅田, 2002）。開運や自己変容をもたらすと考える人も多く，ピアスをあけている人は多様な人生を送りたいと願っている傾向があることも指摘されている（金子・桜井, 2004）。松岡（2011）も，気分などを変えることができるといった内容や，自信をもつことができるといった効用が意識されることを示している。こうしたピアッシングに期待される効用はなぜピアッシングをおこなうのかという動機につながると考えられる。

ピアッシングの動機についても数多くの研究において検討がおこなわれている。たとえば，アメリカのタトゥー・ピアスのお店でおこなわれた調査において，ピアスの理由として個性の表出が最も多いことが示されている（Millner & Eichold, 2001）。また，ポーランドの街中でおこなわれた調査においては，ピアッシングをした理由として，個性の強化があることも示されている（Antoszewski, Sitek, Fijałkowska, Kasielska, & Kruk-Jeromin, 2010）。ほかにも，さまざまな地域と対象において調査がおこなわれているが，ヴォールラップほか（Wohlrab, Stahl, & Kappeler, 2007）はピアッシングに関する論文を概観し，ピアッシングをおこなううえでの動機として，個性の表現に関するものが最も多いことを明らかにしている。つまり，社会のなかで自分の存在を呈示するというものがおもな動機になっているといえる。ただし，ほかにもピアッシングの動機として，反抗やストレスの解消などさまざまなものが存在することが確認できる。

こうした動機や期待される効用を整理し，またピアッシングをおこなっている者へのインタビューも加味して，大久保・鈴木・井筒（2011）は日本人の若者におけるピアッシングの動機について整理している。因子分析の結果，ピアッシングの動機として，「ストレスからの回避」「手軽な自己変容」「ファッション性の追求」の3つが抽出されている（表5-5）。なお，ピアッシングの動機に性差はないことも明らかになっている。

表 5-5　ピアッシングの動機の因子分析結果（大久保・鈴木・井筒, 2011）

項目	I	II	III
I　ストレスからの回避（α=.885）			
ストレスから	**.974**	−.148	−.003
体に傷をつけたかったから	**.828**	−.054	−.112
いやなことを忘れたかったから	**.766**	.025	.046
反抗心から	**.753**	.064	.033
II　手軽な自己変容（α=.731）			
人に勧められたから	−.114	**.767**	−.118
友達がピアスをあけたから	−.124	**.762**	.047
運気をあげたかったから	.332	**.458**	.018
記念になるから	.309	**.380**	.001
手軽だから	.188	**.352**	.137
III　ファッション性の追求（α=.634）			
興味があったから	−.124	−.111	**.778**
憧れがあったから	−.107	.064	**.631**
かっこいいから	.094	−.008	**.453**
気分を盛り上げたかったから	.254	.058	**.447**

こうしたピアッシングの動機は何に影響を与えているのだろうか。大久保・鈴木・井筒（2011）の調査では，ピアッシングの開穴数に対して「ストレスからの回避」が影響していることが示されている。つまり，ストレスを感じている状態から回避するために穴をあけていくため，穴の数が増えていくと推測される。逆にいうならば，ファッション性の追求や手軽な自己変容は開穴数と関連しないということであり，多くの場合，おしゃれのためや自分を変えたくて穴をあける場合はピアッシングをくり返すことにはならないことを示唆している。

また，大久保・鈴木・井筒（2011）においては，ピアッシングの開穴方法にもピアッシングの動機が影響していることが示されている。「ストレスからの回避」という動機では，ストレスを感じて衝動的に穴をあけるため，「病院で」という時間のかかる方法は選ばず，「自分で安全ピンで」「自分でピアッサーで」といった自分自身で穴をあける方法を選んでいることが示されている。「手軽な自己変容」という動機は，個人で簡単にピアス穴があけられる道具であるピアッサーで他者に穴をあけてもらうことが多い反面，自分ではそのピアッサーを用いた方法を選択せずに，自身の身体を傷つけることは避ける傾向がうかがえる。なお，「ファッション性の追求」は，開穴方法に影響していないことも示された。これらの結果から示唆されることは，動機によって開穴方法が異なるということであり，動機によって期待される効用も異なってくるということである。特にストレスからの回避によるピアッシングについては，先述のように，自傷行為的な意味合いをもっている可能性が示唆される。

4 ピアッシングと自傷行為

ピアッシングなどの身体装飾はみずからの体に直接装飾するという点において少なからず痛みをともなうものであり，自分の身体を傷つける自傷行為としてとらえることも可能である。

金（2006）は日本の若者を対象として，過剰なピアッシング行為と自傷の関連性について検討し，ピアス穴を多くあけている人は自傷行為への共感性が高く，過剰なピアッシング行為は自傷的意味をもつ可能性があると指摘している。また，前述のように，ストレスからの回避によってピアッシングの穴がどんどん増えていき，耳から耳の軟骨，他の部位へと進展していく可能性もある。岡田（2003）は，自傷行為の1つとしてピアッシングを取り上げ，ピアッシングの穴をあけることと注目・賞賛されたいという顕示の欲求との関連を明らかにしている。しかし，こうした自傷行為とピアッシングの関連に焦点をあてた研究は日本ではまだ少ないのが現状である。

自傷行為はさまざまな要因によって引き起こされると考えられる。自傷行為の多くは，うつと解離性が高まり，さらに空想への逃避傾向が高まると引き起こされる性質があることが指摘されている（岡田, 2003）。また，自傷行為をおこなう際には，抑うつ，いらいら，不安，離人感がともなうということ（柏田, 1988）や，自傷をおこなった患者には，自己愛的，抑うつ，攻撃的な傾向，未熟な性格がみられるということが指摘されている（西園・安岡, 1979）。これらの指摘をふまえると，抑うつ，解離性，空想への逃避，未熟さ，攻撃性，自己愛などの要因が自傷行為と関係していると考えられる。

こうした要因とピアッシング経験の関連を検討した大久保・井筒・高橋・鈴木（2012）の調査では，ピアッシングの経験のある者は特にネガティブな要因が高いわけではないことが明らかとなっており，ピアッシングをする者すべてが自傷行為的な意味でおこなっているわけではないことが示されている。ただし，ピアッシングの動機に焦点をあてて検討すると，ピアッシングの動機の「ストレスの回避」には抑うつや解離性などネガティブな要因が関係していた。このことは，うつと解離性が高まり自傷行為が引き起こされるという岡田（2003）の指摘とも一致している。したがって，ピアッシングの動機によっては，自傷行為的な意味合いをもってくるといえる。また，ピアッシングの開穴数には「自己主張性」も関係することが明らかとなっている。これは，自己顕示的な意味をもってピアスの数を増やしていくというように，おしゃれなどの自己主張的側面によるものであるといえる。つまり，開穴数が多いからといって一概に自傷行為といえるわけではない。とはいえ，自分でピアッサーであける場合には解離性や敵意と関係するように，開穴方法によっては自傷行為的な意味をもつと考えられることから，どのような方法でピアッシングをするのかということもふまえて自傷行為なのかどうかについて考えていく必要がある。したがって，大久保・鈴木・井筒（2011）で示された一般に許容されないことの多い口や鼻などのピアッシングであっても，本人がどのような動機でどのようにあけているかをふまえて，自傷行為的なものなのかどうかを考えていく必要があるだろう。

5　若者文化としてのピアス

一般に，多くの者がピアッシングを開始するのは青年期である。青年期は，社会文化的な影響を受けやすい時期（Baltes, Reese, & Lipsitt, 1980）であるため，若者文化としてのピアッシングについて考えていく必要もあるだろう。

若者文化において，「おしゃれ」は重要な位置を占め，青年期のピアッシングは，そのなかでもわかりやすい自己表現のツールといえる。さらに，おしゃれとしての染髪がピアス以上に一般的になった現在，染髪よりも割合が小さい装いであるピアッシングは，青年にとって仲間や大人に対する印象管理の方略としても有用なツールであるといえる。ただし，若者文化において，同じおしゃれでも，一般的なピアッシングと過剰なピアッシングでは意味合いが異なる可能性がある。たとえば，一般的な耳へのピアッシングと口や鼻などへのピアッシングは個人にとっての意味づけが異なるといえる。こうした意味づけの違いを検討することで，若者文化としてのピアスの特徴について明らかにしていくことが可能といえる。

それでは，過剰なピアッシングをする青年はそのようなピアッシングにどのような意味づけをおこなっているのだろうか。過剰なピアッシングをおこなっている人はごく少数であり，量的調査が困難である。そのため，大久保・井筒・鈴木（2011）は，質的分析であるPAC分析（内藤, 1997）を用いて，一般的に許容されている耳へのピアッシングをおこなっている者と，一般的に許容されていない口へのピアッシングをおこなっている者との意味づけの違いについて検討している。その結果，両者ともピアッシングは「おしゃれ」の一部としておこなっていた。そして，一般的に許容される耳へのピアッシングをしている青年は，過剰なピアッシングはネガティブな印象を与えてしまうと考えており，耳たぶのピアッシングは一般的であるから大丈夫だろうと考えてピアッシングをおこなっていた。そして，口へのピアッシングをおこなっている青年は，耳ではない部位へのピアッシングが社会的に受け入れられにくいことを理解したうえでピアッシングをおこなっていた。さらに，口にピアッシングをおこなっている青年は，自分のピアッシングが人に与える印象や，将来社会に出たときのことなどの不安を明確に認識していた。

青年のあいだで流行しているとはいえ，「親からもらった体に傷をつけるのはよくない」「身体を大切にしていない」と（儒教的に）考えられることもある。一見すると，ピアッシングをおこなっている青年，特に過剰なピアッシングをおこなっている青年は，若者文化の影響のなかで上述のような考え方を無視していると考えられがちであるが，少なくとも，大久保・井筒・鈴木（2011）のPAC分析の結果からは，青年は社会のピアッシングに対するネガティブな印象を理解せずにピアッシングをおこなっているのではないことが明らかになったといえる。ポジティブとネガティブの両方の効用を認識し，受容と拒否が共に生じる可能性も考えながら，若者文化のおしゃれのなかで，一般には許容されていないピアッシングをおこなっているといえる。

過剰なピアッシングをおこなっている青年と一般に許容されるピアッシングをおこなっている青年の意味づけの違いは，若者文化としてのピアッシングに関する価値観と，儒教的な考えを含む一般的な社会でのピアスに関する価値観のどちらを重視しているかによるものであろう。つまり，若者文化としてのピアッシングに関する価値観と一般的な社会でのピアッシングに関する価値観のせめぎ合いのなかで，青年はピアッシングをおこなっていると考えられる。

6　まとめ

今後，装いの１つであるピアッシングはどのようにとらえられていくのだろうか。1990年代初頭から2000年代の流行は去ったが，当時の青年が成人となり，過剰でない耳へのピアッシングについては，社会的に許容されやすくなったことはたしかである。当時の青年が成人となった際に，ピアッシングのポジティブな効用を認め，許容するようになっていくことで，一時的な流行や若者文化としてではなく，今後，広くその価値が認められていくことも考えられる。

その一方で，1999年をピークにピアッシングの経験が低下してきていることも考慮する必要があるだろう。つまり，1990年代初頭から2000年代では若者文化としてのピアスに関する価値観と一般的な社会でのピアスに関する価値観のせめぎ合いのなかで流行していったが，若者文化としてのピアスが一般的な社会に認められたことによって，当時の自己主張的な価値は低下したとも考えられる。つまり，せめぎ合いではなく，若者文化としてのピアスに関する価値観が一般的な社会でのピアスに関する価値観に包摂されていったため，ピアスの大人への反抗などの価値が相対的に低下していったとも考えられる。なお，男性のピアッシングの経験割合は女性に比べ減少傾向にあるため，男性にとってのピアッシングは1990年代初頭から2000年代の流行のとき以上に，ピアッシングをすることの特異性が強調されてきているともいえる。したがって，新たな主張的側面が生じてきている可能性もある。

現在，ピアッシングは流行が収束し，転換期にあるといえる。そのため，今後，ピアッシングがどのようにとらえられていくのかについては，注意深く見守っていく必要があるといえる。そして，ピアッシングについて研究する際には，ポジティブな効用とネガティブな効用を理解したうえで，研究をおこなっていく必要があるといえる。

注

1） 本書編者の調査による。

コラム 10

母親役割によるピアスへの意味づけの変化

子どもの頃からピアスに強いあこがれがあり，大学の合格発表の翌日に片耳 1 つずつのピアスをあけた。ピアスをあけることで大人の仲間入りをしたような気持ちになったことを覚えている。その後 4 年間の大学生活のなかで両耳で 5 つのピアスをあけた。ピアスをあける理由はいろいろで，いやなことがあったときに自分を変えたくてあけたこともあった。また，つらかった教育実習が終わって，開放的な気分になりたくてあけたこともあった。わたしのなかでピアスはファッションの 1 つでもあり，自分を表現する手段の 1 つでもあった。

そんな大学時代から約 10 年経ち，結婚して子どもを出産した。現在ではピアスの数は 5 つから 3 つに減ってしまった。毎日組み合わせを考えてピアスをつけていたのが，今ではたまに外出するときにつけるだけになった。以前は，買い物に行くたびにアクセサリーショップを覗いてかわいいピアスを探していたのが，今は，ピアスを買おうと見ることもなくなり，新しいピアスはしばらく購入していない。あれだけ心のよりどころにしていたピアスへの興味がなぜ薄れてしまったのだろうか。年齢を重ねて大人になったから，または，子どもができておしゃれする余裕がなくなったからという理由もたしかにある。しかし，わたしはそれ以上に自己表現する必要がなくなったからという理由が大きいように思う。

子どもができて常に子どもと一緒に行動するようになり，わたしにはお母さんという役割ができた。主役は常に子どもであり，わたしはピアスで自分を主張する必要がなくなったのだ。まわりのお母さんたちのなかで生きていくためには，自分を表現することより，まわりとうまくなじむことのほうが重要だ。ピアスなどまわりと少し違うファッションをしてまわりから浮いてしまったり，子どもにも迷惑になることを恐れて過度なピアスはやめてしまったといえる（実際浮いたりするようなことはないのだろうが）。

しかしピアスにまったく興味がなくなったわけではない。今でも若い人がたくさんピアスをつけているのを見ると，うらやましいと思ったり，またピアスをあけてみたいと思うこともある。わたしは子育てが落ち着き，母としてではなく，わたし自身としてもう一度ピアスで自己表現ができるときを今か今かと待っている。

第6章
イレズミ
彫り物・タトゥーイング

街中で，イレズミを入れている人を見たことがあるかもしれません。どのようなイメージをもちましたか。格好いい？　恐い？　それとも？
あなたは自分自身にイレズミを入れたいと思いますか。思いませんか。また，あなたの家族がイレズミを入れたいと言ったらどうしますか。
近年，メディアでイレズミに関する話題を目にしたことがある人もいるでしょう。公務員を対象としたイレズミの調査とそれに関わる裁判，彫り師の医師法違反容疑による逮捕と法廷闘争，公共の入浴施設における入浴制限の是非に関する議論，マオリ族の女性に対する公共入浴施設での入場拒否とそれに対する内閣官房長官の記者会見などのニュースも記憶にあるかもしれません。日常のなかで，イレズミを入れた人を見かけることもあるかもしれません。イレズミは身近な装いですか。それとも，遠い世界の装いですか。
現在の日本においてイレズミを入れている人は実際にどの程度いるのでしょうか。また，どの程度受容されているのでしょうか。イレズミを入れている人は，どのような動機でイレズミを入れているのでしょうか。それらについて，イレズミの定義や歴史を概観したうえで，確認していくことにしましょう。

1　イレズミの定義と歴史

イレズミの定義および目的・動機

イレズミは，身体変工の1つである。身体変工とは，直接身体に加工をおこなう身体装飾のことであり，ピアッシングや美容整形，痩身，涅歯（でっし）（お歯黒），長くした首，整髪・染髪（ヘアスタイリング），手入れした爪など多岐にわたる（序章参照）。そして，イレズミは身体変工の1つである分身に含まれる。身体変工には，おこなわれる時代や文化が限定されるものも多く，現代の日本においては一般的とみなされないものも多い。

文身には，刺痕文身と瘢痕文身の２種類があり，イレズミは刺痕文身に該当する。刺痕文身は傷つけた身体の傷に色素を入れ着色して模様を描く装いのことである（第16章図16-2参照）。尖らせた用具を用いた刺突による方法と，黒曜石などにより細かい切り傷をつける方法の２つの方法がある。現代日本のイレズミは刺突によるものである。なお，瘢痕文身は，皮膚に切れ込みを入れたり燃灼をおこなったりした際に形成されるケロイドを利用して模様を描く装いである（序章参照）。肌の色が濃い人種において用いられる傾向がある。

イレズミを表す用語は数多く存在し，入れ墨（入墨・いれずみ・イレズミ），彫り物，刺青，（倶利伽羅）紋々，がまん，入黒子，タトゥー，黥，文身などがあり，それぞれ意味するものや歴史的背景が異なっている。一般的に，入れ墨や刺青と表記されることもあるが，入れ墨については，江戸時代の刑罰を思い起こさせるとして避け，彫り物と称することが好まれる場合もある。刺青は，谷崎潤一郎の小説で用いられてから広まった表記である。また，海外のイレズミは，タトゥーと称することが多い。文化人類学においては，身体装飾の枠組みのなかで，文身という表記が用いられている。本章では，日本伝統の図柄のものである和彫りを「彫り物」，それ以外の洋彫りを「タトゥーイング」とし，そして，両者をあわせたものを「イレズミ」と表記することとする。

なお，彫り物とタトゥーイング（調査実施における文言は「イレズミ」と「タトゥー」）の印象が異なるとしている者は約40％存在し（関東弁護士会連合会，2014），タトゥーイングは彫り物に比べ許容できると答える者の割合が大きく（田中・水津・大久保・鈴木，2014），彫り物とタトゥーイングは別物と考えている者が多い。しかし，実態としては，どちらも刺突などにより傷つけた身体の傷に色素を入れ着色して模様を描く装いであり，図柄の違いを除けば，消せないことなどの特徴も同様である。

イレズミの歴史

イレズミは古代よりおこなわれていた。傷口に色のついた粘土や煤が入り，皮膚が着色されたことがきっかけとなり，人工的に皮膚を傷つけて色素を入れて装うようになったと考えられている。

また，もともとは針治療と関連していたという説もある（吉田，2000）。アイスマンとして知られた約5,300年前のミイラには，イレズミが施されており，その箇所が，鍼灸で灸をすえたり針を打つ箇所である経穴に対応していたとされている（Dorfer et al., 1999）。また，日本の熊本県八代地方においても，い草の刈り入れ作業などで腫れて傷んだ手の関節の治療に用いられていた（小野，2010）。アイヌや琉球でも同様の目的でおこなわれていた（吉岡, 1996）。このように，イレズミには身体管理機能もあったといえる[1)]。

日本においてイレズミは，縄文時代にはおこなわれていたと考えられている。土偶やほかの出土品から，縄文時代の人が耳たぶに大きな穴を空けてピアスや耳飾りを装着し，抜歯や削歯などもおこなっていたこと，そして，イレズミをおこなっていたことが推察されている（図 6-1）。また，3 世紀に書かれた『魏志倭人伝』には,「男子は大小となく皆面に黥し身体に文する」との記述がある。つまり，身分に関わらず，当時の日本人は身体にイレズミを入れていたと認識されていたようである。なお，水中の魔物を避けるためのまじないであった旨や，それがのちに飾りになってきた旨の記述がある。また,『古事記』や『日本書紀』にも，イレズミに関する記載が確認される。

図 6-1　縄文終末期の文身を表すと思われる土偶の例（江坂, 1960）

7 世紀以降，イレズミは，首飾りや耳飾りなどのほかの装いと同様に姿を消すこととなる[2)]が，時代を経て江戸時代に再度おこなわれるようになった。まず，遊女の起請彫（きしょうぼり）が流行した。これは，思い人の名前をイレズミとして彫るものであり,「○○さま命」などと入れたという。現代にも通じるところがあるのがおもしろい。そして，これが男性に波及し，武士・侠客の宗教信仰の表現（「南無阿弥陀仏」などと彫る）に用いられ，そして力自慢（相撲とり）が腕以外にも入れるようになった。その後，享保（1716–1736 年）の頃になると，遊び人や悪漢が威嚇のための言葉（「死次第」など）の文字を入れるようになっていった（田中, 1940）。なお，この頃から明治のはじめまで，軽い盗みをはたらいた者にイレズミ（「入墨」）を入れるという墨刑がおこなわれた[3)]。

その後，文字ではなく，精巧な絵を入れるようになっていった。明和（1764–1772 年）の頃になると,「倶利伽羅不動（くりからふどう）」「轆轤首（ろくろくび）」などの絵が入れられるようになり，享和（1801-1804年）の頃にはさらに精巧な絵となっていった。そして，天保（1831-1845年）の頃になると，頭領や親方，侠客などの首領株や，裸体家業（火消し，飛脚，鳶）などが，忍耐力や勇気があること，また，小粋であることを示すためにイレズミをいれるようになった（田中, 1940）。イレズミを入れる範囲が衣服で覆われている範囲と対応していることや，（力仕事や汗をたくさんかくために）裸にならねばならぬ職人で，かつ都会で働いている者だけがイレズミをしていることなどから，イレズミは着物の替わりであるとしたベルツの説（礫川, 1997）もあり興味深い。個々の装いがそれぞれ密接に関連していることはこれまでも指摘されてきているが（e.g., 鈴木, 2017），イレズミにおいても，ほかの装いとの連動または補完がなされていたといえる。ただし，ベルツによると明治期にはすでにそのような意味が失われてきていたようである。

文化（1804-1818年）以降は，イレズミが流行しすぎて，何度か幕府による禁止がなされたが，そのたびに復活した。そして，歌舞伎芝居の影響もあって，イレズミを入れた人に対しては格好いいという評価がなされた（「こわもてした（人気があった）」）とのことである（田中, 1940）。江戸時代には，たしかに刑罰としての入れ墨が存在はしたが，このように，一般にはイレズミはポジティブな装いとみなされていたことがうかがえる。

しかし，明治時代になると，明治政府によって再度禁止され，イレズミはアンダーグラウンドなものとなる。そして，山本（2016）が言及しているように，昭和時代の任侠映画・ヤクザ映画の影響により，今の「入れ墨＝やくざ」というイメージが形成されていった。現在は，一般にはネガティブなイメージがありつつも，おしゃれの一環としてイレズミを入れている者がいるという状況にあるといえる。

なお，アイヌや琉球の文化においては，本州とは異なったイレズミ文化が存在したが，日本に組み込まれる（禁止される）ことにより廃れてしまった。アイヌにおいては，基本的には女性がおこない，口のまわりや腕・手に入れていた（図6-2）。その起源としては，コロボックル（アイヌの伝説上の種族）をまねして入れたという説や，女性は髭がないからその代わりとして入れたという説がある。なお，吉岡（1996）によると，アイヌの文身の目的には，魅力増加，種族を表す標，結婚可能な大人になったことの標，病気の治療，死後に死んだ親類が手を引いて導いてくれるようにするため，魔除け，などがあるという。琉球においては，「ハヅキ」や「ハジチ」とよばれ，やはり女性がおこなっていた。目的としては，呪術（よそへ連れて行かれないようにするため，死後の成仏のため，厄除けなど），医療，聖人や既婚の標，女性の標，装飾などがあったようである（吉岡, 1996）。なお，まわりがしているからといった慣習によるものもあり，これは，現在のファッションとも共通するところがあるといえる。

図 6-2 アイヌのイレズミ（児玉・伊藤, 1939）

2 イレズミ経験の実態とイレズミに対する態度

イレズミの経験の実態

現代日本で，イレズミを入れている人たちはどのくらいいるのであろうか。後述するように，現代日本では，イレズミを入れることにネガティブなイメージがもたれていることもあり，イレズミについて扱った研究は少なく，ごく近年までは，その実態や背景にある心理についても不明であった。しかし，イレズミに関するニュースが世間を騒がせるようになってきており，また，訪日外国人観光客の増加とイレズミの対応が検討事項となってきていることもあり，その実態や背景の心理を明らかにする機運が高まってきている状況といえる。

まず経験の実態について確認する前に，イレズミに対する興味について把握しておきたい。イレズミを入れたいと思う者は，鈴木・大久保（2018）では 2.3% 存在すること，関東弁護士会連合会（2014）では 3.0% 存在することが報告されている。割合としては小さいが，イレズミに興味や関心を有している者の存在が確認できる。

それでは，経験の実態についてはどうであろうか。関東弁護士会連合会（2014）の 1,000 名の成人男女を対象におこなった調査によると，イレズミを入れている者の割合は 1.6% とのことである。また，大阪市公式ホームページ（大阪市, 2015）によると，大阪市が公務員 3 万 3,537 名を対象におこなった調査において，回答した職員 3 万 3,507 名のうち 113 名（0.34%）がイレズミを入れていたことが報告されている。20–40 代の男女を対象とした東京イセアクリニック（2017）ににおいては，イレズミの経験者が3.1%と報告されている。そして，鈴木・大久保（2018）の，20–50代の男女約6,500名を対象とした調査において，タトゥーを入れている者の割合は1.6%，彫り物を入れている者の割合は0.7%であることが報告されている。そして，鈴木（2017）の10代後半から60代の男女約2万1,000名を対象にした調査においては，彫り物の経験割合は1.96%，タトゥーイングの経験割合は2.73%であることが報告されている。概観すると，現代の日本において，イレズミの経験者の割合は3%程度のようである。

経験割合とデモグラフィック属性（人口統計学的属性）との関連についてもいくつかの知見が得られている。10代後半から60代の男女約2万1,000名を対象にイレズミの経験を尋ねた調査のデータを，性別と年齢層別にまとめたものが表6-1である[4)]。性別については，彫り物とタトゥーイングの両者で明確な違いは確認されなかったが，年齢層については，若年層であるほど経験割合が多いことが確認できる[5)]。性差については，明確な違いが確認されない場合もあれば（鈴

表6-1　イレズミの経験と性別および年齢

		彫り物				タトゥーイング			
		経験がない	経験がある	回答したくない	合計	経験がない	経験がある	回答したくない	合計
男性	10代	1,363 (91.5)	72 (4.8)	54 (3.6)	1,489 (100.0)	1,361 (91.4)	77 (5.2)	51 (3.4)	1,489 (100.0)
	20代	1,585 (91.0)	95 (5.5)	62 (3.6)	1,742 (100.0)	1,577 (90.5)	108 (6.2)	57 (3.3)	1,742 (100.0)
	30代	1,717 (95.6)	48 (2.7)	31 (1.7)	1,796 (100.0)	1,703 (94.8)	63 (3.5)	30 (1.7)	1,796 (100.0)
	40代	1,736 (96.7)	39 (2.2)	21 (1.2)	1,796 (100.0)	1,731 (96.4)	49 (2.7)	16 (0.9)	1,796 (100.0)
	50代	1,774 (98.8)	13 (0.7)	9 (0.5)	1,796 (100.0)	1,773 (98.7)	14 (0.8)	9 (0.5)	1,796 (100.0)
	60代	1,771 (99.4)	6 (0.3)	5 (0.3)	1,782 (100.0)	1,770 (99.3)	6 (0.3)	6 (0.3)	1,782 (100.0)
	合計	9,946 (95.6)	273 (2.6)	182 (1.7)	10,401 (100.0)	9,915 (95.3)	317 (3.0)	169 (1.6)	10,401 (100.0)
女性	10代	1,726 (96.0)	47 (2.6)	24 (1.3)	1,797 (100.0)	1,715 (95.4)	57 (3.2)	25 (1.4)	1,797 (100.0)
	20代	1,740 (96.2)	51 (2.8)	17 (0.9)	1,808 (100.0)	1,692 (93.6)	98 (5.4)	18 (1.0)	1,808 (100.0)
	30代	1,775 (98.3)	16 (0.9)	15 (0.8)	1,806 (100.0)	1,739 (96.3)	51 (2.8)	16 (0.9)	1,806 (100.0)
	40代	1,782 (98.6)	11 (0.6)	15 (0.8)	1,808 (100.0)	1,765 (97.6)	29 (1.6)	14 (0.8)	1,808 (100.0)
	50代	1,792 (99.1)	5 (0.3)	11 (0.6)	1,808 (100.0)	1,788 (98.9)	10 (0.6)	10 (0.6)	1,808 (100.0)
	60代	1,578 (99.2)	9 (0.6)	4 (0.3)	1,591 (100.0)	1,576 (99.1)	11 (0.7)	4 (0.3)	1,591 (100.0)
	合計	10,393 (97.9)	139 (1.3)	86 (0.8)	10,618 (100.0)	10,275 (96.8)	256 (2.4)	87 (0.8)	10,618 (100.0)

注）（ ）内はパーセンテージ。

木・大久保, 2018), 確認される場合もある（関東弁護士会連合会, 2014)。前者では, タトゥーイングは男性が2.1%で女性が1.5%, 彫り物は男性が0.8%で女性が0.7%であるのに対し, 後者では, イレズミが男性2.6%, 女性が0.6%である。なお, 一般的に, 装いの多くは女性のほうが積極的に選択する傾向があるが, イレズミについては, 男性のほうが選択する傾向にあるといえる。これは, イレズミが怖さや反抗心などの, どちらかというと男性のステレオタイプがもつ特性と結びついていることが要因の1つとして考えられる。

また, 年齢層による違いについては, 20代と30代は, それよりも上の年代に比べ, タトゥーイングと彫り物の経験割合が大きいこと（関東弁護士会連合会, 2014；鈴木・大久保, 2018）が確認できる。若年層ほどイレズミを入れている背景には, 若い人ほどイレズミを受容していること, より具体的には, ファッションとしてイレズミを受容して自身に取り入れていることがあると考えられる。

なお, 既婚・未婚はイレズミ経験と関連がなく, 子どもの有無もイレズミ経験と関連がないことが示されている（鈴木・大久保, 2018)。後述のように, イレズミに対してはネガティブイメージが存在する。しかし, イレズミを入れている人は社会におけるイレズミの受容を大きく見積もり, また, まわりにイレズミを入れている人が多いと思っている（鈴木・大久保, 2018)。当人が属するコミュニティにおいてはイレズミが許容されているために, 配偶者選択においてネガティブな影響は及ぼさないようである。

ところで, イレズミは海外ではあたりまえ, という意見が巷にあふれているが, 実際にそうなのであろうか。たとえば, アメリカにおける, 約2,000人を対象とした調査では, 2010年調査時点で18–29歳の若者（Millennials：1981–1991年生まれ）におけるタトゥーイングの経験割合は38%であり, 耳たぶ以外のピアス（23%）よりもその割合が大きいこと, そして, 45歳以下と46歳以上では傾向が異なり, 46歳以上は経験割合が低い（46–64歳で15%, 65歳以上で6%）ことが報告されている（Pew research center, 2010)。また, アメリカ合衆国における18–50歳の500人を対象に調査をおこなったラウマンとデリック（Laumann & Derick, 2006）は, 男性の26%, 女性の22%がタトゥーイングをしており, 収入が低く, また, 若いほど入れている者が多いこと, 入れている人は懲役を受ける期間が長く, 脱法薬物をより多く使用し, 学歴も低いことを示している。そして, ハリス世論調査（The Harris Poll, 2016）も約2,200人の成人を対象に実施した調査から, タトゥーイングの経験割合が29%であること, そして, 若いほど経験している者が多いことを示している。なお, ドイツ周辺においては, シュティーガーほか（Stieger, Pietschnig, Kastner, Voracek, & Swami, 2010）が15.2%, シュティルンほか（Stirn,

Hinz, & Brähler, 2006）が8.5%という値を報告している。同時に，若年層においてその割合が大きいことも確認できる。海外ではイレズミをおこなっている者は少なくないが，大多数とはいえず，また，年齢層によってもその傾向は異なる。

ともあれ，海外に比べると，日本におけるイレズミの経験割合は大きいとはいえない。しかし，装いは個人と社会とのすり合わせの結果，採用され評価されるものであり，イレズミの背景にある心理を理解するには，少なくとも日本においてどのように人びとに位置づけられ，どのようなイメージをもたれているかを考慮する必要がある。

イレズミのイメージと受容

現在の日本では，イレズミという装いはどのようにとらえられているのであろうか。イレズミがある程度はおしゃれの1つとして受け止められてきているとはいえ，一般には許容されておらず，また，イレズミに対するイメージはけっしてよいものとはいいがたいようである。許容については，たとえば，鈴木・大久保（2018）において，イレズミを入れていない人の約9割が，社会でイレズミが受け入れられていないと考えていることが示されている。田中ほか（2014）においては，入れる範囲が大きいほど許容されなくなること，そして，年齢層が上であるほど許容しないことが示されている。年齢層による差異は，アメリカでも同様である。ハリス世論調査（The Harris Poll, 2016）においても，年齢が上であるほど，子どもがタトゥーを入れることに反対し，また，いわゆるホワイトカラーの人に対してタトゥーを入れていることを不快に感じていることが示されている。

イメージについては，田中ほか（2014）により，イレズミに「精神的高揚」「反抗心」「自己呈示」「拒否感」といったポジティブなイメージとネガティブなイメージの両方が存在することが示されている。また，関東弁護士会連合会（2014）により，イレズミをしている人に対してどう思うかについて，「全くかまわない」と「かまわない」が合わせて15.3%と少なく，「入れ墨やタトゥーと聞いて連想するもの（複数回答）」については，「アウトロー」が55.7%，「犯罪」が47.5%，それに対して，「芸術・祭・ファッション」と回答したのが24.7%であることが示されている。また，イレズミを入れた人を見たときにどのように感じたかについては，最も多いのが「不快」で51.1%，次が「怖い」で36.6%であり，ポジティブな内容の「個性的（格好良い・お洒落）」が11.2%であることに比べ，ネガティブな内容が大きな割合を占めていることも示されている。さらに，家族や友人などがイレズミを入れることを許容しないとする者が多いことなども示されている。東京イセアクリニック（2017）においても，イレズミを入れている人の印象として最も多いのが「怖い（反社会的）」で44.0%であること，自分の子どもがイレズミを入れることについては8割が反対すると回答したことが報告されている。このように，ポジティブなイメージも一部にはもたれているが，基本的にはネガティブなイメージがもたれること，そして許容されていないことが明らかにされている。

なお，アメリカにおいても，タトゥーイングにはネガティブなイメージがもたれており，それほど許容されていない。デゲルマンとプライス（Degelman & Price, 2002）は，高校生および大学生が，タトゥーをしている人物をしていない人物に比べ，魅力・知性・芸術性などの内容においてネガティブに評価したことを明らかにしている。また，ハリス世論調査（The Harris Poll, 2016）により，タトゥーをしている人に対するイメージとして，反抗的というイメージを有する者が40%と，最も多いことが示されている。そして，子どもがタトゥーを入れることに対しては37%の人が許さないと回答し，親の年齢が高いほど反対する割合が大きいことなども報告されている。このように，アメリカにおいても，必ずしもタトゥーイングによいイメージがもたれていたり，全面的に許容されていたりするわけではない。もともと，タトゥーイングはギャングのイメージがあるのに加え，現在も，タトゥーを入れている人が相対的に長い懲役を受け，脱法薬物を使用しているケースが多い（Laumann & Derick, 2006）という実態が影響している可能性がある。日本においては，一般的に，メディアをとおして海外のスポーツ選手や歌手など特定の職業の人たちを「外国人」として目にすることが多いため，海外のイレズミの許容度に対する認識に偏りが生じている可能性は高い。

上述のような，イレズミに対するネガティブなイメージが，イレズミを入れている人に対する偏見などを生じさせている現状が確認される。たとえば，観光庁（2015）が全国のホテルや旅館約3,800件を対象におこなった調査（「入れ墨（タトゥー）がある方に対する入浴可否のアンケート結果」。回答は581施設）によると，イレズミを入れた者とのトラブルがあったか否かについては，「ない」が78.3%，「ある」が18.6%であったのに対し，イレズミを入れた人に関する苦情があったかについては，「ない」が51.8%，「ある」が47.2%であることが報告されている。つまり，トラブルの割合に対して苦情の割合が多い。また，先の関東弁護士会連合会（2014）の調査において，イレズミを入れた人からなんらかの被害を受けたことがあるのは4.5%であるのに対し，イレズミを入れることを法律で規制したほうがよいとする者（5件法で「強く規制すべきである」「規制はあってもよい」）は33.9%である。このように，実際のトラブルがなくても，イレズミを入れている者に対する苦情や規制の必要性が述べられている現状がある。山本

(2016) が言及しているように，イレズミに対するネガティブなイメージや態度が，苦情の申し入れにつながっている可能性がある。これは逆に，イレズミに対してネガティブなイメージを有する人が多いことを示唆するものとなろう。このように，現在の日本では，イレズミにはネガティブイなメージが付随しており，それが，イレズミを入れている人に対する態度に影響しているといえる。

とはいえ，イレズミを含めたあらゆる装いが，社会の側と個人の側とのすり合わせの結果として評価されそして採用されていくものである以上，今後もネガティブイメージが続くとは限らない。時代によって評価が変わり，一般的な装いとして採用されることになる可能性もないとはいえない。

3　イレズミ実施者の心理

イレズミへの満足・後悔・今後の意図

まず，イレズミを入れた者が満足しているのかどうか，確認してみよう。彫り物もしくはタトゥーを入れた者の満足度をまとめたものが図 6-3 である [6)]。彫り物とタトゥーイングともに，満足している者の割合は大きく 7 割を超える。そして，彫り物を入れた人のほうが，「とても満足している」と回答した割合が多く，より満足していることがうかがえる。また，後悔についてまとめたものが図 6-4 である。彫り物を入れた者のほうが，後悔することが「まったくない」とした割合が多い。そして，今後さらに入れたいと思うかについてまとめたものが図 6-5

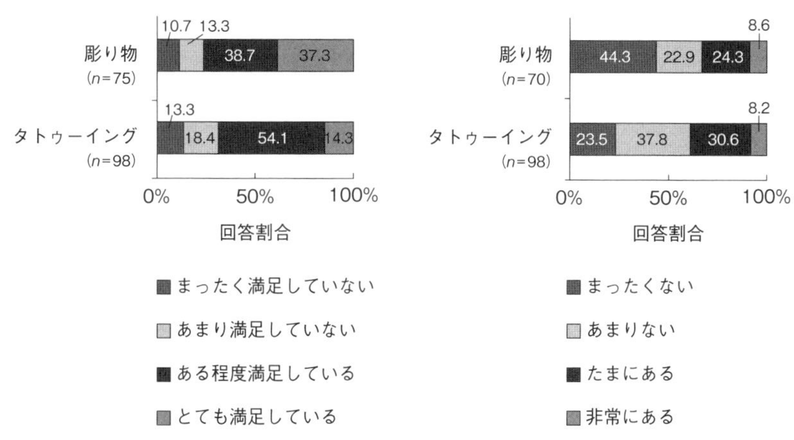

図 6-3　イレズミに対する満足度

図 6-4　イレズミに対する後悔

であるが，彫り物を入れた人のほうが，さらに入れたいと考えていることが示されている。これらをまとめてみると，基本的に，彫り物を入れた人のほうが，イレズミを入れたことに満足している現状がうかがえる。

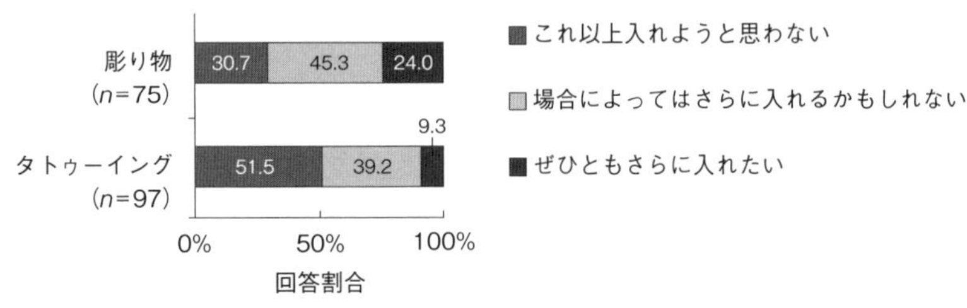

図 6-5　イレズミに対する今後の意図

なお，後悔については，彫り物とタトゥーイングともに約4割の者が後悔していることも確認できる。自身が温泉などに入れないことだけでなく，子どもができて温泉や海に行く場合に行きづらいといったことなどが，後悔のもとになっているようである。ちなみに，アメリカでは，タトゥーを入れた者の23%が後悔しているというデータもある（The Harris Poll, 2016）。

イレズミの背景にある心理

実際にイレズミを入れた者は，どのような動機に基づき，また，どのような効用を期待して入れたのであろうか。

イレズミの目的・動機としては，もともとは，民族あるいは男女の標徴，階級の標徴，勇者の標徴，婚期を示す女子の標徴，宗教的な理由，装飾や化粧，医療，刑罰，呪術，性的なものなどが存在し（吉岡, 1996），基本的には同じ集団に所属する人はその背景にある価値観や意味などを共有していた。つまり，特定のイレズミを入れていれば，それは属する集団や妊娠可能であること，場合によっては，罪を犯した者であることをなどを他者に明示する，特定のシグナルとして機能していた。個体識別として用いられていたこともある[7)]。いずれにしても，基本的には，当人が所属する集団において，共通認識のもとにイレズミを入れていた。

しかし，現在は，施術理由や図柄の選択が，社会によるものではなく個人的なものとなっている（山本, 2016）。個々人が，好きなものを選択し，そこにはその人個人の目的や動機が反映されている。ある意味，たんなるおしゃれの1つとして位置づけられるようになってきた側面もある。スワーミとハリス（Swami & Harris, 2012）は，従来のイレズミ（やピアッシングなど）の研究における関心は，

①イレズミを入れる動機，②イレズミに関連する心理・行動，③イレズミを入れた人に対する対人認知，の3つに分類できるとしている。ちなみに，イレズミの動機として，これまでの研究は，個性の標や自己表現をおもなものとしてあげている（e.g., Antoszewski, Sitek, Fijałkowska, Kasielska, & Kruk-Jeromin, 2010；Hill, Ogletree, & McCrary, 2016；Tiggemann & Hopkins, 2011）。イレズミを入れる人の病理などについても，近年研究が積み重ねられてきている（e.g., Swami, 2012）。イレズミという装いの性質を理解するには，多様な観点からの検討が必要であろう。なお，日本人がイレズミを入れることによって実際に得られる効用については，鈴木・大久保（2017）により，自信をもちたいといった「自己高揚・変容」と，おしゃれにみられたいといった「ファッション」の2つが抽出され，前者が満足感と，後者が今後のさらなるイレズミの希望と関連していることも示されている。

4 まとめ

今後，イレズミという装いは，社会においてどのように位置づけられていくのであろうか。たとえば，ピアッシングであれば，日本において髪の脱色や染髪とともに反抗や不良の印として認識されていた時代もあるが，現在では一般的なおしゃれの1つとして認識されている。今後，イレズミもピアッシングと同様の受容のプロセスをたどる可能性はある。しかし，アンダーグラウンドな装いとして扱われつづける可能性もあろう。

イレズミは，化粧などの装いと異なり，現在の日本の文化においては異質な装いである。このような装いであるイレズミが，今後受容されるのか否か，その変化を把握し検討していくことは，個々の装いが社会でどのように扱われ，また，個々人がどのように社会で装っていくのか，人と社会の側とのすり合わせが装いにおいてどのようになされていくのかを理解する一助となるであろう。

また，異なる文化や価値観とどのように向き合っていくか，その糸口になることも期待される。2013年に，アイヌ関連の講習会のために来日したマオリ族の女性が，公共の入浴施設において入場を断られ，内閣官房長官がそれに対する記者会見を開く事態となった。今後，世界中から日本への観光客は増え，また，移住してくる者が増える可能性もある。そのような状況において，イレズミという装いの理解は，適切な対人関係の構築という点でも重要といえる。

注

1) もともとは身体の保護やケアという機能を有しながらも，おもな機能が審美的なものとなった装いはほかにもある。たとえば，アイメイクなどがあげられる。アイメイクも，もとは虫による伝染病予防や日差し反射の防止などを目的としていたとされる。このように，主たる機能が時代によって変化することは，装いにおいても多々生じており，イレズミにもそれが確認できる。

2) ちなみに，耳飾りや首飾りや腕輪などの装身具（アクセサリー）が復活したのは明治時代に入ってからである。この間は，髪飾りなど限られた装身具しか用いられておらず，日本の装飾の歴史のなかで特殊な現象として言及されることが多い。

3) 『新版大言海』（大槻, 1956）においては，第一義に「刑ノ名」という記述がある。入墨という語にはネガティブな意味合いがあることが確認できる。

4) 鈴木・大久保（2018）のデータの再分析の結果による。

5) 「回答したくない」を除外したうえでクロス表の分析をおこなったところ，彫り物における性別との関連はクラメールV=.048，タトゥーにおける性別との関連はクラメールV=020，彫り物における年齢層との関連はクラメールV=.104，タトゥーにおける年齢層との関連はクラメールV=.117であった。

6) 鈴木・大久保（2017）における，彫り物を入れた75名とタトゥーを入れた98名のデータの再分析の結果による。

7) 特に漁師や船乗りなどに用いられ，水死体などになった場合にその遺体の身元を判断するために用いられた。また，『陰徳太平記』によると，日本の戦国時代にも，同様の目的で薩摩の島津勢が上腕に名前と歳などのイレズミを入れていたとされている（e.g., 小野, 2010）。なお，共同体のスケープゴートとしてスティグマをつけるといった使い方もなされた悲劇がある。アウシュビッツの囚人番号のイレズミなどがそれにあたる。

コラム 11

身体変工古今未来

身体変工は，直接的に身体に加工をおこなう身体装飾のことであり，その種類は多岐にわたる（序章参照）。そして，最近では，新たなタイプの身体変工も生まれてきている。それは，身体改造といわれることもある。異物を体内に埋め込み身体に模様を浮き上がらせたり，または，生理食塩水を入れて身体をふくらませたりすることによって外観を変える装いである。また，身体の一部を切除したり，または（舌を）裂いたり，（耳の）形を変えたりなど，これまた多岐にわたる装いの方法が生まれている。フックを身体に引っかけて吊すといったパフォーマンスもある。なお，大量のピアスによるピアッシング（過剰ピアス）や筒状の道具（ピアス）で身体に大きな穴があいた状態にするなど，ピアッシングの延長線上といえるものもあれば，身体につけた傷で模様を作成するといった瘢痕(はんこん)文身のリバイバルのようなものもあり，従来の身体変工と少し形を変えただけのものもある。目にイレズミをおこなうなど，これまた従来の刺痕文身のスタイル違いといったものもある。新たな身体変工も，ある意味これまで世界中でおこなわれてきた身体変工の延長線上にあるともいえそうである。人は，身体を加工する欲求を有しており，その表出の仕方が極端で少数派であると，その文化では異質にみえるというだけのことなのかもしれない。

今後，科学技術の進歩により，さらに極端な身体変工が生まれる可能性もある。たとえば，手足を別な形にする（長くしたり，動物のような見た目にしたりする），体中に獣のような体毛を生やす，ウロコを生やす，しっぽを生やす，などである[1)]。もしかすると，首から下をすげ替えるということも可能になっていくかもしれない。いやいや，脳だけ自前で，身体全体を理想のボディにすげ替える，ということも夢物語でない時代が来るのかもしれない。

その場合，自己はどのように変容していくのであろうか。身体変工は，身体だけでなく自己の変容をもたらす。極端な身体変工により変化した身体は，自己をどこまで変容させるのであろうか。

1）ここではあくまでも装いを目的として意図的におこなう場合のことを意図している。

第7章
美容整形

「美しくなりたい」「かっこよくなりたい」といった願いを誰しも一度は思い描いたことがあるのではないでしょうか。たとえば，魅力的な容姿は異性からの好意度を高める効果をもつことが過去の研究でも明らかになってます（Walster, Aronson, Abrahams, & Rottman, 1966）。この例に限らず，現代社会では容姿の美しさがわたしたちの日々の生活においてさまざまなプラスの要素をもたらしてくれることが少なくありません。そのためわたしたちは「美しくありたい」と願い，さまざまなアプローチを試みています。美容整形はこのようにわたしたちの日々の生活を豊かにするさまざまなアプローチのうちの１つに位置づけられるでしょう。

この章では，まず，美容整形に関してその目的や施術内容，施術部位の特徴について概観します。さらに，先行研究に基づき，わたしたちを美容整形へと駆り立てる心理社会的要因を紹介し，最後に，美容整形がわたしたちにどのような心理的効果をもたらすかに関して，近年の研究動向を紹介します。

1　美容整形とは

美容外科と形成外科の違い

美容整形は，広義には容姿を美しくするために外科的施術をおこなう身体変工の１つとして位置づけられる。しかしながら，容姿を美しくするという行為の背景にはさまざまな要因が存在する。ここでは医療における診療領域別の対比をおこないつつ美容整形について概観していく。

外科的施術をおこなう目的の１つに，身体に形態学的異常や機能的異常が存在しないにもかかわらず，もっぱら，容姿の美しさを高めることをめざした施術をおこなう診療領域が存在する。このような美容的施術をおこなう診療科は美容外科（cosmetic surgery ないしは aesthetic surgery）とよばれる。一方，けがややけどなどにともなう傷や変形，生まれながらに有している容姿の異常や奇形を修復，再建することを目的とした医学的処置がおこなわれることがある。このような医学的処置をおこなう診療科が形成外科（plastic surgery）である。日本形成外科学会のホームページでは，「身体に生じた組織の異常や変形，欠損，あるいは整容的な不満足に対して，あらゆる手法や特殊な技術を駆使し，機能のみならず形態的にもより正常に，より美しくすることによって，みなさまの生活の質“Quality of Life”の向上に貢献する，外科系の専門領域」という形成外科の紹介がおこなわれている。

このように，美容外科領域は，主として美の追求を目的として医学的処置をおこなう領域と，形成外科領域における容姿の再建・身体の機能回復としての医学的処置をおこなう領域の2つに分類することが可能である。こうした施術を求める背景要因の差異にともない，それぞれの診療領域において用いられる施術内容や対象となる施術部位，費用負担に関しても大きな違いが存在する。美容外科と形成外科の差異について表7-1に整理をおこなった。

表7-1　美容外科と形成外科における差異
（日本美容外科学会[1]および日本形成外科学会のサイトの記述をもとに作成）

	美容外科[2]（cosmetic surgery / aesthetic surgery）	形成外科（plastic surgery）
施術目的	主として，美しさの向上，美の追求。	主として，先天的な容姿の異常や後天的な外傷に伴う容姿の形状や機能の修復・再建。
施術対象の代表例	・加齢にともなう，顔のラインのたるみの改善（フェイスリフト術） ・顔面骨の矯正による顔の輪郭形成術 ・腹部，臀部，太もも，腕，首，あごの下などにおける脂肪吸引術 ・鼻形成術（高さや形状の調整） ・まぶたの手術（一重→二重，ないしは両目での一重・二重の不一致の調整など） ・乳房増大術（豊胸術） ・スキンケア（あざや傷跡のカムフラージュ，イレズミの除去，脱毛，小じわのケアを目的としたレーザー治療，しわ取り目的のヒアルロン酸注入療法やボツリヌス療法など） ・植毛 ・性器の整容	・外傷（切り傷，擦り傷，裂傷，刺し傷，噛み傷） ・熱傷（やけど） ・顔面骨骨折 ・顔面軟部組織（顔面神経，涙道，唾液を作る組織（耳下腺）と唾液のとおる管（耳下腺管））の損傷 ・唇顎口蓋裂（唇，歯茎，口の中の天井部分における先天性の形態異常） ・合指症（隣り合った指の一部ないし全体が癒合している先天性の形態異常） ・陥没乳頭 ・いぼ様のあざ（表皮母斑，脂腺母斑），黒あざ，赤あざ ・皮ふのできもの（粉瘤，脂肪腫など） ・悪性腫瘍（がん）に伴う手術部位の再建 ・褥瘡（床ずれ）
費用負担	術前の状態が疾患をともなっていないため，多くの場合において自由診療（全額自己負担）となることが少なくない。したがって，高額になることもある。	傷病の治療の一環としておこなわれるものであるため，大部分は保険診療としておこなわれる。

1）日本には2つの日本美容外科学会（Japan Society of Aesthetic Plastic Surgery：JSAPSおよびJapan Society of Aesthetic Surgery：JSAS）が存在する。ここでは，JSAPSのサイト（http://www.jsaps.com/surgery/）を参照した。
2）「形成美容外科」や「美容形成外科」といった名称が冠されることもあるが，それらも位置づけ的には美容外科に分類されることがほとんどである。

いずれの領域においても，頭の先から足の先まで全身の各身体部位や身体的特徴を対象にしているという点では共通しているものの，その施術目的や施術方法に差異が存在することが表7-1からわかるだろう。本章では美容外科領域のなかでも，美の追求を目的とした美容整形に焦点を絞って論を進めていきたい。

2　美容外科領域における美容整形施術の現状

美容整形施術数と施術内容の国際比較

美容外科領域における最大の学術団体の1つである国際美容外科学会(International Society of Aesthetic Plastic Surgery；以下，ISAPS）は，毎年，世界中の同学会の登録医に対して，美容外科領域における施術対象や施術内容などに関する調査を実施している。本章執筆時の最新データである2016年の調査結果において，外科的施術（乳房増大術や脂肪吸引術など）と非外科的施術（しわ取り目的の注射や脱毛など）を総合した日本での美容整形施術数はアメリカ，ブラジルに次ぎ世界第3位（113万7,976件，世界全体での施術数の4.8%）であった（ISAPS, 2017)。全施術数に対して外科的施術が占める割合を概観すると，アメリカ合衆国では約35%，ブラジルでは約55%を外科的施術が占めているが，日本における外科的施術の割合はわずか約18%にとどまる（ISAPS, 2017)。すなわち，日本では海外と比較して非外科的施術の割合が非常に高い（約82%）ことが特徴的である。なお，2014年の同学会による調査においても，日本はアメリカ，ブラジルに次いで第3位(126万351件，世界全体での施術数の6.2%)，2011年の調査でも第4位（95万2,651件，世界全体での施術数の6.5%）の施術数であった（ISAPS, 2011, 2015）[1)]。こうした傾向から，日本が世界のなかでも有数の美容整形大国であることがうかがわれる。国内での調査でも，首都圏在住の女性の16.9%，すなわち約6人に1人の割合で美容クリニックの利用経験があることが報告されている（ポーラ文化研究所, 2012)。

それでは，実際にどのような美容整形がおこなわれているかについて，最新のISAPSの調査結果（ISAPS, 2017）を概観していこう。日本における美容整形施術のうち，外科的施術数の上位はトップから順にまぶたの手術（10万6,177件)，鼻形成術（2万3,407件)，乳房増大術（2万270件)，脂肪吸引術（8,344件)，フェイスリフト術（7,966件）であった。美容整形施術数の上位5か国における外科的施術内容の内訳を整理したものが表7-2である。

表7-2より，海外においては乳房の増大や脂肪吸引の施術が多いものの，日本ではこのような施術以上に，まぶたや鼻の施術数が上位を占めている。こうした

表 7-2　美容整形施術数上位国における外科的施術内容の内訳
（ISAPS（2017）をもとに作成）

	アメリカ（全施術数第1位）	ブラジル（全施術数第2位）	日本（全施術数第3位）	イタリア（全施術数第4位）	メキシコ（全施術数第5位）
	施術内容				
第1位	乳房増大術（33万1,122件）	乳房増大術（21万7,085件）	まぶたの手術（10万6,177件）	乳房増大術（5万4,128件）	脂肪吸引術（6万9,445件）
第2位	脂肪吸引術（25万7,334件）	脂肪吸引術（20万9,165件）	鼻形成術（2万3,407件）	脂肪吸引術（5万1,459件）	乳房増大術（6万2,206件）
第3位	腹壁形成術[1)]（13万7,610件）	まぶたの手術（15万9,720件）	乳房増大術（2万270件）	まぶたの手術（4万2,483件）	まぶたの手術（5万4,608件）
第4位	まぶたの手術（12万9,624件）	腹壁形成術（13万3,100件）	脂肪吸引術（8,344件）	鼻形成術（3万855件）	鼻形成術（4万5,278件）
第5位	乳房固定術[2)]（12万3,024件）	乳房固定術（8万8,825件）	フェイスリフト術（7,966件）	顔への脂肪移植術（2万3,664件）	腹壁形成術（3万8,121件）

1)　腹部の肉や脂肪分を除去することで，腹部のたるみを改善する施術。
2)　ブレストリフト（breast lift）ともよばれる。下垂した乳房を吊り上げる外科的処置を施すことで，形状を改善する施術。

結果から，美容整形の対象となる身体部位や身体的特徴には何かしらの文化的，ないしは地域的特異性が存在するのかもしれない。これまでに美容整形への態度について検討したいくつかの研究でも，美容整形への態度は世界各地で地域差があることが示されている（Henderson-King & Henderson-King, 2005；Swami, 2010；Swami, Hwang, & Jung, 2012）。したがって，わたしたちの美しくありたいという心理を理解するには，その人が置かれている文化の特徴や地域的な背景を視野に入れておくことが必要であろうと考えられる。

ISAPSの同調査では，非外科的施術の内容の内訳についても報告がおこなわれている。日本における非外科的施術数は上位からヒアルロン酸注入療法（19万2,730件），ボツリヌス療法（18万3,429件），脱毛（17万7,444件），光を用いた皮膚の若返り治療術（12万640件），皮膚のたるみの引き締め術（10万904件）であった。いずれの国においても日本と同様にヒアルロン酸注入療法やボツリヌス療法が上位を占めており，非外科的施術においては外科的施術のように日本と海外とのあいだでの施術内容の内訳に大きな差異は認められなかった。

美容整形施術数と施術内容の性差

ここまでは，男女全体の美容整形施術数と施術内容に関する概観をおこなってきた。しかしながら，それぞれの性に対して求められる容姿の美しさやそもそも男女間で身体に機能的差異が存在することをふまえれば，男女別の美容整形の施術数や施術内容に差異があると考えられる。

表7-3は，男女別に外科的施術数の上位5種類を整理したものである（ISAPS, 2017）。外科的施術を受けた人の総数は男性で160万6,653件（15.4%）であり，女性では881万717件（84.6%）であった。したがって，美容整形施術を受ける人は圧倒的に女性に多いことがうかがわれる。

表7-3 世界における外科的施術内容の性差
（ISAPS（2017）をもとに作成）

	男性 （160万6,653件：15.4%）	女性 （881万717件：84.6%）
	施術内容	
第1位	まぶたの手術 （28万6,418件）	シリコン注入による乳房増大術 （144万3,333件）
第2位	女性化乳房[2]への手術 （23万6,371件）	脂肪吸引術 （123万9,349件）
第3位	鼻形成術 （21万7,152件）	まぶたの手術 （106万1,091件）
第4位	脂肪吸引術 （21万3,992件）	腹壁形成術 （69万6,248件）
第5位	植毛手術 （11万6,487件）	乳房固定術 （58万3,192件）

1）表中の件数は世界全体での施術件数。
2）ホルモンバランスの乱れなどにより生じる，男性においてもみられる乳房のふくらみ。

次に，施術内容をみてみると，まぶたの手術（男性で1位，女性で3位）や脂肪吸引術（男性で4位，女性で2位）は男女に共通してよくおこなわれており，これらの問題を改善するためのニーズの高さは男女間で同様の傾向にあることが示唆される[2]。胸部に着目すると，女性では乳房増大術がトップの施術数であった。その一方，男性で施術数2位となった女性化乳房への手術は，文字通り，男性において乳房が女性のようにふくらみを帯びてくる状態像を改善するための施術である。このように同じ身体部位に対する施術であっても，美しさの追求のみにとどまらず，もともとの性に対して違和感を生じさせるような身体的特徴を改善させるための施術がおこなわれていることも知っておく必要があろう。また，男性では5位の施術数であった植毛手術については，女性では26位であり，件数も男性の約10分の1（1万8,567件）であった。このように，美容整形の外科的施術数や施術内容には男女差が見受けられることから，美しくありたいという心理を理解する際には性差を考慮する必要のあることが示唆される。

なお，非外科的施術の性差に着目すると，非外科的施術を受けた人の総数は男性で165万7,601件（12.5%），女性では1155万1,938件（87.5%）であり，外科的施術同様，女性の比率が高い傾向にあることがうかがわれる。一方，男女ともに施術内容は上位から第1位がボツリヌス療法（男性65万550件，女性428万1,027件），2位がヒアルロン酸注入療法（男性36万7,194件，女性300万5,250件），3位が脱毛術（男性16万8,700件，女性97万7,823件）と，頻繁におこなわれる施術内容には男女差が見受けられなかった。

生涯発達的な視点からみた美容整形施術数と施術内容

これまでみてきた美容整形の施術内容をふまえれば，しわの改善や乳房固定術，フェイスリフト術などのような老いによる容姿の衰えに対する施術にみられるように，美容整形手術を受けることは若者だけに限られた現象ではない。そこで，ここでは生涯発達的な視点から美容整形の施術数と施術内容を概観する。

表7-4は乳房増大術，鼻形成術，脂肪吸引術，非外科的減量術，ボツリヌス療法の年代別施術数を整理したものである。18歳以下ではどの施術も実施件数が少ないが，このことについては，美容整形に要する費用が高額である可能性が影響していることが示唆されている（Rumsey & Harcourt, 2005）。乳房増大術，鼻形成術，脂肪吸引術，非外科的減量術は19–34歳の時期をピークに徐々に実施件数が減少していく。一方，ボツリヌス療法は加齢にともなうしわの増加が目立ちはじめる35–50歳の時期で最も施術件数が多い。

表7-4　世界における代表的な美容整形の年代別施術件数
（ISAPS（2017）をもとに作成）

施術内容	18歳以下	19–34歳	35–50歳	51–64歳	65歳以上
乳房増大術	4万7,334件 (2.9%)	95万4,433件 (57.9%)	53万4,859件 (32.4%)	9万9,616件 (6.0%)	1万2,864件 (0.8%)
鼻形成術	5万8,778件 (7.5%)	51万3,500件 (65.3%)	17万5,232件 (22.3%)	3万4,228件 (4.4%)	5,115件 (0.7%)
脂肪吸引術	3万375件 (2.1%)	65万9,671件 (45.4%)	58万4,969件 (40.3%)	15万9,577件 (11.0%)	1万8,893件 (1.3%)
非外科的減量術	1万4,431件 (3.3%)	18万3,221件 (42.3%)	16万8,617件 (38.9%)	5万7,506% (13.3%)	9,577件 (2.2%)
ボツリヌス療法	3万3,535件 (0.7%)	107万9,522件 (21.9%)	241万1,048件 (48.9%)	116万893件 (23.5%)	24万6,579件 (5.0%)

1）表中の件数は世界全体での施術件数。
2）表中の%は当該施術内容の施術総数に対する，各年代での施術件数の割合。

次に年代別の特徴をみてみよう。34歳までの若年世代においては，乳房増大術（18歳以下から34歳までの合計で60.8%）や鼻形成術（18歳以下から34歳までの合計で72.8%）がほかの施術内容に比べて比較的高い割合の施術数となっている。このことからは，若年層において胸の大きさや鼻の形状が美しさの基準となりやすい可能性があることが示唆される。他方，脂肪吸引術や非外科的減量術は19–34歳の若年世代と35–50歳の中年世代ではその施術割合に大きな差は認められない。こうした傾向から，体型や痩身に関する美の追求は，世代を問わず現代社会における関心事であることを垣間見ることができる。なお，加齢にともなうしわの改善を目的としておこなわれるボツリヌス療法に関しては，ほかの施術とは異なり，35–50歳の世代で最も施術数が多い。加齢にともなって施術数は減少するものの，ほかの施術内容と比して51–64歳，65歳以降においても高い割合で施術がおこなわれていることが特徴的である。ボツリヌス療法施術におけるこうした傾向は，歳を重ねても若々しく魅力的な容姿を保っておきたい，もしくは老化による衰えへの抵抗といった心理の表れとして理解することができるかもしれない。

以上をふまえれば，美しくありたいという心理は生涯を通じてわたしたちに存在するものであること，一方で，その際に美しくありたいと思う身体部位やその特徴については，人生の各ステージにおいて異なることがみてとれる。

3　美容整形の背景要因としての心理社会的要因

それでは，どのような心理社会的要因がわたしたちを美容整形へと駆り立てるのであろうか。ここでは，個人内要因，対人関連要因，社会文化的要因の3つの側面から，わたしたちを美容整形へと駆り立てる要因について，これまでにおこなわれてきた研究を概観していきたい。

個人内要因

美容整形を考慮することに最も関連の強い心理的要因の1つとして，ボディイメージへの不満足感が存在することが指摘されている。ボディイメージとは，容姿（身体）に関する認知，感情，行動，知覚が相互に関連し合ってつくりあげられる，自身の容姿についてのイメージである（Thompson, Heinberg, Altabe, & Tantleff-Dunn, 1999）（第8章，p.115も参照）。サーヴァーほか（Sarwer, Wadden, Pertschuk, & Whitaker, 1998）は美容整形を特に希望しない人と比べ，美容整形を希望している人では施術を希望する身体部位への不満足感が高い傾向にあることを明らかにしている。

心理的に健康な人でもボディイメージへの不満足感は存在するが（安保・須賀・根建, 2012），あまりにもボディイメージへの不満足感が強い場合には，ボディイメージ障害の1つである醜形恐怖症を考慮する必要がある。醜形恐怖症とは，その人自身が感じる自分の容姿の欠点にとらわれすぎるがゆえに，日常生活場面にさまざまな支障が生じることで特徴づけられる精神疾患の状態像である（American Psychiatric Association, 2013）。こうした問題を抱える人たちが美容整形を求めてクリニックへと足を運ぶことがあることも指摘されている。研究がおこなわれた国や調査方法によるばらつきがあるものの，少ないものとしては，非外科的施術を希望する患者のうち2.9%（Castle, Molton, Preston, & Phillips, 2004），多いものとしては，外科的施術を希望する患者のうち53.6%（Vindigni et al., 2002）の人が醜形恐怖症の基準を満たしていたという報告が存在する[3)]。日本においても，美容整形を求めて受診した患者のうち，10.1%が醜形恐怖症に該当していたという報告がある（Ishigooka, Iwao, Suzuki, Fukuyama, Murasaki, & Miura, 1999）。すなわち，本来であればメンタルヘルス的な視点からの支援が必要とされる一群が，美容外科領域において施術を求めるというミスマッチが一定数生じていることが示唆される。美容整形における身体への侵襲性の高さや外科的施術の非可逆的な側面をふまえれば，こうしたミスマッチを防ぐための研究の蓄積が今後期待される。

そのほかに美容整形への関心を高めるパーソナリティ（性格）特性として，ヤーヴォとセールリー（Javo & Sørlie, 2009）は容姿への没入傾向を指摘している。また，周囲の状況に合わせて自身の行動を調節することと定義されるセルフモニタリング傾向が高い人でも，美容整形への関心が高いことが明らかになっている（Matera, Nerini, Giorgi, Baroni, & Stefanile, 2015）。パークほか（Park, Calogero, Young, & DiRaddo, 2010）は，容姿が原因で他者から拒絶されてしまうのではないかという予期や不安から構成される容姿に起因する拒絶過敏性の高さが美容整形を受け入れる傾向を強めることを報告している。

対人関連要因

友人とのあいだでの容姿に関する会話がボディイメージへの不満足感を高めることが示されている（Clark & Tiggemann, 2006）。また，友人との容姿に関する会話が社会で理想とされる美しさの基準を取り込むことや，他者と自分の容姿を比較することにつながることも指摘されている（Sharp, Tiggemann, & Mattiske, 2014）。その結果，友人との会話のなかで内在化された理想とする美しさの基準がボディイメージの不満足感を高め，美容整形への興味関心を高めることに寄与することが明らかになっている。一方，友人とのあいだでのネガティブな経験も美容整形への興味関心に関連することが指摘されている。たとえば，過去に友人から容姿のことを冷やかされた経験は，美容整形への願望を高めることや受診への意思決定を促進することに関連することが報告されている（von Soest, Kvalem, Skolleborg, & Roald, 2006）。

ほかにも，周囲の人から美容整形をすすめられた経験があることも美容整形への関心を高めることが示されている（Javo & Sørlie, 2009）。また，ブラウンほか（Brown, Furnham, Glanville, & Swami, 2007）は身近で美容整形を受けたことのある知人の存在が美容整形への関心とどのように関連するかを検討している。その結果，女性では周囲に美容整形を受けた人が多いほど，美容整形を受診する傾向にあることが示されている。興味深いことに，男性ではこれとは逆の結果が得られている。すなわち，男性では周囲に美容整形を受けた人が多いほど，美容整形を受診しない傾向にあることが報告されている。

美容整形施術を希望する理由にも性差が確認されている。たとえば，谷本（2014）の調査では，自分が心地よくあるために美容整形を希望するという理由が最も多かったことが報告されているが，こうした傾向は男性よりも女性に多くみられる。さらに，男性では異性からの賞賛を目的として，女性では同性からの賞賛を目的として美容整形を希望する傾向があることが示されている。このように，男女間で対人関係における美容整形への動機づけには差異が生じうることが示唆される。

社会文化的要因

メディアへの接触も美容整形への興味関心を高めることに一役買っている。マーキーとマーキー（Markey & Markey, 2010）は美容整形をフィーチャーしたテレビ番組を視聴したあと，その番組に好印象を抱いた人たちが美容整形への興味関心が向上したこと，さらに，そのような番組を見ていない人と比べて，美容整形を利用して容姿の改善を図ることを希望する傾向が増加したことを報告している。また，ルンデ（Lunde, 2013）は女子高校生において，ファッションブログを頻繁に読む傾向にある人のほうがそうではない人たちと比べて，美容整形に対する興味関心が高いことを示している。このようにメディアの種類を問わず，美容整形や美に関連する情報にさらされることが，わたしたちの美容整形への興味関心を高める効果を有していることが示唆される。

特に，近年ではインターネット上での美容整形に関する情報への接触効果についての報告もみられる。モンテムッロほか（Montemurro, Porcnik, Hedén, & Otte, 2015）によれば，美容整形を受診するに先立って95%の人がインターネットを用いて情報収集をおこなっていること，医師の選択にあたってはソーシャルメディアが活用されていることが明らかになっている。一方，モンテムッロほか（Montemurro et al., 2015）は文献レビューを通じて，web 上に質の悪い美容整形に関する情報が多く存在する危険性を指摘している。また，モンテムッロ（Montemurro et al., 2015）は美容外科医に対しても調査をおこなっており，多くの医師がソーシャルメディア上の情報が美容整形に対する非現実的な期待へとつながる懸念を示したことを報告している。非現実的な期待は術後の不満を増大させる要因として知られている（Honigman, Phillips, & Castle, 2004）。そして，メンゼルほか（Menzel, Sperry, Small, Thompson, Sarwer, & Cash, 2011）は女性の場合，メディアが取り上げる美しさの基準が内在化され，その結果，ボディイメージへの不満足感が高まり，美容整形への興味関心の増加に寄与することを明らかにしている。以上をふまえれば，モンテムッロほか（Montemurro et al., 2015）が指摘する現状は美容整形を受けることを希望する人，美容整形施術をおこなう医療従事者双方にとって望ましくない現状と考えられる。すなわち，望ましくない非現実的な期待を有して美容整形を受けた人が施術に満足を得られず，その結果，ボディイメージへの不満足感が維持され（もしくは高まり），さらに美容整形を何度もくり返すという悪循環に陥る可能性が考えられるためである（図7-1）。

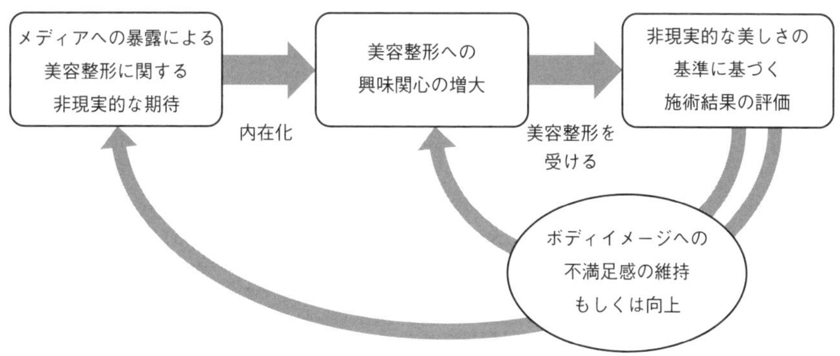

図 7-1　メディアによる非現実的な美しさの理想像の内在化に基づく美容整形の悪循環プロセス

美容整形の利用者側が正しい知識を取捨選択できるようになること，美容整形の提供者側が非現実的な期待を煽らないような情報を提供していくようになること，この両者が上述の問題を解決していくためには必要となるであろう。

4 美容整形がもたらす心理的効果

ここでは，美容整形施術を受けることがわたしたちにどのような心理的効果をもたらすかについて概観する。

キャッスルほか（Castle, Honigman, & Phillips, 2002）はそれまでの先行研究をレビューした結果，美容整形施術を受けた7-9割の人がその施術に満足していたことを報告している。キャッシュほか（Cash, Duel, & Perkins, 2002）は乳房増大術を受けた女性の経過を2年間追跡しているが，この研究においても90%以上の女性が術後2年を経過しても施術への満足感が維持されていたことが示されており，術後の施術に対する満足感は比較的長期にわたって継続することが示唆される。

施術そのものへの満足感だけではなく，そのほかの心理社会的指標にも美容整形施術がもたらす効果が知られている。たとえば，フォン＝ゾーストほか（von Soest, Kvalem, Skolleborg, & Roald, 2011）は術後5年を経ても，全般的な容姿や施術部位への満足感が確認されたこと，自尊感情も向上したことを報告している。ファテミほか（Fatemi, Rajabi, Moosavi, & Soltani, 2012）は術後にQOL（Quality of Life；生活の質）が高まることを確認している。対人関係に着目すると，乳房増大術を受けた女性では，パートナーとのあいだでの性生活の改善がみられたことが報告されている（Kilmann, Sattler, & Taylor, 1987）。また，マーカス（Marcus, 1984）は鼻形成術を受けた人が，術前に比べて他者から自分がよりよい扱いを受けていると感じるようになったこと，知らない人や初めて会う人の前で積極的にふるまえるようになったことなど，対人面での不安が解消されたことを報告している。

以上のように，さまざまな形で美容整形のポジティブな心理的効果が報告されている。しかし，ホニグマンほか（Honigman et al., 2004）は多くの先行研究におけるサンプルサイズ（データ数）の少なさや診断バイアス（研究対象が専門機関を訪れた人に限られていること）の存在，心理的効果の測定方法に一貫性が認められないことなどの研究デザイン上の問題点が存在することを指摘している。美容整形においては無作為化比較試験の実施が現実的ではないため，クックほか（Cook, Rosser, & Salmon, 2006）はより質の高いエビデンスを得るために，前向きコホート研究（特定の集団を対象に追跡調査を実施して経過観察をおこなう研究）が必要であることに言及している。また，施術部位や施術内容，研究対象者の性別や年代に特異的な知見とそれらの特性を超えて共通する知見も現状では混然としている。こうした問題を改善したうえで，今後，美容整形の心理的効果に関する新たな知見が積み重ねられていくことが期待される。

さて，上述のとおり，さまざまな形で美容整形のポジティブな心理的効果がこれまでに報告されている一方で，ポジティブな心理的効果が得られない場合があることも確認されている。ホニグマンほか（Honigman, Jackson, & Dowling, 2011）は先行研究を通じて，技術的に問題のない美容整形を受けた人のうち，約10-20% の人が術後の不満を訴えることを指摘している。こうした不満はその後，被施術者そして美容外科医の双方にさまざまな問題（たとえば，被施術者側の抑うつ，不安，社会的孤立，自殺を含む自己破壊行動，職場の欠勤，家族機能不全，健康不良，さらなる施術の要求，医師への訴訟の増加，健康管理団体への苦情，医師への暴力など）につながるとされる。

したがって，こうした術後の不満やそれに基づくさまざまな問題を予測するために，術前の心理的特徴の把握が重要であることが指摘されている。ヘルルアーほか（Herruer, Prins, van Heerbeek, Verhage-Damen, & Ingels, 2015）は先行研究のシステマティックレビューを通じて，術後の不満を予測する要因の特定を試みている。その結果，男性であること，施術を受ける年齢が若年であること，施術結果への非現実的な期待が存在すること，ごく些細な容姿の欠点を有していること，自己愛的なパーソナリティ（性格）特性を有していること，そして強迫的なパーソナリティ特性を有していることが美容整形施術後の不満を予測する因子として取り上げられている。このほかにも，ホニグマンほか（Honigman et al., 2004）では，術前に不安や抑うつ，醜形恐怖症，自己愛パーソナリティ障害[4]や境界性パーソナリティ障害[5]の経過があった群や美容整形を受けるきっかけが夫婦やパートナー間での問題を解決するためであった群，加えて，過去の美容整形施術に満足していなかった群において，術後の心理社会的満足感が低いことが明らかになっている。

以上のように，適切な施術がおこなわれたにもかかわらず生じる術後の不満を促進する因子が存在することから，術前にそうした要因を特定するためのアセスメントツールの必要性が論じられている（Wildgoose, Scott, Pusic, Cano, & Klassen, 2013）。例として，顔と歯の美容整形を希望する人を対象に，術前の心理社会的状態をスクリーニングするためのツールが作成されている（Honigman et al., 2011）。今後は，このように施術部位や施術内容が限定されるツールのみならず，美容整形全般において術前の心理状態を評価するためのツールの開発が期待される。

5 まとめ

この章では，まず，美容整形の位置づけについて紹介し，そしてその現状についての概観をおこなった。後半では美容整形に関連する心理社会的な要因について概観し検討をおこなった。

日本における美容整形の現状について把握するためのものとして，世界各国との比較可能な資料は存在するものの，美容整形に関する態度や動機などについての実証的な心理学的研究は非常に乏しい現状にある。近年，鈴木（2017）が美容整形やプチ整形[6]に対する態度について大規模なweb調査により明らかにしている。また，田中（2018）は美容整形に対する態度を測定するための質問紙の日本語版作成を試みている。今後はこうした研究に加え，実際に美容整形施術を受けた人や受けることを強く希望する人を対象とした研究や，多文化間比較研究を通じた美容整形に関連する要因の文化間の差異やその背景要因についての検討も望まれる。

注

1）2013年および2015年におこなわれた調査では，日本は施術数のランキング外となっている。この理由としては，当該調査年における調査回答者の国別分布の偏り（すなわち，日本人回答者の少なさ）が存在している可能性が推察される。なお，2012年には調査が実施されていない。

2）表7-3には記載されていないが，女性における鼻形成術数は第6位であり，鼻に関する悩みを改善するためのニーズも男女間で同様の傾向にあることがうかがわれる。

3）キャッスルほか（Castle et al., 2004）の研究はオーストラリア，ヴィンディーニほか（Vindigni et al., 2002）の研究はイタリアでおこなわれたものである。前者では研究協力者が自己記入式の質問紙に回答しているが，後者では専門家による研究協力者への構造化面接がおこなわれている。こうした研究方法の差異が結果に影響している可能性があるかもしれない。

4）自分が重要であるという誇大性，周囲から賛美されたいという欲求，他者への共感の欠如などを特徴とし，成人期早期までに始まる状態像のこと（American Psychiatric Association, 2013）。

5）激しく不安定な対人関係，自己像の不安定さ，感情の不安定さと著しい衝動性，激しい怒りなどを特徴とし，成人期早期までに始まる状態像のこと（American Psychiatric Association, 2013）。

6）鈴木（2017）では，メスを用いずにおこなわれる施術にプチ整形という用語を用いている。

コラム 12

美容整形の歴史

美容整形の歴史は太古にさかのぼる。紀元前 600 年頃，古代インドにおいておこなわれていた鼻の再建術がその起源と考えられている。当時の古代インドでは，罪人に対する罰として鼻を切断する習慣があったという。その後，こうした人たちが社会復帰する際に鼻を再建するようになったのが美容整形の始まりとされる。

医学領域での美容整形の起源は，1845 年にドイツの医師ディーフェンバッハによりおこなわれた鼻の手術とされている。当時はギリシャ彫刻に見られるようなすっきりとした鼻の形・鼻筋のとおったローマ人的な顔が美しさの基準とされており，カギ鼻が特徴的なユダヤ人は容姿の面で差別的な扱いを受けていた。この差別の改善を図ることを目的に，鼻の手術がおこなわれるようになったという。

日本では，昭和初期にヨーロッパから美容外科技術が導入された頃から，主として民間病院の医師によって美容整形がおこなわれてきた経緯がある。しかし，当時は技術的に手探りな部分もあり，術後のトラブルも散見されていたという。その後は研究の発展や技術の改善も進み，1966 年には日本美容整形学会（現日本美容外科学会（JSAS））が設立された。そして，1978 年には標榜科として美容外科が認定されるに至っている。

1970 年代頃には高度経済成長を背景に，物質的な豊かさのみならず精神的な豊かさ，すなわち QOL の向上が求められるようになってきた。こうした時代背景のなかで生活の質を高めるための 1 つの方法として，美容整形が一般の人たちのあいだにも爆発的に普及していったと考えられている。

このように，古代や美容整形の黎明期のみならず，現代においても美容整形のきっかけとなる要因の 1 つとして，社会文化的な要因がその背景に存在することがうかがわれる。今後の技術の進歩や社会情勢の変動，社会で美しいとされる基準の変容などにともない，将来の美容整形はどのようなあり方になっていくのだろうか。

第8章
体　型
痩　身

「痩せたらいろいろな人からかわいいと言われるようになりました！」
「5kg 体重を落としたら彼氏ができました！」
「スリムになったらすてきな服がたくさん着られるようになって，「おしゃれだね！」って褒められるようになりました」

女性向け雑誌やテレビ，web サイト，SNS など多くの媒体上で，痩身体型の女性が最新のファッションを身にまとって登場し，痩せることによってなしえたとするサクセスストーリーを発信している様子が数多くみられます。痩せることは，本当に，魔法のような成功体験をわたしたちにもたらしてくれるのでしょうか……。あなたはどのように考えますか。

体型の装いといってもいくつかの種類が存在する。時代や文化によっては，ふくよかなことを美とすることもあるが，現代日本をはじめ欧米諸国のように，痩せていることを美とすることもある。また，鍛えあげられた筋肉による身体を美とすることもあるであろう。本章では，痩身（体型）に焦点を当てて，装いとしての身体についてまとめていく。

WHO における各国の健康に関連する統計データベースのうち，体型に関する数値である BMI（Body Mass Index；痩せ具合や太り具合の指標であり，体重（kg）÷身長（m）^{2} で算出）の分析によると，近年の世界各国の体型の傾向は，低所得な国ほど BMI が低い痩身傾向にあり，高所得な国ほど BMI が高い肥満傾向にあることが報告されている（本川, 2018）。先進諸国の多くが飽食の時代を迎えている昨今，人びとはみずからの食への欲望，体型変化との闘いの時代に生きているともいえよう。そして「痩身」が確固たる１つの「美」の基準となっている社会的風潮のなかで，痩身の獲得は，多くの女性にとってのあこがれであり，主要な関心事になっている。近年では，小学生以下を含む若年層も痩身願望をもっていることが指摘されている（第15章参照）。また，男性においても，健康ブームも相まって痩身獲得への関心は高まっており，もはや老若男女問わず，痩身志向が高まっているといえよう。

外見の構成要素の1つである体型を変化させることを装いの1つとみなすことが可能であれば，痩身という体型も装いの枠組みで考えることができる（鈴木, 2017）。本章では，体型のなかでも，現代日本において美の基準となっている女性の「痩身」およびその志向に焦点化して，その現況を確認し，痩身をめぐるさまざまな現象，問題について概観したい。

1　痩身とは

元来，痩身とは，『広辞苑 第7版』（新村, 2018）によると「やせた身体」のことであり，英語では，thinnessやslimという語で示される。痩せや肥満の程度を表す主要な指標には前出のBMIがあり，世界的に用いられている。たとえば，身長160cm（1.6 m），体重58kgの人のBMIは，BMI = 58 ÷ (1.6 × 1.6) ≒ 22.7となる。BMIの値が小さいほど痩せていることになり，日本肥満学会の肥満度分類（松澤ほか, 2000）では，BMI 18.5未満を低体重（痩身）としている。すなわち，痩身とは，実際の体型がこの指標の「痩身」の基準にあてはまっている状態を意味している。また, 18.5–25未満を普通体重, 25以上を肥満として段階的な基準を設けており，BMI 22が最も疾病にかかりにくいとされる（e.g., Tokunaga et al., 1991）。

では，日本人のなかに痩身体型の人はどの程度の割合存在しているのだろうか。日本人の体格（BMI）の推移に関するデータ（図8-1）によると，男性は, 2011年以降, 30歳代以上の成人男性においてBMIは横ばいの傾向にあるものの，全体としては1947年から数値は増加傾向にある。一方，女性では，高度経済成長期の1960年代から20歳代女性を皮切りに, 30–60歳代まで順に10–20年遅れてBMIが低下傾向に転じている。よって，近年の日本人の体型は，男性の肥満化と，女性（特に若年）の痩身化という二極化の傾向にあることがうかがえる。同様の傾向は，たとえば，フランス，イタリア，韓国でもみられる。ただし，女性の平均BMI値をみると，日本の女性では22もしくはそれを下回る数値を示しているのに対し，フランス，イタリアでは24を超えているが，日本と欧州の国々とではそもそも体格差があることを考慮する必要があるだろう。また，日本，フランス，イタリアでは，男女のBMI値の乖離が1970年代中頃から始まっている点は共通しているが,

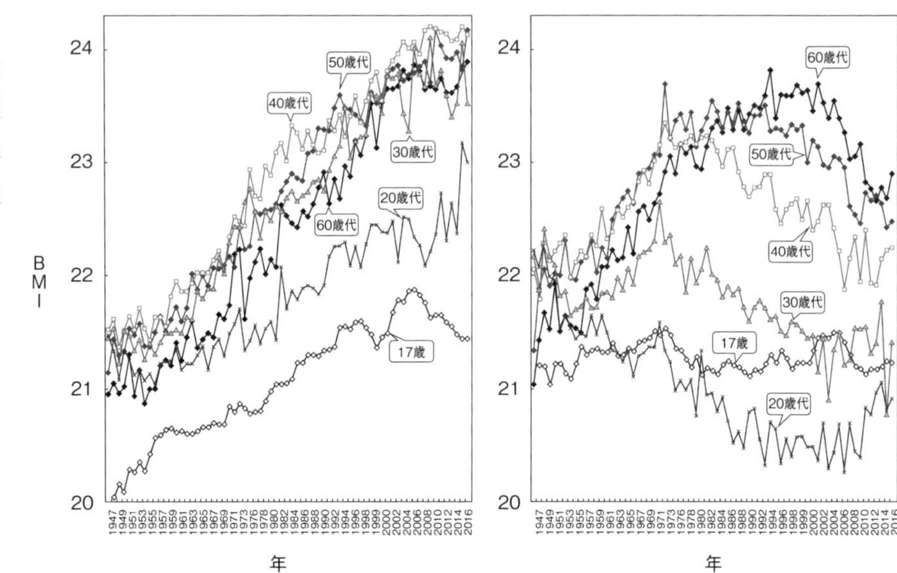

図 8-1 日本人の体格の変化（BMI の推移）（1947–2017 年，左：男性，右：女性）
（社会実情データ図録, 2018）

フランス，イタリアでは，女性の BMI 値が低下しはじめたのはかなり近年の傾向であり，日本と異なる。また，日本と韓国では，BMI 値の低さ自体は共通しているものの，日本は 1970 年代中頃から男女に乖離がみられるのに対し，韓国は 2000 年頃からであるという点や，日本では女性の BMI 値が低下しつづけているという点で異なる。したがって，日本人の体型は，世界的にも非常に稀な動きを示しているといえる（本川, 2018)。特に 20 代の女性が最も痩身傾向にあり，平均エネルギー摂取量も 20 代の女性は，1,628kcal と 70 代より低い（厚生労働省, 2013)。これは深刻な食糧不足に陥っていた戦後の都市部の人びとの摂取量である 1,696kcal (厚生省, 1947) より少ない数値である。経済発展を遂げ，食生活が豊かになるとともに，若年女性は食べなくなり，痩身に向かっているといえる。過度な痩身や栄養不足はどの年代であっても健康上の問題となる。特に成長期にあたる若年女性では，月経異常や貧血 (重田・笹田・鈴木・櫻村, 2008)，摂食障害 (鈴木, 2006) をはじめとする重篤な問題につながる可能性があるため看過することはできない。

2　痩身をめぐる歴史的背景と動向

海野（1998）によると，西洋において体重を意識してダイエットするようになったのはルネサンス頃からとされる。当初それは，太りすぎると甲冑を着られなくなるという男性軍人の問題であった。なお，18 世紀までは体重を測る習慣すらなかったという。

19 世紀末から，産業の発展によって欧米の食事事情に変化が生じ，それにともない人びとの体型にも変化が生じはじめた。女性は，男性と同様の食事をとることが可能となって，身長も高くなり，体重が増え，姿勢やプロポーションがよくなっていった。それ以前は，豊満な女性が魅力的ととらえられていたが，体重が増えていったために，20 世紀初頭から徐々に肥満は嫌悪されるようになり痩身を求めるダイエットが必要とされていったという。

1920 年頃からは，アメリカでは女性の自立，社会進出が進み，スリムで若々しいことは女性の理想となった。1923 年には，理想体重という言葉が生まれ，体重を測るという行為もしだいに一般化していった。家庭のバスルームなど私的な空間に個人用の体重計が置かれるようになっていったのもこの頃からである。身体の状態を体重という数値で表すことが身近で可能になったことで，人びとは理想，標準となる体重の数値と格闘していく歴史を歩むことになったといえよう（海野，1998）。

女性の痩身志向がいっそう強まったのは，1960 年代，アメリカが高度消費社会に入ってからである。しだいに，バストとヒップの発達したグラマーな体型から，スリムな体型が好まれるようになっていった（切池，2009）。なかでも，1966 年，小柄で痩身の「ツイッギー（本名レズリー・ホーンビー）」という世界的なモデルの登場により，痩身のファッションモデルの存在が社会現象となった。ツイッギーは，1967 年に来日し，それにより日本における女性のスリム志向にも拍車がかかっていった。ガーナーほか（Garner, Garfinkel, Schwartz, & Thompson, 1980）によれば，1959–1978 年の「ミス・アメリカ」に出場した女性の体重は，1970 年頃から年々低下しており，入賞者はさらにその傾向が顕著であった。したがって，若年女性にとっての痩身は，しだいに，美しさのみならず女性としての「成功」の象徴にもなっていったといえる。

一方で，1970 年代頃からは，欧米諸国を中心に，いわゆる拒食症，過食症といった摂食障害の様相を示す者の報告が増加し，過度の体重減少が問題化していった。1983 年 2 月にアメリカの人気歌手カレン・カーペンターが拒食症で死亡したことも大きく報道された。また，2006 年以降，摂食障害によるファッションモデルの急死が相次いだことを受け，痩身を美とする社会的風潮が若年女性の痩身希求や摂食障害を助長させることへの懸念が強まっている。欧米各国で BMI18.5 未満の痩せすぎモデルのファッションショーへの出演禁止やファッション雑誌への起用を規制する動きが活発化している（e.g., MODE PRESS, 2007；摂食障害談話会, 2011；山田, 2018）。

日本においても，高度経済成長によっていっそう経済的に豊かになり，食事も欧米化が進み，これに追随するように本格的なダイエットブームが到来した。また，先述のように，ツイッギーの来日の影響などさまざまな要因によって，まさしく現代の痩せを賞賛する社会的風潮につながっていったのである。

そして，日本でも摂食障害患者の数に同様の増加がみられ，1980 年からの 10 年間で日本における摂食障害患者は約 10 倍増加し（中井, 2005），1998 年の年間有病率は，神経性食欲不振症が 1 万 2,500 人，神経性大食症が 6,500 人，特定不能の摂食障害が 4,200 人となった（厚生省特定疾患治療研究事業未対象疾患の疫学像を把握するための調査研究班, 2000）[1)]。

このように文化・社会的影響を受け，女性の体型は変遷を遂げてきた。痩身獲得をめぐる動向は，まさしく時代を映す鏡ということができるだろう。

3　痩身を求める心理

体型の自己認識と痩身願望

「実際に痩身であること」と「自己の体型を痩身であると認識すること」は必ずしも一致しない。客観的に痩身か否かに関係なく，痩せることを求める心理のことを「痩身願望」という。痩身願望とは，自己の体重を減少させたり，体型をスリム化しようとする欲求であり，絶食，薬物，エステなどさまざまなダイエット行動を動機づける心理的要因 とされる（馬場・菅原, 2002）。青年期女性の約 8 割（e.g., 半藤・川嶋, 2005；浦田ほか, 2001），成人女性では約 7 割（e.g., 岸田・上村, 2002）が痩身願望をもっているという。

では, 日本の女性はどの程度の痩身体型を求めているのだろうか。理想の BMI として, 20 代で 19.1, 30 代で 19.6（厚生労働省, 2008）という数値が報告されている。青年期女性を対象にした調査では，その値が 18–25 歳で 17.9（後藤・鈴木・佐藤・菅野, 2002）, 18–22 歳で 18.7（藤瀬, 2003）と，痩せすぎとされる体型が理想体型として報告されることも少なくない。

また，痩身願望は世代によっても異なる様相を示す。女子学生とその親世代である中年期女性を対象にした痩身願望の世代間格差（岸田・上村, 2002）に着目してみると，標準体型でありながら，今より痩せることを希望する者の割合は，女子学生で 92.7％（母親世代で 68.8％）であり，低体重でありながら今より痩せることを希望する者の割合は，女子学生で44.2%（母親世代で10.0%）であった。現在の体型に関して不満を抱く者は，女子学生84.3%（母親世代で75.1%）であり，いずれにおいても世代間に差が認められている。さらに，体型意識を測定するBody Shape Questionnaire（BSQ；Cooper, Taylor, Cooper, & Fairburn, 1987）の項目の1つにある「体の脂肪の部分を切り落とせたらよいと思う」者の割合が，「痩せ」であるにもかかわらず学生で66.2%（母親世代で15.0%）と明らかに高く，異常なまでの痩身願望もうかがえる。1992-2005年までの時系列データにおいて，体型を太めに判定（痩せを適当あるいは超えている，普通を超えていると自己判定）する女子学生の割合は65.2%とおよそ増減なく推移していること（池田・福田・村上・河本, 2008）などからも，近年の若年女性の強固で過剰な痩せ願望の特徴がみてとれる。

また，諸外国との比較では，日本女子学生のほうが欧米女子学生よりも理想とするBMI値が低く（藤瀬, 2003），同じアジア圏である台湾女子学生と比較しても，日本人学生のほうが自分を太っていると評価しており，その傾向は痩身体型の者でより顕著であるとともに，体型への不満足感も全般的に高かった（Shih & Kubo, 2005）。

したがって，日本の女性は，たとえ痩身や標準体型であっても，自己の体型への不満足感をもちやすく，さらなる痩身体型を求める傾向が強い。さらに，こうした傾向は若年層でいっそう強く認められるといえよう。

痩身希求に影響を及ぼす要因

多くの女性で実際の体型と自己認識する体型が異なることが示唆されているが，後者に関連する自己の心のなかで形づくる身体（容姿）のイメージのことを「ボディイメージ」という（第7章，p.102参照）。おもには身体に対する認知的側面のことをさすが（田崎, 2006），より広義には，身体に対する自己の知覚や態度（思考，感情，行動）を含む複雑で多次元的な構造をなすものと定義される（e.g., Cash, 2002）。実際の体型とボディイメージとの乖離が大きい場合にみられる認知の偏りを「ボディイメージの歪み」といい，体型への不満足感，痩身希求へとつながりうる。そして，この背景には，社会的要因と個人的要因の双方からの影響があると考えられている。

まず，社会的要因の1つには，痩せを礼賛する社会的風潮と深く関連するマスメディアによる影響があるといわれている。ファッション雑誌やテレビといったマスメディアからの情報が若年女性のボディイメージやそれにともなう体型不満足感に及ぼす影響が明らかとなっており（Groesz, Levine, & Murnen, 2002），日本においても，ファッション雑誌を定期的に購読する若年女性で摂食障害傾向が高いことが報告されている（小澤・富家・宮野・小山・川上・坂野, 2005）。近年では，SNSの使用時間や画像を主としたSNSの使用と摂食障害傾向の関連性が示されつつある（Holland & Tiggemann, 2016）。

主要な社会的要因の2つめに「痩身理想の内在化」があげられる。上記のような媒体で痩身に関わる情報に接触したとしても，すべての者が問題を呈するわけではない。それらの媒体を通じて，痩身は社会的に魅力があることを自分自身の価値観として取り込んでしまうことが問題視されており，それを「痩身理想の内在化」（e.g., Stice, Schupak-Neuberg, Shaw, & Stein, 1994）という。

スタイス（Stice, 2001）は，痩身理想の内在化と痩せていることへの圧力の双方が体型不満足感へ影響を及ぼし，さらに体型不満足感がダイエットとネガティブ感情の喚起や過食へつながることを示唆している。痩身理想の内在化や体型不満足は，健常群から臨床群まで連続性があり，神経性大食症の発症を予測する変数ともされている（Stice, Gau, Rohde, & Shaw, 2017）。

また，個人的要因の主要なものには，自尊感情の低さがある（e.g., Abell & Richards, 1996；馬場・菅原, 2000；Sands, 2000；田崎, 2007）。浦上・小島・沢宮（2013）は，男女共に雑誌記事，賞賛獲得欲求，自尊感情が痩身理想の内在化を介して，痩身願望に影響を及ぼすことを明らかにし，女性は男性より，自信回復の手段や他者からよく評価されるために痩身を求めることが特徴であるとしている。

むろん，痩身願望に関与する要因はここにあげたものだけではない。社会的要因として家族や友人からの影響，個人的要因として個人のパーソナリティ（性格）特性や成熟拒否の影響など，痩身希求に関わる要因は多種多様で，相互に複雑に作用すると考えられている。

痩身に対するポジティブな期待

痩身志向の強い日本の女性，なかでも若年女性において，痩身を求める理由は，見た目や美容に関するものが多くを占める。

女子学生を対象にした調査（半藤・川嶋, 2009）では，痩せたい理由は，「おしゃれがしたい」が約3割，「痩せていた方が可愛い」「健康のため」がいずれも約2割，そのほか「人によく見られたい」が約1割と続き，外見や装い上の理由が上位にあがっていた。また，大学生の男女を対象にした調査（浦田ほか, 2001）によれば，女子学生は「太っていると思うから」が約7割で最も多く，次いで「洋服が合うから」「見た目によいから」がそれぞれ約6割，「標準体重に比べて太りすぎと思うから」「やせたほうが健康によいと思うから」がそれぞれ約3割，「動きやすいから」が約2割,「何となく」が約1割であった。女子学生は男子学生に比べて，健康より外見に焦点化した理由が多く，性差がうかがえる。また，痩せたい理由には世代間格差もみられる。後藤ほか（2002）の調査結果によれば，女子学生では「きれいになりたい」などの美容目的の理由をあげる者が最も多いのに対し，中年期女性では「健康のため」が最も多く，若い世代のほうが，美しさのために痩せたいと願う傾向にある。間瀬ほか（Mase, Ohara, Miyawaki, Kouda, & Nakamura, 2015）は，18–22歳の女子学生を対象として，痩身を求める理由を体型別にまとめているが，低体重，標準体重，肥満群のいずれの女子学生においても7割以上が美しさのためと回答しており，体型による理由の回答割合に大差はなかった。体型の願望としても，低体重の者は，「痩せること」「現在の体型の維持」がそれぞれ約4割を占め，痩身体型であっても美しさのためにはさらに痩せたいと思っていることがわかる（表8-1）。

表8-1 女子学生における体型別の痩身を求める理由と体型の願望
（Mase et al.（2015）をもとに作成）

			低体重	標準体重	肥満群
理由	痩身を求める	健康のため	7.7	14.0	16.7
		美しさのため	76.9	80.7	75.0
		マスメディアの影響	7.7	2.4	8.3
		他者のダイエット行動による影響	7.7	2.4	0.0
願望	体型の	痩せること	41.0	88.2	100.0
		現在の体型の維持	43.6	11.8	0.0
		太ること	1.8	0.0	0.0

多くの現代女性にとって，痩身は美の象徴として受け止められており，美の獲得は痩身に向かう強力な誘引になっているといえよう。さらに，痩身変化は美の獲得に追随する「痩せればいいことがある」というポジティブな期待感によっても駆り立てられていると考えられる。

たとえば，鈴木（2012a）は，装いの枠組みから体型結果に対するポジティブ，ネガティブ双方の期待と痩身願望との関連を検討している。体型結果予期（たとえば，ポジティブについては，痩せる，あるいは痩せていることによるメリット）として11のカテゴリーが抽出され，装いの対自的機能（「自己の肯定」「積極的行動」），対他的機能（「同性からの評価」「異性からの評価」），装いの促進機能（「服の選択肢」「おしゃれ」「身体の露出」）などが見いだされており，それらと痩身願望との関連性が認められている。さらに鈴木（2012b）では，痩身の印象管理の視点から対他的機能がもつポジティブ，ネガティブ双方の印象についての体型結果予期に焦点化して検討したところ，賞賛獲得欲求からポジティブな予期，拒否回避欲求からネガティブな予期に影響がみられ，それらが痩身願望を介し，痩身希求行動（ダイエット行動）へとつながることが示された。また，馬場・菅原(2000）は，若年女性において痩身は「幸福獲得の手段」として位置づけられているという観点から，痩身のメリット感，デメリット感に着目している。痩身のメリット感とは，「今より痩せたら何かいいことがある」「今より痩せられたら自分に自信がもてる」「今より痩せられたら性格が明るくなる」などのように「痩せることによって期待できるメリット感」である。他方，痩身のデメリット感は「今の体型のせいで幸せになれない」「今の体型のせいで人に注目されない」「今の体型のせいで性格が暗い」などのように「現在の体型のままでいることによるデメリット感」を意味する。これらのもつ心理的機能を検討した結果，①肥満から直接痩身願望に影響するルート，②自己顕示欲求（賞賛獲得欲求，女性役割受容）から痩身のメリット感を経由して痩身願望に影響するルート，③自己不全感（自尊感情の低さ，空虚感）から発せられる痩身願望へのルートの3つのルートが見いだされた（図8-2)。

したがって，女性にとって痩身体型になることは，外見上の変化と美の追求にとどまらず，他者からの賞賛獲得や自尊感情の回復，さらには自分自身の性格や生活さえも変わることへのポジティブな期待を含むものであるといえる。

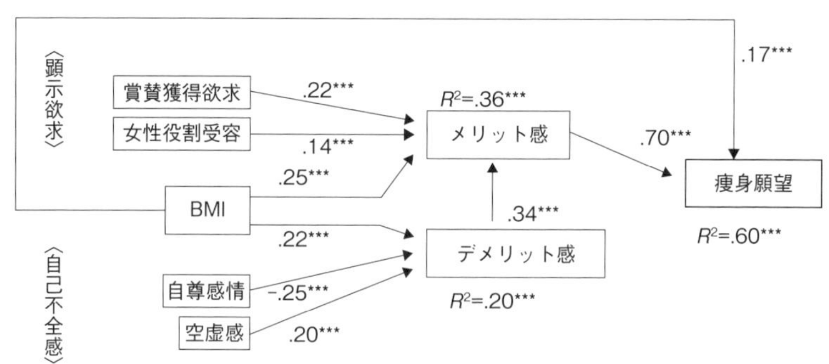

図 8-2　痩身願望を規定する諸要因のパス図
（馬場・菅原（2000）をもとに作成）
注）***$p<.001$。

4　痩身と美，健康

ここまでの概観から，女性において痩身を求める心理はきわめて一般的なものとなっていることが確認できる。若年層ほど痩身志向が強く，健康より美を求める傾向が強い。さらには痩身によって幸福を獲得でき，自分自身にもたらされるポジティブな結果への期待があると考えられる。実際に，痩身希求者は，生活領域の成功，失敗と結びつけやすいことが実証的にも示されている。ジャリーほか（Jarry, Polivy, Herman, Arrowood, & Pliner, 2006）は，実験的な検討から，痩身を求めるダイエット実践者では，痩身を生活上（なかでも仕事，恋愛）の成功と関連させる傾向にあることを示した。特に恋愛においては，成功を痩身体型に，失敗を肥満体型に顕著に結びつけていた。しかし，女性が想定するほどに，痩身は恋愛成就や異性が感じる魅力と関係していない可能性もある。大学生を対象にシルエット図（図 8-3）を用いた調査では，魅力的と判断する女性の体型（シルエット）は，女性のほうが男性より細いことが示唆されており（e.g., 鈴木, 2014），男性は女性が考えるより少し太めの体型に魅力を感じるようである（図 8-4 参照）。

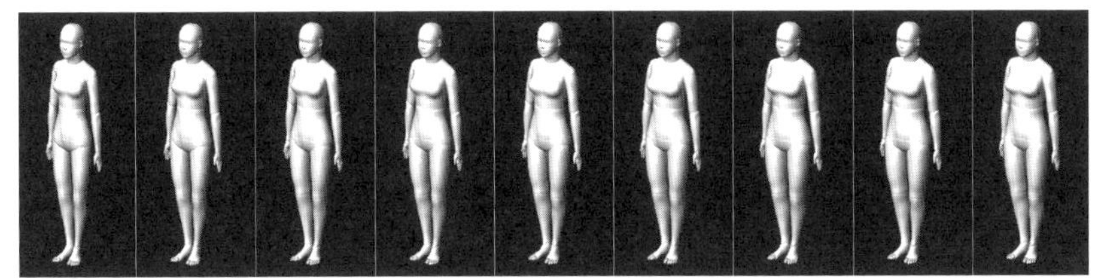

16以上17未満　17以上18未満　18以上19未満　19以上20未満　20以上21未満　21以上22未満　22以上23未満　23以上24未満　24以上25未満

図 8-3　シルエット図の一例とその使用例

（Japanese Body Silhouette Scale type-I（J-BSS-I）；鈴木, 2007）

注）シルエット図の下の値の範囲は，そのシルエット図のもととなっている計測データの BMI の範囲である。そのため，たとえば，BMI が 20.2 の人が真ん中のシルエット図を自身の体型として選択した場合は，ボディイメージにほぼゆがみがないということになる。しかし，真ん中より右のシルエット図をそれとして選択した場合，ボディイメージが太っている方向にゆがんでいるということになる。

しかし，多くの場合，痩身獲得のための食事制限や運動などを用いたダイエットの実践は，長続きせず失敗に終わることも多い。青年期の男女を対象に，16–25 歳まで追跡した縦断調査の結果では，痩せようとする試みの回数が多いほど BMI が増加していた（Pietiläinen, Saarni, Kaprio, & Rissanen, 2012）。よって，痩身を求めることが逆の結果をもたらすともいえる。さらに，実際の体型（BMI）と自己認識する体型が不一致の場合，もしくは，一致していても実際の体型が痩

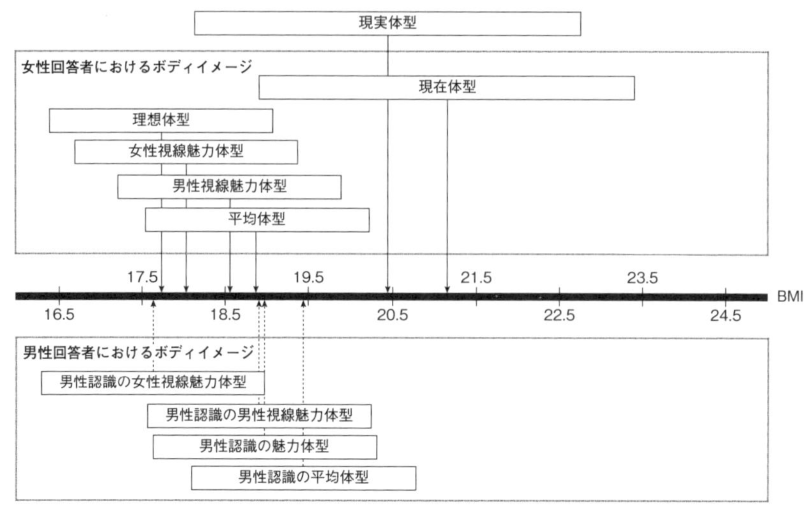

図 8-4　女性回答者における「現実体型」と女性のボディイメージ，および男性回答者における女性のボディイメージ（鈴木, 2014）

注） 矢印は平均値を，箱は±1 *SD* の範囲を示す。「現実体型」は女性の回答者の実際の体型。女性回答者における女性のボディイメージについて，「現在体型」は現在の体型，「理想体型」は理想の体型，「平均体型」は若い女性の平均的な体型，「女性視線魅力体型」は一般的に女性が魅力的と思うであろう体型，「男性視線魅力体型」は一般的に男性が魅力的と思うであろう体型。
男性回答者における女性のボディイメージについて，「男性認識の魅力体型」は魅力的と思う女性の体型，「男性認識の平均体型」は若い女性の平均的な体型，「男性認識の女性視線魅力体型」は一般的に女性が魅力的と思うであろう体型，「男性認識の男性視線魅力体型」は一般的に男性が魅力的と思うであろう体型。

身か肥満である場合は，主観的な健康度と生活満足度が低いことがわかっている（Herman, Hopman, & Rosenberg, 2013）。すなわち，仮に痩身体型を獲得したとしても，ボディイメージの歪みがある場合には，必ずしも主観的な幸福度が高まるわけではなさそうである。

ネガティブなボディイメージや痩身に対する過度にポジティブな期待は，非現実的な痩身獲得行動に駆り立てる要因にもなる。ダイエットの理由が外見を重視しているか，健康を重視しているかでおこなっているダイエット方略を比較すると，外見を重視したダイエットをおこなう者において不健康なダイエット方略（たとえば，完全に食事を抜くこと，下剤の使用，嘔吐など）が選択される傾向にあり，その群においては低自尊心と体型不満足感が顕著に認められた（Putterman & Linden, 2004）。外見を重視すると，なかば幻想的に，痩身獲得についての非現実的な目標設定と期待をもちやすくもなる。

そうしたことに動機づけられ，慢性的に痩身希求のダイエットをくり返すことをポリヴィとハーマン（Polivy & Herman, 2002）は「偽りの希望症候群（false hope syndrome）」と表現する。痩身獲得に向けたダイエット初期の減量と体型変化は，一時的な成功（ポジティブな心理的効果）をもたらし，この時期は，比較的周囲からの賞賛が得られ，自分自身への肯定的感情ももちやすく，痩身獲得のための行動は強化されやすい。まさしく体型変化が，低自尊心の一時的な回復として機能している状態である。しかし，そもそもが非現実的な目標からのスタートであるがために，多くの方法は厳しく，長続きしない。続いたとしても，体重や体型があまり変化しない停滞段階は必ず訪れる。そもそも高い目標をたてると，それだけで脳が満足してしまい，結局は続かないことも指摘されている。結果として，痩身獲得に向けた行動は失敗に終わり，ネガティブな心理的効果をもたらすことになる。

痩身，肥満のどちらにもいきすぎた体型は，たしかに，健康上の問題と関わる。しかし，実際の体型に関係なく，「痩身＝美」「痩身＝成功」といった価値観や信念へのこだわりは，肯定的な心理状態をもたらさず，場合によっては，心身の健康を阻害する可能性もある。

近年では，「ボディアプリシエーション」という概念への関心も高まっている。これは，身体を受容して，好意的に評価，尊重しながら，メディアが奨励する外見の理想像を人間の唯一の美としては受け入れないこととされ（Avalos, Tylka, & Wood-Barcalow, 2005），ボディイメージのポジティブな側面に着目している。日本語版 Body Appreciation Scale では，「自分の身体を尊重している」「自分の身体のことをよいと感じている」「自分の身体に対して愛情を感じる」といった項目で測定されている。そしてこのボディイメージのポジティブな一側面は，自尊感情や well-being の高さと関連することが示されている。

以上の知見をまとめると，特に女性では痩身獲得に対して，自分自身やその生活，人生をも変えうるような期待が往々にして抱かれているようである。しかし，いきすぎた痩身追求や体型がもたらす効果への期待は，多くが幻想に終わるか，ときには心身の健康に悪影響をもたらすなど，ネガティブな結果につながることもある。どの体型にあっても，みずからの体型をどのようにとらえ，受け止めているかという自己認識，さらにはそれらを含んだ包括的な自己概念のありかたこそが，真の美や健康への理解につながるのではないだろうか。

5　まとめ

痩せようとする試みは必ずしも痩身をもたらさず，場合によっては体重増加を招くことがあり，いきすぎた痩身追求は心身の健康の低下を引き起こしかねない。

情報化社会が進むなかで，痩身であることを美徳とする風潮や痩身とそれを獲得するための手段に関する情報の氾濫を変えることは容易ではないだろう。しかしながら，2013年に日本で初のぽっちゃり体型女性向けのファッション雑誌が刊行されて以来，その人気が高まっている。従来の痩せ礼賛という画一的な価値観に，少しずつ変化が生まれているのかもしれない。

装いの枠組みとしての「痩身」は，フォルムとしての体型に着目しがちであるが，痩身の維持，獲得は，客観的変化以上に，主観的，心理的な変化をおおいにもたらすものであるといえる。痩身によって獲得できると想定されるポジティブな結果は，痩身のみで得られるものとは限らない。痩身へのこだわりから離れ，心身の健康に裏打ちされたみずからの体型と向き合うことが，結果的に当初「痩身」に期待した結果につながっていくのではないだろうか。

注

1） DSM-IV（American Psychiatric Association, 1994）の診断基準，分類による（改訂版含む）。なお，2013年に，『DSM-5 精神疾患の診断・統計マニュアル 第5版』（American Psychiatric Association, 2013）が出版された。DSM- Ⅳでは，「摂食障害」は「幼児期または小児早期の栄養摂取および摂食障害」と分かれていたが，DSM-5では「食行動障害および摂食障害群」として統合，分類された。また，DSM-5では，下位分類の日本語訳が「神経性食欲不振症／神経性無食欲症」から「神経性やせ症／神経性無食欲症」に，「神経性大食症」から「神経性過食症」に変更されている。さらに，DSM-5ではこれまで「特定不能の摂食障害」の1つに含まれていた「むちゃ食い障害」も「過食性障害」として独立している。

コラム 13

ウエイトトレーニング実践者の心理

適度なウエイトトレーニングはメタボリックシンドロームの改善，身体機能低下の予防，骨密度低下の予防，などの健康アウトカムだけでなく，気分や抑うつなどのメンタルヘルスにポジティブな影響がある。一方，一部のウエイトトレーニング実践者は筋肉醜形恐怖（muscle dysmorphia；以下，MD）とよばれる精神症状を呈することが知られる。MD は，アメリカ精神医学会「DSM-5 精神疾患の診断・統計マニュアル」の強迫症および関連症群／強迫性障害および関連障害群にある，Body Dysmorphic Disorder（醜形恐怖症／身体醜形障害）の一亜型である（American Psychiatric Association, 2013）。自分の身体が小さすぎる，引き締まり方やたくましさが足りない，というとらわれで成り立っており，身体を引き締め，肥大させるために行動・心理面で多くの時間を費やす（Tod, Edwards, & Cranswick, 2016）。ミッチェルほか（Mitchell, et al., 2017）が *Sports Medicine* に発表した MD に関するシステマティックレビューとメタアナリシスにおいて，ボディビルダーはボディビルを目的としないウエイトトレーニング実践者に比べ，MD の症状が多くみられることが明らかにされた。また，別の研究において，MD の症状は一般の人に比べてフィットネスジム利用者やウエイトリフティング実践者に，女性に比べて男性に多くみられることも報告されている（dos Santos Filho, Tirico, Stefano, Touyz, & Claudino, 2016）。MD の評価尺度として，海外では Muscle Dysmorphia Inventory（MDI；Rhea, Lantz, & Cornelius, 2004）が広く使用されており，この得点の高い人では，不安や抑うつ，完全主義傾向，摂食障害傾向，運動アディクション傾向（運動アディクションは行動アディクションの 1 つとみなされ，以前は運動依存とよばれていた）の高いこと，自尊心は低い傾向にあることが示されている（dos Santos Filho et al., 2016）。また，アナボリックステロイド（いわゆる筋肉増強剤）の使用率，サプリメントの過剰摂取率，不適切な食行動や特殊な食事の摂取頻度が高いことなど特有の行動特性もみられる（dos Santos Filho et al., 2016）。MD の原因についてはいくつかの仮説はあるが，因果関係は明らかになっていない。

第9章

ヘアスタイリング・脱毛

「今日の髪の毛，うまくセットできたかも」「昨日美容室で髪を切りすぎたから外に行きたくない」「あの髪型おしゃれだね」「最近白髪が増えてきたような気がする」「そろそろむだ毛処理しないと」「エステの脱毛，やってみようかな」。

日常生活では，毛髪や体毛に関する話題を口にすることが少なくありません。毛髪や体毛は格言にも登場するし，聖書にも登場します。どうやら，人が気になって仕方がないもののようです。

ヒトは「裸のサル」といわれることもあります。類人猿の身体が基本的に体毛に覆われているのに比べると，ヒトは裸といってよいでしょう。しかし，部分的には体毛があります。そして，その限られた体毛を飾ったり減らしたりと，手を加える対象としています。また，多ければ多かったで悩み，少なければ少ないで悩む。ヒトは，残されたわずかな体毛にこだわっている，むしろ，わずかに残ったものだからこそこだわっているといえるかもしれません。本章では，毛髪を整える装いであるヘアスタイリングと，体毛を抜いたり剃ったりする装いである脱毛についてその実態と心理をまとめていきます。

1　ヘアスタイリング

ヘアスタイリングとは

髪の毛を切る，染める，整えるなどといった行為は，身体変工に含まれる。ヘアスタイルをつくることや髪型を整えることなど，頭髪（毛髪／ヘア）に関する装いを本節では，ヘアスタイリングとよぶことにする。

▶頭　髪

日本理容美容教育センター（2018）によると，頭髪は，脳や頭皮を外からの危険な衝撃，紫外線，極端な高温や低温などから守ると同時に，身体のなかに蓄積された水銀や砒素・カドミウム・鉛・アルミニウムといった身体にとって有害な物質を体外に排泄している重要な器官の１つである。

髪の形状は，直毛（ストレートヘア），波状毛（ウェーブヘア），縮毛（カーリーヘア）の３種類に分類され，日本人の多くは直毛である。

そして，日本人の髪の太さの平均値は，0.07–0.1mm といわれており，一般的に男性よりも女性，子どもよりも大人のほうが髪は太い。また，髪の太さは年齢により変化し，個人の生活状況・体質などにより差はあるが女性では 30 歳前後，男性では 20 歳前後に太さがピークに達し，それ以降はしだいに細くなる。いわゆる年齢とともに髪にボリュームやハリがなくなっていくという原因の１つは，この太さの変化によるところが大きい。

つづいて，髪の色について，人の髪の色は黒髪・金髪・銀髪・栗色・赤毛などさまざまである。髪には２種類のメラニン色素があり，その２つの色素の量の違いがわたしたちの髪の色を決めている。日本人の多くは黒髪で，その黒髪には大量のユーメラニンという色素が含まれているが，金髪にはほとんどユーメラニンが含まれていない。また，40 歳代を過ぎるとメラニン色素をつくるための酵素が自然に減少していくため，メラニン色素を含まない髪，つまり白髪になっていく。

▶ヘアスタイリングの技法

ヘアスタイリングの技法は，毛髪を切ること（ヘアカッティング），毛髪をウェーブ状にすること（パーマネントウェーブ），毛髪をセットすること（ヘアセッティング），毛髪を染めること（ヘアカラーリング）の４つに大別される。これらヘアスタイリングの技術は，理容師もしくは美容師によって，理容所（理容室）もしくは美容所（美容室）でおこなわれる（以下，理美容室とよぶ）。厚生労働省（2018）の衛生行政報告例によると 2018（平成 30）年度末現在，日本全国にある理容室は 12 万 6,546 施設，美容室は 23 万 7,525 施設となっている。なお，コンビニエンスストアの総数は，5 万 5,620 店舗である（日本フランチャイズチェーン協会，2019）ことからも，理美容室の数がいかに多いかをうかがい知ることができる。

理容と美容の違いは以下のとおりである。理容とは「頭髪の刈込，顔そりなどの方法により容姿を整えること」とされており，染毛も理容行為に含まれる。なお，理容師がパーマネントウェーブをおこなうことは差し支えないとされている。美容とは「パーマネントウェーブ，結髪，化粧などの方法により，容姿を美しくすること」とされており，染毛やまつ毛エクステンションも美容行為に含まれる。

なお，美容師がカッティングをおこなうことは差し支えないとされている。

ヘアスタイリングの現状

▶美容意識とヘアスタイリングの実態

美容への意識について，リクルートライフスタイル（2017a）が15–69歳の男女7,700名（女性6,600名，男性1,100名）を対象にweb調査をおこなっている。そのなかで，外見の改善，維持のためにお金と時間を使いたい内容を尋ねた結果，女性は髪型に最もお金と時間を使いたいと回答し，男性は体臭・口臭に次いで2番目に髪型にお金と時間を使いたいと回答している。

実際にどの程度，ヘアスタイリングにお金と時間を使っているのだろうか。リクルートライフスタイル（2015）が15–69歳の男女7,700名（女性6,600名，男性1,100名）を対象に美容行動について幅広く調査を実施している。美容関連施設の利用経験について，女性の場合，美容室の利用経験者が87.4%と最も多く，エステサロン（21.9%）やネイルサロン（19.3%），フィットネス施設（18.8%）などの利用者数を大幅に上回っていることを明らかにしている。また，自宅での手入れの状況についても，ヘアトリートメントとヘアカラーをおこなっている人が60%を超え，その他の顔や体の手入れよりも実施者数が多いことを明らかにしている。なお男性の場合も，女性ほど割合が多いわけではないが，理美容室の利用や自宅での髪に関する手入れが上位を占めている。

このように，多くの人が自分自身のヘアスタイルに関心を寄せ，実際にヘアスタイルに関する行動をとっていることが示されている。以下では，理美容室の利用状況，自宅でのヘアスタイリングの状況についてみていく。

インターワイヤード（2017）は，20代以上の男女4,057名（男性2,454名，女性1,603名）を対象に，ヘアスタイルに関するweb調査をおこなっている。そのなかで，理美容室の利用頻度については，男性は，理容室利用者が67.1%，美容室が12.9%，それ以外（自分でなど）が20.0%となっており，女性は，理容室利用者が4.3%，美容室が81.8%，それ以外（自分でなど）が13.9%となっていることを明らかにしている。

また，リクルートライフスタイル（2015）が20–69歳の男女7,000名（女性6,000名，男性1,000名）を対象におこなったweb調査では，美容室の女性利用者が受けている施術内容の利用率は，カット（98.0%），カラー（46.2%），トリートメント（29.2%），パーマ（23.2%），ヘッドスパ（13.3%）の順で，男性利用者は，カット（98.5%），カラー（15.8%），トリートメント（9.9%），ヘッドスパ（8.4%），パーマ（8.1%）の順となっている。また，美容室の年間利用回数は，女性で4.61

回，男性で5.03回，さらに，1回あたりの利用金額は，女性で6,462円，男性で4,065円となっている。なお，男性の理容室の年間利用回数は5.88回，1回あたりの利用金額は2,475円となっている。

次に，自宅におけるヘアスタイリングについて，インターワイヤード（2017）の調査結果をみていくと，ヘアスタイリングにかける時間は，女性の場合，10分未満が73.4%，男性の場合は，10分未満が35.2%（ヘアスタイリングをおこなわない人が42.5%）と男女ともに自宅でスタイリングをする時間が短いことを明らかにしている。また，スタイリング剤について，女性は，スプレー，ミスト，オイルなどの使用頻度が高く，男性は，ジェル，スプレー，ムース，ワックスの順となっている。一方，男女ともに約半数の人たちが，スタイリング剤を使用しないことが明らかにされている。

▶ヘアスタイリングの種類

リビングくらしHOW研究所（2014）の20–60代の女性（886名）を対象とした調査によると，髪の長さは，ショートが27.9%，ミディアムが51.5%，ロングが20.7%となっており，ショートは年代が上がるにつれて増加し，ロングは年代が低いほど多い。年齢が高い人ほど，手入れのしやすさを求めていることが考えられる。また，ヘアカラーリングについては，セルフカラーも含めて6割を超える女性がおこなっており，年代別にみると，20代で58%，30代で46.8%，40代で63.6%，50代で79.1%，60代で74.7%となっている。40代以降のセルフカラー率が増加しているのには，白髪が大きな要因の1つとして考えられる。

白髪については，リクルートライフスタイル（2017b）は，20–60代までの男女5万人を対象に白髪の有無を調査し，約50%の人が白髪であることを明らかにしている。白髪であると答えた人のうち，約70%が白髪を気にしており，さらに，その白髪を気にしている人のうち，約70%が白髪対策をしていることが明らかになった。つまり，白髪の人の約半数が，白髪染めなどをおこなっているということである。これを性別でみてみると，男性（白髪ありの人）の約25%が，また，女性（白髪ありの人）の約70%が白髪対策をしており，男女により，白髪への対策意識に違いがあることがわかる。なお，白髪が気になりはじめた年齢は，男性で平均38.0歳，女性で41.8歳，白髪を染めはじめた年齢は，男性が平均40.9歳，女性が42.6歳となっており，女性のほうがやや遅い。ただし，白髪染めをずっと続けたいと考えているのは，女性のほうであることが報告されている。

なお，花王（2010）は，自宅用白髪用ヘアカラー使用経験者の30–59歳女性300人を対象に，白髪があると実年齢より何歳くらい年上に見えるかを尋ねたところ，

6割以上が5歳年上に見えると回答していることを明らかにしている。このことから，白髪の有無が印象に影響を与えている可能性が高い。そのため，白髪染めをするということは，印象を管理しているともいえる。白髪染めをはじめ，ヘアスタイリングの心理的な背景には何があるのか，以下で概観していく。

ヘアスタイリングの背景

ヘアスタイリングの歴史は古く，古代エジプト時代にはさまざまな素材とデザインのかつらが作られていたことが知られている。日本においても，縄文，弥生時代の土偶や埴輪から，多くのヘアスタイルや頭髪への装身具による装いが存在していたことがわかっている。なお，近代まで，ヘアスタイルは，性別や年齢，身分や職業の違いまでをも表すものであった。国の制度により，ヘアスタイルも管理されてきたのである。自由の国アメリカでさえ，1960年代に入っても，美容監査局なるものによって承認されるのは，パーマやカーラーによって形づくられヘアスプレーで固めるヘアスタイルだけだったという。

そこに革命を起こしたのが，現代においてもヘアモードの中心にあるとされるヴィダル・サスーンである。マックラケン（McCracken, 1995）は著書『ヘア・カルチャー（*Big hair*）』のなかでこのように述べている。

> 「サスーンは女性の髪型との関係を変えている。1990年代には，ヘアカットによって自己を変化しうるということはみんなが受け入れている。[…] サスーン以降，ヘアカットは自分自身の一部となっていく」。

このように，ヘアスタイルは，統制されるものから，マックラケン（McCracken, 1995）の言葉を借りれば，自己デザインの道具の1つとして変化してきている。以下では，現代においてヘアスタイリングをおこなう心理的背景について取り扱った，心理学領域の研究を概観する。

顔の印象は，髪型に影響されること（森川, 2012）が明らかになってきている。人びとは印象管理の一環として，ヘアスタイリングをおこなっていることが推察される。しかし，ヘアスタイルによる顔の印象変化についての客観的な研究は十分でない（武藤・富田・鎌田, 2014）が，数少ないヘアスタイリングに関する心理学領域の研究により，いくつかの知見が得られている。たとえば，武藤・富田・鎌田（2012）は，髪の毛の分け目の位置の違いによる印象の変化を検討し，分け目の位置がセンターに近いほど女性的，センターから離れるほど男性的であることを明らかにしている。さらに，武藤・富田・鎌田（2013）は，髪の毛の分け目の位置だけでなく，パートラインの方向が，顔印象に大きく影響することを明らかにしている。また，武藤・森川・富田・野村（2014）は，シニヨン（おだんご髪型）の位置や梳かした髪の方向の違いによる印象の変化を検討し，正面顔だけでなく横顔の印象にも影響を与えることを見いだしている。金子・門脇（2001）は，男性の髪型の違いによる印象への影響を検討し，髪の長さの相違により異なる印象を与えることを明らかにしている。九島（2019）は，女性の髪型の違いによる印象への影響を検討し，髪の長短，前髪の有無，レイヤーの有無の組み合わせによる20種類のヘアスタイルを同じ顔のイラストと組み合わせて提示した結果，ヘアスタイルの違いにより，顔の大きさ，目の大きさなどが異なってみえることを明らかにしている。

また，ヘアカラーに関する研究もおこなわれている。三枝・渡邊（2014）は，髪色と顔の似合いと魅力度について検討し，どのような髪色でも平均的に似合うとされる顔は魅力度が高く，メイク感が強い顔であることを報告している。森岡（2015）は，髪色と髪の長さが第一印象に及ぼす影響について，3種類の髪の長さ（ロング・ミディアム・ショート）と3種類の髪の色（金髪・茶髪・黒髪）の組み合わせの女性の写真を提示し，その印象の違いを検討している。その結果，髪の長さが同じでも色によって印象は変わり，また同じ色でも髪の長さによって印象が異なることを明らかにした。そのほか，中川・朴（2015）は，平均顔を用いてヘアカラーの印象評価をおこない，髪色により印象が異なることを，石原・大澤（2005）は，ヘアカラーの種類によるイメージへの影響を検討し，ヘアカラーの色味，明度，彩度の違いによって，イメージが異なることを明らかにしている。また，前述したとおり，白髪の有無によっても異なる印象を与えることが明らかになっている。

なぜ多くの人が白髪染めをおこなうのであろうか。リクルートライフスタイル（2017b）によると，白髪であることで気になるのは，男性は異性の目であり，それに対し女性の約半数が他人の目すべてが気になり，さらに，異性以上に同性の目が気になることが明らかになっている。白髪染めをする理由は，男性は若くみられたいから，白髪がないほうが格好いいからなどの理由，一方女性は，自分自身が気になるから，身だしなみとして必要だからなどの理由が上位を占めている。白髪に対するイメージについて，白髪の男性について，男性はネガティブなイメージを強くもつが，女性はポジティブなイメージももつ傾向にある。一方で，白髪の女性については男女双方からネガティブなイメージを強くもたれやすいことが明らかになっている。前節で紹介したとおり，白髪のある男性の25％が白髪染めをしているのに対し，白髪のある女性70％が白髪染めをしていることからも，白髪に対する印象の性差は大きいことがうかがえる。

その他の研究として，九島（2019）は，女子大学生を対象に彼女たちのヘアスタイル選好とパーソナリティ（性格）特性，価値観との関係について取り上げ検討をしている。まずヘアスタイル選好について，女子大学生は，前髪があり，髪にレイヤーがなく，長い髪を好んでいた（表9-1）。また，実際に彼女たちの多くがそのようなヘアスタイルをしていた。そして，ヘアスタイルの違いによるパーソナリティ特性と価値観の違いについては，たとえば，髪が短い人や，レイヤーのあるヘアスタイルの人は開放性が高いなど，ヘアスタイルによってパーソナリティ特性や価値観の一部に違いがあることを明らかにしている。

表9-1　好きなヘアスタイル（九島（2019）をもとに作成）

長さ	レイヤーあり		レイヤーなし	
	前髪あり	前髪なし	前髪あり	前髪なし
ベリーショート	4.8	1.4	0.9	0.9
ショート	2.4	0.5	10.2	3.0
ミディアム	7.3	2.7	14.8	0.0
ロング	5.8	2.0	18.1	1.0
スーパーロング	6.0	1.7	15.5	1.0

注）数値は選択された割合（パーセンテージ）。

ヘアスタイリングに関する心理学的研究は，十分にあるとはいいがたい。特に，ヘアスタイリングの対自的，対他的な心理的効用についての検討が必要であろう。今後，さらに心理学的研究が積み重ねられていくことが求められる。

2 脱毛

脱毛とは

脱毛（もしくは除毛）は，身体の体毛になんらかの手を加え見た目を変化させるという点で，装いの１つということが可能である。髪型を整えたりすることは身体変工の１つではあるが，脱毛も同様に身体変工の１つといえる。体毛はそれぞれの部位によって，周期は異なるが，基本的には一定のサイクルで生えては抜けるということをくり返す。そのため，脱毛をおこなったとしても，基本的には永続的な効果を残すわけではない。ただし，特殊な方法により，比較的永続的な効果を身体に及ぼすことも可能である。このように，脱毛は，永続的と一時的の中間にある身体変工ということが可能である。

なお，脱毛をむだ毛処理ということも多い。しかし，体毛は必ずしもむだなものではない。身体の部位によるが，身体の摩擦を軽減したり，フェロモンを溜めて発散するなど，存在理由がある。そこで，本節では，「むだ毛処理」ではなく「脱毛」という用語を用いることとする。なお，脱毛は，首より下の毛についての処理を示すこともあるが（Boroughs & Thompson, 2014），日本では一般的に顔の毛も脱毛の対象とみなされることが多い。そこで，本節では，顔も含め，身体の体毛を抜いたり剃ったりすることを脱毛とする。また，あくまでも本人（または他者）が何かしらの理由で処理することを意図したものとし，男性型脱毛症や円形脱毛症などの疾患により体毛がなくなることは除くこととする。

現代日本においては，脱毛をおこなう者が多いといわれている。それは，美容意識が高いとされる女性に顕著であるが，男性にも見受けられるようである。女性はもちろん男性を対象とした脱毛に関する商品やサービスは街中にあふれており，広告も街中やメディアで見かけることが多い。雑誌でも取り上げられたり，また，新聞の記事になることもある。たとえば，『朝日新聞』（2013）においては，スポーツ選手の脇毛が取り上げられ，海外との対比なども記事になっている。このように，脱毛は身近なテーマといえる。なお，その歴史は古く，古代エジプト時代にはすでにおこなわれていたとされている。

脱毛は，基本的には人目に触れない部位の体毛を処理するということもあってか，日常の話題に上りにくい。卑近すぎるテーマであるためなのか，脱毛の実態については十分に検討されてこなかったといえる。その背景にある心理についても同様である。しかし，ヒトにおいて，限られた体毛をさらに整えるということは，身体の加工という点で，自然でない状態への志向性を反映するものであるとともに，清潔感などの文化的価値観を反映するものともいえる。そのため，女性そして男性が，実際にどのような箇所についてどの程度脱毛をしており，そして，そこにどのような心理的背景があるかについて明らかにすることは，人が身体を整えるという行為の理解にもつながるとともに，現代社会の価値観の一端も明らかにすることができると考えられる。

脱毛の現状

ポーラ文化研究所（1988）によると，日本の女性において脇毛を剃ることが普及しはじめたのは昭和20年代も終わり頃とのことである。そして，当時の調査において[1)]，9割を超える女性が脇毛を処理しているが，すね毛は何もしない者が6割いることが示されている。また，男性が脇毛を剃るのは男女とも8割が好ましくないとし，また，すね毛についてはその割合が7割を超えており，男性の脱毛は快く思われていないことを示している。ただし，若い人ほど胸毛のないことを好ましく思っていることも明らかにしている。ポーラ文化研究所（1988）は，胸毛に対する態度のデータをふまえ，男性において中性化と清潔潔癖症といった傾向が存在し，それが今後問題になるだろうと述べている。このように，調査当時は，性別と年代で程度は異なるとはいえ，必ずしも身体の各部位の体毛すべてを取り除くべき毛として認識していたわけではないことがうかがえる。

しかし，それから数十年が経った近年，男女ともに体毛をむだなものとして扱うようになってきていることがうかがえる。脱毛をする者は増加し，また，さまざまな部位が脱毛の対象となっている。特に女性においてそれは顕著である。たとえば，リビングくらしHOW研究所（2017）によると，成人女性の93.2％が脱毛をしており，エステなどでの脱毛箇所は脇，ひざ下，ひじ下，デリケートゾーンと続き，若年層ほど脱毛箇所が多いことが明らかにされている。また，オレンジページくらし予報（2016）においては，若年層ほどむだ毛を気にしていて，20代では8割以上が，また，50代でも5割が気にしていること，また，実際に脱毛をおこなっている者は8割を超え，脱毛で最も多いのは，脇，ひざから足首，腕と続き，脇の処理は8割を超えること，そして，他人のむだ毛が気になるのは約7割であることも明らかにしている。ジンコーポレーション（2014）によると，このような脱毛は，若年層まで広がっており，女子大学生で7割，そして高校生でも3割の者がアンダーヘアの手入れをしていることを明らかにしている。

鈴木（2018）は，幅広い年齢層の女性約4,600人を対象に調査をおこない，年齢層が若いほど脱毛の経験割合が大きく，どの部位でも基本的には20代が最も経験割合が大きいことを示している（図9-1）。その背景として，他者の視線を気にし，おしゃれを意識することが顕著な年代であることを指摘している。また，「顔の産毛」と「眉毛」については，どの年代でもほとんどの人が脱毛をおこなった経験があり，年代差もみられなかったことを報告している。女性においては，この「顔の産毛」と「眉毛」の2つの脱毛は，すでにあたりまえのことになっているようである。「腕・手の毛」や「脇毛」，そして「脚・足の甲や指の毛」は，若年層でかなりの割合の人が脱毛の経験があることが示されているが，このまま月日が経過していけば，経験割合の大きい層がそのままシフトしていき，数十年後には，「顔の産毛」と「眉毛」のように，すべての年齢層で経験割合が大きいという状態になることも考えられる。ともあれ，女性における脱毛は，部位によっては一般的なものとなっている。

男性においても，1990年頃と状況は異なってきている。たとえば，シックジャパン（2017）により，男性の8割が自身の腕や脚の毛が気になっていること，そして，10–40代の約7割が自身で毛を処理した経験があることが明らかにされている。

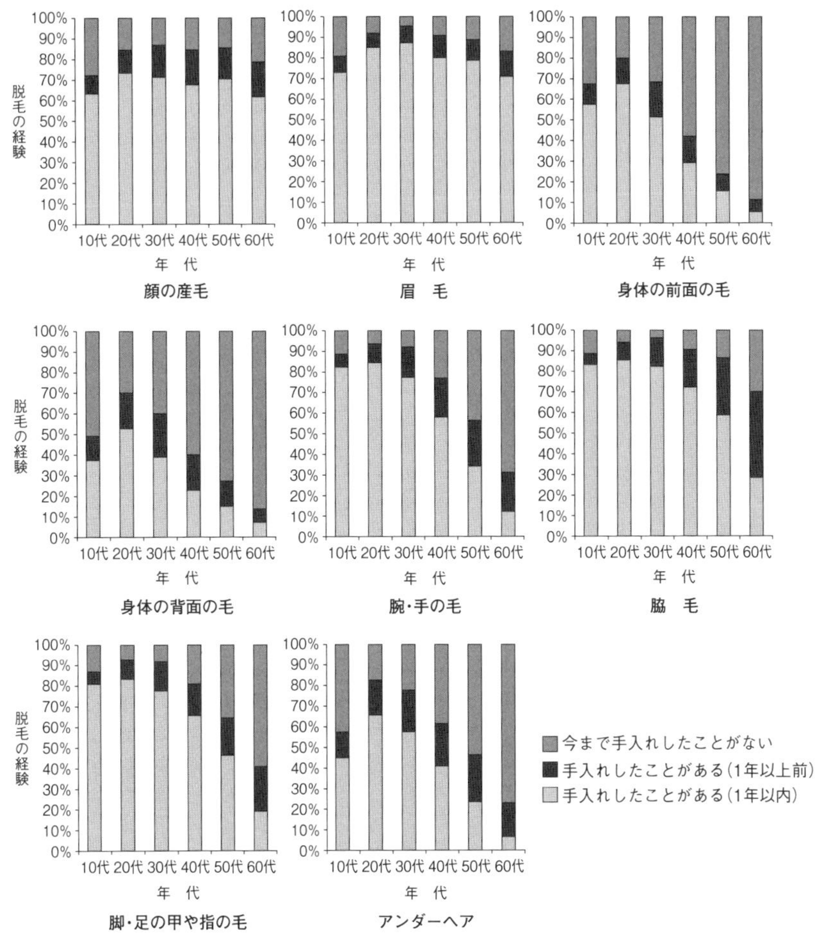

図 9-1　女性における部位ごとの脱毛の経験割合（鈴木, 2018）

ゴリラクリニック（2017）においては，男性の 6 割がむだ毛を気にしており，約 3 割がアンダーヘアを手入れしていることも明らかにされている。鈴木（2018）においては，男性約 4,400 人を対象に調査をおこない，女性に比べるといずれの部位においても脱毛の経験が少ないが，年齢が若いほど経験割合が大きい傾向があり，20 代で最も大きいことが示されている（図 9-2）。鈴木（2018）が指摘しているように，今後，男性の脱毛の経験割合がどのように変化していくのか，文化的な価値観との連動とともに検討していくことが有用であろう。

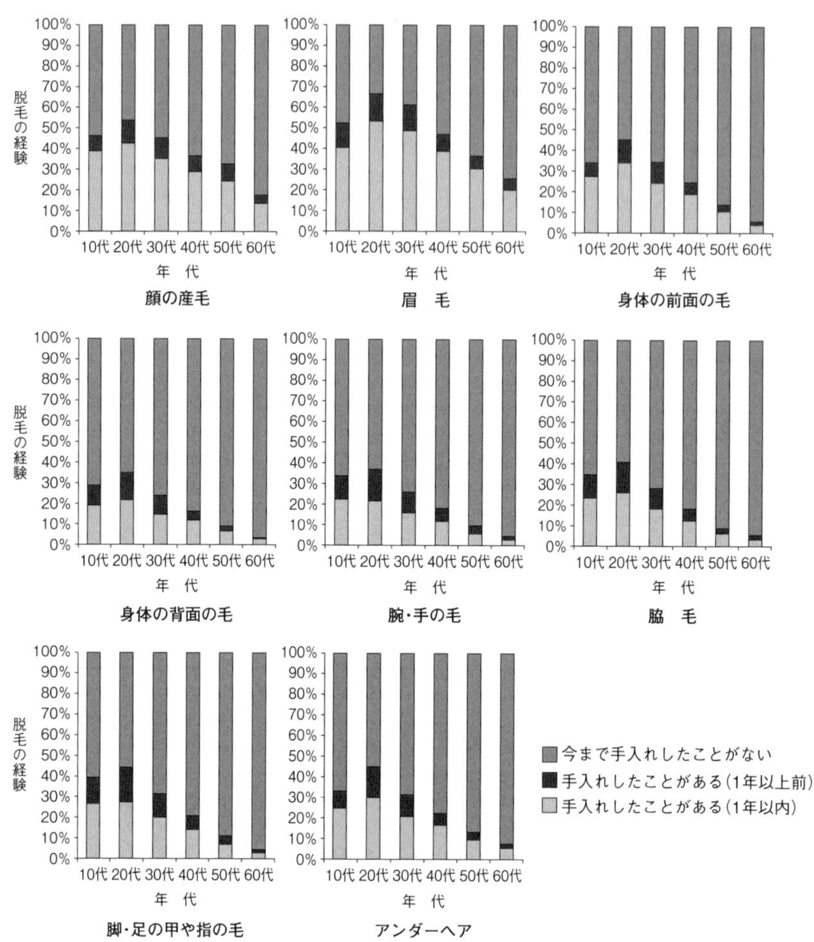

図 9-2　男性における部位ごとの脱毛の経験割合（鈴木, 2018）

脱毛の背景要因

体毛には存在理由があり，その加工というのは，自然な状態に反するものとなる。そのため，その背景にある心理の解明は，身体変工の心理の理解に寄与するものと考えられる。

先述のように体毛は身体の保護や異性獲得のための機能を有しているが，衛生面での理由により脱毛がおこなわれることがある。気候によっては，ノミやシラミなどの寄生虫がつくことを防ぐために脱毛をおこなうことがあり，文化によってはそれが頭髪にも及ぶこともある。脱毛の背景要因として，衛生面という理由は現在でも存在しているといえる。

衛生面に近い理由として，清潔志向もあげられる。男性における清潔志向と脱毛傾向の関連性が，ポーラ文化研究所（1988）において指摘されている。そして，その数十年後のシックジャパン（2017）においても，脱毛の理由として，身だしなみや清潔感があげられている。少なくとも現代日本の男性においては，清潔志向が脱毛の１つの理由として存在しているといえる。鈴木（2018）においても，10–40 代の男性の「腕・脚」「胴体」「顔」の脱毛が，見た目や健康に気をつかう傾向と関連していることが示されており，これも一種の清潔志向の表れと考えられる。

女性においては，鈴木（2018）により，自己充足感や自己主張，また，身体の管理といった心理的要因は，脱毛に関連していないことが示されている。そのことから，個人の自由で選択されるというよりも，社会規範（たとえば「女性はこのような身だしなみをすべきだ」）によって，脱毛という行動が強固に規定されていることが示唆されたとしている。一方，海外では，性的魅力の増加なども背景にあることが指摘されている（e.g., Tiggemann & Hodgson, 2008）。体毛についての考え方は文化によって異なってくるため，文化差も考慮しつつ，心理学的研究を重ねていく必要があろう。

3　まとめ

毛髪と体毛の加工は身体変工の１つであり，身体そのものに手を加える行為である。ただし，身体に手を加えるといっても，その結果が永続的なものとなるのか否か，そして，本人の意図でおこなうのかそうでないのかによって，自他への影響は異なってくる。脱毛は身体そのものの加工であることから，その自他への影響は大きいと考えられるが，その実態も心理的背景についても，検討は不十分な現状にあるといわざるをえない。

毛髪や体毛をどのようにみなし，そして扱うかというのは，社会とのすり合わせをおこないつつも，自己そのものをどう扱うかということを強く反映しうるものといえる。身体観と社会における基準のなかで，個々人がどのように身体を扱っていくのか，そして外見を整えていくのかを明らかにすることは，自己のあり方や，人の身体についての態度を理解する一助になると考えられる。

注

1）　対象は，スイミングクラブにきた女性と会社員の男性である。

コラム 14

ヘアスタイリングによる自分らしさの表現

美容室で担当美容師に，「今日どうしますか」と聞かれるのは，ある種当然なのであろうが，逆に「どうしたらいいの？」と聞き返したくなった経験はないだろうか。

内心では変わりたい意識があるのに，大きな冒険は避け，よほどの失敗や想定外がなければ満足半分・妥協半分で納得してしまう。それでも，本当の自分らしさを知りたいと常に望んでいるのがお客さまの心理であろう。

では，「自分らしく似合う」ヘアスタイリングを表現するためには何をすればよいのか。

現場でおこなっていることは，個人分析に基づくパーソナルカウンセリングの徹底である。以下の3つを大きな柱として，お客さまの特徴を分析する。

1. デザイン（造形＝身長・骨格・生えぐせ・髪質など）
2. カラー（色彩＝瞳・肌・髪の色彩）
3. パーソナリティ（個性＝主観的なもの・好み・趣向・価値観など）

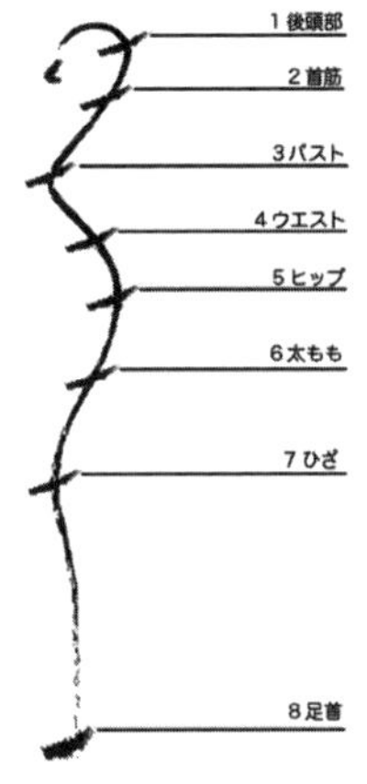

図　S 字のプロポーション

注）8つのポイントは女性の曲線（くびれ）の切り替わるポイント

ヘアスタイリングの目的は，身長や骨格にかかわらずボディラインを補正し，後頭部の重心を上げることでバスト，ウエスト，ヒップラインの重心を上げ，全身の曲線バランスを引き上げることである。デザインを顔まわりになじませるのはもちろんのこと，S 字のプロポーション（女性特有の緩やかなボディライン；図）を応用して全身のボディバランスと調和させる。つまり，ヘアスタイルが全身スタイルを美しく演出するのである。

さらに，カラーリング施術をおこなう際は，色彩分析結果をもとに瞳や皮膚と相性のよい色味を選出して調合する。デザイン（造形）とカラー（色彩）を十分に考慮したうえで，最も重要となるその人のパーソナリティ（主観・好み・趣向・価値観・心地よさなどきわめて個人的で心理的なもの）に配慮してスタイルを仕上げる。

「世界中でたった1人」の存在価値を伝えていくことこそが，お客さまの人生をいっそう豊かに彩ることを信じ，サロンワークに向かっているのである。

コラム 15

薄　毛

薄毛は，脱毛症のことをさす日常用語である。日常においては，「禿げ；ハゲ」といわれることもある。薄毛は，その外見的特徴から，自他共に目立つ特徴となる。髪（型）は容姿を構成する重要な一部である。髪は，衣服などで覆われていることは少なく，基本的には人目にさらされている。また，顔のすぐそばに位置し顔の上半分を囲んでいることから，注目を集めやすい。面積的にも，目や唇などの顔のパーツよりも比較的大きな範囲を占める。そのため，髪（型）はそもそも人目につきやすく，注目を集めやすいものであり，髪（型）の一状態である薄毛も，人びとの視線を集めるものとなりうる。

薄毛対策のための商品やサービスは世の中にあふれており，マスメディアや街中で見かけることも多い。しかし，日常生活においては，ふれてはいけない事象とみなされることも多い。それは，薄毛に対するネガティブなステレオタイプが，薄毛の当事者にも周囲の者にも存在し，薄毛に関する話題がネガティブな感情を引き起こし，そして，対人関係にも影響を与えうるからといえる。

薄毛が自他に及ぼす影響は大きく，そして，その影響の大きさから，薄毛の人が有する悩みも大きなものとなりうる。しかし，薄毛は対人知覚における外見的特徴のなかでも注目を浴びにくいテーマであり（Butler, Pryor, & Grieder, 1998），また，薄毛は "blind spot" として無視されている（Cash, 1990）。薄毛が自他に及ぼす心理的影響についての学術的な検討はほとんどおこなわれていない。

しかし，薄毛は社会的にも学術的にも重要なテーマの１つと考えられる。坪井（2008）が言及しているように，薄毛は外観による印象形成において大きな影響を有しており，社会生活のなかでのストレスに強く関連する。薄毛に関わる心理の検討は，薄毛という現象についてどのような認識がなされているのかを明らかにするだけでなく，世の中に存在するスティグマの一端を明確にすることにもつながると考えられる。

薄毛は，あえて本人が選択する外見ではない。本人の意図によりわざわざ薄毛になることは基本的にはなく，おもに美を目的とする装いとはその方向性が異なっている。とはいえ，薄毛という外見の状態が自他に及ぼす影響の理解は，ひいては，その状態をよい方向に変化させるための装いの理解につながると考えられる。薄毛に限らず，治療の副作用による見た目の変化，ケガによる変化などについても同様のことがいえるであろう。

第10章
しぐさ・歩容

しぐさも装いの1つです。

立てば芍薬，座れば牡丹，歩く姿は百合の花。江戸期から伝わる美人の姿です。特に，最後のフレーズは歩き姿を花が風で揺れる様子にたとえたもので，外見のみならず，人の日常的な動作も美的評価の基準となっていることを示しています。そのこともあってか，人は自分の動きも装うのです。

髪を直す，困った様子を伝えるといったときに，それをどのようにおこなうかにはさまざまなやり方があり，それはしぐさとよばれています。たとえば，50代の「おじさん」が10代のアイドルのようなしぐさをしようが，小学生のようなしぐさをしようが，それは本人の自由です。にもかかわらず，そういう場面を目にすれば違和感や嫌悪感を抱く人もいるでしょう。われわれは無意識のうちに，社会的カテゴリーと特定の印象とを結びつけており，他者に対してはそのカテゴリーの印象に合致する立ち居ふるまいを求め，みずからに対しても，そのカテゴリーに合ったしぐさをすることが期待されていると感じているのです。

個人はそれぞれ，場面によってしぐさを使い分けています。ある人は，「(学校では) はじけた」しぐさ，「(親しい仲間内では) だめキャラっぽい」しぐさ，「(就職面接では) 社会人らしい」しぐさ，「(部活動では) しっかりものらしい」しぐさ，「(家では) 娘らしい」しぐさをもち，全体として「わたしらしい」しぐさというもので統合しつつ，それぞれの場面でしぐさを使い分けているかもしれません。

また，歩容 (歩き方) から，人はさまざまな印象を形成します。歩き方は個人で異なっており，個人識別も可能です。そして，その歩き方から，何かしらの感情やパーソナリティを推測することもあります。人は歩容からもその人物の何かを感じとっているのでしょう。

1 しぐさ

しぐさの種類と機能

たとえば，椅子に腰かけるという動作１つとってみても，「手を使わずお尻からどかっと座る」「ソファのようにちょっとはねるように座る」「先に少し前屈して両手をついてゆっくり座る」「足が開かないように斜めに少しひねって，先に片手をついて滑るようにして座る」など，速さの緩急などを含めれば非常に多くの「椅子への腰かけ」方が存在する。これは「椅子に腰かける」という行為が，そのおこない方にかなりの多様性を許容するからである。人は，意識せず，そのなかの１つを選択し椅子に腰かけるが，その腰かけ方によって，丁寧さや元気さ，親密さなどの印象が変わるだろう。

これら動作は，いくつかの要因によって影響を受ける。第一は，たとえば，足や腰が痛い，あるいはけがをしていて動けないなどの身体的制約，第二は，椅子や空間の形状や素材などの（認知された）特性，第三は，急いでいるなど状況の要因，そして第四は，内在化された辞書（どのように動けばどのような印象を与えるか）に基づいて，どのような人物としてみられたいか，あるいはどのような人物にみられたくないかという自己呈示的な要因であり，第五は，第四とも関係するが，他者からの直接的（たとえば親から「そんな座り方はしてはいけません」と言われる）・非直接的なフィードバック（たとえば，ある座り方をしたときに，冷たい目で見られる）による圧力である。このうち，最後の２つは，自分のしぐさが他者に与える影響をどの程度意識している／意識できるか，およびどの程度コントロールできるかによっても違いが現われるだろう。また，「内在化された辞書」といったが，この内容や細かさには個人差があろう。ほんのちょっとした違いにも鋭敏な人もいれば，違いをあまり見分けられない人もいるし，同じしぐさであっても，文化が違えば違う意味をもつ場合もある。

ここでは「椅子への腰かけ」を例としてあげたが，多様性が許容されるのは「椅子への腰かけ」動作だけではない。うなずくという首の上下運動１つとっても，同意やうながしという機能をもったさまざまなうなずき方が許容されており，それによって異なる印象を与えるだろうし，同じ１つの字を書くにしてもいろいろな書き方がある。

ここで，しぐさを行為のやり方と説明したが，行為といってもさまざまな機能をもったものがあり，それによって，しぐさの機能も異なる。そこで，まず，しぐさとなりうる日常における身体動作の成り立ちの差を整理しよう（表10-1）。第一は，「モノの操作をしない身体の移動」（椅子そのものを操作するのが目的ではないという意味で「椅子に腰かける」もここに入れることができるだろうし，姿勢の変化も入れることができよう。次節の歩容もここに含まれる），第二は，「モノへの目的的接触・操作」，第三は，「他者接触」，第四は，「自己接触」，第五は，「発話なしの身振り」（単体で発話の代替として意味を伝える動作（エンブレム）など），第六は，「発話（思考）にともなう身振り」（たとえば，話している内容と関連のあるものを発話と合わせて伝えるもの）である。

なお，これに加えて，何かを見るための頭部や目線の動き，表情も，「ほかの目的をもった頭部における動き」としてしぐさに含めて考えることもできよう。

ここでは，いくつかの内容について説明する。

表 10-1　しぐさとなりうる行為の種類とその例

種類	例
モノの操作をしない身体の移動	移動するために歩く
モノへの目的的接触・操作	モノを動かす，はさみを使う
他者接触	握手をする，ボディタッチをする
自己接触	自分の顎に触る，頭を掻く
発話なしの身振り	うなずき，OK を表すために親指と人差し指で丸をつくる
発話（思考）にともなう身振り	話しているモノの大きさを表すために身体で表現する
ほかの目的をもった頭部における動き	横を見るために頭部と目線を横に向ける

▶発話（思考）にともなう身振り

発話にともなう身振りは，大きく分けて，位置や形，動きなどを示す「表象的身振り」と，形や位置などの情報を含まない，リズムをとるような上下運動である「ビート」とに分けられる。従来，表象的身振りは，他者へ形や動きを伝達するためだけにおこなわれていると考えられていたが（身振りの他者指向的機能），聞き手がいなくてもおこなわれること，そして身振りを抑制すると単語が思いだしにくくなったり話の一貫性を保つのが困難になったりといったように認知的な処理が制約を受けることから，現在では，表象的身振りもビートも自己の思考を補う機能（身振りの自己指向的機能）をもつと考えられている（齋藤・喜多，2002；Saito, Arakawa, Kawano, & Mano, 2004）。

このような機能がある一方で，発話にともなう身振りの多い少ないや，大きさも，それを見る人の印象に影響することが指摘されている。たとえば，ネフほか（Neff, Wang, Abbott, & Walker, 2010）によると，発話にともなう身振りが内側に小さい範囲でおこなわれ，頻度も少なく，動きも遅いときには内向的に，逆に空間を広く使って，外側に速く多い頻度でおこなわれたときには外向的に受け取られると指摘している。海外のCEOなどの巧みなプレゼンにみられるように，身振りを用いることで有効に思考・表現ができるのであれば，身振りは必要かつ有効なものであると考えられるが，面接などのマナー本では無自覚な身振り使用を避けるよう推奨しているものがある。これは，世の中の一部で，言語的に表現できるものはできるだけ言語でのみ表現するほうがよいという価値観があり，身振りが多いということが，言語化能力が低い，子どもっぽいといった印象を与えるからだと考えられる。

▶自己接触，モノへの接触

思考や発話と結びつかないしぐさとして，「自己接触」や「モノの操作をしない身体の移動」「モノへの目的的接触・操作」がある。ただし，これらも，たんに目的的機能（たとえば痒いから掻いた）や先述した他者への印象の調整だけではなく，自己指向的機能をもっているということができる。

たとえば人はよく言葉に詰まったとき，言いよどんだ直後に自己接触のしぐさをする。このことから，自己接触が，気分を切り替える，あるいは不快や不安を和らげるという機能を果たしている（もしくは果たすことが無意識裡に期待されている）と考えられる。腕組みも，基本的には同じだろう。身体の皮膚感覚に刺激を与えることで，内的な感情からリアルで外的な刺激に注意をそらす効果があるのかもしれない。そのため，過度な自己接触や腕組みを不安や不快感情，あるいは低い情動的安定性の発露と結びつけて考える人がいる（Neff, Toothman, Bowmani, Fox Tree, & Walker, 2011）。しかし，ある人が自分の頭を掻いたという事実だけで，なんらかの感情が生じていると特定することはできない。たんに頭が痒かっただけかもしれない（ただし，そもそもある感情を感じたから痒くなったのかもしれないが）。たとえば，お茶を飲んでいる場面や宴会でお酒を飲んでいる場面で話が途切れたとき，お茶やお酒に手をやって飲むことで，話がなくなったという気まずさを顕在化させず，「お茶（お酒）を飲みたいから飲んでいるだけ」というそぶりで，今新しい話題に移らなくてもよいという状況をつくりだすことができるだろう（徳永・木村・武川・玉木・和田, 2015）。なんらかの障害がない限り一生頭を掻かない人はいないので，感情や印象の調整というのはあくまでも，一定程度の頻度で起こる身振りやしぐさを起こりやすくしたり起こりにくくしたりするものだと考えることができる。

▶ほかの目的をもった頭部における動き

①視　線

視線は，おもに情報収集や，意図や感情の表現，そして発話の交代など相互作用の調整のために用いられる（Kendon, 1967）。そして同時に，視線の動きは，他者にとっては印象形成の材料となりうる。一般に人は，自分に視線を向ける量が多い人に対しては，ポジティブな印象（魅力，能力，信頼性，優位性など）を形成しがちであるが（e.g., 飯塚, 2002），多ければ多いほどよいのではなく，過度の場合にはネガティブな印象になることが知られている（深山・大野・武川・澤木・萩田, 2002）。このような研究をもとに，自然な視線の動きをおこなうアバターやロボットを作成する場合には，1–3 秒といった短い注視のあと，少し和らげたぼんやりとした注視をおこない，その後，一時的にほかの所に目をやったあとに，また相手に視線を戻すといったモデルが用いられることがある（石井・宮島・藤田, 2008）。とはいえ，いうまでもなく，どのような程度・時間の視線がふさわしいと感じられるかは場面によって異なり，場に不相応な場合にはネガティブな印象になる。たとえば，ネガティブな発話内容の場合には，視線量が少ないほうが相対的にポジティブな印象を与えることが指摘されており，これは視線によって交換されるその関係にふさわしい親密さが話の内容や場面によっても異なるからだと考えられている（福原, 1990）。また，視線の動きと瞬きと頭の向きとうなずきだけで，外向性，協調性，あるいは神経症傾向などの程度を演じ，伝えることができるとする報告もある（Ruhland, Zibrek, & McDonnell, 2015）。

なお，目の動きに関しては，近年性格との関係が指摘されており，抽象的動画を見ている際に，どこか一部を注視する時間が短い人ほどビッグファイブ理論[1)] のパーソナリティ（性格）特性のうち神経症傾向や経験への開放性の得点が高く，外向性得点の低いことが報告されている（Rauthmann, Seubert, Sachse, & Furtner, 2012）。

さらに，瞬きの頻度も印象形成に影響することが知られている。実験的にサクラの瞬きの回数を操作して，サクラと会話した実験参加者によるサクラの印象を検討した大森・山田・宮田（1997）は，その印象が力動性，親近性，誠実性の 3 次元で変化すること，どの評定値も，瞬きの多い場合のほうが少ない場合に比べてネガティブに評価されることを指摘している。

②顔

顔の表情は，感情の表現に使われるものであるが，顔の形態そのものも，その人の性格を推測する手がかりになると 75% の人に信じられており，その正確性は過大視されている（Hassin & Trope, 2000）。では顔の形態に基づく推測がまったくの誤りであるかというと，そうではないかもしれない。重要な判断の指標として使うには不十分な正確性であるが，たとえば協調性の高い人の顔を平均した顔について，協調性が高いか低いかを判断するように求められると，偶然を超えるレベルで協調性が高い顔と判断されること（神経症傾向や協調性，身体的健康で60%以上）(Jones, Kramer, & Ward, 2012）が報告されている。ほかにも情動的安定性（男性のみ）や外向性でも同様の結果が報告されている。このように（推測された）性格と顔がわずかであれ関係するのは，たとえば外向的な人のほうが，内向的な人に比べて，特定の表情をすることが多いなど，よくする表情によって顔の筋肉のつき方が異なる可能性が考えられる。なお，外見から推測される有能さが政治の選挙の結果に影響している可能性も指摘されている（Todorov, Mandisodza, Goren, & Hall, 2005)。

③うなずき・笑顔

うなずきや笑顔も，コミュニケーションとしての機能をもっていると同時に装いの一部である。討論場面，雑談場面の両方において，話し手の話にうなずく人は，しっかりしていて，感じがよいと話し手から思われることが示されている（磯・木村・桜木・大坊, 2003)。同様に，笑顔も感情表出の一部であり，笑顔が多いほどよい印象を与える効果があることが知られている（青木・加藤・菅原・宮崎, 2014)。

姿　勢

特定の部位ではなく，頭部や胴体，手足の基本的な位置や力の関係，すなわち姿勢も印象に影響を及ぼすことが知られている。少し古い研究であるが，工藤・西川（1984）は，さまざまな姿勢を提示してその印象評定を参加者に求めた結果，自信（「自己充実性」）や好意（「対人的好意性」)，緊張感（「対人的意識性」）といった内容を参加者が読み取ったことを報告している（この研究での「姿勢」にはしぐさに含まれるものも含んでいる)。これは，現在でも大きな違いはないと考えられる。授業の受講生が教員の姿勢から何を読み取るかを検討した野中・沼・井上（2010）は，支配力の強さを示す「地位性」，緊張を示す「硬直性」，好意をもっていることを示す「好意性」の3次元を読み取ることを報告している。また，姿勢からビッグファイブ理論にあるようなパーソナリティ特性も読み取られる。ナウマンほか（Naumann, Vazire, Rentfrow, & Gosling, 2009）の研究では，被写体が同じ人であっても，定型的な立ち方で撮った写真（無表情でカメラを向いて，足は肩幅で，手は横に）のほうが，自然な状態で撮った写真よりも，パーソナリティの推定の正確性が高まることを報告している。

ここまで本節では，理解のしやすさのために，個々のしぐさにわけて論じてきたが，それらの組み合わせによって評価が異なり，同じ表情であっても姿勢が異なれば評価が変わることが指摘されている（新宅・渡邊, 2016）。

しぐさからの推定

特に姿勢の研究でみられるように，従来，しぐさと装いの関係といえば，どのようなしぐさをすれば，どのような印象を与えるか，とりわけ印象のなかでも，その人の社会的優位性やパーソナリティを知る手がかりとしてのしぐさという観点から論じられることが多かった。このうち社会的優位性の次元（相手は自分より上位の／力のある存在か）は，好意性の次元（相手が自分に敵意的か好意的か）とともに社会秩序を保ち，むだな争いを避けるために重要な次元の1つである。集団で生活する多くの社会的動物にとって，自分より力のある敵意をもった存在が近づいてきたら，逃げたり，敵意を緩和するために取り入ったりすることが必要であり，一方，相手が下位の存在であればその必要はない。人においても，ある意味では同じであろう。そのため，しぐさからその社会的優位性が読み取れるのか，そして，社会的優位性は本当にしぐさに影響するのかについての研究が多くおこなわれてきた。それぞれの結果にはばらつきがあるが，ホールほか（Hall, Coats, & LeBeau, 2005）は，関連する数多くの研究（前者については120研究，後者については91研究）をメタ分析してまとめている。その一部を示したのが図10-1である。

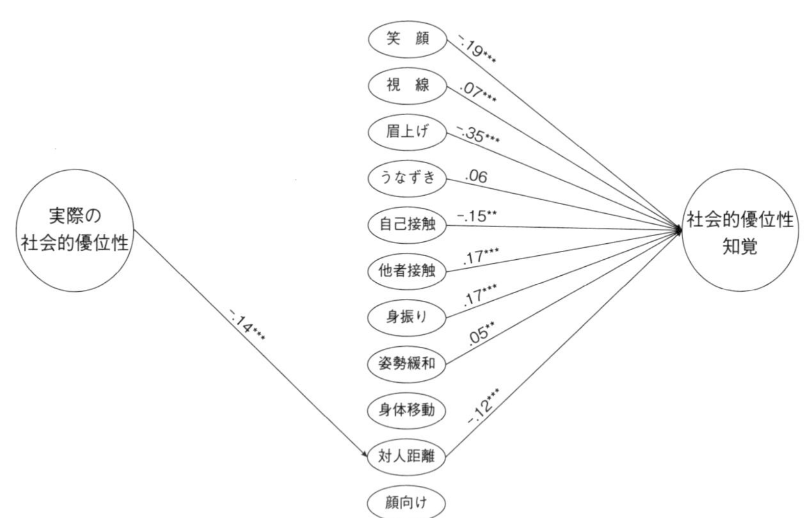

図10-1　しぐさへの社会的優位性の表れと，しぐさからの社会的優位性の知覚
（Hall et al.（2005）の表3，表5をもとに，Brunswik（1956）のレンズモデルにならって作成。数値は，実験参加者数で重みづけた r の平均値。）

注）$^{***}p<.001$, $^{**}p<.01$。

図10-1から，笑顔や，眉上げのしぐさ，自己接触，姿勢緩和が少なく，相手をより直視していて，うなずきや身振り，他者接触が多い人は，社会的に上位の立場にあると知覚されることが読み取れる。一方，実際に，社会的に上位の立場にある人がそのようなしぐさをするか（あるいはしないか）というと，そういうわけではなく，実際に社会的優位性と関係があるのは，対人距離だけであることが読み取れる。このように実際の社会的優位性としぐさのあいだで数量的には関係がみられない理由としては，後述するように，しぐさにはそれぞれ多様な実用的機能があるため，場面や必要性がそのしぐさの発現に与える影響のほうが社会的優位性の表出が与える影響よりも大きいことがあげられる。他方で，それでもなお関係の過大視が起こる理由として，ある種のステレオタイプが生成されており，典型的な動作として認識されていると考えられる。

この点はパーソナリティの推定も同じである。しぐさからは，コミュニケーションに必要な社会的優位性の次元だけではなく，パーソナリティや知能などさまざまなものが読み取られる。ウィギンズほか（Wiggins, Trapnell, & Phillips, 1988）の8次元の対人円環モデルの8つのパーソナリティ特性と行動の表出と読み取りの関係を検討したギフォード（Gifford, 1994）によると，顔を相手に向け，うなずき，頭を振り，笑顔で，体を傾け，身振りが多く，手を伸ばすなどの行動が多く，そして顔をそむけることや腕を組むことが少ない人ほど群居的（集団志向性）・外向的傾向が強いと読み取られる一方，実際に群居的・外向的傾向の強い人の特徴は，これらのしぐさのなかではうなずきと身振りをおこなう傾向の強さと，腕組みをする傾向の少なさだけで，ほかの行動とは関係がみられない（関係がみられるものも，他者が読み取っているよりは関係が弱い）。この傾向は，ほかのパーソナリティ特性でも同様であり，たとえば温和・友好的な人ほど実際に多いのはうなずきだけであるのに，頭の動きから足の動きに至る15もの非言語的行動が，温和・友好的という判断に影響している。このようにパーソナリティにおいてしぐさとの関係の過大視が認められるのも，前述の理由に加えて，形態から比喩的に印象が形成される（たとえば，物が倒れていると悲しそうにみえる）からだと考えられる。このような過大視が存在するのは，人にとっては，重要な情報を見逃すよりは，たとえ間違えていても，あとで修正がきく場合には仮説として得たほうが有益であるからだと考えることもできるだろう。対人コミュニケーションの場面では，上記の実験のようにパーソナリティの自然な発露としてだけではなく，このような印象を与えることを想定して，記号としてあえてしぐさをおこなう（たとえばカウンセラーがうなずきを意識してあえておこなう）ことがあると考えられる。

時間的同期性

これまで，ある一時点に限って，あるしぐさを見たときに受ける印象を中心に扱ってきた。しかし，実際には，相手と自分との相互作用が印象に大きく影響を与えることが知られている。人は，他者に親しみを感じていると，その人の姿勢と同じ姿勢をしたり，その人の表情と同じ表情をしたりすることが増える傾向にある（シンクロニー：同調傾向）。また無意識にそれをしているときには，親しみやすさや感情の共有の感覚が高まりやすい（大坊, 1998）。このシンクロニーは，姿勢や表情だけではなく，発話時間や体の動きにも及び，ベイレンソンとイー（Bailenson & Yee, 2005）の実験では，コンピュータのなかの人工的人物（ロボット）と会話したのちにその人物の評価をするよう実験参加者に求めた場合，その人工的人物が実験参加者の頭の動きを４秒後に模倣するように設定されていると，その人工的人物の話がより説得力のあるものに聞こえ，またその人工的人物の評価がよくなることが報告されている。

ただし，たとえば，不安そうにしている人を慰めようとする人は，同調して不安そうな顔をする場合と，自分のほうの表情に相手を誘導するために笑顔をつくる場合とがある。その効果も状況や関係によって異なり，不安そうな顔をされたほうが自分の感情が伝わっていると感じられて和らぎ，笑顔をされたほうが自分の状況が伝わっていないと感じられてより不安を強調する場合もあれば，心配するほどでもないのだと気分が和らぐ場合もあるだろう。これは，表情が，感情の共有とともに，今自分が置かれている環境が望ましい状態にあるのか，あるいは望ましくない状態にあるのかの手がかりとして機能していることに原因があると思われる。

しぐさの発達

しぐさの内在化された辞書の発達のメカニズムを考える際に参考になるのが，ジェンダーアイデンティティの獲得に関する理論である。次章で論じられているように，人は，自分が所属したいと考える集団内の言葉づかいを志向する傾向がある。特に性別によって子どもに与えられる環境や周囲の関わり方が大きく異なることから，性別は子どもにとって重要な集団の１つである。そのため言葉づかいや，遊びなどの選択におけるジェンダー差は幼い時期から生じる（Stennes, Burch, Sen, & Bauer, 2002）。

ジェンダーアイデンティティの獲得の社会文化心理学的な説明については，精神分析学理論，（社会的）学習理論，社会的役割理論，生態学的発達論，および社会構成主義といった立場からなされてきたとされているが（Blakemore,

Berenbaum, & Liben, 2013), ここではこのうち, (社会的) 学習理論と社会的役割理論, 生態学的発達論を取り上げて検討しよう。

(社会的) 学習理論に合致する研究としては, ステネスほか (Stennes et al., 2002) が, 子どもたちがどのような言葉を用いるかを縦断的に調査し, 成長するにつれ, 特に男児は男性的な言葉を使う割合が増え, 女性的な言葉を使う頻度が減ることを報告している。古典的な研究において, 男性と女性が同じ課題に異なるやり方で取り組んでいる様子を見た子どもは, 自分がその課題に取り組むことになった場合に, 自分と同じ性の大人のやり方をまねることが知られている。このメカニズムについて, 子どもたちは異なるジェンダーの行動も見て理解しているにもかかわらず, 同じジェンダーがおこなっている行動に選択的に注意が向けられやすいからだという説がある。この立場で考えると, 装いの獲得とは, 自分が属する集団のふるまいの模倣やモデリングということができるだろう。

他方, 社会的役割理論では, 子どものまわりの人が性役割についてのステレオタイプをもち, たとえば女の子はおとなしく, 男の子はやんちゃだという想定でふるまうために, 性によって与えられる評価が異なり, またその期待が子どものうちに内在化されることにより男女で行動が異なるようになると考えられている。実際にこのようなステレオタイプの影響は大きい。性別を意識させる言葉が事前に提示されるだけで, 男性はより短気にふるまい, またより実験者の要望に反発しようとし, 女性はよりがまん強く, またより従順に実験者の要望に応えようとするといったように, ステレオタイプに合致した行動をするようになることが報告されている (Hundhammer & Mussweiler, 2012)。ある子どもが性ステレオタイプと一致しない行動をとったとき, それを聞いた別の子どもは, その子どもとは遊ばないと反応することが多かったという報告がある (Carter & McCloskey, 1984)。ただし, 近年のアメリカの研究では, 男性ステレオタイプと合致しない行動をとる男児は拒否される傾向にあるが, ジェンダー意識の変化によるものか, 女性ステレオタイプと合致する行動をとる女児も拒否される傾向にあるという報告もある (Braun & Davidson, 2017)。

そして, 日本でも大学生を対象とした調査により, その7割が日常生活のなかでなんらかの演技 (特定他者との関係獲得のための演技と, 特定他者との関係維持のための演技, その場で効用を得るための演技) をしていると回答したという報告もある (定廣・望月, 2010)。また, この演技は非常に深く染みついたものであり, たとえ, お芝居である登場人物のキャラクターを演じる場合でも, ふだんの自分のジェンダー役割 (たとえば「かわいい」) を捨てるわけではなく, それを演じつつ, また, 自分の属するグループ内における自分の「キャラ」を守りながら演じることがあることが指摘されている（松村, 2013）。

このような圧力は，同世代からのみかかるものではない。マーティン（Martin, 1998）は，幼稚園での教師の言動を観察して，「服の着方」「だらけた行動を許容するかきちんとした行動の要求」「声のコントロール」「子どもの身体についての教師の言語的身体的説明」「子ども間の身体的やりとり」の５つの側面をとおして，子どもの所作を教師が構築していると指摘している。

このような影響は，子どもを取り巻くミクロな関係に注目したものであるが，子どもの装いの発達に影響するのは，このような子どもに対する直接的なやりとり（ミクロシステム）だけではない。生態学的発達論では，たとえば，養育者とほかの大人とのやりとり（メゾシステム），養育者の子どもへの関わり方に影響する地域のサポート（エクソシステム），文化（マクロシステム），時代（クロノシステム）なども影響すると考えられている。

これらの理論をまとめると，人は，自己を同一化させる対象を主体的に見つけ，その様子をモデリングし，それに対する周囲の反応で修正や抑制，あるいは同一化させる対象の選定の変更をおこないながら，自己流のしぐさによる装いを獲得していっていると考えられる。

2　歩　容

歩容とは？

二足歩行はヒトの基本的な移動手段である。空腹になると食堂に向かうように，今いる地点で欲求が満足できないとき，ヒトは歩行によって身体を別な地点へと移動させる。あまりに日常的な行為のために，通常，この動作に関心を向ける人は少ないが，歩行はヒトの欲求を満たす基本的な手段として生活を支えている。

歩行とは脚を使って，頭部・上肢・体幹を運ぶ動作である。それゆえ，脚部は機関車（ロコモーター・ユニット），上半身は荷物や乗客（パッセンジャー・ユニット）にたとえられる。ロコモーター・ユニットは２本の脚からなるが，一方の脚が体重を支えているあいだに，もう一方の脚を前に移動させるという動作をくり返すことで移動する仕組みになっている。一方，パッセンジャー・ユニットは腕の振り，姿勢の制御などが歩行の安定に寄与するものの，脚の動きからは独立した手や頭部などを自由に動かせることが，ヒトの行動に大きなレパートリーを与えている。すなわち，四肢を用いた移動から上肢（腕や手）が解放されたことで，人類は動きながら道具を用いるなど，外界への複雑なはたらきかけが可能となった（Götz-Neumann, 2003）。

ただ，いうまでもなく二足で体を支えることは四足の場合よりも安定度が低い。ロコモーター・ユニットは限られた2本の脚を巧みに操ることで，パッセンジャーの自由勝手なふるまいを許容しながらも姿勢をコントロールし，なおかつ前進するというむずかしい仕事を求められているといえよう。

このように，歩行は身体各部の関節，筋などが時系列的に複雑に強調し合うことで成立するが，その動き全体の様子は「歩容（Gait）」とよばれている。歩容はけがや障害，老化などによって微妙に変化する。歩行がヒトの生活を支える基盤であることから，歩容の解析やその改善のための訓練は医療や福祉の分野において重要なテーマとなっている。

歩容の個人差と光点歩行刺激

近年，歩容は心理学においても関心をもたれている。その理由の1つは，歩容に安定した個人差が存在するからである。顔つきや指紋と同様，歩容は個人を特定するうえでの情報として有効であるという。トロイエほか（Troje, Westhoff, & Lavrov, 2005）は，18名の観察者に7名のモデルの歩容を観察させ，個人識別の訓練をおこなっているが，課題をくり返すうちに正しい判断が可能となり最終的に8割程度の正解率が得られたという。このように歩容には安定した個人差が存在することから，最近では警察などにおいて容疑者を監視カメラの映像から判別するなどの試みが進められ，一定の成果を上げているという（JSTnews, 2018）。

なお，歩容の実験をおこなううえでは注意すべき点がある。個人の歩く姿から本人を特定する場合，そのままの映像を使うと，歩容以外の特徴，たとえば，個人の体型や顔つきなども判断の材料になってしまうからである。顔がわかれば，そこから個人を特定することは容易であるため，そうした情報を取り除き，純粋に個人の歩容のみを刺激材料として扱う必要がある。こうした問題をクリアするため，歩容の研究においては，「光点歩行者（point light walker）」とよばれる刺激材料が使われる（図10-2）。光点歩行者とは，歩行者の頭，胸，各関節，手足の先端など十数か所にマーカーを設定しておき，そのマーカーの動きを光の点として抽出し呈示する方法をいう。静止画ではたんなる点の集合にしか見えないが，それが動きだすことによって，ヒトの脳が生物の動き（biological motion）として認知する。この方法は40年以上前にヨハンソン（Johansson, 1973）が提案しており，当時は，身体の要所に電球や，光を反射するテープをつけたモデルが暗室内を歩行する様子を録画していた。近年はモーションキャプチャーにより各マーカーの位置情報をデジタル情報として取り込み，CG化する手法が用いられている。歩行者の容姿を隠すだけでなく，体型や歩行速度を標準化したり，さらに任意の動きを強調したりするなどして，映像を加工することも可能となっている。

先に紹介したトロイエほか（Troje et al., 2005）の実験でも，この光点歩行者が用いられ，15か所のドットの動きのみから観察者に判断を求めている。ちなみに，画像処理によって7名のモデルの体型や歩行速度を統一しても個人を特定できるかを検討しているが，こうした操作により正解率はやや低下したものの，それでもチャンスレベル（ランダムに回答しても偶然正解する確率）の3倍を下回ることはなかったという。このように，個人の体型や歩行速度を統制しても個人が特定できるということは，手脚の微妙な動かし方に安定した個人差が存在することを物語っている。

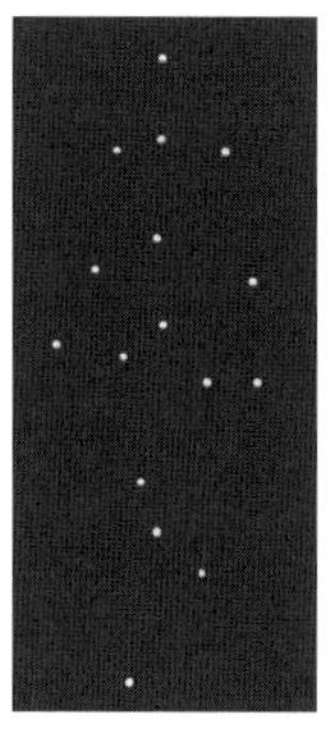

図10-2　光点歩行者

歩容と対人魅力

こうした歩容の個人差は，その歩行者への評価や好悪に影響することが指摘されている。実際，美しい歩き方を学ぶための講座や指南書も少なくない。では，どのような歩容の特徴が他者に好かれるのだろうか。この点に関しては，主として進化心理学の視点から研究がおこなわれている。1つは左右対称性である。従来，左右が対称である顔や身体が魅力的に見えることは多くの研究から実証されてきた。その理由として，左右対称な身体は，健康的な発達をとげてきたことを物語っており，優良な免疫機能や遺伝子的素因をもつ人物であることの証明になっていると考えられてきた。それゆえ，特に配偶者を選ぶ際など，顔や体型が左右対称であるかどうかは重要な評価基準となるが，そうした評価をわたしたちは「美醜」の感覚としてとらえているという。そして，歩容についても同様のことがいえる。サドルほか（Sadr, Troje, & Nakayama, 2006a）は女性の歩行者のデータを用い，画像加工によって体型の左右対称性と歩容の左右対称性を独立に操作して，魅力度との関連を検討しているが，左右対称な動きのほうがより強く魅力度に影響したと報告している。

歩容の魅力度に影響すると考えられるもう1つの要因が，性的二形性である。性的二形性とは顎の発達や唇の厚さなど身体上の性差的特徴の違いを示す。歩容にも性的二形性があり，肩を左右に揺らして歩くと男性的，腰を振って歩くと女性的などの印象が生じ，実際，光点歩行からも性別の判断が可能であるという（Mather & Murdoch, 1994）。サドルほか（Sadr, Troje, & Nakayama, 2006b）は，女性モデルのなかで美しさに欠ける歩容を材料として，どのような変化をもたらすことで魅力度が高まるかを検討した。この女性の歩容を，モーフィングの技術（CGを用いて画像を一定の方向性に徐々に変化させていく方法）を使って，男性に典型的な動き，女性に典型的な動き，女性性をさらに強調した（超女性的な）動きの3種類に徐々に変化させていったときの魅力度の変化を検討した。その結果，女性性を強調した歩容に近づけていく場合，最も魅力度の上昇が認められた。ここから，女性の場合，性的二形性が明確な歩容ほど魅力的に見えることが確認されている。

歩容と気分および感情

歩容から認知される印象は美醜だけではない。歩容とパーソナリティとの関連性も検討されている。歩容に安定した個人差があるならば，歩き方にもその人のパーソナリティが反映しているのではないかという疑問である。トーレセンほか（Thoresen, Vuong, & Atkinson, 2012）は，14名の女性と12名の男性の計26名を対象に，歩容とパーソナリティ特性との関連を検討している。対象者には，まず，ビッグファイブ理論に基づく5つの主要な性格を測定するテストなどに回答してもらったあとに，身体の18か所にマーカーをつけてもらい，歩行動作に関するデータを収集した。歩行動作についてのデータを分析し，各自の歩容を2つの主たる変数に集約したうえで性格との相関を検討したところ，両者に関連性はまったく認められなかった。しかし，この歩容を第三者，24名に観察させ，歩行者がどのような性格であると思うか尋ねたところ，歩容とパーソナリティ特性の印象とのあいだに明確な関連が示された。

歩容は2つの要因にまとめられたが，そのうちの1つは，背筋が伸び手足の動きが大きく，速度も速い動きの程度を示していたが，こうした特徴の歩き方をする人物は開放的，外向的で誠実性が高く調和的（温かい）であると評価された。もう一つの変数は，リラックスしてゆっくりとした歩容の程度であり，こうした歩き方をする人物は神経症傾向が低いと判断されることがわかった（表10-2）。また，この研究では，確認のため，これらの2つの要因の特徴を人為的に強調し

表10-2 歩容の特徴と性格印象との相関（Thoresen et al.（2012）をもとに作成）

	歩容の第1成分 背筋や手足が伸び，速い歩み	歩容の第2成分 リラックス，自由，拡散的
開放性	.59**	−.27
外向性	.50**	−.18
神経症傾向	.07	−.56*
誠実性	.63***	.01
調和性	.62***	.12
親近性	.22	.29

注） 値はスピアマンの順位相関係数。

*** p < .001, ** p < .01, * p < .05。

た歩行者のアニメーションを作成し，観察者にその人物の性格印象を尋ねているが，上記とほぼ同じ結果が再現されている。

このように，歩容は実際のパーソナリティと関連がないものの，その人のパーソナリティの印象とは明確な関連が認められた。その理由として，歩容が個人の心身状態を敏感に反映しているという可能性，そしてそこからパーソナリティが推定されている可能性が指摘できる。いうまでもなく，歩容はけがや関節の痛みなどによって変化するが，感情状態によっても変化すると考えられる。歩くという動作の背景には，必ず移動をうながすような動機が存在するはずである。歩容はそれらの動機が強いか弱いか，進みたいのか逃げたいのかなどを反映するものと考えられる。さらに，歩容からはその人の感情を推測できるとする研究もある。このような動機や感情の背景には，その人の性格的要因が想定できる。勢いよく元気に歩く人は，なんらかの前向きな動機が高まっていて，第三者が「そうした動機の高さは外向的な性格から生じている」といった推測するのは自然なことといえる。

3　まとめ

同じ装いでも，化粧や服装の選択などは社会的な行動と考えられやすいのに対し，しぐさは，その人の本来の性質や感情の無自覚な発露であると考えられやすい。歩容も同様で，自分の歩容を気にかける人は少なく，無自覚によるものと考えられている。そのため人は無意識のうちに，しぐさや歩容からいろいろな印象を感じ取っているようである。「話し合いのときに腕を組んでいる」のは，「警戒心の現れ」だとか「話を聞き入れる気がないことの現れ」などと感じられがちである。ゆっくり歩いていると元気がないと感じられる場合もあるかもしれない。しぐさや歩容でその人の心理がわかるなどといった言説は説得力があるようにみえ，そういった情報が世間にあふれている。そのため，たとえば，嘘をつくことによる緊張はしぐさに現れると考えられ，虚偽検出の文脈における心理と結びつけられてきた（Ekman & Friesen, 1969）。しかし近年，しぐさを手がかりにした虚偽検出は実際には信頼性に欠ける（コラム 16 参照）と考えられている（Granhag, Vrij, & Verschuere, 2014）。そもそも，しぐさは自己呈示の一部であり（DePaulo, 1992），どのように受け取られるかをある程度予測して調整されるものであると考えられている（Buller & Burgoon, 1996）。つまり，無自覚な発露ではないということが可能かもしれない。そもそも，表情や歩容は当人の実際の情動やパーソナリティと関連しない可能性も示唆されている（Gosselin, Kirouac, & Doré, 1995；Sato, Hyniewska, Minemoto, & Yoshikawa, 2019）。思っている以上に，われわれは身体を装っているのかもしれない。

また，パーソナリティと身体との関係が指摘されているが，身体から推定される性格情報を検討する際に，言語に基づいて作成されたビッグファイブ理論を基準として用いることが適切であるのかについてはさまざまな批判のあるところである。もう少し別の次元，たとえばメラビアン（Mehrabian, 1972）がいうような直接性，地位，反応性や，トドロフ（Todorov, 2017）が使っているような，「良さ－悪さ」「地位の高さ－低さ」次元など，別の次元を想定するのが妥当かもしれない。ただし，これは，しぐさの何を計測するのか，すなわち，何かの頻度なのか動きの質なのかによっても異なるであろう。

しぐさや歩容は，他人の目に映る「装い」の１つとしても興味深いテーマといえる。装いとしてのしぐさや歩容の研究が増え，知見が積み重ねられていくことが期待される。

注

1）　パーソナリティ（性格）を５つの特性（外向性，調和性，誠実性，神経症傾向，開放性）で記述しようとする考え。

コラム 16

しぐさと欺瞞

視線，表情，身体の動きなどのしぐさは，欺瞞の手がかりになるだろうか。一般的には，手がかりになると信じられているようである。欺瞞の手がかりに関する信念（嘘をついているときの指標となると人が信じている行動）として，多くの人が，視線回避や身体の動きなどの，緊張の兆候を示すしぐさをあげている（e.g., Vrij, 2008）。

しかし，実際には，しぐさは十分な欺瞞の手がかりにはならないとされている。たとえば，ヴレイ（Vrij, 2008）は，多くの実証研究の結果から，真実を話しているようにふるまうように求められたときの，真実を話した人と比較した嘘をついた人のしぐさの特徴は，例示動作（内容を補足する手や腕の動き），手や指の動き，脚や足の動きが少なくなる傾向がみられるのみであるとした。また，視線，表情，身体操作（顔や手首などを掻く動作）などは，真実を話した人と嘘をついた人では差はみられないとした。そして，しぐさについては，欺瞞の手がかりに関する信念のほとんどが誤りであると結論づけた。

しぐさが十分な欺瞞の手がかりにならない理由の１つとして，他者を信用させるために，真実を話すときと嘘をつくときに気を配るしぐさは同じであることがあげられる。多くの人が欺瞞の手がかりに関する共通した信念をもっているため，緊張の兆候を示すしぐさをすると，「他者から嘘をついていると思われる」と考えるだろう。その結果，他者を信用させる必要がある状況では，嘘をつくときも真実を話すときも，緊張の兆候を示すしぐさをしないように気を配るため，しぐさに差がみられないのである。

なお，ヴレイほか（Vrij, Hartwig, & Granhag, 2019）は，しぐさを含めた非言語的行動について，測定での評価方法を変えることや行動の組み合わせを考えることで，欺瞞の手がかりが見つかる可能性があると述べている。しぐさと欺瞞について，さらなる検討が待たれるところである。

コラム 17

歩いている自分のうしろ姿を見ることができるアプリが欲しい！

わたしはダンサーですが，人の身体の形状および動作解析の研究もしています。日頃から人が歩く姿をずーっと観察していますが，意外と多いのが「やじろべえ」のように身体が左右にパッタンパッタンと動揺しながら歩いてる人です。これは，年配の方にみられる現象かと思われるかもしれませんが，意外と若い人たちにもみられます。不思議なことに，外から見るとかなり左右へと揺れているにもかかわらず，本人にはその自覚がないようです。

体幹トレーニングという言葉はよく聞きますが，体幹部そのものがどういう動きをし，どう使えばよいか，ということはあまりいわれていません。年齢とともに硬くなったり，毎日決まった同じ動きしかしない……ということになると，だんだんと体幹部分が動かなくなってきます。その状態で歩行をおこなうと，重心を右左に移動させる際，身体も頭も一緒に左右に大きく揺れてしまいます。身体のなかから動くことを心がけたいものですね。

ダンサーであるわたしは，ふだんから「うしろから見られている！」と意識しながら歩いています。しかし，それでもちょっと油断すると格好の悪いうしろ姿になっているかもしれません。うしろ姿というのは，それほど無防備なものです。そのため，たまにうしろ姿が美しい人を見かけると「この人はどんな人で，いったい何をやっている人なんだろう……」と，その人の性格から職業までどんな人物なのか，ものすごく興味を惹かれます。

みなさんも，もし機会があれば自分の歩くうしろ姿を撮ってもらってみてはいかがでしょうか。形や動き，雰囲気など，きっと新たな発見があると思います。「えっ！　自分のうしろ姿って，こんなだったの！？」と，世にも恐ろしい姿が，そこに映っているかもしれません……。

第11章
言　葉

われわれは，他者に何かを伝えたいときに，言葉を媒介とすることが多くあります。言葉はすごいです。100年後の別の国で起こりうることをほかの人に話して想像させることだってできるし，他者と議論して，ほかの人がその主張をする理由を理解することだってできます。ネットや文書，伝聞を介して時代・空間を超えて，伝えていくことだってできます。

コミュニケーション媒体としての言葉に着目するとき，その言語内容だけに注目が向けられ，装いとは無関係のようにみえるかもしれません。しかし，下の2つの文章を見てください。

「今回ゎハロウィンでマンバして髪の毛盛り盛りセットしたんだけど，友達も気付かんくて……」（複数のツイートを複合して作成）

「『建物としての基本的な安全性を損なう瑕疵』とは，居住者等の生命，身体又は財産を危険にさらすような瑕疵をいい，建物の瑕疵が，居住者等の生命，身体又は財産に対する現実的な危険をもたらしている場合に限らず，当該瑕疵の性質に鑑み，これを放置するといずれは居住者等の生命，身体又は財産に対する危険が現実化することになる場合には，当該瑕疵は，建物としての基本的な安全性を損なう瑕疵に該当する。」（最高裁判例　最高裁第1小法廷　平成21（受）1019）

これらはネット上に記載された言葉であり，本源的には文字コードの情報しか含まれていません。それでもこれらの文章を書いたのがどのような人で，そしてどのような状況で書いたのかを人は想像することができます。

日常の話し言葉において，「ヤバい」「〇〇じゃね」などといった言い回しを使う人もいれば，使わない人もいます。ある人が使う言葉によって，その人の外見や立ち居ふるまいに納得がいったり，ギャップに驚いたりすることもあるでしょう。また，自分自身の日常生活を振り返ってみても，場面や相手，自分の立場によって，どんな言葉を使うかや話したり書いたりする内容，言葉づかいをコントロールしていることに気づくでしょう。

本章では，言葉による装いを，内容，文体，装飾の3つの観点から検討します。

1 言語内容

言語内容の影響

とらばーゆ総研が2007年におこなった調査によると，女性が恋人・結婚相手に求める要素として，「やさしさ」「包容力」「経済力」などに続いて「ユーモア」が4位に入っている（とらばーゆ総研, 2007)。このように，恋愛の相手に「おもしろさ」を求める傾向は，ほかの調査にも表れているところである。

人どうしが実際に対面するコミュニケーション場面でじかに発せられる言葉は，発言がなされると同時に相手にはたらきかけてその場で効果を発し，その影響は聞いた人にだけ残り，録音または撮影をしていない限り，その言葉自体は消えてしまう。そういう意味では，言葉は装いとしてはある種の「消え物」である。しかし，時間的に短いスパンのものだからといって，印象やコミュニケーションに与える影響が小さいというわけではない。たとえば，家への帰り道で，その日，友人に言った言葉を振り返り，不安やストレスを感じるということもあるのではないだろうか。

そのように言葉が人の心に大きな影響を与えるのは，1つには，その言葉を自分が言われたと仮定したときに感じる感情が共感的に理解されるからである。しかしそれだけではない。コミュニケーションでは，情報の伝達だけではなく，必然的にメタ情報（その情報がどのような人によって言われたかなどについての情報）の伝達もおこなわれているからである。つまり，メッセージの内容（「何か困ったことがあったら言ってね」）だけではなく，そのメッセージの発信主体自身の情報（「困っているときに気づかってくれる人」）も伝えられているのである。何を話すか（たとえば，ほかの人がいやがることを言う，下品なことを話す，自分が体験したおもしろいことを話す）が，その人がどのような人であるかの印象を形成する。そのため，どのような内容の言葉を話すかが，場合によっては，あるべき自己像（当為自己：わたしは○○なことを言う人でなければならない）やありたい自己像（理想自己：わたしは○○なことを言う人でありたい）とのズレ

表 11-1 言葉についての現実自己，理想自己，当為自己の関係
（Higgins（1987）をもとに作成）

	現実自己	理想自己	当為自己
自己	この場面でわたしは○○と言いたいと思っている。	この場面でわたしは○○と言うのが望ましいだろう。	この場面でわたしは○○と言うべきである。
他者	この場面でほかの人はわたしが○○と言うと思っている。	この場面でほかの人はわたしが○○と言うのが望ましいと思っている。	この場面でほかの人はわたしが○○と言うべきだと思っている。

を生じさせ，また自分への評価の変化に対する恐れを生じさせることになる（表11-1)。すなわち，言語内容もじつは装いの重要な要素なのである。

俗 語

自己像と結びつくのは，何を話すかという内容だけではない。その内容をどのような言葉を選んで表現するのかも影響する。言葉の選択のなかでアイデンティティに特に関わるものの1つが，俗語の使用である。俗語とは，標準的な言語使用から離れて使われる言葉であり，若者語，ネットスラング，隠語のように，一部の世代や集団の仲間内でしか通じないものが多い。それゆえ，若者言葉は，それぞれの生徒・学生の出身地域を越えて，新たな言葉をつくることで，これまで結びついていた地域社会と断絶し，より優先度の高い学校の仲間集団への同一性を高め，それが通じない人びとを排斥する機能を有する（Noels, 2014)。米川（1998）は，俗語の1種であるこの若者語を分析し，造語とその使用による娯楽機能，テンポのよい略語（たとえば，般教＝一般教養）の使用による会話促進機能，視覚的または聴覚的表現の使用によるイメージ伝達機能，仲間意識を強める連帯機能，仲間以外の人に聞かれて都合が悪いことを隠す隠蔽機能，相手を傷つけないようにする緩衝機能（「自己中心的な人」というより「自己中」)，不快な感情をこめて言葉として発散する浄化機能があることを指摘している。

この若者語が示しているように，「日本語」といってもじつはさまざまなスタイルがある。人は発達過程において，親の言葉，祖父母の言葉，保育園や小学校の先生や友人・先輩の言葉，テレビやネットなどのメディアの言葉などさまざまな言語スタイルにさらされる。その一部は若者語や方言のようにローカルな言葉であり，一部は共通語のようにより広範囲に使われる言葉であろう。人は，そのなかの一部をふだん使う言葉，そして使おうと思えば使える言葉として習得し，その場その場で選択して使うようになる。どのような言葉を用いるかは，その人の地位の不安定性と変化への志向と関係することが指摘されている（花井, 2001)。そのため，社会的に力の弱い人（若年層女子など）ほど，その地域で主流ではない言葉，すなわち新しい言葉や広い地域で優位な標準的な言葉を採用しやすいといわれている（真田・宮治, 1990)。自分にとって準拠集団となる集団がアニメやそこに登場するキャラクターの言葉を使うのが好きな人びとの集団なら，その表現が取り入れられるだろうし，その表現を用いるのがふさわしい場合もある。また，実際にはふさわしくない場面でも（たとえば，そのアニメを知らない人の前でアニメキャラのまねをする)，無自覚にその表現を使ってしまうこともあり，それを聞いた人はその言葉をもとにその人の印象を形成する。

世代と結びついた表現（玉岡・トクソズ, 2010）やジェンダーと結びついた表現もまた，装いとして機能する。たとえば，「てゆうかー」「おそろ」「みたいなー」「お気にい」などは，性別によって使用頻度に違いのある言葉である（秋山・上杉・鈴木, 1992）。このような言葉のほかにも，呼称（一人称，二人称，三人称：たとえば，オレ，ワシ，ボク，オマエ，アナタ，キミ）も，どの言葉を選択するかによって印象に与える影響は少なくなく，装いの一種といえるだろう。それらの表現は，時代によってダイナミックに変化しており（e.g., 張, 2016），一般に言葉の男女差は小さくなっているという指摘もある。後述のように女性があえて男性的な表現を使ったり，男性があえて女性的な表現を使ったりすることで，印象を変化させうることも指摘されている。

その言葉を使うか否かには，場面や話題そして人間関係といった社会的要因に加え，心理的要因が影響すると考えられている。池田・岡・永瀬（1995）の研究によると，若者語を知っているか否かについては自己顕示性や外向性，自己中心性が関係しないにもかかわらず，若者語を使用する傾向の高さは，自己顕示性の高さ（r=.273），外向性の高さ（r=.286），自己中心性の高さ（r=.226）が関連している。また，米川（1998）は，さまざまな若者語の理解可能性と使用頻度の調査に基づき，若者語の理解と使用は別であり，知ってはいるが，「品がない，馬鹿みたい，軽薄といった意識」によって使わない者がいる可能性を指摘している。これらの結果は，みずからがどの言葉を発するかという選択が装いとして機能していることを示しているといえよう。

言い回し

広義の集団語以外の言い回しが装いに影響することもある。佐山（1992）は，「難しいがその方法でやれなくもない」の「やれなくもない」のように，より単純な「やれる」に置き換え可能な緩叙法などの修辞的表現についてその言葉の聞き手や読み手が受ける印象を検討し，一般的印象としては，これらの表現が「知的洗練性」「独創性」「複雑性」「論理性」「的確性」「わざとらしさ」「愉快性」「攻撃性」「親近性」「具体性」といった次元で判断されていることを指摘している。

また，小川・吉田（1998）は，「でも常識ある男の人だったら人前で泣くなんてことしないよ」といった「決めつけ型」の発話が「非決めつけ型」の発話に比べて，力本性（力強さなど）次元での得点が高く，個人的親しみやすさや社会的望ましさの得点は低くなると報告している。

このように，言葉が装いとして機能するのは，同じようなことを表現するのにさまざまな言い回しがあり，それぞれが固有のイメージや背景をもつからであろう。

2 文体・話し方のスタイル

小川（2006）は，言葉づかいの性差についての研究をまとめて，語彙だけではなく，終助詞，音変化（「ねえぞ」「してえ」など），イントネーション（「やだあ」「だってえ」），文法（主語の欠如など），敬語（丁寧さ，「お弁当の「お」」，命令口調），パラ言語（後述）などにも性差があることを指摘している。

助詞の使用

図 11-1 は，小川（2006）の終助詞の使用の性差に関する調査をまとめたものである。「な」や「よな」は男性が多く，「よね」「ね」については女性が多いことが読み取れる。このような助詞の使い方については，場面による違いもあると考えられるが（たとえば山中（2008）は，「よね」には性差がないことを指摘している），実際には使われていないにもかかわらず，「わよ」「わね」「かしら」といった言葉は女性的であると認識されていることが指摘されている（山中，2008）。

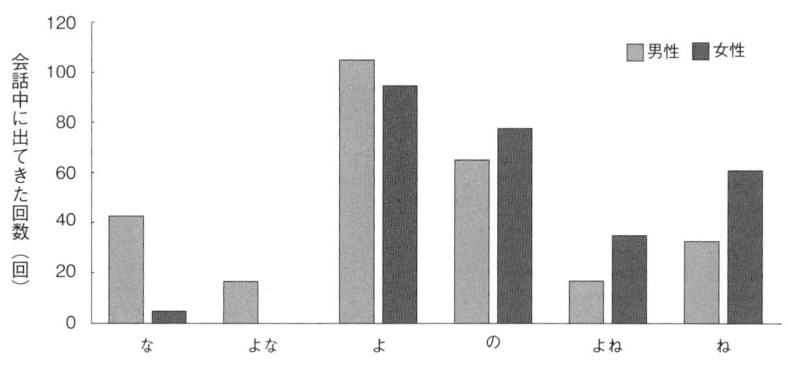

図 11-1 終助詞の性差（小川（2006）をもとに作成）

注） 51 組（女性 65 名，男性 64 名）の 666 発話（女性 330，男性 336）における各終助詞の出現回数。

このような助詞には，男性性や女性性，あるいはそれに結びついた心理（やわらかさ，強さなど）を示す言葉があるが，「ぜ」「か（疑問）」「ぞ」「な（禁止）」のように女性にも一定程度使われるものの，男性言葉と認識されているものもある。つまり，男性が女性形式を使うこともあれば，女性が男性形式を使うことのある助詞もある。

このように言葉を使い分ける理由の第一としては，その言葉を使って達成される目標の違いがあると考えられる。たとえば山中（2008）は，女性が男性形式を用いる理由の上位5つは「相手との親密さを表すため」(102人中50人),「周囲の人に対して親しみやすいと思ってもらうため」(36人),「活発な印象を与えたいため」(28人),「周囲（家族や兄弟，友達等）がそのようなことば遣いをしていてうつったため」(24人),「男っぽいことばのほうが自分の性格に合う（気がする）ため」(22人）と回答したことを報告している。さらに，実際に，男性的な表現を使用しない人の40%が，その表現を使っている人から怖い印象をうけることを指摘している。

第二に，どの助詞を用いるかにはパーソナリティ（性格）が関係すると指摘する研究もある。福島（2005）は，質問紙を用いて，終助詞の使用とパーソナリティ特性との関係について検討し，内向的な人は「○○よ」や「○○ね」という終助詞を用いない傾向（r=.251）があること，開放性の高い人は「○○ね」を用いる傾向（r=.387）があることを指摘している。

方言，なまり

方言とは，一部の地方のみで用いられる言語であり，大手のメディアで用いられる共通語と対比される。この方言を用いるか否か，どの地域の方言を用いるかも，その人の印象に影響を与えることが知られている。

一般に，共通語話者は方言話者より知的な印象を与えたり，聞き手が話し手の使用する方言の出身地であれば，好意的な印象が形成されたりするなどの傾向があるといわれている（新見・丸目, 2015)。しかし，理学療法場面での方言使用に関する研究では，丁寧語を基調にしつつも，説明や依頼時には尊敬語や謙譲語を用い，実際に理学療法を実施する際には，語句としては標準語であるが，なまりや語法としては地域の方言を話すほうが望ましい（42.9%）と考える人が一定程度いることが示されている（木村・藤田, 2008)。服装や化粧と違い，数分の単位で，装いを変えることができるのが，言葉の特徴といえるだろう。

パラ言語

話し言葉の場合，書き言葉よりも装うことのできる範囲はより増大する。同じ言葉づかいで話していたとしても，その人の声質や間の取り方，話の速さなどで，印象はかなり異なるだろう。このような話し言葉の音声的側面はパラ言語とよばれ，古くから，話をしている音声からその話し手の属性などを推定する実験がおこなわれてきた。オルポートとキャントリル（Allport & Cantril, 1934）は，3人の男性の音声を提示し，その年齢や身長，外見，職業，政治志向，外向性，社会的地位などを判断させ，その結果，音声には性格・選好（好み）と外見の情報が含まれていると考えた。また，受け手の印象だけではなく，パラ言語にその人の性格などが実際に反映される可能性が研究されており，たとえば，フェルドシュタインとスローン（Feldstein & Sloan, 1984）は，外向性の人は，内向性の人よりも実際にわずかに早口である可能性を指摘している。

近年の研究においても，発話から話し手の職業（Yamada, Hakoda, Yuda, & Kusuhara, 2000）や一定の印象が形成されることが示されている。たとえば速い発話は「勤勉性」が高く，「協調性」が低く評価されること，やや速い発話では「外向性」と「経験への開放性」の評価が高くなり（内田, 2005a），また声（F0成分）が高くなるほど,「外向性」が高いと評価されること（内田・中畝, 2004），また抑揚が大きくなるほど「外向性」が高く,「情緒不安定性」は低く評価されること（内田, 2005b），ポーズ比（沈黙時間の占める割合）が小さいほど,「外向性」「経験への開放性 」「勤勉性」が高く,「情緒不安定性」が低く評価されること（籠宮・川住・槙・前川, 2007）が報告されている。ただし，発話の速さにせよ，声の高さや抑揚の大きさにせよ，適正な範囲があり，その範囲を超えると逆U字型に評価が低下すると考えられる。

他方，パーソナリティの知覚は，このような音声学的属性から直接おこなわれるのではなく，主観的評価を媒介としておこなわれるという指摘もある。実際に，籠宮ほか（2007）は,「好悪」(外向性と r=.71，協調性と r=.88),「上手さ」(経験への開放性と r=.80),「速さ感」(勤勉性と r=.53),（声の大きさなどの）「活動性」(外向性と r=.71，経験への開放性と r=.74),（礼儀正しさなどの）「スタイル」(勤勉性と r=.82）といった主観的評価（山住・籠宮・槙・前川, 2007）がビッグファイブ理論[1)]のパーソナリティ特性と高い相関を示すことを指摘している。また，特に,「聞き取りやすさ」が，外向性（r=.68），情緒不安定性（r=-.57），経験の開放性（r=-.59），勤勉性（r=.34），協調性（r=.72）と関係していることが指摘されている。

ただし，このような印象は，話者1人によって形成されるものではなく，それと向かい合っている対話相手の発話スタイルとの関係も重要であり，聞き手と話し手の話す速さが同程度の場合に，有能で魅力が高いと評価されるとする指摘もある（Feldstein, Dohm, & Crown, 2001）。

3 視覚的装飾

言葉のやりとりは音声だけでなされるものではない。特に近年ではインターネットを介して多くのテキスト情報がやりとりされる。ここでは，前述のパラ言語を使うことができない。では，どうやって装うのだろうか。

テキスト空間の装い

たんに意味だけを伝達できればよいのではなく，文字だけでは伝わらないものを自分らしく伝えたいというのは，人のもっている本質的な性質である。そのために，人びとは，習字を習い，カリグラフィーからギャル文字に至るまでさまざまな書体を発明してきたし，印刷物にはさまざまな装飾を施してきた。百貨店のステーショナリー売り場には，さまざまな便せんが売られており，女子中学生のなかには，自分らしい装飾を手紙やノートに施すために試行錯誤をくり返す者もいる。

走り書きのメモと，丁寧に書かれた手紙では印象が異なり，丁寧であるだけではなくさらに気づかいが感じられる手紙がくれば，より自分が丁寧に扱われていると感じるだろう。人は，自分に対して自分がどのような存在であるのかを示すために，そして他者に対して，その人が丁寧に扱われる存在であることを示すために，その人との関係において自分の存在を押しつけすぎない範囲で，便せんや切手を整えたり，デコったり（装飾したり）して手間をかけることもある。

このように装飾を加えることは，（本人が意図していようといまいと）たんなる自己表現ではなく，伝えられている情報をどのように受け取るべきであるかという文脈情報を伝える機能も同時にもつ。プライベートなのか仕事なのか，もっと（あるいは今のまま）近しい関係にしたいと思っているのか距離をとりたいと思っているのか，といったようにである。そのため，距離をとりたい相手に対して，美しい文字で丁寧に書いたり，デコレーションを施した手紙を送ったりした場合，送り手としてはたんに自分らしさにこだわっただけであって好意を示したつもりはなくても，好意として受け取られてしまう可能性がある。

顔文字

切手や便せん，書体にあまり凝ることができないネット空間ではどうであろうか。ネット空間では，非言語的情報が制約を受ける。SNS などのメディアにおいてはスタンプなどとよばれる絵文字が利用可能であるが，PC の E メールでは利用できない。仕事の E メールで自己表現をする必要性を感じていなかったとしても，言葉だけでは冗談であることが伝わりにくい場合や言葉だけでは強い意味をもってしまう場合に，文脈情報を伝える必要がある場合がある。そのために絵文字やスタンプが登場する前から使われる方法の1つとして顔文字がある。

顔文字とは，ASCII コード（漢字や英数字と記号）を用いて，おもに顔に模したものである。顔がおもに用いられるのには理由がある。使用できるのが ASCII コードという制約があるので，自由な描画をおこなうことができない。しかし人間は顔的なものにはきわめて鋭敏であり，点が3つ集まれば顔に見えるという性質をもつ。顔というものが文脈情報を伝えるうえで情報に富んだものであるがために ASCII コードの制約のなかでも，顔を表現するのは容易だったのではないかと考えられる（荒川, 2015）。

ASCII コードしか使えないネットでのコミュニケーションにおいても，この顔文字を中心に文章が修飾され，相手に対して押しつけにならない程度の配慮をしたうえで，装いがほどこされる。顔文字が付与されることで，誠実な印象は低下するが，親しみやすく，若々しい印象が上昇すると指摘されている（田口, 2014）。

実際，顔文字の利用についておこなったインタビュー調査（荒川, 2005）によると，図 11-2 に示したように，一貫して顔文字を使う人と，使わない人や相手に合わせる

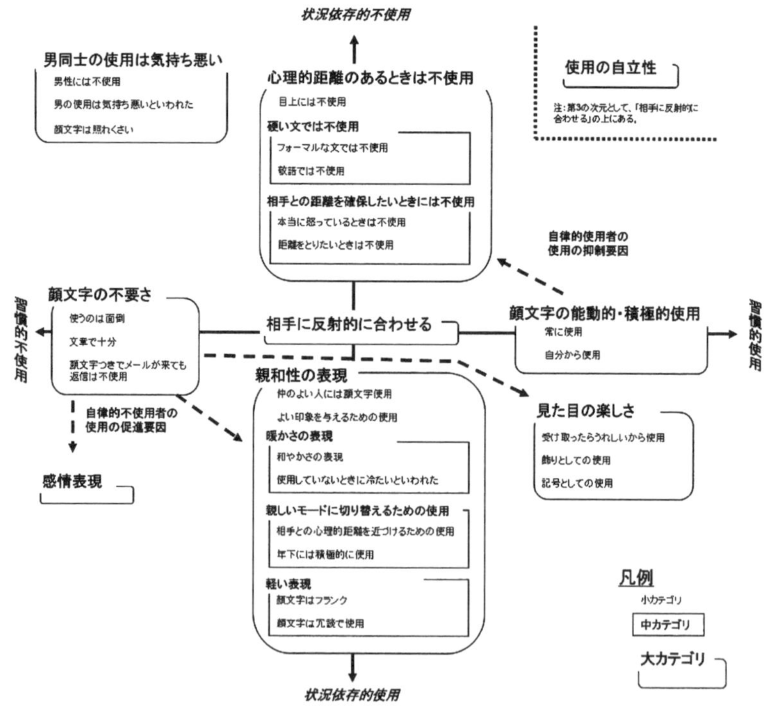

図 11-2　顔文字をいつ使用するかについての利用者の説明の整理（荒川, 2005）

人がいる一方で，状況によって使い分け，後輩との距離を近づけるために顔文字をあえて使ったり，逆に親しすぎる人と距離をとるために，相手が顔文字を使ってきていても，こちらからは使わずに返信したりするといった人もみられた。これらはたんなる感情の表出としてではなく，この場において自分がどのような人物であるかを示す装いとして顔文字を利用していることを示しているといえるだろう。

顔文字以外のテキスト空間での表現

この顔文字は，非言語的装飾の一例にすぎない。顔文字以外にも，三宅（Miyake, 2007）の指摘しているように，表記のヴァリエーション（たとえば，さんくす），非標準的な文字サイズやスペル（たとえば，ぁりがとぉ），文字の分解（たとえば，ぁレヵ゛⊂ぅ），言葉遊び（たとえば，0840（おはよう））などの視覚的な表記が，表現の自由を回復する行為の一部であると考えられる。

このうち，非標準的な文字サイズやスペルに関し，文頭および文末が小文字のメール文の印象について，田口（2014）は，若さに関する印象は高まるが，誠実さに欠けた印象を与えること，また，親しみやすさはあまり高まらないことを指摘している。

また，表記のヴァリエーションとして論じられているように，ひらがな表記をするか，カタカナ表記をするか，漢字や英字表記をするかは，読み手の印象に大きな影響を与える１つの要素であると考えられる。表記とそこから推定される性格に関する研究は見当たらないが，たとえば，お菓子の商品名における表記文字を調べた金（2017）によると，チョコレートやビスケット・クッキー，パイ・ケーキなどにはカタカナとローマ字表記が多く，スナック類にはカタカナ表記，せんべい類にはひらがなと漢字表記が多いことが指摘されている。また，「堅い」イメージの名前の多い博物館は漢字，遊園地やテーマパークは「親しみやすい」ひらがな，ライブハウスは「都会的な」カタカナ・ローマ字が多用される傾向にあることが指摘されている（日高, 2001）。また，文章になったときには，その文の長さとともに，そのなかでの表記の組み合わせが印象に影響する。

蓮見（1993）は，源氏物語のさまざまな現代語訳の文章に対する印象を検討し，文が長く，漢字含有率の高い作品ほど，古風さ・上品さ・固さといった印象が強くなること，逆に文が短く，漢字含有率が低く，和語の使用が多い文ほど温かい・翻訳が上手などの印象が強くなることを指摘している。このように，文章のさまざまな特徴も装いに影響すると考えられる。

4 まとめ

本章は，言葉によるさまざまな装いについて整理した。総じていえば，しぐさや表情とは異なり，（音声を発する際に意図せず声が上ずったりすることがあるとしても）言葉は身体をあまり直接的な媒介としないので，装いやすいメディアである。特にデジタルメディアにおける言葉は，基本的には完全に意識的にコントロールされる。つまり，対面なら，化粧や美容整形をするにせよ顔のもともとの形状を完全に無視することはできないし，思わず顔を赤らめてしまったり，無意識のうちに腕を組んでしまっていたりということも避けられない。それに対して，特に本章の後半で扱ったような非対面でのコミュニケーションでは，無意識のうちに顔文字を送ってしまったということもあまりないために，文字情報中心のSNSでは性別や身分までも装うことが比較的容易である。そういう意味で，言葉は，人がどのように装いたいと願っているのかを知るうえで興味深い対象である。

他方，装いとしての言葉にはもう１つの特徴がある。それは記号性（意味するものと意味されるものとの関連の明確性）である。たしかにパラ言語のように非記号的連続的なものもあるが，流行語を使うのか，使わないのかといったように，言葉のコミュニケーションでは記号的なもの（流行語を使っているからのこの人はこういう人，まったく使わないからこの人はこういう人）となる。そのため，言葉は，その人がどのような集団に同一化し，またどのようにみられたいのかを知るうえでわかりやすい手がかりとなっているだろう。

注

1）パーソナリティ（性格）を５つの特性（外向性，調和性，誠実性，神経症傾向，開放性）で記述しようとする考え。

コラム 18

オノマトペ

どっどど　どどうど　どどうど　どどう
青いくるみも吹きとばせ
すっぱいかりんも吹きとばせ
どっどど　どどうど　どどうど　どどう
（宮沢賢治『童話集　風の又三郎』（岩波書店，1967））

これを下のようにしたらどうなるであろうか。

とてもつよい風が吹いている
青いくるみも吹きとばせ
すっぱいかりんも吹きとばせ
とてもつよい風が吹いている

これでもよい（？）が，やはり違う。「どっどど」，なのである。ちなみに，「ごうごう」，でもやはり違う。ここは「どっどど」でしかないのである。

さて，ここでこだわっている「どっどど」（もしくは「ごうごう」）は，オノマトペというものである。オノマトペとは，擬音語や擬態語，擬声語といったものであり，日常生活できわめてなじみがあるものである。そして，これがあるとないのとでは，受ける印象に大きな違いがある。たんに「笑ったよ」と表現するのと，「かぷかぷ笑ったよ」と表現するのでは，印象が異なるであろう。また，光っている星を「ぴかぴか」と表現するのと，「ぺかぺか」と表現するのでは，これもまた印象が異なるであろう。オノマトペによって，情景の印象が異なってくるのである。そしてさらに，それを発する人の印象も異なってくるのである。

第 11 章で説明がなされたように，どのような言葉を使うかは，装いの 1 つといえる。そしてオノマトペの使用は，言葉や絵による表現に対してさらに言葉による表現が追加でおこなわれるということであり，言葉に対する装い，ひいてはオノマトペを使用する者に対する（さらなる）装いということも可能である。

オノマトペの使用によって，受け手側がどのような印象を受けるかについての研究もおこなわれてはいるが（e.g., 鈴木・磯, 2013），まだ数が少ないのが現状である。言葉を，そして人やモノを装うツールであるオノマトペの豊かで偉大な影響力について，今後研究が「バリバリ」おこなわれていき，新たな知見が「どんどん」増えていくことが期待される。

コラム 19

音楽の好みを装う？

「音楽の好みを装う」ことはあるでしょうか。HMV ONLINE（2009）が 20–30 代の日本人 400 名におこなった調査では，「モテるため，もしくは異性に敬遠されないために好きな音楽を偽ったことがありますか」の問いに 26.3% の人が経験があると答えました。つまり，若者の約 4 分の 1 が他者に対して音楽の好みを装ったことがあるわけです。

そうした行為はなぜ起こるのでしょうか。それは音楽アイデンティティ（MacDonald, Hargreaves, & Miell, 2002）という考え方で説明できます。音楽と個人の関わりには，趣味を追求する側面（個人化）のほかに，それを友人とシェアするといった他者関係が作用する側面（社会化）もあります。そのため，自分らしさ（アイデンティティ）を確立し発展させる過程で，そこに音楽へのその人らしい関わり方も組み込まれていきます。特に「音楽の好み」の決定には青年期での仲間集団が重要な役割をもつことが知られており，若者は特定の音楽にまつわる社会的評価や文化的な価値観を自身が属す集団（内集団）に結びつけ，ほかの集団（外集団）と差異化する「バッジ」として音楽を記号化しているようです。

つまり，音楽の好みにその人の「人となり（性格）」がある程度反映されることになります。実際に，特定の音楽ジャンルのファンには，それぞれに特徴的な性格特性があるという研究結果もあります（Hansen & Hansen, 1991）。そのため，音楽の好みの表明は自分の文化的背景や人物像の端的な自己紹介として機能します。そして，親密さを望む相手には，自分が近しい仲間であることを伝えるために，そこで相手に合わせて音楽の好みを「装う」ということが起こるわけです。

第 2 部

装いの関連テーマ

第12章
コスプレ

コスプレという言葉を耳にしたことはあるでしょうか。近年，よく目にしたり，耳にしたりするようになったコスプレ。例として，アニメのキャラクターやヴィジュアル系バンドの服装，異性装（女装・男装），（実際には本人に関係しない）制服の着装などをあげることができます。かつてコスプレはそれを趣味として断続的におこなうコスプレイヤーとよばれる人びとだけがおこなっていました。しかし，最近ではハロウィンにおける仮装もコスプレとよばれ，コスプレイヤー以外の人びとにも急激な広まりをみせ，また，メディアでも大きく取り上げられるようになっています。このようにコスプレという言葉は現代の日本において，より広い意味で使われるようになっています。この章では，なぜコスプレをおこなうのか，そして，コスプレをすることによりどんな楽しみや喜びがあるのかをみていきましょう。

1　コスプレとコスプレイヤー

近年，コスプレという形でアニメや漫画の世界を表現し楽しむ青年（図 12-1）が増えているとされている。それでは，そもそもコスプレという言葉はどこから生まれたのであろうか。コスプレは，1960 年代アメリカにおいて，SF ファンが『スタートレック』や『スターウォーズ』などに登場するキャラクターに扮装したことから始まり，1960 年代末に日本の SF 大会会場に伝播した。その後，コミックマーケットをはじめとする同人誌即売会においてもコスプレがみられるようになった。なお，コスプレとは，当時は「マンガの仮装」などとよばれ名前がなかったものに対し，1978 年頃，コミックマーケット準備委員会がよびやすい名前としてつけたものであり，演劇用語「コスチュームプレイ」を語源とする和製英語（cosplay）である。コスプレは，「漫画やアニメ・ゲームの登場人物，芸能人や実在する職業の衣装を身にまとい，変装・変身すること」（コミケット，1999a）と定義されている。

図 12-1　初音ミク[1)]のコスプレをおこなうコスプレイヤー

1)　2007 年にクリンプトン・フューチャー・メディアより発売された，ヤマハが開発した音声合成システム VOCALOID を使用したソフトウェア音源のキャラクターである。

1990 年代なかば以降，画像のデジタルデータ化やインターネットの普及と発展もあり，日本においてコスプレ文化は広がりをみせた。また，コスプレ衣装を製作・販売する業者の増加，コスプレ専門雑誌の刊行など，コスプレに関する市場も拡大している。現在も刊行されているコスプレ専門雑誌『COSPLAY MODE』は，名前を変えながらも 2002 年から現在までコスプレに関する情報や写真などを網羅し発売されている（シムサム・メディア, 2019）。アメリカから伝播したコスプレは，現在，日本で独自に発展し，日本の文化の 1 つとして海外に逆輸入されている。

コスプレをする人びとのことをコスプレイヤーとよぶが，今日では，それを略し，レイヤーという呼称が当事者間どうしで多く使われている（以降，コスプレイヤーのことをレイヤーとよぶこととする）。レイヤーは，コスプレをする対象を決め，その衣装やウィッグ，カラーコンタクト，小道具などを収集，作成し，それを身にまとい，化粧を施すことで自身の外見をコスプレの対象に近づけていく。そして，その姿で交流や写真撮影をおこない，SNS などで写真の掲載や共有，交流などの活動をおこなっている。コスプレの多くは，街頭やテーマパークなどの公共施設で開催されるコスプレイベントや撮影スタジオを借りて撮影会においておこなわれる。レイヤーはこれらに複数人で参加することが多く，同じ作品のキャラクターをするレイヤーたちが集まって撮影や交流を楽しむ「合わせ」もおこなわれている。このようなコスプレイベントや撮影会には，コスプレをせず，レイヤーの撮影を目的にカメラマンとして参加する人もいる。なお，コスプレイベントにおいてはコスプレをしたままの来場の禁止や，露出の制限，撮影時には被写体の許可をとることなど，さまざまな規定や禁止事項が設けられている。なお，コスプレイベント終了後，ともにイベントに参加したレイヤーおよびカメラマンが食事などに行くことを「アフター」といい，また，自宅でおこなうコスプレを「宅コス」という。

コスプレにおいては，上述のように交流と撮影がおこなわれているが，その比重はイベントやレイヤーにより異なる。仲間内で集まって交流を中心にコスプレ楽しむ人もいれば，本格的に撮影し，動画や写真集を作成して作品の世界観を表現しようとする人もいる。また，レイヤーたちの多くは「コスネーム（コスプレネーム）」という仮名を用いて交流し，コスネームとともに自身のコスプレ写真やSNSのIDを載せた名刺を配布，交換する場合も多い。

レイヤーの正確な人数は不明だが，日本最大のコスプレSNSである「COSPLAYERS ARCHIVE」の登録者数は，2019年1月現在，約33万人，そのうちレイヤーとして登録している人は約16万人（男性11%，女性89%）にのぼる。加えて，雑誌『COSPLAY MODE』の意識調査アンケートからは，年齢は20代が57%を占め，30代が21.3%，10代が11.9%と続いている（コスプレイヤーズアーカイブ, 2016）。また，上記のコミックマーケットでは，2017年12月は2万5,662人（男性7,670人，女性1万7,992人），2018年8月は1万8,452人（男性5,797人，女性1万2,655人）がコスプレをおこなうための更衣室を利用している。これは，コスプレをおこなうレイヤーの人数とみなすこともできる。ただし，図12-2に示すように，コミックマーケットにおける更衣室利用者数は，2015年を境に減少しており，ここ数年の猛暑や天災などが影響していると考えられる。

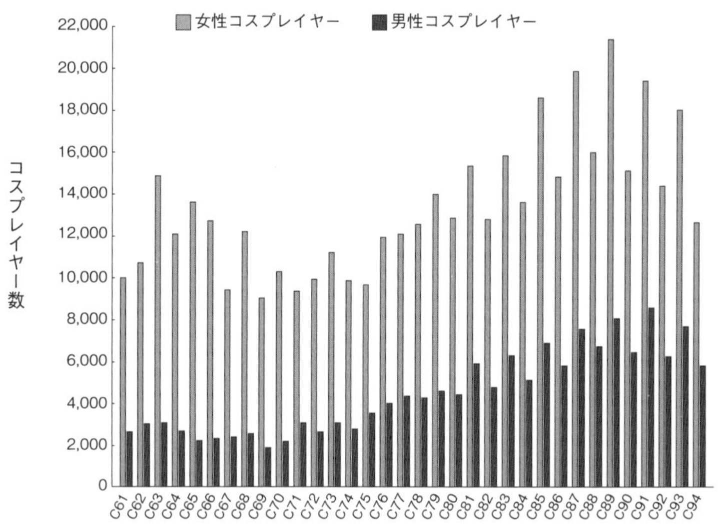

図12-2　コミックマーケットにおけるコスプレイヤー数の推移
（コミケット（2018）をもとに作成）

注）なお，コミックマーケットは夏と冬の年2回開催される。たとえば，C94は2018年8月に，C93は2017年12月に，C92は2017年8月に開催されている。

さらに，コスプレイヤーズアーカイブ（2018）の編集部の座談会では，2.5次元とよばれるアニメや漫画などを原作とした舞台やミュージカル，声優によるライブやイベントが増えたことによりオタク活動の楽しみ方が増え，コスプレに割く比重が昔よりも下がってきていると述べられている。また，同座談会ではメディアがコスプレを取り上げる際に，コスプレのおもしろさや楽しさではなく，「顔がきれい」などの外見のみを取り上げてしまうことをレイヤーが不快に思い，コスプレから離れてしまっていることも理由として述べられている。マスメディアでのコスプレやレイヤーの露出は年々増加している。このような変化を受け，奥村（2017）は，「一見コスプレを受容するような社会の変化がコスプレを行う空間の形成を難しくしているのかもしれない」と述べている。

ところで，近年では，ハロウィンの時期になると，いわゆるレイヤー以外の人びとも仮装を楽しむようになってきている。街には仮装用の衣装やグッズが並び，気軽に仮装を楽しむことができる。ハロウィンは，もともとヨーロッパ北部に住むケルト人が古代におこなっていた死者の霊を払うための魔除けの儀式が起源といわれ，死者の霊などから身を守るために仮面を被っていたことが現在のハロウィンの仮装の由来になっている。ハロウィンという文化が日本に定着するきっかけとなったのは，1997年にディズニーランドでおこなわれたハロウィンイベントと神奈川県川崎市の仮装パレードといわれている（財経新聞，2013）。そこからほかのテーマパークにも波及したり，企業がハロウィンをテーマに取り上げたりするようになった。そして，ハロウィンに仮装をするという認識を広めたのは2002年から開始されたディズニーランドのハロウィンイベントである。このイベントはハロウィンの時期のみ，来場者がディズニーのキャラクターに全身仮装して来場できるというものである。また，同年にユニバーサルスタジオジャパンでもハロウィンイベントが開始されている。このことによってハロウィンに仮装するという認識が日本に定着したといえる。

このように，現在の日本ではレイヤーがおこなうコスプレやそれ以外の一般の人がおこなう仮装が混在している。松谷（2017）は，コスプレを「非日常的な異装をすること」とし，日本のコスプレ文化は「オタク文化のコスプレ」とこれに影響を受けて広がったプリクラやディズニーランドなどでみられる「一般的なコスプレ」の２つの文脈をもつと述べている。つまり，かつては「コスプレ」という言葉は，レイヤーのおこなうコスプレだけを意味していたが，現在では仮装のこともコスプレとよぶようになってきているということである（図12-3）。このように，「コスプレ」が今や人びとにとって楽しみのコンテンツの１つになってきていることがうかがえる。

図 12-3　ハロウィンにテーマパークで仮装を楽しむレイヤー以外の一般の人

2 「コスプレ」の動機と心理的効用

なぜ，レイヤーだけでなく，それ以外の一般の人も「コスプレ」を楽しむようになってきているのか。それには，「コスプレ」をおこなう動機とそれにともなって得られる心理的効用が関係していることが考えられる。この節以降では，便宜上，松谷（2017）の定義を適用し，レイヤーがおこなう「オタク文化のコスプレ」をコスプレ，それ以外の人びとがおこなう「一般的なコスプレ」を仮装とよぶこととする。

コスプレに関する先行研究では，さまざまな面から動機や心理的効用について検討がおこなわれているが，まず，動機について概観してみたい。その際，森本・大久保・鈴木（2017）がレイヤーと大学生を対象におこなったコスプレに関する調査により確認された動機（表 12-1）を軸に検討していくこととする。

まず，1つめの動機として，「キャラクターへの愛情の表現」のためであることが考えられる。野村総合研究所（2005）は，コスプレをおこなう目的として「自分たちの好きな作品のキャラクターになりきることで，みずからのキャラクターへのあこがれや愛情を表現すること」を指摘している。ローゼンバーグとレタメンディ（Rosenberg & Letamendi, 2013）のレイヤーを対象とした調査では，コスプレをおこなう動機として「楽しいから」という項目の次に「キャラクターのことが好きだから」という項目が多かったことを明らかにしている。また，八島（2009）は，自身の好きな女性キャラクターの特徴的な衣装を身にまとう男性は，これにより，そのキャラクターに対するみずからの欲望を延命させているのではないかと考察している。このように，好きなキャラクターや作品に対する愛情を

表 12-1　コスプレをおこなう動機尺度（森本ほか, 2017）

因子	項目
作品やキャラクターへの愛情表現	作品やキャラクターへの愛情を表現したいから 好きな作品やキャラクターをアピールしたいから 作品やキャラクターが単に好きだから 漫画やアニメのキャラクターに憧れをもったから 好きな作品やキャラクターを他の人にも知ってほしいから　など
コスプレをとおした自己実現	憧れのコスプレイヤーのようになりたいから 自分の行なったコスプレをその作品のファンに認められたいから 自分の存在価値を確かめることができるから 漫画やアニメのキャラクターのようになりたいと思ったから 理想の自分に近づけるから　など
異なる自己への変身	異なる自分を作り上げることができるから 普段とは違う自分になることができるから 普段着られない衣装に憧れたから 自分ではない他の誰かになることができるから 普段の自分から離れたかったから　など
仲間との交流	他のコスプレイヤーと交流したいと思うから 同じ趣味を持つ仲間とコミュニケーションを取りたいから 同じ趣味をもつ友人を作りたいから コスプレを一緒にできる友人を作りたいから

示したり，深めたりするためにコスプレをおこなっていることが考えられる。

2つめは,「コスプレをとおした自己表現」のためであることが考えられる。野村総合研究所（2005）は,「衣装が綺麗だから」「決めポーズがかっこいいから」という理由でコスプレをおこなう者も多いと指摘している。また，コスプレの動機をジアール（Giard, 2006）は次のように説明している。「女の子たちは異性からの最大限の注意を引こうと，競い合って品をつくる。人気アニメから飛び出してきたピエロのような彼女たちに，巨大な望遠レンズが向けられる。彼女たちの目的は，カメラマンたちを最大限に熱狂させることにあるようだ。[…] アイドルになるという自己快楽のためだけに，世界で悩ましい「エロティックな変身」としてのコスプレに耽っている女の子たちは，アニメのヒロインのアイデンティティを拝借する。すると，シンデレラ・ストーリーのようにことが運ぶのだ」。ほかの調査でも，コスプレの衣装を選んだ理由として「その衣装を着た自分を見たいから」「自分との何らかの同一性を感じたから」という項目が上位を占めていたことが明らかにされている（Rosenberg & Letamendi, 2013）。つまり，キャラクターの見た目や衣装などの外的要因からコスプレをおこなっていることが考えられる。さらに，松浦（2015）は，レイヤーたちが「コスプレに使用する小物の作成やコスプレ撮影を通して，既存の人工物や都市空間にレイヤー独自の視点を通した新たな意味づけを行っている」と述べている。田中（2012）は,「コスプレは作品全体を自分自身の視点や解釈に基づいて再現した自分自身の世界観の提示である」と述べている。したがって，アニメや漫画などの架空のキャラクターやなりたい人物像のコスプレをおこなうことをとおして，理想の自分や思い描いた世界を実現させたいという思いからコスプレをおこなっていることが考えられる。

3つめは，「異なる自己への変身」のためであることが考えられる。相田（2004）は，コスプレで表現される自己が，ふだんわれわれが考える意味での自己とは異なり，ふだんの生活からある程度切り離された自己であると述べている。堀田（2005）は，レイヤーは「アニメや漫画のキャラクターの衣装を身にまとい，コスプレネームという架空の名を名乗ることにより，ふだんの自分から逸脱することができる」と述べ，貝沼（2017）は，「コスネームとして知られる変革可能な私はコスプレ姿の写真撮影及びその加工により実世界から離脱もする」と述べている。また，コスプレの特徴として異性装が多くみられるということから，田中（2012）は，約8割の女性コスプレイヤーが裁縫や化粧などの「女性的である」とされる技術を駆使して男装をおこなっており，このようなパフォーマンスには，男・女という二元論的な関係にゆらぎを与える可能性があると述べている。なお，女性レイヤー57名を対象として2019年におこなった調査[1)]により，コスプレする際におもに異性装と同性装のどちらを選択するかは，男性に生まれたいという気持ちや，女性であることに対する不満とはほとんど関係しないことも示唆されている。つまり，必ずしもジェンダー論で論じられるような要因ではなく，これまであげてきたような動機による結果としての異性装選択がコスプレではなされているといえよう。

加えて，レイヤーの多くはコスプレをおこなっていることを学校や会社などのコミュニティでは隠していることが多い。このことについて，岡部（2014）は，レイヤーは自身がレイヤーであるというアイデンティティの不可視化実践をおこなっていると述べている。コスプレをおこなう際，レイヤーは，本名ではなく，コスネームなどで呼び合っていることがほとんどであり，匿名性が高いのでふだんの自分をできるだけ隠すことができると考えられる。したがって，ふだんの生活では形成・表出しにくいアイデンティティをもった異なる自分に変身するためにコスプレをおこなっていることが考えられる。

4つめは，「仲間との交流」のためであることが考えられる（図12-4）。相田（2004）は，「コスプレは人と出会わなければ成立しない」「衣装の着用のみでなく，衣装を着用した自分を人目に晒すのがコスプレ」と述べている。また，堀田（2005）は，コスプレには重要な要素として「人に見られてなんぼ」という側面があることを指摘している。つまり，努力してつくりあげた自分のコスプレを人に見てもらい，称賛されることをコスプレの目的としていることが考えられる。さらに，相田（2004）は，コスプレによるコミュニケーションとは，「自分がこういうものが好き」で「こういうものを求めている」という意思表示であり，レイヤーが言葉で語らずとも，コスプレ衣装によっておのずと表現され受け取られると述べている。先ほども述べたように，レイヤーの多くは，ふだん自身の趣味がコスプレであること，またアニメや漫画が好きというオタクであることも隠す傾向にある。そのため，コスプレをおこなうことは同じ趣味であるオタクやレイヤーの仲間を見つけるためであるとも考えられる。

図 12-4　スタジオ撮影会にて互いに撮影するレイヤー

実際，「合わせ」という撮影会やコスプレイベントは各地で頻繁におこなわれている。正確な数は不明だが，コスプレイヤーズアーカイブ（2019）に記載されている 2019 年に開催予定のコスプレイベントは大小含めて全国で約 890 件である。また，SNS やスマートフォンなどのメディア技術の進展により，写真の撮影という共有のコミュニケーションは広まりをみせている（奥村, 2017）。したがって，自分のコスプレを見てもらい称賛されたり，同じ趣味の仲間を見つけての交流やコミュニティを広げたりするためにコスプレをおこなっていると考えられる。

また，レイセンほか（Reysen, Plante, Roberts, & Gerbasi, 2018）は，レイヤーと非レイヤーを対象に調査をおこない，コスプレをおこなう動機について比較検討している。その結果，レイヤーのほうがすべての項目においてコスプレをおこなう動機が強く，特に「娯楽」「日常からの逃避」「仲間との交流」「ストレス発散」「審美的な美しさ（自己変化）」という動機からコスプレをおこなっていることを明らかにしている。

次に，コスプレをおこなうことによって得られる心理的効用について概観してみたい。これについても，森本ほか（2017）において確認された効用（表 12-2 参照）を軸に検討していくこととする。

表 12-2　コスプレによる心理的効用尺度（森本ほか, 2017）

因子	項目
趣味の共有による幸福感	好きなキャラクターのコスプレイヤーに出会えると嬉しい 同じ趣味について話せる友人ができた 好きな作品を写真などで表現できると満足感を得られる 好きな作品やキャラクターを共有できて嬉しい コスプレによって趣味の幅が広がった　など
自己変化による充実感	コスプレを始めることで性格が変化した 普段よりも思っていることを人に言えるようになる コスプレを始める前よりも生きがいを感じることが増えた コスプレを始める前よりも自分を好きになった 違う自分になれると充実感を感じる　など
現実逃避による高揚感	自分のコスプレを認められると嬉しい 普段着られない服を着ると充実感を得られる コスプレを行うことで日常を忘れることができる コスプレを行うことで普段よりも気分が高揚する キャラクターになりきっているのが楽しい　など

1つめは，コスプレをおこなうことによって「趣味の共有による幸福感」という心理的効用を得ていることが考えられる。先ほどから述べているように，レイヤーは好きなキャラクターや作品への愛情を表現するためにコスプレをおこなうことが理由の1つとして考えられる。また，レイヤーはコスプレをおこなったり，アニメや漫画を見たりすることが趣味であると公にしない傾向にあることから，ふだんの生活でコスプレやアニメ，漫画の話をする機会は少ないと考えられる。したがって，コスプレをおこなうことによって，好きなキャラクターや作品について語り合ったり，現実化された自分の好きなキャラクターや作品に触れたりできることで，幸福感という心理的効用を得ていることが考えられる。

2つめは，コスプレをおこなうことによって「自己変化による充実感」という心理的効用を得ていることが考えられる。ローゼンバーグとレタメンディ（Rosenberg & Letamendi, 2013）は，レイヤーにコスプレをさせた状態で顔にマスクをかぶせ，自分の顔を完全に隠した状態で写真を撮り，その写真を見て自分であるという自己認識を感じるかという調査をおこなった。その結果，多くのレイヤーが自己認識を感じにくく，さらに自分であることに気づけなかったことを明らかにした。つまり，レイヤーはコスプレをおこなっているときは自分ではなく，そのキャラクターになりきっているという認識が強いことが考えられる。加えて，貝沼（2017）は，レイヤーはコスプレをおこなうことで「自らが望むキャラクターを自らの身体によって再現することとその姿によって同好の士に承認されることの2つを経験し，得も言われぬ達成感を得る。コスプレの魅力の源泉はここにあるといえるかもしれない」と述べている。また，堀田（2005）は，コスプレにおいてはキャラクターを再現するための努力やアイデアが評価され，「いかにそのキャラクター性を表現して見せるか」が重要視されていると述べており，杉浦（2008）は，コスプレした自分は自身がつくりだした「作品」であり，コスプレした姿を写真に撮られてもよいという感覚があると述べている。したがって，レイヤーは好きなキャラクターにより近いコスプレをおこなうことができるように努力し，そのキャラクターを再現し，ふだんとは異なる自分に変身することで自己の変化という心理的効用を得ていることが考えられる。

3つめは，コスプレをおこなうことによって「現実逃避による高揚感」という心理的効用を得ていることが考えられる。貝沼（2017）は，「コスネームという普段の自分からは逸脱した自分は，作品の世界観（虚構世界）を共有するものの中で承認される喜びを得る」と述べており，レイヤーはコスプレをおこなうことによって「虚構の世界と実世界を自由に行き来する」とも述べている。先ほどから述べているように，レイヤーはコスプレをおこなう際はコスネームを使用し，ふだんとは異なるコミュニティのなかで交流などをおこなう。したがって，コスプレをおこなうことによって，ふだんの生活，自分から離れることによって心理的効用を得ていることが考えられる。

3　コスプレと仮装の共通点と相違点

2節でも言及したように，レイヤーがコスプレをおこなう理由にはさまざまな動機があり，そしてそれにともなう心理的効用がある。では，レイヤー以外の一般の人が仮装をするときの動機や心理的効用はレイヤーのそれと同じなのだろうか。

森本ほか（2017）は，レイヤーのコスプレと大学生の仮装の心理的効用について比較検討をしている。その結果，レイヤーはコスプレを仲間と交流するための手段としており，そして仲間と交流することで心理的効用を得ている。それに対し，大学生は仮装すること自体を目的とし，仮装の行為そのものによって心理的効用を得ていることを明らかにしている。また，松谷（2017）は，レイヤーのコスプレは，「キャラクターを模すことに重きを置き，コミュニケーションなどにも独自のルールが存在して」いて，一般の人の仮装は，「プリクラやディズニーランド等でみられる前者よりもカジュアルなコスプレであり，ハロウィンのコスプレは友人たちとパーティーグッズ等を用いて普段とは違う格好で非日常のイベントを楽しむことと，そのような姿の写真を共有し，コミュニケーションの可能性を広げることが主な目的である」と述べている。そして，貝沼（2017）は，レイヤーのコスプレの特徴として，漫画やアニメ・ゲームの世界観への接近という志向性を有すること，同じ世界観を有する他者とのコミュニケーションが介在することの２点をあげ，仮装にはこの２つの特徴がないと指摘している。さらに，コスプレは，漫画のキャラクターに扮するだけではなく，その姿を同じ漫画の愛好者に見てもらうという同じ世界観を有する他者のまなざしが介在する点が重要であり，その他者のまなざしは対面的なものだけでなく，SNS などの非対面的な状況でも可能であることも述べている。

したがって，レイヤーのコスプレとそれ以外の一般の人の仮装の動機と心理的効用の共通点と相違点は，図 12-5 のように考えられる。両者の共通点は，どちらにせよふだんの自分ではない自分・姿に変身したいという思いからコスプレ・仮装をおこなっているということであり，着装などによる変化に起因する効果はどちらにも生じていると考えられる。逆に，両者の相違点は以下のように考えられる。レイヤーのコスプレにおいては，漫画やアニメなどのキャラクターや世界観を忠実に再現することを重要視し，ふだんの自己から完全に切り離された自己となって同じ趣味や世界観をもつ他者と独自のルールのもとでコミュニティを広げたり，交流したりすることを楽しんでいることが考えられる。それに対し，一般

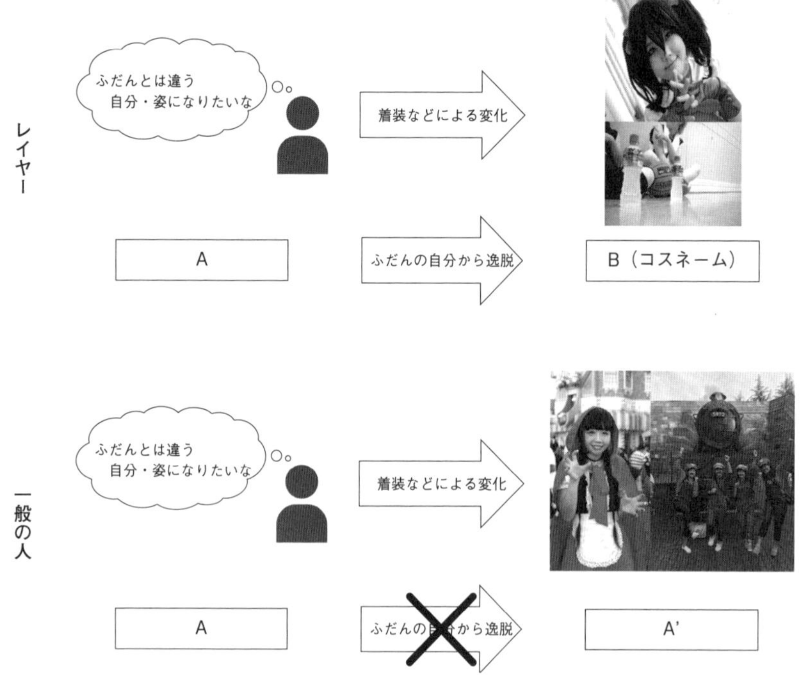

図 12-5　レイヤーのコスプレと一般の人の仮装の動機と心理的効用の違い

の人の仮装においては，ありのままの自己として，ふだんとは違う格好をし，友人たちと非日常を楽しみ，コミュニケーションの可能性を広げていることが考えられる。

これらを考慮すると，コスプレとは，共有された世界観のなかでまったく異なる自己を体験し，表現するためのツールといえるであろう。貝沼（2017）は，「同じ世界観をもつ他者とのコミュニケーションを通じて，実在のわたしから離れ，自らを自由な存在に作り替えることができる総合プロデュース型の「遊び」」としている。そこには，自己のうちだけで完結する閉鎖的なニュアンスは存在しない。他者との関わりのなかでの自身をキャンバスとした創造的な営みがうかがわれる。

4 まとめ

今や「コスプレ」と一言で言っても，レイヤーのおこなうコスプレとそれ以外の一般の人がおこなうハロウィンなどでの仮装の2つの意味を含むようになり，かつてのように一部の人だけが楽しむものではなくなってきているように思われる。近年まで，一般の人たちが「コスプレ」に関する情報をメディアなどで目にすることは少なかった。しかし，今では，メディアでも大きく取り上げられるようになり，インターネットで検索すれば「コスプレ」をおこなう方法やマナーなどを知ることができ，誰でも気軽に「コスプレ」を楽しむことができるようになっている。しかし，「コスプレ」の認知度が高まり，盛り上がりをみせている一方で，マナー違反が目立ちはじめているのも事実である。今後，多くの人が「コスプレ」を楽しむことができるよう，また，社会との軋轢が生じないようにするためにも，今一度，「コスプレ」をおこなう際のルールやマナーについて整備し周知される必要があると考えられる。

「コスプレ」は，日本だけに限らず，世界でも認知度を高めている。名古屋でおこなわれている世界的なコスプレイベントの「世界コスプレサミット」は，2018年で16回目を迎えた。日本の有名レイヤーだけでなく，世界38の国や地域から数多くのレイヤーが参加した。各国の代表が外務省を訪問することは毎年の恒例行事になっている。当時の官房審議官は「コスプレは言葉の違いを超えて分かり合えるもの」と，コスプレは「世界共通言語」であると言及している（外務省，2018）。また，ハロウィンの時期には，ハロウィンを目当てに来日する外国人の観光客が増加している。日本政府観光局（2018）によると，10月の訪日外国人は，2015年には約182万9,000人，2016年には約213万5,000人，2017年には約259

万5,000人，2018年には約264万600人と報告されており，年々増加していることがうかがえる。さらに，日本のハロウィンの様子はYouTubeなどをとおして世界中に配信され，日本在住の外国人のインフルエンサーやブロガーが記事にしている（外国人観光客研究所, 2017）。日本の「コスプレ」という文化は世界に浸透しつつあることがうかがえる。

「コスプレ」によって，人びとは好きなものを好きなように表現し，そしてそれを世界中の人とわかり合うことができる。「コスプレ」は新しい自己表現の方法として，世界中の人びとをつなげる無限の可能性が秘められているのではないだろうか。「コスプレ」が日本を代表する文化の1つになってきているのであれば，コスプレに関する研究が増え，その理解が正しく深まっていくことが望まれる。

注

1）本章第三著者による。

コラム 20

マンガ・アニメにおける登場人物の衣装が果たす役割

マンガ・アニメにおけるキャラクター（登場人物）のコスチューム（衣装）が果たす役割は 3 つある。1 つめは，キャラクターの個性を表現する役割である。髪型や体格のみならず，衣装もキャラクターを特徴的に描きだす効果的なツールである。奇抜な格好のキャラクターがいるのは，そのためである。2 つめは，キャラクターの同一性を担保する役割である。特に週刊連載のマンガや毎週放送のアニメでは次の話まで 1 週間ほど待たなくてはならないので，毎回同じ衣装であることがキャラクターの斉一性と連続性を保証し，読者にとってのキャラクター同定を容易にする。描き手にとっても毎回異なる衣装で描くのはたいへんなので，映画（劇場版）のとき以外は基本的に同じ服装で描くのが一般的である。毎回キャラクターが同じ服なのは，そのためである。3 つめは，キャラクターを商品化する役割である。キャラクターに紐づいた特徴的な衣服は変身グッズやコスプレ衣装として販売されることになり，経済効果を生む。とある経済研究所の調査によれば，コスプレ衣装の市場は 340 億円以上である。

マンガ・アニメのキャラクターに扮するコスプレにおいては，極端に大きな目や重力を無視した髪型など，マンガ・アニメの世界における容姿や髪型を現実世界で再現することは容易ではないが，それに比べると衣装の再現は比較的たやすい。容姿や体型や性別が異なっていても，衣装によって特定のキャラクターであることを同定できる。それがコスプレを世界中ではやらせている理由の 1 つであると考えられる。なお，最近ではキャラクターを異性化して演じるコスプレ（crossplay：クロスプレイ）や複数のキャラクターのコスチュームを混ぜ合わせたコスプレ（mixplay：ミックスプレイ）[1] など，従来のコスプレ（特定のキャラクターを忠実に再現する）とは異なる新しい志向性も出てきている。今後の本格的なコスプレ研究が待たれる。

1）本コラム著者の造語。

第 13 章
化粧療法

現代において，化粧は日常生活に深く根づいた生活習慣といっても過言ではありません。本章では，要医療や要介護状態の生活のなかで展開される化粧，すなわち化粧療法について紹介します。

2000 年代から，医療の現場において，QOL（Quality of life；生活の質）への意識の高まりとともに，医療領域と美容領域が連携し，患者に対して化粧療法を実施しやすい環境が整いつつあります。QOL の概念は，1947 年に国際保健機関（World Health Organization：WHO）が提唱した健康の定義に基づくものです。WHO は，健康を「単に疾病がないということではなく，完全に身体的・心理的および社会的に満足のいく状態であること」と定義しています。また，2000 年に厚生省（現厚生労働省）は，QOL を「日常生活や社会生活のあり方を自らの意思で決定し，生活目標や生活様式を選択できることであり，本人が身体的，精神的，社会的，文化的に満足できる豊かな生活」と定義しています。QOL には，身体だけでなく精神・心理や社会といった視点が含まれているのです。

本来，QOL が低下する場所であり，化粧をやめる場所でもあった医療機関において，化粧が QOL の向上のためのケアとして認識されつつあることは，非常に意義深いものです。本章では，どのような場所で，どのような方法で化粧療法が提供されているか，その現状を紹介します。

1　医療・介護の現場における化粧療法とその実施環境

化粧療法とは

化粧療法は，化粧を医療や介護の領域に応用し，肌にとどまらず心身機能や生活機能の維持・向上をめざす目的でおこなわれる。化粧施術を用いた外見のケアは，直接生命に関わらないため，医療・介護の領域では，重要視されてこなかったが，近年医療従事者の患者のQOLに対する意識の高まりとともに，さまざまな領域で化粧療法が活用されている。

化粧療法について，明確な定義は定まっていないが，「化粧が個人に与える心理的な効果を利用した心理的または生理的な治療効果をもたらすことを期待して行わるもの」（宇山・阿部, 1998）とされている。おもには外見のケアや精神・心理ケアの目的でおこなわれてきたが，QOL向上という観点から，社会性の回復や維持，社会復帰が最終的な目的としておこなわれる。

近年医療従事者との連携も進み，学際的な研究のもとにエビデンスの蓄積がおこなわれ，各対象に応じた化粧療法の手技が確立されつつある。本章では，各領域で取り組まれている化粧療法の最新の動向について紹介する。なお，化粧療法やその化粧は，国内ではメディカルメイクやセラピーメイク，海外では，カモフラージュセラピー，スキンカモフラージュメイクなどとよばれている。

化粧療法の実施環境

▶瘢痕・あざ・皮膚疾患などの患者に対するカバーメイク

身体に先天的または後天的に生じたあざなどの皮膚疾患や，外傷などにより顔面や身体の露出部に出現する瘢痕(はんこん)は，患者に精神的な苦痛を生じさせるため心理的かつ社会的な影響が大きいといえる。

そのような背景もあり，1928年アメリカで皮膚変色をカバーする化粧資材が開発され，1970年にその化粧品を用いて火焔状母斑に対して外見を改善しようと試みた研究が報告されている（Hey, 1970）。また，化粧療法の臨床的な試みとしては，損傷した外貌を回復させる手段として，1970年代からイギリスの赤十字病院で「カモフラージュメイク」とよばれる化粧が採用されていた（平松, 2009）。

日本においては，1956年に戦禍によってやけどあとのケロイドで悩む患者の心理的苦痛の緩和を目的に，資生堂が専用の化粧品を開発している。その後，あざ・傷あと・やけどあとなど，さまざまな肌の悩みを自然にカバーできる専用の化粧品の開発をおこない，それらを用いたカバーメイクの技法（ライフクオリティーメーキャップ）も開発されている（資生堂ライフクオリティメーキャップ, n.d.）。1990年代には，かづきれいこが，心のケアを通じて社会復帰を最終的な目的とするメイク（リハビリメイク）を提唱している。このような化粧療法は形成外科，皮膚科，内科などの患者に対して実践されている（かづき, 2018）。

また，京都大学医学部附属病院皮膚科では，2005年より白斑専門外来を開設し，2007年からは色素異常症に対するメイクアップケア外来を開設している。メイクアップケアによる尋常性白斑患者のQOLの向上が明らかとなったため，現在では，血管腫，膠原病による皮膚病変，術後瘢痕などにも対象患者を広げ，良好な結果を得ている（谷岡, 2011）なお，メイクアップケアは，NPO法人と企業のボランティアスタッフがおこない，メイク用品は患者に無償提供している。

日本医科大学付属病院形成外科・美容外科では2001年から定期的に，そして大阪市立大学医学部附属病院形成外科においては2008年から不定期であるがリハビリメイク外来が開設され，リハビリメイク推進団体の外部講師による講座が開催されている。

現在，化粧品メーカーからはカバーメイクの専用化粧品も販売され，個別の相談やカウンセリングを受けられるサービスも提供されている。

▶がん患者のアピアランスケア

がん患者は，告知後の反応，手術や治療に対する不安，病気によるQOLの低下や予後に関する不安，再発への恐れなど常にストレスにさらされており，病期に関わらず約半数に適応障害やうつ病といった精神疾患が認められている（Derogatis et al., 1983）。さらに，副作用による外見変化の問題も大きなものとなっている。

近年，抗がん剤や放射線による治療は，入院ではなく外来通院が基本となりつつある。治療生活と社会生活との両立が可能になったため，副作用による外見そしてボディイメージの変容が，QOLや自尊心の低下をいっそうもたらす。そのため，患者の外見ケアの重要性が高まっている（山口・小松, 2018）。

がんのアピアランスケアは，がん治療によって引き起こされる頭髪と体毛の脱毛，肌色変化，爪の変化，皮疹，色素沈着，部分欠損，体重減少など，さまざまな外見変化に起因する患者の苦痛やストレスを軽減するケアである。治療による外見上の変化としては，「肌のくすみ・色素沈着」「眉・まつ毛の脱毛」「爪・指先の変化」「肌の乾燥」など見た目に関連する項目があげられる（土方ほか, 2013）。

2013年から国立がん研究センター中央病院は，アピアランス支援センターを開設し，看護師や臨床心理士が，がん患者の悩みや不安に関する相談に応じている（コラム21参照）。センター内では（男性用と女性用の）ウィッグや皮膚変色をカバーする化粧品，爪の変化に対処するマニキュアが展示され自由に見学ができる。また，患者に対してグループプログラム実施と個別相談をおこなっている。そして，医療従事者に向けた研修も定期的におこなっている。2016年に同病院から『がん患者に対するアピアランスケアの手引き』（国立がん研究センター研究開発費がん患者の外見支援に関するガイドラインの構築に向けた研究班, 2016）が発刊され，外見ケアに関する研究の現状や課題が記されている。

東京大学医学部附属病院では，乳腺・内分泌外科で「カバーメイク・外見ケア外来」を立ち上げ，医師みずから外見ケアイベントを定期的に開催している。複数の企業も参加し，自分の好みや予算に合うウィッグを探せるようにしている。

アメリカでは，全米化粧品工業会，アメリカがん協会，全米コスメトロジー協会の3者が共催で「Look Good Feel Better」という無料プログラムを展開している。美容専門家の資格をもつボランティアが化粧の仕方や脱毛時の対処方法などを外見に変化をきたしたがん患者に対して直接アドバイスをおこなっている。アメリカ以外では，イギリス，カナダ，オランダなど26か国で実施されている（Look Good Feel Betters, n.d.）。また，国内においては，2017年10月24日に閣議決定された第三期がん対策推進基本計画のなかで，がん患者などの就労を含めた社会復帰支援が課題とされ，その対策として病院でのアピアランスケアの推進が明記されるなど，今後アピアランスケアへの期待は大きい。

アピアランスケアでは，スキンケアやメイクアップがおこなわれるが，明確なエビデンスがほとんどないことから必要以上に制限される現状もある。しかしながら，スキンケアやメイクアップは，日常整容行為といわれ，治療前からおこなっていた行為であり，自分らしさを維持する方法として重要な役割をもつといえる。前述の『がん患者に対するアピアランスケアの手引き　2016年度版』（国立がん研究センター研究開発費がん患者の外見支援に関するガイドラインの構築に向けた研究班, 2016）において，がん治療中であっても身体に異常が現れない限り，個人の自由と責任のもと日常整容行為がおこなわれることが望ましいとされている。

▶視覚障がい者のロービジョンケア

日本眼科学会の推計によると国内の視覚障がい者の人口は約164万人，うちロービジョン者は144万9,000人，失明者は18万8,000人とされている（日本眼科学会研究班, 2009）。ロービジョンとは，よく見えるほうの眼で矯正視力が0.1以上0.5未満，失明は，よく見えるほうの眼で矯正視力が0.1あるいはそれ以下とされている。視覚障害に対するリハビリテーションはロービジョンケアといわれ，その保有視覚を最大限に活用してQOLの向上をめざすケアである。

近年，視覚障がい者に対する化粧療法がロービジョンケアのなかの日常生活訓練としてみなされ，ある一定の条件を満たすと保険適応となっている（大石・平野・松久, 2017）。保険適応には条件を満たす必要があるとはいえ，医療制度のなかに化粧療法が組み込まれたことは，化粧療法によるケアが患者のQOLの向上に貢献することを意味している。今後ロービジョン者に対してメイク技術を指導できるスタッフ（たとえば，眼科医や視能訓練士）の養成や院内の配置がおこなわれ，また，有用性に関するエビデンスの取得が進めば，ロービジョンケア領域での化粧療法のさらなる普及・発展が期待できる。

視覚障がい者は化粧において不安や不満を有している。寺田・花房・池田・不破（2010）がおこなった視覚障がい女性に対するメイク調査では，25名中21名が自分でメイクをおこなっており，使用メイクアイテムはファンデーションと口紅が比較的多く，アイメイク用品は少ない傾向にあった。使用頻度が高いファンデーションや口紅では，色合いがわからない，色ムラができていないか，はみだしていないかなど，視覚障がいの影響による化粧の不安・不満を感じていることが報告されている（図13-1）。

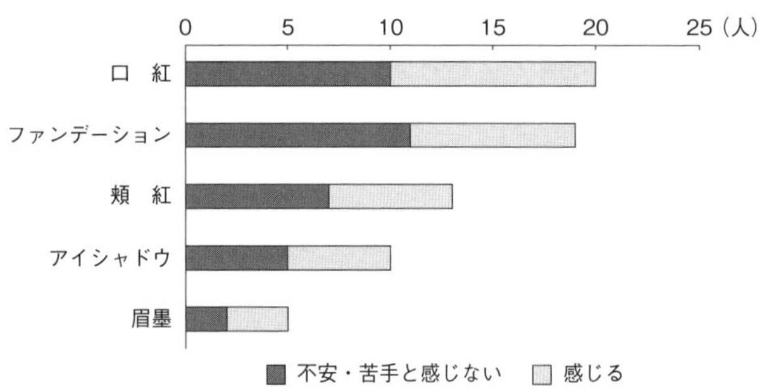

図13-1　視覚障がい女性のメイクアイテムとやり方に対する意識
（寺田ほか（2010）をもとに作成）

一方で，「加齢とともに気になり出したシミやしわが，目立たないようにしたい」「眉が太いので自分で手入れできるようになりたい」といった健常女性と同様の悩みや要望をもっていることも示されている（毎日新聞，2018）。ロービジョンケアとしての化粧は，一般的な美容についての悩みと，ロービジョン者特有の悩みの双方に対するケアが求められる。

大石ほか（2017）は，鏡を見ずにフルメイクができるブラインドメイク・プログラムを開発し，普及促進をおこなっている。特徴としては，自分自身の両手指に直接化粧料をつけて，手の指先や指腹で擦り合わせて左右同時にメイクしていく。定位置から同じ動き，同じ速度，同じ力で，自分自身の顔に化粧を施す。リキッドファンデーション，パウダーファンデーション，ビューラー，マスカラ，口紅，アイシャドウ，アイライン，アイブロー，チーク，ハイライトの順で10パーツを仕上げる方法を提供している。

また，日本盲人会連合（現在は日本視覚障害者団体連合に名称変更）は，視覚障がい者のQOL向上を図るとともに，社会参加を促進するために，全国の視覚障がい者を対象にメイクアップセミナーを企画し開催している。セミナーの推進にあたっては，共催企業（資生堂ジャパン）と連携し，2017年7月から全国で「見えない・見えにくい方のためのメイクアップセミナー」を展開している（日本ロービジョン学会, n.d.)。セミナーでは，メイクだけでなく，スキンケアの方法も伝えている。肌の手入れでは，顔の部位と手の位置そして手順を確認しながら実施する。肌の状態やメイクの仕上がりは，手で肌を触り，「サラサラ」「べたべた」などの触覚を使ったり，色の表現の仕方を工夫したりするなどして，聴覚を使って伝えている。

▶高齢者の化粧ケア・整容ケア

2014年に日本老年医学会が「虚弱」を「フレイル」とすることを提唱した。フレイルとは，健常な状態と要介護状態（日常生活でサポートが必要な状態）の中間で，心身機能が低下した状態ではあるが，適切な対応策をとることによって，高齢者が要介護状態に陥ることを回避でき，健康な状態に戻ることができる可逆的な状態で，フレイルが進行すると要介護状態に陥る。健康寿命延伸のためにフレイル予防は国家の喫緊の課題となっている。

フレイルの入り口は，外出頻度や人との交流頻度が低下することで社会とのつながりが失われることから始まるといわれている。そして，化粧行為，特にメイクをおこなうことは，他者とのつながりと密接に関わっており，高齢者の外出行動に影響を与えると考えられる（図13-2)。

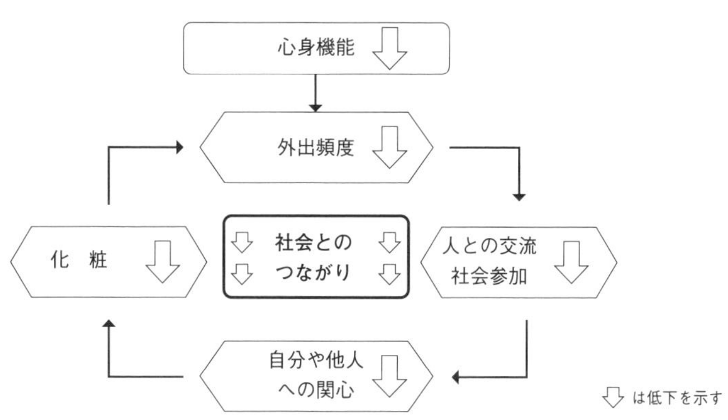

図13-2　フレイルと化粧の関係（池山（2019）をもとに作成）

高齢期に，心身機能の低下によって外出頻度や交流頻度が低下すると，他人や自分への興味関心がなくなっていく。その結果，身だしなみや化粧への意識が低くなる。そして，身だしなみに気をつかわなくなったり，化粧をしなくなったりすると，外出意欲の低下や人と会いたいという気持ちがもてなくなり，閉じこもりがちになり徐々に社会とのつながりが失われていく。

実際に，外出頻度が低下している要介護高齢女性を対象とした調査では，77％がメイクをしていなかった。しかし，デイサービス利用者だけに限定すると，約半数がメイクをしていた（池山, 2013）。デイサービスでは，自宅から介護施設に通うため，外出するという意識が維持されるとともに，メイク行動も維持されていると考えられる。また，健常高齢女性の約4割が，人と会うときだけメイクをすると回答している（池山, 2013）。外出できる身体機能は維持され外出できる状態にあるものの，交流頻度の低下が自分や他人への興味関心の低下に影響を及ぼしていると考えられる。

2016年に，厚生労働省・経済産業省・農林水産省が共同で作成した「地域包括ケアシステム構築に向けた公的介護保険外サービスの参考事例集（保険外サービス活用ガイドブック）」では，見守り，食事といった基本的な生活を支えるサービスにとどまらず，楽しみを提供し，心や生活を豊かにするサービスも紹介され，美容に関するサービスが3例紹介されている。人生100年時代といわれる昨今，身体機能の維持だけでなく，心のケアそしてQOLの維持・向上に資するサービスの提供が今後求められており，そこに化粧が役立つと考えられる。

2　化粧療法がQOLとADLに及ぼす影響

QOLに及ぼす影響

▶あざや瘢痕患者のQOLに及ぼす影響

1980年代には，臨床現場で皮膚にダメージのある患者に対してメイクを施すことで，心理状態が改善する効果が報告されている（吉田, 1981；重松・宮原・片岡・昆・堀・伊崎・横田, 1982）。それ以降もQOLの改善といった知見も報告されている。

原田・浅井・川名・提橋・松本（2011）の報告では，専用化粧品を4週間使用して熱傷・外傷・痤瘡後瘢痕患者ら24名（うち4名男性）のQOL改善効果を検証した結果，WHO QOL26[1)]の「心理的領域」と「全体」で得点の上昇が認められた。また，化粧の満足度のVAS評価[2)]においても上昇が認められた。化粧の満足度の上昇は，患者自身のメイクスキルの向上を意味しており，継続的な取り組みが自信になり，QOL向上につながったと考えられる。

患者本人の評価だけでなく，他者から見た患者に対する検証もおこなわれている。

あざがある患者にメイクを施し，前後の写真を提示し，患部への注視時間を比較すると，他者はメイク前の写真では患部を注視したが，メイク後は患部への注視時間が低下し，目や鼻に視線が誘導されていた（かづき・百束, 2012）。また，尋常性痤瘡患者においても，素顔のときと比較すると，ベースメイクによって，他者の患部への総注視時間や注視回数が明らかに減少し，ポイントメイクとして口紅を使用するとさらに減少した（Murakami-Yoneda, Hata, Shirahige, Nakai, & Kubota, 2015）。患部に対する他者の視線を感じることによって対人関係意欲は低下し，結果的に社会適応力の低下を招くおそれがある。化粧によって他者の患部への視線軽減や視線誘導が可能となり，患者にとって精神的な苦痛の軽減につながるといえる。カバーメイクは，「隠す」だけでなく，他者の視線を「逸らす」という効果も期待でき，患者の QOL の維持・向上という観点からも化粧療法の役割は大きいといえる。

▶がん患者の QOL に及ぼす影響

土方ほか（2013）では，美容ケア（表 13-1）による外来の乳がん患者の QOL 改善効果を検証している。検証では，患者自身が自宅でも実施できるように美容アドバイスを記載した用紙や化粧品を提供しておこなっている。その結果，「抑うつ」の得点の減少，自尊感情尺度得点の上昇が認められた。野澤・小越・斉藤・青木（2015）は，入院患者に対し，約 1 時間の集団化粧指導教室を実施し，心理効果や QOL 改善効果を検証した結果，精神的混乱や怒り，敵意などの感情を低減させ，活気を向上させる効果を報告している。

表 13-1　美容ケアアドバイス内容（土方ほか, 2013）

美容ケア	内容
肌色のカバー方法	肌色に合わせた色補正化粧品の選び方やコンシーラーのつけ方，ファンデーションの色選びやつけ方
眉・まつ毛の描き方	脱毛眉の基本バランスや脱毛時の眉頭位置確認方法，アイブローの選び方，まばらになった眉に描くテクニック
爪・ハンドケア	爪表面や爪まわりのお手入れ方法，爪の整え方，手・指先のお手入れ方法やハンドマッサージの方法

ところで，アピアランスケアの最終的なゴールを社会復帰としたとき，男性のがん患者も対象となる。今後の男性患者に対する化粧療法効果に関する知見も蓄積される必要があると考えられる。

▶視覚障がい者の QOL に及ぼす影響

就労や外出など社会生活をしていくうえで，身だしなみやおしゃれが必要と考えられるが，視覚障がい者の化粧行動や化粧による心理効果に関する報告はほとんどなく，今後，実態調査や定量的な研究が望まれる。

▶高齢者のQOLに及ぼす影響

高齢者に対する化粧ケアでは，たんに外見ケアや心理効果にとどまらず，化粧行為による脳機能（Machida, Shirato, Tanida, Kanemaru, Nagai, & Sakatani, 2016），身体機能，口腔機能に対する効果が報告され，認知症予防やリハビリとして活用されている（池山, 2016a, 2016b）。

資生堂がおこなった調査（資生堂ライフクオリティービューティーセミナー, n.d.）で，軽度の要介護女性のメイク頻度と外出に対する自己効力感の関係を調べた結果，メイク頻度が低下している者と比較して，ほぼ毎日メイクをしている者のほうが外出に対する自己効力感が高かった。この結果は，身体機能が低下し要介護状態という状況であっても外出に対する自信が維持できている理由として，メイクがなんらかの影響を与えていることが示唆される。

また，河合・猪股・大塚・杉山・平野・大渕（2016）は，地域在住高齢者に対して化粧療法プログラムとして，自宅でのセルフケア（おもにスキンケア）と週2回のグループケア（おもにメイクアップ）を3か月間実施した結果，主観的健康感や抑うつ度が改善し，外出頻度も減少せずに維持されていた。グループケアは，外出する目的にもなり，他者と交わることで他者を意識し，公的自意識が高まり，化粧への意欲も高まるといえる。

化粧は外出に対する行動変容を起こすきっかけとして有効であると考えられる。地域で継続的に高齢者に対する化粧ケアを実践することで，社会とのつながりの維持や外出意欲の維持につなげることが期待できる。超高齢社会において，化粧療法は，介護予防の取り組み策としてのポテンシャルを秘めている。

▶ ADLに及ぼす影響

ADLはActivity of daily livingの略であり，日本語では日常生活動作といわれている。1976年に日本リハビリテーション医学会は，ADLの範疇として「1人の人間が独立して生活するために行う基本的な，毎日繰り返される共通の身体動作」と規定し，必要最低限の動作をADLという。具体的には，食事・整容・更衣・移動・移乗・トイレ・入浴動作・排泄コントロールなどがあげられる。ADLはQOLを大きく左右する因子であり，看護・介護の領域では重要な評価項目となる。抗がん剤の副作用のなかに，手足のしびれ，異常感覚や痛みなどが生じ，手指が思うように動かせずADLに影響が出るケースもある（分田, 2019）。また，高齢者においては加齢にともないさまざまなADLが低下する。

高齢者に対して化粧療法（毎日のスキンケアと教室参加の組み合わせ）を3か月間実施し，日常生活動作の自立度の変化を検証した結果が報告されている。高齢者関連施設（特別養護老人ホーム，老人保健施設，長期療養型病院，有料老人ホーム）で生活する47人の要介護高齢女性を対象に評価した結果，整容をはじめとするセルフケアや移乗（ベッドから車いすや車いすから便座に乗り移りをするときの動作）などさまざまな項目において自立度の向上が認められた（池山，2016a）。外見ケアとして，化粧を顔に施す行為を継続的に実施するとことで，生活意欲が高まるといった心理的な効果だけでなく，実際に生活全般に関わる動作にまで変化が現れたことは，高齢期のQOL向上に大きく貢献したといえる。また，自立度の向上は，スタッフの介助負担の軽減にもつながるため，高齢者本人だけでなくスタッフにも間接的に効果が波及する。高齢者に対する化粧療法は，外見ケアや心理効果のみならず，生活リハビリとしての効果も期待できる。

3　外見ケアとして求められるもの

飯野ほか（2017）は，がん患者へのグループインタビューを通じて外見変化に対して求められるケアについて報告しているが，ここでは，がん患者に限らず，さまざまな対象者に向けた化粧療法に共通する外見ケアとして求められるものを3つあげる。

外見変化に対応した生活を送るためのセルフケア支援

化粧療法は，要医療・要介護状態で実施されることが多いため，医療・介護従事者あるいは美容スタッフを通じておこなわれる。しかしながら，外見のケアは一時的なケアではなく，本来日常生活のなかで継続しておこなわれるものであるため，セルフケアとしての視点が不可欠である。スタッフは，対象者が自分自身で継続して実施していくために具体的な情報や方法を伝えることが求められる。

患者の意思に寄り添いその人らしい生活を支える外見ケア

症状そして心身機能が日々変化をしていくなかで，患者の優先したいことを尊重しケア方法を工夫する必要がある。瘢痕やあざに対する外見ケアは，女性だけでなく男性や小児にも実施されるため，それにあわせた配慮が必要である。

小児の事例において，村井・青木（2015）は，小児頭頸部のあざに対するカバーメイクを実施する際，親に施術を伝えるだけでなく，自分自身で施術可能な方法をすすめ，なるべく1種類で健常部位との色合わせができるようにアドバイスをおこなっている。成長過程のなかで多くの時間を集団生活で過ごすこともあるため，成人とは異なり，なるべく自然な仕上がりになることが求められる。

また，男性はもともと化粧になじみがないこともあり，外見ケアに対する意識が低い。男性のがん患者は，外見の変化に対する認識においては，全身の脱毛を取り上げているが，対応として何もしないといった報告もある（山口・小松，2018）。男性の外見ケアに対する認識とその対応について知見を重ね，男性にも受け入れられるケア提供を考えていく必要がある。

多職種連携による外見ケア

外見ケアをおこなうには，患者の状況を把握している医療・介護従事者と，整容・美容に関する知識と技術をもつ専門家との連携が求められる。たとえば，国立がん研究センター中央病院では，外見ケアを医師や看護師，薬剤師，臨床心理士，美容専門家などが連携しておこなっている。

介護・医療現場における化粧療法は，介護・医療従事者だけでなく，リハビリを担う理学療法士，作業療法士，口腔ケアを担う歯科衛生士などさまざまな専門職が関わることができる（図13-3）。現在，入院中だけでなく，在宅復帰後の生活まで見据えた心や生活のケアを，総合的にサポートする体制が望まれている。

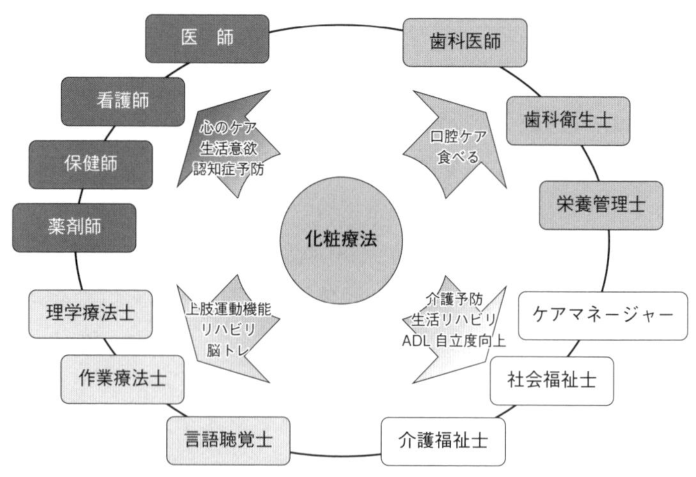

図13-3　介護・医療現場での多職種連携（池山，2019）

4 まとめ

この章では，さまざまな対象者に向けた化粧療法の取り組み状況や化粧療法がQOLや心身機能に及ぼす影響について紹介した。化粧療法は，美容目的ではなく，あくまでも社会復帰に向けたリハビリテーションとして用いられる。近年，各領域における化粧療法はエビデンスの蓄積とともに手法が確立されつつある。また対象者と接点となる医療機関や介護施設での化粧療法の導入が広がり，外見ケアや心のケアへの理解が高まっている。しかしながら，化粧療法に関する知識や技術を有する担い手が不足していることや実施施設が限定されていることから，対象者への情報が十分に届いていない現状もある。

今後は，医療・介護従事者と美容に関する職種や企業・団体が連携し，さまざまな場面で適切な情報発信やサービスが提供されることが望まれる。

注

1) WHO QOL26：世界保健機関（WHO）が開発した生活の質を測定する評価指標で，「身体的領域」「心理的領域」「社会的領域」「環境」「全体」の5つの領域に分類され26個の質問から構成される。得点が高いとQOLが高いと評価される。

2) Visual Analog Scale（VAS）：主観的な気分の評価として用いられる。100mmの水平線上に対象者本人が満足度の程度などについて印をつけ，その長さをもって指標とする。

コラム 21

がん臨床の現場から：外見が変化する苦痛

1981 年以降，日本においてがんは死亡原因第 1 位である。しかし，医学の進歩とともにがん患者の生存期間が延長し，現在では働きながら治療をする者が日本には 32 万 5,000 人もいる。とはいえ，社会と接点をもちながら治療することは，患者に脱毛などの外見の変化を意識させる。そして，外見の変化は，がん患者であることをみずからに思い起こさせるだけでなく，周囲にがん患者であることが露見しこれまでどおりの対等な人間関係が失われるのではという不安を与える。そのため，外出を避けたり，人間関係がギクシャクする経験をもつ患者も少なくない。

そこで，国立がん研究センター中央病院のアピアランス支援センターでは，「患者と社会をつなぐ」をモットーに，医療者が患者のさまざまな悩みに対応してきた。最も多い相談は，脱毛の対処方法である。もちろん，脱毛プロセスやケアの方法，簡単な物品説明もおこなう。しかし，その際に注意していることは，患者の悩みが社会との関係性によるものであることを意識した支援である。

ある日，年配の女性から暗い顔で，「ウィッグを買ったけど，なんか変です。もっと自然でわたしに似合うものはありますか」と相談された。しかし，自然な感じでウィッグをつけていて，十分に似合っている。にもかかわらず，病気を他人に知られたくないという気持ちが，本人に強い違和感を抱かせていた。そこで，おしゃれでウィッグをしている友人の有無を聞くと多くいるとのことなので，次のように話をした。「客観的には，おしゃれウィッグで華やいだ気分になっているお友だちとまったく同じです。ただ，お友だちは，薄毛がカバーできて若々しくなったと思っているので，表情も明るく，知人を見かけると近寄って行きます。でも，患者さんの多くは，これまで髪で悩まれたことがありません。髪に困っていたのではなく，治療で仕方なくウィッグを使うので，どうしても「癌を隠さなければ」と必死になってしまいます。その結果，表情も硬くなりますし，知人を見かけると避けてしまいます。ですから，ウィッグを装着するときは，少しだけ気分を切り替えてください。脱毛も究極の薄毛なので「最近，髪が薄くなって」とか「染めるのが面倒で，おしゃれウィッグにしたの」と言ってくださって構いません。お友だちの反応も「ステキね」で終わりますよ」。そうすると，その女性は，「そうよね！　本当にありがとう。それでいくわ」と笑顔になり，別人のように堂々と帰っていった。

このように認知変容を促進する声かけによって，「ウィッグでがんを隠す私」から「がんになってもおしゃれを楽しんでいる私」へと患者自身のとらえ方が変わる。それだけで，対人関係に自信が生まれ，患者が社会生活を送るハードルを低くすることができるのである。

第 14 章
装い起因障害

すてきなパーマとヘアカラーで髪型をチェンジ！　かわいいアクセサリーと流行のネイルを施して……まぶたを二重に。お化粧をして，薄手のコーディネートに高めのハイヒールを履いて，準備完了！　いざお出かけへ！

でも，ちょっと待ってください。どこか無理をしておしゃれしていませんか。自分をすてきに変えてくれるはずのおしゃれが，いつの間にか自分の心や身体を傷つけていることがあるかもしれません。装う手段が多様化している今こそ，自分を大切にし，心から楽しめるおしゃれについて，考えてみませんか。

1　装いがもたらす問題

「装い」は，1つの自己表現の形態であり，自他に楽しみを与え，心身に喜びをもたらすものといえる。近年は，装いのツールも増え，楽しみの選択肢も広がりつつある。たとえば，専門のヘアカラー薬剤を使用することで，自宅でも容易に髪色を変えることができ，そのバリエーションもきわめて広くなっている。また，カラーコンタクトを使用することで，目の色の変化をファッションの一部として装うこともできる。安価で入手しやすいアクセサリーや化粧品の種類も増え，低年齢からおしゃれを楽しむことも容易になっている。以前であれば専門の医療技術を必要とした一重まぶたから二重まぶたへの変化も，専用のキットによって一時的であれ高い完成度のものを自分でつくりだすことができる。そして，「プチ整形」という言葉が生まれているように，整形技術に対する抵抗感が薄らいでいる様相もうかがえよう。さらに，装いに関する情報を得る手段は，以前はテレビやファッション雑誌が主体であったが，近年ではインターネットの口コミサイトや SNS も重要な情報源となっている（ポーラ文化研究所，2017）。日々更新される装いに関する膨大な情報と選択肢にアクセスすることが可能となり，それらのなかから自己表現としての「装い」手段を選び，利用していく時代となっている。

しかしながら，装いのなかにはその使用方法や選択を誤ると，心身にトラブルをもたらすものもある。近年の装いの多様化とともに，そのトラブルの種類も増加しており，それらが低年齢化している様相もみられる（第15章参照）。こうした装いによって生じるトラブルは，「おしゃれ障害」などと表現されることがあるが（岡村, 2003, 2016），ここでは「装い起因障害」と総称する。装いの情報に関しては，魅力や新規性，楽しさの情報が優先されがちであり，その安全性や問題に関する情報は見過ごされやすい。ここではまず，装いによって生じる身体トラブルの内容について概説する。

装い起因障害の種類

▶ヘアメイク

頭髪の染毛，脱色，パーマでは，薬剤によって頭髪がいちじるしく痛むことがある。また，その薬剤に含まれる化学物質によるアレルギー症状や皮膚障害をともなう事例が継続的に報告されている（消費者庁, 2015）。ヘアアイロンが皮膚にあたることによりやけどを負う事例も報告されており，注意喚起がなされている（東京都生活文化局, 2014）。

▶アイメイク，カラーコンタクト

カラーコンタクトレンズでは，通常のコンタクトに比べて酸素透過性が低いことや，着色部位により角膜や結膜を擦る可能性があるといったレンズ自体の安全性の問題，正しいケアがおこなわれていないといった使用方法の問題などがあげられている。それらによって，結膜炎や角膜浸潤，角膜上皮障害といった眼障害が引き起こされることがある（国民生活センター, 2014）。まつ毛エクステンションは，まつ毛の傷みやその周辺皮膚の炎症，眼球の傷などをもたらすことがあり，注意喚起がなされている（国民生活センター, 2015）。また頭髪用の薬剤をまつげなどに使用し，まつげパーマの代用とするなどの誤った行為は，薬事法違反にあたるとともに，薬剤が眼に入ることにより眼の炎症などのトラブルをもたらしうる。厚生労働省健康局（2004）は，パーマネント・ウエーブ用剤の目的外使用についての注意をサロンなどによびかけている。また，眉や目元などの皮膚に針などで色を入れるアートメイクによる眼や皮膚の障害も報告されている（国民生活センター, 2011；日本経済新聞, 2014）。

▶化粧品

化粧品は，スキンケア用品からメイク用品まで，その種類やメーカーが豊富で，選択肢はきわめて多い。化粧品を使用する際には，そのなかから1人ひとりの肌質，体質，目的に適した製品を選ぶことが肝要である。しかしながら，不適切なケアや個人に合わない化粧品の選択によって，多くの皮膚障害トラブルが報告されている。国民生活センター（2018）によると，2017年度において収集した情報の商品等分類別の「危害情報（商品や役務，設備等により生命や身体に危害を受けた事例）」の1万1,265件のうち，「化粧品」に関しては1,577件（14.0%）と2位の多さであり，2016年度（2位，1,175件）から402件増加している。不適切なフェイスケアによるニキビの悪化やリップクリームや口紅による唇の荒れ（岡村，2003）なども装い起因障害としてあげられる。

▶ネイル

爪の装いは，マニキュア，つけ爪，ジェルネイルなどが代表的なものであるが，こうしたネイルに関わるトラブルについても注意喚起や事例報告がなされている（国民生活センター，2008）。具体的には，マニキュアや除光液によってかぶれや爪の変色，変形が生じることがある。つけ爪やジェルネイルでは，適切で衛生的な管理に努めなければ，菌の繁殖によりグリーンネイルや爪カンジダ症を引き起こすことや，ネイルとともに自爪が剥がれることもある。ジェルネイル硬化時のUVライトでのやけども報告されている。またこれらのネイルを施すことにより乾燥しやすくなり，二枚爪や爪の変形など，爪自体が傷つくことも少なくない。誤った自己流のセルフネイルはこれらのトラブルをいっそう引き起こしやすい。

▶アクセサリー

2002年以降，家庭用品などによる皮膚障害報告件数は，装飾品が最も多くを占めており，全体のおよそ3割を占める（厚生労働省医薬・生活衛生局医薬品審査管理課化学物質安全対策室，2014）。ピアスについては，ピアスホールからの細菌感染による化膿やケロイドが生じることがあるため，常に衛生的に使用しなければならない。特に，ピアスは金属成分が直接的に体内に入りやすく金属アレルギーになりやすい（岡村，2016）。ネックレス，ビューラーなどの金属からも皮膚症状が生じる可能性がある。

▶洋服や靴

ファッション性を重視するあまり，体の露出部が多いデザインの衣服が着用されることがある。これらは身体が外気の影響を受けやすく体温の低下を引き起こす原因となる（岡村, 2016；多屋, 2003）。また足に合わない靴を履きつづけることにより，外反母趾，開張足，ハンマートゥといった足の変形や，まき爪，陥入爪などの爪の障害につながりうる（町田, 2003）。

▶脱毛，剃毛

カミソリによる剃毛や脱毛用のクリーム，ワックス，テープの使用による皮膚の炎症やかぶれが生じることがある。また，エステティックサロンなどでのレーザー脱毛・光脱毛によるやけど，痛みなどが報告されている（国民生活センター, 2017）。

▶その他

シミ取りなどのレーザー治療による皮膚障害や美容整形施術による身体トラブルといった美容医療サービスで生じる危害（国民生活センター, 2018），過度なダイエットによる心身の健康上の障害，人工的な日焼けによる皮膚障害（東京都生活文化スポーツ局消費生活部, 2010）などが報告されており，これらも装い起因障害に含まれる。

装い起因障害の実態

では，実際にどの程度の者が装いによる身体トラブルを経験しているのだろうか。たとえば，ロート製薬（2018）の web 調査によると約 8 割の女性はアイメイクをすることでなんらかのトラブル・困りごとを感じており，そのうちの約 7 割は対処できていないことが報告されている。また，天野・西脇（2013）の web 調査によれば，まつ毛エクステンション（コラム 4 参照）の経験者は 2,000 人中 205 人（10.3%）で，そのうちの 55 人（26.8%）が健康面でのトラブルを経験していた。おもな内訳は，47 人（22.9%）が接着剤による眼の充血や痛み，24 人（11.7%）がアレルギーによるまぶたの腫れやかゆみであった。元吉（2009）は女子大学生を対象に化粧品による肌トラブルの実態を調査し，65.1%がなんらかのトラブルを経験したことを報告している。製品別の経験率では，「スキンケア製品（化粧水，乳液，洗顔料）」が 30%程度，「ベースメイク製品（化粧下地，ファンデーション，コンシーラー）」「リップ製品」で 20%程度と高く，「アイメイク製品（眉墨，マスカラ，アイシャドウ）」は 10%以下であった。

これらのデータに代表されるように，装い起因障害の実態については，各障害やトラブル単位での限られた報告が中心となっており，装い起因障害についての体系的な実態報告はきわめて少ない。

こうした現状のなか，鈴木・矢澤（2014）は，大学生・短期大学生を対象に，装い起因障害を全般的に扱ったwebによる実態調査をおこなった。先行研究やインターネットなどの情報から装い起因障害の内容を28項目に分類し，その経験頻度を尋ねている（図14-1）。最も多いトラブルは，「（整髪料や化粧，髪の刺激，放置またはつぶすことによる）ニキビの悪化」であり，複数回経験している者の割合はおよそ6割であった。つづいて，「ヘアカラーやパーマによる髪の傷み」「（足に合わない）靴による足の痛みや爪の食い込みなど」で，5割以上が経験し

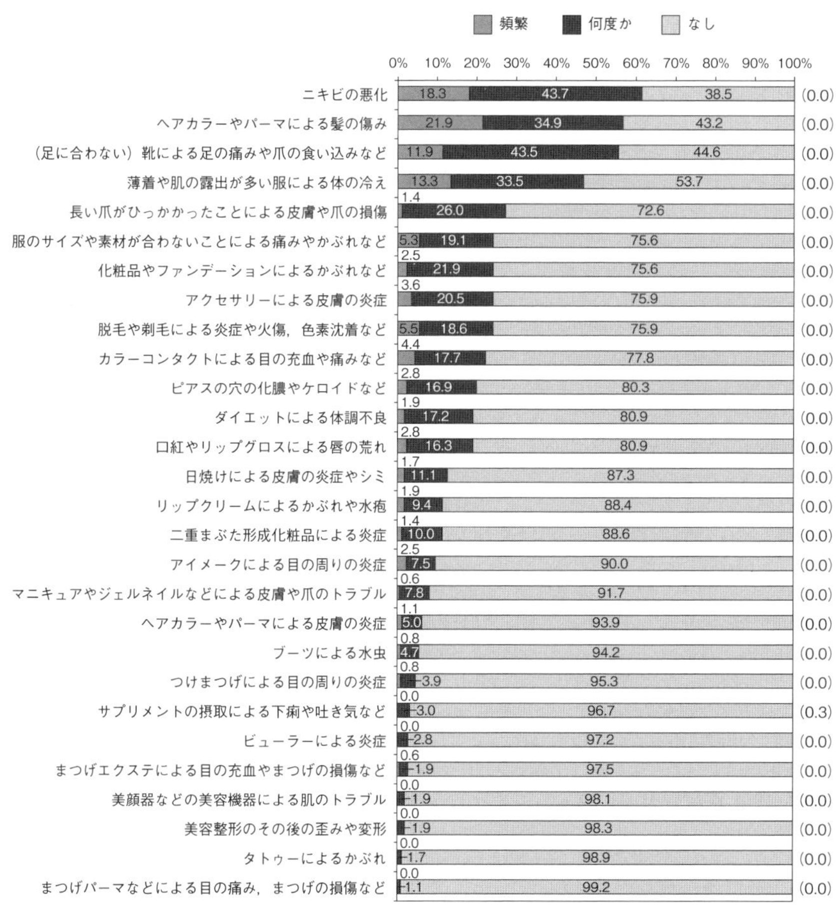

図14-1 大学生・短大生における装い起因障害の経験頻度
（鈴木・矢澤（2014）をもとに作成）

注）項目の表記は，紙面の都合上，鈴木・矢澤（2014）と同様に省略した箇所がある。
数値はパーセンテージ。なお，右端カッコ内は欠損のパーセンテージ。

ており，「薄着や肌の露出が多い服による体の冷え」は5割弱が経験していた。ほかにも爪，化粧品，アクセサリー，脱毛・剃毛，カラーコンタクトに起因する身体トラブルを2割前後の者が経験していることが確認された。経験割合が1割以下であっても，その他多様な装い起因障害の経験の実態が明らかとなった。美容整形やタトゥーなどによる装い起因障害の経験割合は数パーセントと低く，これはそもそもの経験が少ないことが理由として考えられる。また，まつ毛エクステンションやまつ毛パーマなども経験割合が低かったが，対象が学生ということから，自分でおこなうことができず店舗などでサービスを受ける必要があるものは，経験自体が少なかった可能性がある。実際，まつ毛エクステンションのような施術は，20–30代を中心に，経済的に余裕が出てきた年齢層に経験者割合が高いことが示唆されている（天野・西脇, 2013）。

成人女性を対象にした，同様の装い起因障害に関する調査（鈴木・矢澤, 2016a）では，より多様な装い起因障害の実態を明らかにするため，38項目が用いられている。最も経験割合が高いトラブルは，「足に合わない靴」（46.5%）であった。また「二重まぶた形成化粧品」「ヘアカラーやパーマ」「通気性の悪いパンプスやブーツ」「基礎化粧品」「ピアス」「まつげエクステ」をはじめ，いくつかの装いにおいて，障害経験の割合が1割を超えることが示された（表14-1）。

装い起因障害は，身体的トラブルにとどまらず，心理的にもネガティブな影響を及ぼすことが懸念される。たとえば，装いにより，かぶれ，傷，炎症などの痛みや見た目の変化が生じると，それらが抑うつ感をもたらしたり，精神的健康を阻害する可能性がある。また，公的自意識（自己の外見や言動などといった他者が観察しうる側面に注意を向けやすい傾向）が高い人ほどメイクアップを施しやすいこと（Miller & Cox, 1982）や，化粧による魅力向上や気分の高揚を意識する傾向が高いこと（平松・牛田, 2004）などが報告されている。したがって，装いによるトラブルを抱えると，他者視点を介して自己が強く意識された場合，対人的な接触や交流の回避へと発展することも推測される。

このように，本来楽しみを与えるはずの装いによってなんらかの身体トラブルを被る経験者が存在しており，そうしたトラブルが心理的なダメージも与える可能性があることは，看過できない問題であるといえる。

表 14-1　装い経験がある者のなかでの障害経験がある者の人数とその割合および年代との関連
（鈴木・矢澤（2016a）をもとに作成）

項目[1)	n	%	装い経験あり
ヘアカラーやパーマ	103	(16.7)	616
基礎化粧品	108	(15.9)	680
ベースメイク用品	37	(5.8)	638
日焼け止めクリーム	33	(5.6)	588
つけまつげ	8	(6.1)	131
まつげエクステ	8	(12.7)	63
まつげパーマ	8	(8.3)	96
ビューラー	8	(2.0)	410
二重まぶた形成化粧品（アイプチやメザイク）	15	(17.6)	85
アイメイク	9	(2.4)	375
アートメイク	2	(2.9)	70
カラーコンタクト	5	(8.1)	62
口紅	23	(4.0)	581
リップグロスやリップクリーム	13	(2.4)	541
チーク	7	(1.4)	488
石けんや洗顔剤	26	(4.5)	574
角質ケア化粧品・器具	6	(2.4)	253
マニキュアやジェルネイル	9	(2.2)	407
長い爪（自分自身の爪や人工爪）	4	(3.3)	120
足に合わない靴	133	(46.5)	286
通気性の悪いパンプスやブーツ	44	(16.4)	268
ピアス	35	(13.8)	253
アクセサリー	27	(5.5)	491
（日焼けサロンなどの人工の）日焼け	1	(5.3)	19
自身でおこなった（手や足などの）脱毛や剃毛	85	(21.1)	403
薄着や肌の露出が多い服	9	(4.0)	224
サイズや素材が合わない服	17	(8.9)	191
サイズや素材が合わないベルト	7	(11.3)	62
ダイエット	17	(5.8)	291
（美容のための）サプリメントの摂取	9	(4.5)	199
エステでのクリームや薬剤の使用	2	(2.4)	83
エステでの機器の使用	4	(3.7)	108
美容整体	2	(5.6)	36
美容鍼（美容目的の鍼灸）	0	(0.0)	10
美顔ローラーやボディローラーなどの器具	0	(0.0)	138
美容器具	2	(2.2)	93
タトゥーや彫り物	0	(0.0)	7
プチ整形や美容整形	1	(10.0)	10

1）　表記は紙面の都合上，鈴木・矢澤（2016a）と同様に省略した箇所がある。

2 装い起因障害の心理学的理解

装い起因障害と情報接触経験

近年，インターネットやSNSといった情報源の重要度が高まっている。ポーラ文化研究所（2017）によれば，生活で欠かせない情報入手ツールとして，「テレビ」（73%）とほぼ同程度に「インターネット」（71%）が使用されており，次いで「SNS」（36%），「新聞」（30%）となっている。特に，デジタルネイティブにあたる24歳以下では，生活で欠かせない情報入手ツールは，「SNS」がトップであり，25–29歳でも「インターネット」に次いで「SNS」は2位となっている。また，化粧品購入者全体の化粧品購入時参考情報源は，口コミサイトが1位を占める。口コミは，「商品やサービスの購入に関して，消費者同士で行われる対人的コミュニケーション」のことであり（杉本, 1997），装いに関する強力な情報源となっているといえよう。このように多様化する情報入手ツールと対人コミュニケーションから，人びとが，装い起因障害に関連する情報にどのように接触し，情報を得ているかを把握することは，装い起因障害の予防に向けた効果的な対策を考えるうえで重要であるといえる。

装いに起因するトラブルについて，メディアの情報や周囲の人の経験の情報に対する接触経験を尋ねた調査では，多くのトラブルに関する情報への接触経験が確認されている。大学生・短大生を対象にした調査（鈴木・矢澤, 2014）では, 28項目（図14-1参照）のうち24項目において，5割以上の人がメディア（テレビ，雑誌，またはインターネットなど）や美容院，ネイルサロンまたは病院などで装いに起因するトラブルを見たり聞いたりしたことがあると報告されている。その程度は，装い起因障害の経験頻度の高さと必ずしも対応しているわけではなく，また，全体的に，経験頻度よりもメディアの情報への接触頻度のほうがその割合が高いことも確認されている。したがって，若年女性は自身の体験とは別に，メディアから装い起因障害についての情報を得る機会があると推測される。さらに，同調査において，周囲の人（家族や友人など）の装い起因障害経験の情報との接触経験については，9項目において，5割以上の人が聞いたことがあるといったことが確認されたが，メディアにおけるそれよりも低値であった。情報接触頻度の低い項目は，そもそも経験頻度が低い内容であること，そして，周囲の人とはあえて話題にしない内容の可能性も高いことなどが，周囲との情報接触頻度の低さに関連している可能性がある。

また，成人女性を対象にした同様の調査（鈴木・矢澤, 2016a）では，全体的に，メディア，周囲ともに情報接触経験はより低い傾向にあった。ただし，装い経験は情報接触と関連しない一方，障害経験は情報接触と関連していることが示された。よって，成人女性では，装い起因障害を経験しないうちは，装い起因障害について関心をもたないものの，装い起因障害を経験すると，能動的に装い起因障害に関する情報に接触している様相がうかがえる。女子大学生を対象にした調査（元吉, 2009）においても，化粧品による肌トラブルを経験した者は，未経験者に比べて，化粧品を選ぶ際に重視する点として，「使われている成分の中身」や「肌への刺激が低いか」「自分の肌に合っているか」などのリスク面を重視していたが，トラブルを経験していない人はリスク要因にあまり目を向けず，予防的にはリスク要因を重視しないことが示唆されている。これらのことから，装い起因の問題に対する予防的な認識は低く，対応は後手に回っていることが推測される。

今や口コミの情報が多大な影響力をもっていることから，装い起因障害の予防における口コミの機能について考えておく必要がある。たとえば，よい口コミよりも悪い口コミのほうが効果が大きいこと（Herr, Kardes, & Kim, 1991）を勘案すれば，装いトラブルに関する情報が，口コミサイトやそのはたらきに近いSNSによっても，危害の予防として効果的に機能することが期待される。しかし，慣れ親しんだブランド名の製品はよい口コミの効果が出やすいだけでなく，悪い口コミが発生しても購買数減少などの悪影響が表れにくいこと（Sundaram & Webster, 1999）や，あらかじめ好意をもっていた製品では悪い口コミを目にしても購買意欲が低下しづらいこと（Wilson & Peterson, 1989）も報告されている。したがって，個人が親しみ好んでいる装いやその製品に関しては，装いトラブルが生じても，購入し使用しつづける可能性がある。また，インターネットの情報検索においては，選択的注意[1)]や確証バイアス[2)]も生じやすく，自身にとってのポジティブな情報にアクセスし，都合よく解釈することで，結果的に装いトラブルの情報が軽んじられることも懸念される。

装い起因障害経験後の行動変容

実際に，多くの装いにおいてトラブル経験後もその装いを控えなかった，もしくは，一度控えたものの最終的には装いをおこなったという者の割合はけっして小さいわけではないことが報告されている（鈴木・矢澤, 2014, 2016a）。成人女性では，約半数が装いによるトラブル経験後も最終的にはその装いを継続しており，少なくとも１割以上がその装いを控えないまま継続していることが報告されている。また，若年であるほど，その傾向が大きいことも示されている（鈴木・矢澤,

2016a)。大学生・短大生を対象にした調査では，トラブルの内容によってその後の装い行動が異なっていた。「ニキビの悪化」や「ヘアカラーやパーマによる髪の傷み」「靴による足のトラブル」といった装い起因障害を経験した者では，トラブル中だけでなく，それが治まったあとも，そのおしゃれを控えるようになった割合が高く，それぞれのトラブルで約3,4割いることが示された。控えた理由としては，「トラブルのたいへんさ」の認識や，「再発への危惧」があげられていた。しかし，トラブルがおさまったあとに再びおこないつづけた理由としては，「それでもおしゃれをしたかった」という考えや，「そのトラブルは一時的なものであり大きな問題ではない」という認識があげられていた。そして，トラブル中も，そのおしゃれを特に控えなかった理由としては，おもに，「トラブルに遭ってでもとにかくおしゃれをしたかったから」といったおしゃれ優先の考えのものと，「問題ないと思った」「気にしないようにした」などのトラブルの軽視ともいえるものがあげられていた。これらの考えの背景には，ファストファッションのような身体や装いの消費ともいえるものが存在していることがうかがえる。

また，まつ毛エクステンションに関しては，短い周期でつけ替えをくり返すことが健康トラブルの危険因子となっていることが示唆されている。このことは，トラブルを起こしてもエクステをやめずに継続している人が多いと解釈することもでき，一種のエクステ依存症の存在を示している可能性もある。今後は，こうした観点からの注意も必要である（天野・西脇, 2013）。

3　まとめ

装いは本来，生活に潤いや充実感を与え，喜びをもたらすものである。しかし，装いによるトラブル経験は，ときにそれらを損ねてしまう危険性をはらむ。では，装い起因障害を予防するにはどうしたらよいのであろうか。たとえば，単純に装い起因障害の情報を伝える啓蒙であっても，ある程度の効果が得られることが確認されている。大学生を対象に，講義形式で装い起因障害の情報提供をおこなうことにより，装い起因障害経験後の行動予測に影響を及ぼす（そのおしゃれを控えたりやめたりしようと考えるようになる）ことが明らかにされている。またその介入効果は，約3か月の間隔を空けても，比較的持続していることが明らかとなった（鈴木・矢澤, 2016b)。よって，個人や集団間で，装い起因障害についての情報が共有されるだけでも，その予防効果はある程度期待できるようである。

これまでの直接的な対面交流による情報の伝達に比べて，これからいっそう加速する情報化の勢いとともに，インターネットやSNSなどによる口コミのスピードは増し，影響力は多大なものになることが予想される。同時に，ファッションの流行や情報の流れもいっそう速まり，その波に乗り遅れないよう，おしゃれ優先の志向も強まっていく可能性があるといえるだろう。しかしながら，情報伝達媒体がいくら普及しても，装いや装い起因障害についての情報弱者が存在している可能性はあり，適切な情報の不足は，装いへの不安も生みだす。たとえば，女性のピアスユーザーを対象とした調査では，71.9% は「ピアスケアに関する知識が少ない」ことを不安に思っていること（Chrysmela, 2012）などが示されている。したがって，装いによる身体的・心理的トラブルの予防のためには，オンラインとオフライン双方における情報伝達の流れをより効果的に活用し，個人間での適切な情報共有や専門的，公的機関からの有益な情報提供によって，装い起因障害についての情報弱者を生みださない工夫が必要である。さらに，トラブルを回避するための個人の適切な認知・行動的な対処スキルの獲得が求められる。

健全な生活を営み，自己表現を楽しみながら，心身ともに充実した装いを取り入れていくためには，1人ひとりが適切なおしゃれの方法と危険なおしゃれについての知識をもち，みずからを慈しみ，心身を大切にする装いについて考えていくことが必要であるといえる。

注

1）多様な情報が存在するなかで，特定の情報のみを選択して注意を向けること。

2）自分の考えや仮説が正しいかを評価・検証しようとする際に，多くの情報のなかからその仮説に合致する証拠を選択したり重視する一方，仮説を反証する情報は無視する傾向にあること。

コラム 22

子どもにおける装い起因障害

第 14 章において，成人における装い起因障害について述べてきたが，子どものおしゃれの低年齢化（第 15 章参照）にともない，子どもにおいても装い起因障害が生じていることが確認されている（e.g., 岡村, 2003；鈴木, 2018）。たとえば，東京都生活文化局（2007）により，化粧によるトラブルを経験した子どもが 2.2% いることが明らかにされている。また，鈴木（2018）によると，未就学児，小学生，中学生，高校生におけるスキンケア，メイクアップ，ネイル，アクセサリー，ピアス，毛染め，体毛の脱毛・除毛による装い起因障害の経験者は，全体としては 10%を切っているが，当該のおしゃれを経験した者に限定すると，装い起因障害の経験者が 3 割以上のものもあることが確認されている。

なお，鈴木（2018）において，未就学児のおしゃれ経験者における身体トラブルの経験割合は大きく（たとえば，ピアスや毛染め，体毛の脱毛・除毛などは 3 割を超える），ほかの年代に比べ相対的に大きいことが示されている。このことは，子どもの皮膚は構造的にも免疫学的にも未熟であり，また，子どもは社会的にも未熟でおしゃれ用品の使い方に問題があることが多いためと考えられる（岡村, 2011）。

また，装いの 1 つである痩身（第 8 章参照）に関連する装い起因障害についてもその存在が確認されている。3 歳以上の未就学児から中学生の娘がいる母親 790 名を対象とした調査[1]において，ダイエットによる装い起因障害（体調不良）の経験割合は，未就学児で 15.2%，小学生低学年で 22.8%，小学生高学年で 32.1%，中学生で 26.7% と，けっして低い値ではないことが示されている。ダイエット経験者の割合（それぞれ 18.2%，30.6%，39.0%，43.8%）を考慮すると，その経験者の多くがダイエットによる装い起因障害を経験していることがうかがえる。

子どもにおける装い起因障害は，その後の健康的な発達にネガティブな影響を及ぼしうるため，看過できる問題ではないといえよう。

1）本コラム第 2 著者による。

第15章
装いの低年齢化

テレビをつけると，大人顔負け（?）のおしゃれをしている子どもが映っていて，びっくり。本屋に寄り，ふと棚を見たら，小学生向けのファッション雑誌が目にとまり，びっくり。子ども向けの化粧品を見つけて，びっくり。いやいや，びっくりすること自体がもう古い？

おしゃれの低年齢化が話題に上るようになってしばらく経ちますが，その傾向はさらに進んでいるようにも思われます。子どものおしゃれが否定的にみられていた時代はすでに過去のものとなったのかもしれません。今や一大産業になっています。街中に，子どものおしゃれに対する興味・関心をかき立てるような商品やサービスがあふれている現状に鑑みるに，おしゃれの低年齢化という言葉も陳腐なものとなっていく可能性はあります。もちろんそのことの是非は別問題ではありますが。

1　子どものおしゃれの広がり

子どもを対象としたジュニア・ファッション市場は成長している。おしゃれ[1)]な子ども服を扱うお店は親子でにぎわい，テレビや雑誌などのメディアには，おしゃれな子役が登場する。ファッションの話題を中心とした子ども対象の雑誌やおしゃれの方法を扱った書籍も複数刊行されている（図15-1，図15-2参照）。そこには，いわゆる読者モデルの子どもがおしゃれした姿が掲載されており，読者がモデルとして応募できる手段も提示されている。また，百貨店や大型スーパーで，子どもを対象としたファッションショーが開催され，有名な読者モデルと一緒に舞台に上がることを希望する子どもたちが参加している。

以前は，子どもの化粧は，祭りのときの祭り化粧など限定した状況でしかおこなわれず，化粧に興味をもつことさえも否定的にみられていた。女性の化粧開始年齢は高校卒業時，つまり就職のときであり，身だしなみの1つとしておこなわれていた（石田, 2006）。しかし，1990年代の「女子高校生ブーム」において，女

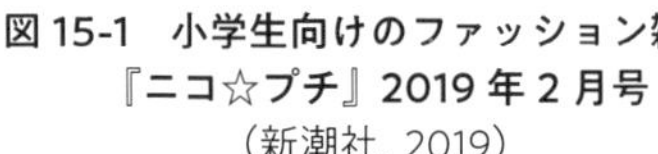
図 15-1　小学生向けのファッション雑誌：『ニコ☆プチ』2019 年 2 月号
（新潮社, 2019）

図 15-2　小学生向けのファッションの書籍：『ミラクルハッピー おしゃれ＆きれいの法則 MAX』
（ガールズ向上委員会, 2018）

子高校生がアイメイクなどの化粧をおこなうようになり，それが，しだいに下の年齢層まで広がっていき（石田, 2006），今や，小学生や幼稚園児にまでおしゃれが浸透しはじめている（鈴木, 2018）。なお，これは化粧に限らず，服装や着装によるおしゃれにもあてはまる。

もちろん，子どもであっても多少のおしゃれは許されていた。リボンをつける，テレビに出てくるヒーローの絵が印刷された靴を履くなど，今でも普通に見受けられる子どものおしゃれはある。これらは，あくまでも子どもらしさの範囲のなかに限定されていて，大人のおしゃれそのものをおこなうわけではなかった。

しかし，近年の子どものおしゃれは，大人のおしゃれを相似的に取り込んでいるものが散見される。髪型や被服は若者のそれに近いデザインのものがある。化粧も，若者をまねたようなものがおこなわれることもある。石田（2006）は,「下の世代の化粧表現はその上の世代の化粧表現をそっくりそのまま模倣したもの」とし，化粧表現と美的価値観がトップダウン的に下の世代へと伝達されていることに言及している。上の世代のまねをすることにより，下の世代へとおしゃれのスタイルが広まり，それがさらに下の世代へと伝わっているといえる。また，在塚・大川（2018）も,「子ども服の大人化」と述べ，大人と同様の被服を子どもが身につけるようになっていることを示唆している。このように，大人の装いが相似的に低年齢層においても採用されるようになってきており，子どもの装いが子どもらしくなく過剰とみなされる場合もある。

もともと，子どもはおしゃれに限らず，大人のまねをすることが好きである。そして，特に女の子において，おしゃれというのは，大人に近づく魔法のツールでもある。未就学児であっても，他者から見られること，そして，おしゃれであると（かわいいと）賞賛されるということは十分に理解している。そのため，おしゃれに興味や関心を強くもつ子どもがいても不思議ではない。おしゃれについての興味や関心を増長させるような現状において，子どもがさらに外見を意識するようになり，おしゃれに興味をもち，そして，実際におしゃれをするようになるのは，ごく自然なことともいえよう。

実際，子どもが外見を意識し，そしておしゃれをおこなっていることがいくつかの調査により示されている。ジェイ・エム・アール生活総合研究所（2013）の小学1-6年生の女子小学生を対象とした調査により，約半数の小学生が，「顔がかわいい」や「おしゃれ」であることを理想としていることが示されている。また，小学生でも，外出前に鏡を見たり，身だしなみを整える道具（ヘアブラシやリップなど）を学校に持って行き使用したりする子どもは多い。化粧への関心や衣服へのこだわりを有している子どもはけっして少なくない（ベネッセコーポレーション, 2001）。このような状況において，社会の側からの子どものおしゃれに対する制限が従来より弱くなり，場合によっては親が積極的に子どものおしゃれに関与し，そして，子どものおしゃれがより一般的なものになってきている。

おしゃれを意識している子どもにとって，外見のよさは非常に重要なものとなる。外見に対する自分の認識は，子ども自身にさまざまな影響を及ぼす。小学生女子の最も多い悩みは，勉強でも友だちづきあいでもなく，顔やスタイルのことであり，4割の女子がそれをあげているという報告もある（馬場・山本・小泉・菅原, 1998）。そして，外見に対する満足感が，学業能力や友人関係についての満足感よりも自己受容感と強く関連していることも知られている（眞榮城, 2000）。

さらに，外見に対する他者からの評価への認識も重要であり，おもな関心事になってくる。特に女の子は，小さい頃から外見に対する評価を日々受けて成長している。そのような状況で育ってきているため，外見を意識するようになるのは，自然なことともいえる。思春期になると，外見をさらに意識するようになり，同時に他者からの評価もさらに意識するようになる。そして，外見にこだわりをもちはじめ，さまざまなおしゃれに取り組んでいくようになるのだといえる。

現代社会においては，女子は男子よりも外見についての興味や関心を有し，また，行動にもそれが反映されているといえる。たとえば，向川（2006）の小学3年生から中学3年生までを対象とした調査により，おしゃれへの関心は学年が上がるほど高まるが，女子は男子よりもおしゃれへの関心が高いこと，そして，女子は男子よりも自分で衣服購入時に選択する傾向があることが示されている。大久保・斉藤（2014）においても，男子よりも女子のほうがおしゃれへの興味を有していることが示されている。

2 低年齢化したおしゃれ

ここでは，低年齢化しているおしゃれの実態について確認していく。これまで，おしゃれの実態の一部については明らかにされてきた（大久保・斉藤, 2014；東京都生活文化局, 2007）。しかし近年，鈴木（2018）は，日本全国に居住する3歳以上の未就学児から高校生の娘をもつ母親1,184名を対象に調査を実施し，子どもの幅広いおしゃれについての実態把握をおこなっている。なお，経験をたずねたおしゃれは「スキンケア（化粧水や乳液などによる）」「メイクアップ（リップグロスやアイシャドウなどによる）」「ネイル（ジェルネイルやマニキュアなどによる）」「アクセサリーによる装飾（イヤリングやブレスレットなどによる。ただし，髪ゴムのリボンなどやピアスは除く）」「ピアス」「毛染め」「体毛の脱毛・除毛」の7つであり，それぞれの経験の頻度について，回答を求めている。その結果を図15-3に示す。

全体としては，年齢層が高いほど，頻度の多少はあるにしても経験割合が大きい。スキンケア，メイクアップ，ネイル，そしてアクセサリーについては，未就学児であっても3–4割が，頻度はともかく経験していることが示されている。また，脱毛・除毛は，未就学児では経験者が2割を切っているが，年齢層が上がるにしたがって経験頻度は増加し，高校生では最終的に経験者が6割を超えていることが示されている。

また，子どもにとって外見は重要であるが，そのなかでも特に体型や体重が重要なものとなっている。小学生女子において，顔や体のさまざまな部位や内容で最も気になるものは体重であることが示されている（ベネッセコーポレーション, 2001）。近年では，小学生やそれより下の年齢層においても痩身願望を有している者が存在することが指摘されている。しかし，低年齢層を対象とした実証的研究はきわめて少ない。そのため，痩身願望やダイエットの実態，また，その背景にある心理などはほとんど明らかになっていない。

とはいえ，数少ない研究から以下のことが明らかになっている。まず，小学生の体型（痩せ具合／太り具合）の実態としては，この数十年で痩身に偏ってきていることが確認できる（図15-4参照）。また，2019年に3歳以上の未就学児から中学生の娘がいる母親790名を対象とした調査[2]において，娘のダイエットの経験割合は，未就学児で18.2%，小学生低学年で30.6%，小学生高学年で39.0%，中学生で43.8%と，けっして低い値ではないことが示されている[3]。

これらの背景には体型認識の問題や痩身願望の存在が想定される。上述の調査

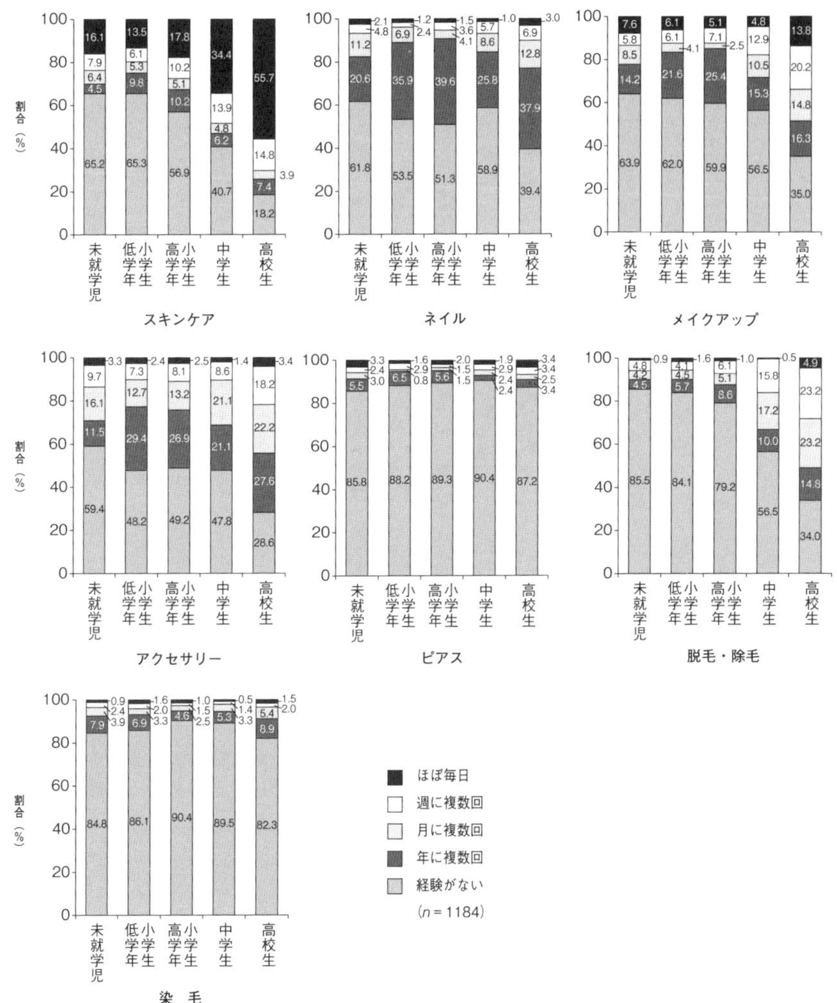

図 15-3　子どものおしゃれの経験（鈴木（2018）をもとに作成）

において，子どもが痩せるとよいことがあると考えていることが示唆されている（未就学児から順に 23.1%，46.1%，57.8%，55.0%）。そのよいことの 1 つが，装いに関するものと考えられる。痩せることにより，体型における魅力の向上が期待されるが，それだけでなく，痩せることによって服の選択肢の幅が広がりおしゃれをより楽しめるようになり，それが外見全体の魅力の向上につながる。服装などのおしゃれのために痩身が求められている一側面があると想定される。実際，前出の 3 歳以上の未就学児，小学生（低学年・高学年），中学生，高校生の娘がいる母親 1,184 名を対象とした調査において，子どもがおしゃれをおこなう傾向があるほど痩せたがっていることが確認されている（表 15-1 参照）。

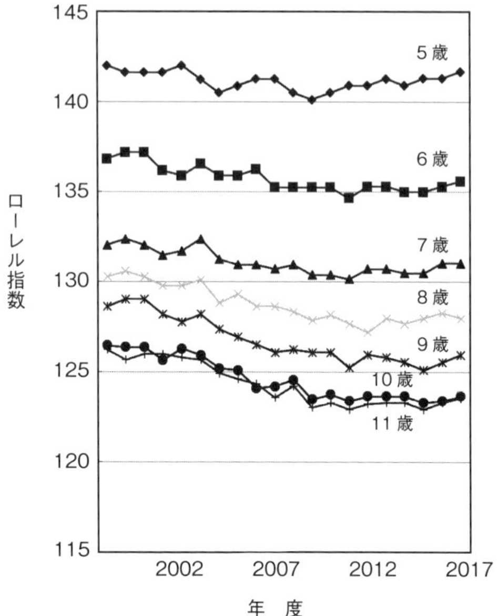

図15-4　1999–2018年度までの20年間の幼稚園女児（5歳）および小学生女子（6–11歳）の平均身長と平均体重から算出したローレル指数（痩せ具合／太り具合の指標）

（文部科学省（2019）の学校保健統計調査の年次統計をもとに作成）

表15-1　痩身志向とおしゃれの頻度との関連

	痩せたがっている
スキンケア	.298***
メイクアップ	.300***
ネイル	.247***
アクセサリーによる装飾	.213***
ピアス	.178***
毛染め	.178***
体毛の脱毛・除毛	.346***

注）おしゃれの頻度は「経験がない」「年に1，2回程度」「数ヶ月に1回程度」「月に1回程度」「月に数回程度」「週に2，3回程度」「週に4，5回程度」「ほぼ毎日」からあてはまるところの回答を求めた。

鈴木（2018）の調査データの一部を分析したものである。

*** $p < .001$。

3　子どもの装いに影響を及ぼす要因

親の影響

魅力的であるとよい，もしくは，おしゃれなほどよいという考えは，現代社会において幼い頃からすり込まれている。そこには，親の影響を無視することはできない。子どものおしゃれへのこだわりには，親の考え方や態度などが強く反映されている。子どもの年齢が小さいほど，それは強固であるといえる。自身の外見にこだわり，おしゃれに力を入れている親のもとでは，子どももおしゃれにこだわるようになるのは当然のことといえる。また，そのような親は，子どもにもおしゃれを求めることがあり，場合によっては，子どもの意向を無視してまでおしゃれのこだわりに巻き込むこともある。子どもにイレズミを入れたがる親，子どもに筋トレをさせて筋肉隆々にさせたがる親も存在する。東京都生活文化局（2007）の調査において，子どもの毛染めの動機として，親が使用する毛染め剤が残ったためというものがあったことが報告されており，親のおしゃれに子どもが巻き込まれている実態も確認できる。

実際，母親の30%が，こどもの化粧に抵抗がないと回答している（石田, 2006）。なお，子どもの化粧について「年齢的に早すぎる」や「肌への影響が心配」と回答した者が69%いる一方で，「かわいらしい」や「遊びの１つと思う」とした者が31%おり，その層において，子どもの化粧に抵抗がないとしていることが想定できる。そのような親がいる環境においては，子どものおしゃれへの興味や関心が実際のおしゃれ行動に至ることは想定される。

母親とのおしゃれに関する情報のやりとりについても，いくつかの調査で明らかにされている。たとえば，年に１回以上スキンケアをする小学生女子がスキンケア情報を教わった相手は，「お母さん（97.3%）」が圧倒的に多いことが示されている（ジェイ・エム・アール生活総合研究所, 2013）。また，向川（2006）により，男子女子ともに，年齢が低いほど衣服購入時に母親の意見が取り入れられること，そして，小学生の女子はおしゃれについて親の意見をおもに参考にしていることも示されている。鈴木（2018）においては，母娘間での会話をとおしたおしゃれに関する情報のやりとりが，子どものおしゃれの経験に関連していることが示されている。話をするということは，母親側に子どものおしゃれへの興味があったり，また，そこに積極的に関与する姿勢が存在していると想定される。コミュニケーションをとおして情報が伝わるのみならず母親のその態度も伝わり，その結果，子どものおしゃれが促進されている可能性がある。痩身においても，子どもへの母親の影響が確認されている（コラム 23 参照）。

ところで，子どもの場合は，どこまでが自分自身の考えなのかわかりにくいという問題もある。たとえ親が明示的に求めなくとも，親からの暗黙の圧力により，おしゃれや痩せがよいことであるという考えを子どもが内在化してしまう可能性もある。つまり，子どもは自分自身のこだわりだと思っていても，それは，親の考えがすり込まれているだけの場合もある。ただし，子ども本人もまわりも，どこまでが子ども自身の考えなのか判別することはむずかしい。

だからこそ，親をはじめ，周囲の人びとは，安易に子どもが過剰におしゃれにとらわれないように注意し，また，巻き込まないように気をつけなければならない。おしゃれなほどよいという信念は，成長していくにつれ，さらに本人を苦しめる可能性がある。それだけでなく，身体のトラブルにつながることもある（コラム 22 参照）。

友人の影響

成人の装い行動において，友人などの周囲の人の影響が存在することは指摘されているが，子どもにおいてもそれは同様と考えられる。先述の 2018 年の母親 1,184 名を対象とした調査において，子どもについての「友人とおしゃれについて情報交換している」という質問に対して「まったくあてはまらない」と「あまりあてはまらない」が 56.6%，「ややあてはまる」「とてもあてはまる」が 43.4% と，4 割の子どもが友人と情報交換をしている傾向にあり，その傾向が強いほどおしゃれを実際におこなっていることが確認されている（表 15-2）。また，大久保・斉藤（2014）においては，おしゃれについて教わっている相手として最も多いのは「同じ年の友人」であり（53.1%），女子においては次に母親（36.1%）であることが示されている。このように，子どもにおいて，友人の影響は大きいといえる。

表 15-2　友だちとの情報交換とおしゃれの頻度との関連

	友だちと情報交換している
スキンケア	.292***
メイクアップ	.361***
ネイル	.279***
アクセサリーによる装飾	.293***
ピアス	.153***
毛染め	.164***
体毛の脱毛・除毛	.225***

注）おしゃれの頻度は表 15-1 と同様。
鈴木（2018）の調査データの一部を分析したものである。
*** $p < .001$。

なお，おしゃれの話題についていけない，または，ブランドの服を着ていない，ということにより仲間はずれにされるということもありうる。友人とのコミュニティにおいてどのような装いをするかが，当人に大きな影響を及ぼすこともありうるであろう。

メディアやゲームの影響

子どもがおしゃれをする際に，メディアを参考にしていることも確認されている。たとえば，向川（2006）は，女子中学生は雑誌をおもに参考にしていることを示している。また，ジェイ・エム・アール生活総合研究所（2013）は，女子小学生がなりたい・まねしたい人として「テレビや映画に出てくるタレントや有名人」が最も回答が多く，中・高学年になると「雑誌のモデル」が次にくることも明らかにしている。大久保・斉藤（2014）も，中学生は情報の入手先として雑誌が最も多い（67.6%，女子のみだと 84.6%）ことを示している。メディアにおけるタレントオーディションや読者モデルなどのブームもあり，子ども自身も刺激されるとともに，親が子どものおしゃれに力を入れていることもあるようである。

雑誌や書籍の影響も大きいであろう。冒頭でふれたように，ファッションの話題を中心とした子ども対象の雑誌や書籍は複数刊行されている。そして，子どもたちがそれを目にする機会は多いと考えられる。なお，マニキュアなどの付録つきの雑誌も刊行されている。このような雑誌・書籍やそこに登場する読者モデルが子どものおしゃれ志向に影響を与えている可能性は十分に考えられる。

また，ゲームによるおしゃれの刺激も確認される。アーケードゲームや携帯型ゲームにおいて，おしゃれのコーディネートを競うゲームが開発され，大ブームを引き起こした。なお，そのゲームによる大会も開催されている。ゲームによる子どものおしゃれへの影響ももちろん存在するであろうが，むしろ，子どもの側にすでにおしゃれへの興味・関心が高い状態にあるところに，彼女らをより刺激するようなゲームが投入されてブームになったといえる。つまり，子どものおしゃれ意識が十分に満ちている状況にあったといえる。それは現在も変わらず，むしろ，活性化している状況といえるかもしれない。

なお，海外において，オンライン上でアバターの格好よさ，リッチさ，有名さを競う “Miss Bimbo” というオンラインゲームが存在した[4)]。そこでは，アバターをダイエットピルで痩せさせたり，美容整形施術で容姿を変えさせたりと，さまざまな方法でアバターの外見を変化させることができたという。このゲームが，子どもへ悪影響を及ぼしたという指摘もある（e.g., Bird, 2008）。

4 子どもの装いについての啓蒙

子どものおしゃれは，身体にも問題を生じうる（コラム22参照）。その点でも，子どものおしゃれを手放しでよしとすることはできない。子どもは大人に比べ，皮膚の構造や免疫システムが未熟であるため，皮膚のトラブルを生じやすい。また，子どもは社会的にも未熟でおしゃれ用品の使い方に問題があることが多いため，トラブルが生じやすいことも指摘されている（岡村, 2011）。なお，子どものときに生じたトラブルが，その後まで影響する場合もある。たとえば，摂食障害になってしまった場合，それが長期化するのはめずらしいことではない。なお，子どもの化粧品による身体のトラブルの可能性については，すでに1970年代に指摘されている。

世の中には，化粧品としての安全基準を満たしていないものも商品として存在する。いわゆる100円均一ショップの化粧品において，有害物質であるホルムアルデヒドが検出され，自主回収がなされたこともあった。安全性が十分に確認されているとは限らない商品が，値段の安さから子どもが購入しやすいという状況にある。このような現状をふまえ，化粧品についての適切な啓蒙をおこなっていく必要がある。その場合は，子どもだけでなく，親に対する教育・啓蒙が大事であろう。

見た目に過度にこだわり，おしゃれに力を入れる子どもは，今後増えていく可能性がある。装いにはさまざまな心理的社会的効用が存在する。他者から肯定的な評価を得られるといった効用は，おしゃれにこだわる動機となるに十分である。そして，それは大人だけではなく子どもにおいても同様である。むしろ，子どものほうが露骨に他者の見た目を評価するため，おしゃれの効用への期待は大きなものとなるかもしれない。先述のように，小学生女子の最も多い悩みは，顔やスタイルのことであり（馬場ほか, 1998），少しでもその悩みを解決するために，おしゃれにこだわることが推察される。

おしゃれで魅力的になり，そしてその効用を体験するほど，おしゃれへの傾倒は強固になっていくであろう。そして，これまでおしゃれをしていなかった子どもも，おしゃれをしている人が効用を得ている状況を身近で見ることにより，おしゃれをするようになる可能性は十分にある。成人においても，装いは他者の影響を強く受けるが，子どもにおいても同様といえる。

このような状況において，おしゃれの低年齢化の広がりを止めることはできないと思われる。対処や指導をおこなうには，一定の判断基準が必要であるが，それがないために保護者や学校，そして社会が対処や指導を積極的におこなっていない（石田, 2006）。大久保・斉藤（2014）においても，小中学生の教師で，装い起因障害についての指導に関して最も多いのが「家庭での指導をお願い」で 22.0%，次が「特に指導しようと思わない」で 20.0% であり，積極的な指導はおこなわれていないことが示されている。しかし，先述のように，おしゃれは身体トラブルを引き起こすこともあるため看過できる問題ではない。そこで，適切なおしゃれの方法を啓蒙するということも１つの方法になりうると考えられる。小学生で化粧を教わったことがあるのは 38.8% にとどまる（ジェイ・エム・アール生活総合研究所, 2013）とされているが，必要に応じて，適切に肌の手入れや化粧の方法を教育する必要性も考えられる。

先述のように，スキンケア情報を教わった相手は，「お母さん」が多い（ジェイ・エム・アール生活総合研究所, 2013）。ただし，子どもの化粧情報を正しく知りたいという母親は半数（51.0%）にとどまる。身だしなみとしてのスキンケアは許容し，メイクアップとしての化粧には相対的に関心が少ない状況がうかがえるが，このことが，子どもの化粧を野放しにしてしまう可能性もある。母親が，必要に応じて，適切な知識のもとに子どもへの化粧方法を教育することが，子どもの化粧トラブル回避のためには重要なのかもしれない。

また，親だけでなく，化粧業界による啓蒙も大事であろう。資生堂は，子どもが肌などについて適切に学ぶことを目的とした「キッズのためのキレイクラブ」という web サイトを立ちあげ，啓蒙をおこなっている。このような取り組みにより，子どもがもし化粧品を使うとした場合に，できるだけ適切な方法で使用するように教育をおこなっていくことが大事と考えられる。

5　まとめ

どのような装いが，どのような対象（性別や年齢や地位など）で許容されるかは，時代や文化で異なる。また，個人差も大きい。そのため，絶対的な線引きをおこなうことはむずかしい。少なくとも現状では，子どものおしゃれが全体的に許容されているわけではないが，このような状況において，おしゃれに興味をもった子どもにおしゃれの禁止を押しつけるだけでは，現状に対応しきれない可能性がある。

従来の社会規範に則った善し悪しの基準をたんに押しつけるのでは意味がない。なぜおしゃれをしようとするのか，その背景にあるものについてもできるだけ理解したうえで，子どものおしゃれについて向き合っていくことが大事であろう。

風戸（2017）において，子どもの化粧については，学校制度に枠づけられた仲間集団のなかで，化粧という表現手段により同調や差異化，そしてコミュニケーションなどが生じていることも言及されている。また，自分のコンプレックスに向き合うといったことも生じていることに言及がなされている。装いは所属する社会のなかで選択されるツールであるが，その集団のなかでの対人関係の構築など社会生活をおこなうツールの１つであり，また，自己と向き合うツールの１つであることも忘れてはならない。そのように考えると，子どもに広がっているおしゃれを完全によくないものとしてしまうことも，非常に乱暴な対応といえるのかもしれない。そもそも，子どもは目立ちたいというよりも純粋に楽しいからおしゃれをおこなっているということも言及されている（大久保・斉藤，2014）。子どもの自由な行動を禁止したり修正したりすることは簡単なことではなく，そして，禁止すること自体がよいかどうかに明確な答えがあるわけではない。

もちろん，小さい頃からの化粧などの装いは，身体トラブルの観点からも積極的に推奨されるものではない。どのようなバランスで知識と技術を教えるか，今後，見極めていく必要があろう。ともあれ，身体のトラブルも含め，適切な装いについての家庭と学校保健での教育が非常に重要になってくると考えられる。

注

1）ここでの「おしゃれ」は，飾ることを主目的とした装いを意味するものとし，また，従来考えられていた規範に対し比較的華美であるというニュアンスも含むものとする。
2）本章著者による。
3）web 調査であることなど，サンプリングの偏りが想定されるため，厳密な実態を表しているわけではないが，１つの目安にはなると考えられる。
4）現在はそのサイトは閉鎖している。

コラム 23

子どもの痩身志向への母親の影響

化粧などの装いと同様に，痩身においても母親の影響が確認できる。2019 年に 3 歳以上の未就学児から中学生の娘がいる母親 790 名を対象とした調査[1]において，以下に示すような興味深い知見が得られている。

表に示すように，娘の体型の認識や体型の不満，そして痩身希求行動（ダイエット）は，娘に対する痩身圧力とある程度の大きさで関連している。そして，この関連性は，娘の体型との関連性よりも強い。しかも，娘に対する痩身圧力は，体型と若干の関連はあるものの，それほど強く関連しているわけではないことも示されている（ローレル指数で各項目と $r = .083–.199$，BMI で $r = .136–.247$）。

つまり，母親は，娘の実際の体型にあまり関係なく，娘に痩せるよう圧力をかけるような言動をおこない，そして，娘は実際の体型よりも母親の言動から自身を太っていると思い，体型に不満をもち，そして痩身希求行動（ダイエット）をおこなっているということがうかがえる。

親による痩身志向文化への巻き込みに注意していく必要がある。

表　娘のボディイメージと娘に対する母親の痩身圧力および娘の体型

		娘のボディイメージ		
		自分のことを太っていると思っている	自分の体型（痩せや肥満）に不満をもっている	痩せるために食事の量を減らしたり運動をしたりしている
娘に対する痩身圧力	自分の娘に対して，太っていると思っている	.452***	.435***	.442***
	自分の娘に対して，痩せた方が良いと思っている	.404***	.397***	.438***
	自分の娘に対して，痩せた方が良いと口にすることがある	.405***	.368***	.445***
	自分の娘に対して，痩せるために食事の量を減らしたり運動することを勧めることがある	.413***	.394***	.462***
娘の体型	娘のローレル指数	.063	.011	.003
	娘の BMI	.305***	.257***	.197***

$^{***}p < .001$。

1）本コラム著者による。

第16章
装いの文化差

「装い」とは，世界中でみられる普遍的な行為です。みな，見た目をよりよくしたい，もしくは見た目の欠点を隠したい，という共通のゴールをもち装います。しかし，何をすれば見た目がよくなるのでしょうか。化粧？　ダイエット？　それとも美容整形？　方法はいろいろありますが，理想の見た目は文化によって異なります。目を大きくするほうが理想とされる文化もあれば，目を小さくするほうが理想とされる文化もあります。痩せているほうが理想とされる文化もあれば，太っているほうが理想とされる文化もあります。このように，「装い」そのものは普遍的であっても，実際の個々の「装い」の行動は人により，そして時代と地域によって異なる，独特なものなのです。本章では，「装い」の文化的な違いをみてみましょう。

1　さまざまな文化とさまざまな装い

人は理想の見た目に近づくためにさまざまな装いをおこなうが，人が一番簡単におこなうことができる装いは，何かを体の表面に装着したり付着することであろう。この方法はたいていの場合痛みもなく，比較的安価であり，抵抗感もあまりなく気軽におこなうことができる。しかしその一方，流行に左右されやすく，人びとは新しい道具や材料を次々と手に入れる必要がある場合が多い。

このような外部的（表面的）な変化による装いの代表的な例は，化粧と服装である。化粧の歴史は古く，口紅や頬紅などは，古代メソポタミアや古代エジプトですでに使用されていた (Sands & Adamson, 2014)。しかし，化粧は過去に世界各国で何度も禁止されてきた歴史がある。これはおもに，女性が化粧を施すことにより偽物の美しい容姿をつくり，男性を騙すことを防ぐためであったとされている。

また服装においては，美しく装う（もしくは隠す）という目的以外に，その人の階級や身分などを表す機能も兼ねていた。たとえば満州の支配下にあった17世紀頃の中国では，役人とその女性の家族は，全体的にゆったりとしたワンピース型で足元まで長さのある「満州服」(図16-1) とよばれる伝統的な民族衣装の着用を義務づけられていた (Gao, 2012)。一方市民は，それまでと同様漢民族の伝統的な服装である，大きめの上着とひだのあるスカートかズボンのツーピース型の「漢服」の着用が許されたが，そのなかでも生まれがよい女性はスカートをはき，労働者階級の女性はズボンをはいていた。このように，この頃の中国の人びとはその階級により違う民族衣装を着用していたのである。このような階級や身分による装いの違いは，多くの文化で確認できる。たとえば日本においても，平安時代の皇族や上級貴族は男女ともに袴を着る年齢に達すると，涅歯（でっし）(お歯黒) と引眉（ひきまゆ）(眉を抜いたり，剃ったりすること) をおこなっていた。

図 16-1　満州服 (Hinsch, 2016)

通常，外部的装飾の多くはこのように道具などを用いて美や理想の容姿をつくることを目的としている (Sands & Adamson, 2014)。またそれにより，その文化で理想とされる，自分がもつ内面的特徴 (育ちのよさや高貴さなど) を相手に伝えるという役割ももっている。そのためにわたしたちは，特定の社会や文化で受け入れられる，または推奨される種類や程度の装いを体に施し，生まれつきの容姿とあまりかけ離れない範囲で，できる限り美しく見せるのである (Sands & Adamson, 2014)。

また，人はさまざまな，ときには外科的な方法により，体を直接変化させるような装いを施すこともあり，それらは装飾だけでなくその文化における規範や目的を反映したものとなる。伝統的なものの例として，ニュージーランドの先住民族であるマオリ族が，通過儀礼として「モコ (moko)」とよばれるイレズミを施す風習があげられる (Nikora, Rua, & Te Awekotuku, 2007；Roth, 1901)。モコとは，みずからのアイデンティティを表すもので，装飾的な美しさもさることながらその人の階級，社会的地位，権力や部族・一族を示し，おもに男性は全身に，女性は顎と唇に施していた（図 16-2）。またモコは何年もかけて「得る」ものでもあったため，年齢が上の人ほど広範囲に細かくモコが施されていた（Nikora et al., 2007）。

図 16-2　モコ（Grosvenor, 1907）

また中国では，小さな女の子の足をきつく縛り，大人になっても足が大きくならないようにする「纏足」という風習があった（図 0-4, p.4 参照）。纏足は本来は上流階級の女性の風習であり，男性を魅了し，よりよい男性と結婚するためにおこなっていたとされる。折り畳まれた小さな足は，蓮の花になぞらえ「金蓮」とよばれ，刺繍を施したかわいらしい靴に包まれ，その女性の姿は華奢で優美とされていたのである（Herreria, 2017）。しかし最近の研究では，労働者階級の女性にもおこなわれていたという報告もあり，労働者階級の女性における纏足は，足を小さくすることで座ったまま長時間働かせ，逃げることを防止する手段であったとされる（e.g., Bossen & Gates, 2017）。

また，特定の文化においては，外部的（表面的）な装いと身体的な装飾による装いの融合も確認できる。例として，カヤン族の首輪飾り（図 0-6, p.4，また，コラム 24 参照）があげられる。また，ピアッシング（第 5 章参照）も同様に外部的（表面的）と身体的な変化の融合した装いといえる。

近年，特に先進国では，見た目を変えるために多くの人が美容整形施術という外科的な方法による装いをおこなうようになってきているが，これも文化によって特に選択される内容が異なってくる（第 7 章参照）。国際美容外科学会（ISAPS）の発表によれば，2016 年度には世界で 1000 万件以上の美容整形施術が施された。しかし好まれる美容整形施術の種類には文化差があり，たとえばアメリカで最も人気の施術は豊胸手術と脂肪吸引であるが，日本では二重手術である。これらの違いは，その文化においてどんな身体的特徴が美の基準となっているのかを反映しているといえる。たとえば英国のドラッグストアである「Superdrug」がおこなった調査（Superdrug Online Doctor, n.d.）によると，アメリカでは，スレンダーながらグラマラスでセクシーな女性が好まれるが，中国では全体的にかなり華奢な女性が好まれる。また日本では，ぱっちり二重のかわいらしい女性が好まれるが，ペルーでは切れ長の目の女性が好まれる。このような特定の文化で理想とされる見た目に近づくため，多くの人がさまざまな美容整形を受けるのである。

しかしこれらの外科的方法は不可逆的であり，実施後に流行が変わってしまったり，思っていた結果と違ったり，年齢を重ねるにつれ価値観が変わることにより後悔したとしても，完全に元の状態に戻すことは不可能に近い。そのためか，おこなう人の数もまだそこまで多くはない。また，文化によっては美容整形（をした人）は人から「ずるをしている」と蔑まれたり，イレズミをしている人は人から「怖い」と恐れられたりすることもある（第6章参照）。日本においても，外科的な施術による装いに対する人びとの抵抗感はまだ高いといえるだろう。

2　グローバリゼーションと装いの変化

このように，人はその社会文化的背景に合わせた美しさや，より理想的な見た目を求め，古来よりさまざまな装いをおこなってきた。時代や国によりその手法や流行はさまざまだが，目的は同じである。しかし，美しさの社会文化的な基準や理想の容姿というのはいったい何なのであろうか。誰がそれを定め，誰がどのようにそれを人びとに周知させるのであろうか。美しさの基準や定義は人びとが社会的な関わりをとおして学ぶものであり，理想の容姿というものは常に変化している（Sands & Adamson, 2014）。すなわち美しさの基準とは，個々の経験や社会化交流をもとに形成され，異なる年齢，人種，そして国籍などにより，文化的特徴をふまえながら構築されるものなのである（Bjerke & Polegato, 2001；Shephered & Deregowski, 1981）。そして社会は継続的に，それぞれの立場によって人はどういう服装，髪型，行動，交流をすべきか，職場，家庭，趣味やレクリエーションの場など，さまざまなライフシーンにおける選択の基準を定めている。またこういった社会的な基準が文化的な美しさや理想像も定義づけている。よって，美や理想像の基準とそれにともなう装い行動の規範は，時代とともに絶えず変化しつづけ（Solomon, Ashmore, & Longo, 1992），そしてその文化や社会で定められた包括的な理想像を反映しているのである。

しかしグローバリゼーションが進む現代社会においては，本来社会文化的な違いを反映しほかの文化では見られなかったユニークで伝統的な装いは，徐々に減少するか，別の文化からきた装いに影響され変化していっている。その理由の1つには，おもにアメリカやヨーロッパなど西洋の理想像がほかの国や文化になんらかの形で広まり，その理想像に近づくための装いが新たに生まれ，それが人びとのあいだに浸透していっていることが考えられる。しかし美しさの基準や理想の容姿などという，実体のないコンセプトはどのように国境を越えて世界に広まっていったのであろうか。

可能性の1つとしては，国の近代化により人や情報がほかの国からその国に流入し，その国の人びとが新しい文化的な基準に直接ふれられるようになったことがあげられる。アメリカ国勢調査局によると，アメリカ出身のインド，南米，アフリカ，アジア，そして中米への移民は1960–1990年にかけ993%の増加となっている（Shrestha & Heisler, 2011）。このように，欧米諸国から他の文化圏の国に移住する人は年々増加し，かれらによって西洋の文化や価値観が広められ，ほかの文化の装いにも影響を与えていると考えられる。

ここでは中国を例としてその影響を考えてみたい。中国の歴史と文化に関する資料を概観したガオ（Gao, 2012）によると，19世紀後半中国の近代化と商業の発展は急速に進み，西洋から船や鉄道で人，そしてファッションやトレンドが押し寄せた。その結果，20世紀初頭には満州服や漢服のような伝統的でゆったりした民族衣装は徐々に消え，代わりに西洋のレースやボタン，毛皮などで飾られた，細く体にフィットした服が大流行したのである。さらに20世紀後半の中国は，アメリカを含め欧米諸国と積極的に貿易をおこなっていったため，西洋の価値観や文化が中国に再流入し，人びとは新しい国際的なファッションの概念に曝されることとなった。中国の人びとは「美」というものは階級とはまったく関係ないことに気づき，装いの自由を手に入れたのである。なかでも，女性の装いに関する20世紀最大の変化は纏足の終焉であろう。反纏足の運動は，国家の大規模な改革と強く関連しており，女性の体は中国の知識人たちの近代的思考と運命をともにすることとなった。そして自然な足こそが規範となり，それとともに，西洋風な靴がおしゃれなものとして人気となった（Finnane, 2008）。そして中国のファッション雑誌第1号が1979年に北京で発行され，それ以来類似のファッション雑誌が次々と発行されていった（Gao, 2012）。これは，その当時の人びとの，見た目や美，そして消費文化に対する強い関心を反映しているといえよう。20世紀の終わりには，都市部の店頭は流行の色とデザインであふれ，女性はカラフルでポップで個性的な服装をし，人とは違うファッションを自由に楽しむようになっていったのである。

しだいに人びとは，値段やデザインよりもブランド名を重視するようになり，ブランド品を身につけることが，特に女性のセンスとステータスをアピールするシンボルとなっていった（Gao, 2012)。ガオ（Gao, 2012）によると，1998年のファッション雑誌にも，「ミラノやパリで発表されたばかりの洋服を，次の日上海や北京の女性が着ていても驚くようなことではない」と書かれていたとのことである。これは，特定の物品や容姿などの文化的なシンボルを得ることにより，他者よりも上にいき際立つことで構築される近代的なアイデンティティが，ファッションやトレンドとともに西洋から中国に入ってきたためと考えられる（Becker, 2004)。

3　メディアによる美の基準や理想像と装いへの影響

現代社会においては，インターネット，メディア，ファッション，アートなどを通じた異文化間の交流が重視され，わたしたちの社会は絶えず多様化している（Sands & Adamson, 2014)。特にメディアは，社会文化的な，しかし流行り廃りのある魅力，美，女性らしさなどの基準を決める重要な役割を担っている（Morris, 2017)。また美容業界は，メディアを通じて消費者に美や理想像のイメージを広めるだけでなく，そのイメージと自己の姿には差があることを気づかせ，特定のブランドの商品を使用し装うことでその差が埋められ，人は若さ，自信，美，幸せ，そしてセックスアピールを手に入れられるというメッセージを流している（Mazzarella, 2003)。すなわち化粧品や美容グッズ，洋服，ボディアート，はたまた美容整形施術は，自分をより魅力的に見せることができる（Sands & Adamson, 2014）と消費者に思い込ませることで，利益を上げているのである。事実，化粧品や美容グッズは2010年には世界で約41兆円規模の利益を生み（Łopaciuk & Łoboda, 2013)，人びとが魅力度を高めるための手助けをしているのである。

このように西洋の価値観や理想の容姿のイメージは，おもにメディアをとおしてほかの国や文化に広まり，日々の生活に浸透していった（MacRury, 2009)。すなわちアメリカなどの欧米諸国が世界のメディア，市場，広告などを支配しているため，西洋の価値観や流行がほかの文化に押しつけられ，他国の美しさの基準や理想像をも変えてしまったのである（Sands & Adamson, 2014)。そして同時に個々のアイデンティティを表現する方法も，個性などの内面的なものによってではなく，見た目と消費によるものとなっていった（Lasch, 1979）。特に女性は若い頃から，見た目をさまざまな方法で簡単に操作することでアイデンティティを表すことができることを学び，結果アイデンティティは「どうあるか」ではなく「どう見えるか」で表現されるものとなっていったのである（Bourdieu, 1984）。

こういった西洋のメディア支配がほかの文化の価値観に変化を与えた例は，いくつか報告されている（e.g., Cheung & Chan, 1996；Granzberg, 1985；Miller, 1998；Reis, 1998；Tan, Tan, & Tan, 1987）。メディアにみられるイメージは社会文化的な影響を与え，特に思春期や青年期の若者はメディアへの暴露による影響を強く受けるようである（Becker, 2004）。そして，メディアに反映される現代の西洋社会は，女性のアイデンティティの定義や表現が物資や商品の消費によって達成される見た目重視の文化である。

西洋文化でも特にアメリカでその特徴が顕著であり，アメリカとスウェーデンの街頭広告を比較した研究によると，アメリカの広告はスウェーデンのものより，女性が装飾的な象徴として扱われているものが多くみられた（Wiles, Wiles, & Tjernlund, 1995）。また，フランスのファッション雑誌とアメリカのファッション雑誌の比較研究でも，アメリカのファッション雑誌では女性の働いている姿はあまり広告に使われず，女性はやはり装飾的な象徴として扱われているものが多かった（Morris & Nichols, 2013）。このように，アメリカのメディアでは女性は視覚的な対象物として扱われているといえよう。すなわち，女性の表面的な部分（見た目）がおもな評価や注目の対象なのである。そしてこの「女性は装飾的な象徴である」というメッセージが，理想の容姿のイメージとともに，さまざまなメディア媒体によって人びとのあいだに広まっていくのである。

しかしメディアは利益を上げるため，普通の装い行動では簡単に手に入らないような見た目を理想としてくり返し発信しつづけている。西洋文化から広まった理想の女性像の一番の特徴は，痩せているということである（第8章参照）。たとえばアメリカの成人女性の平均身長と平均体重は162.6cmと76.3kg（BMIは28.9）なのに対し，アメリカのファッションモデルの平均身長と平均体重は170.2cmと51.7kg（BMIは17.8）である（Healthline, 2017；TSM Agency, 2017）。『プラス・サイズ・マガジン』によると，20年前のモデルの体重が女性の平均体重より8%低かっただけなのに対し，現在は23%も低いことが示されている（TSM Agency, 2017）。

文化的な背景が人びとの行動に与える影響を調査した先行研究では，このメディアなどによりつくられた「痩せ理想」を称賛する社会的な圧力が，特に影響を受けやすい若い人びとのなかに内面化され，人びとのボディイメージの悪化をうながし，最終的には人びとの極端なダイエットを含む食異常行動へと移行するとしている（e.g., Garner, Garfinkel, Schwartz, & Thompson, 1980；Stice, Ziemba, Margolis, & Flick, 1996；Striegel-Moore, Silberstein, & Rodin, 1986）。実際，多くの先行研究では，人の異文化間移動，国の近代化，そして社会の都会化により，少女や若い女性の食異常行動が増加したことが報告されている（Anderson-Fye & Becker, 2004）。

そのなかでも最も有名な研究の1つが，ベッカーほか（Becker, Burwell, Gilman, Herzog, & Hamburg, 2002）によって，フィジーの思春期女子を対象におこなわれたメディア研究であろう。フィジーには1995年までテレビがなかったため，フィジーの人びとには視覚的なメディアに対する免疫がほとんどなかった（Becker, 2004）。さらには，フィジーではほかの太平洋諸島の民族と同様，伝統的に，たくさん食べて体を大きくすることが「普通」なだけでなく，それが「理想」であった（Gill, Hughes, Tunidau-Schultz, Nishida, Galea, & Cavalli-Sforza, 2002；Pollock, 1995）。それゆえ，フィジーでは極端なダイエット行動などはみられなかった（Becker, 2004）。しかし1995年よりテレビが導入され，西洋のテレビ番組がこの地域に流されはじめると（Becker et al., 2002），メディアが人びとに影響を及ぼしていった。

テレビの導入から3年後の1998年，テレビへの暴露やそれにともなう社会文化的な変化が人びとに与える影響に関する研究が，フィジー人の思春期女子（平均年齢は16.9歳，平均BMIは24.9）30人を対象におこなわれた（Becker, 2004）。それによると，77%の参加者が，テレビは自分たちのボディイメージに影響を与え，83%の参加者が，テレビの影響で自分や友だちは体型や体重を変えようとしていると話した（Becker et al., 2002）。また彼女たちの多くは，テレビに出ている女性たちの特に細い体型と服装やヘアスタイルを称賛し，その人たちのようになりたい，そうなろうとしていると語った（Becker, 2004；Becker et al., 2002）。興味深いのは，多くの女子学生が，体重を低く保ったり食べる量を減らしたりすることによって怠惰ではなくなり，たくさん働けるようになるとも言っていることである（Becker, 2004）。よく働くということは，従来のフィジーにおける女性の美徳である。参加者らの発言は，フィジーの思春期女子が特定の装いをとおし，個人的かつ文化的なアイデンティティを変化させようとするプロセスを反映していると考えられる（Becker, 2004；Becker et al., 2002）。また，テレビの影響は友人たちのあいだにも蔓延しているため，テレビへの直接的な暴露による影響とは別に，友人たちとの会話などを介して間接的にも少女たちの価値観に影響を及ぼしたと考えられる。

このように，テレビは短期間で，見た目の美しさに対する人びとの価値観を定義し直したのである（Becker, 2004）。この変化は，大きな体に対する伝統的な価値の終わりも意味している（Becker, 1995）。大きな体を長いあいだ理想としてきたフィジーの社会文化的な背景を考えると，この短期間における理想の容姿の変化は，それ自体が注目に値する。フィジーの多くの少女たちは，これまでの理想の容姿を捨て新しい理想の容姿を得るために，ときには無理なダイエットを含むさまざまな装い行動をおこなうようになったのである。

4　多国籍化による美の基準や理想像と装いの変化

もちろんグローバリゼーションは，美の基準になる体型と，それに対する装いの変化だけに限ったものではない。体のなかで一番よく動き，そして表現が豊かであるがゆえに人の注目を引きやすく，感情や，普段は見えない内面的な部分をも表すこともできる体のパーツ，つまり，「顔」の美の基準も，文化的な影響を強く受けている（Sands & Adamson, 2014）。しかし「美しい顔」は定義がしづらい。人によって好みが違うこともさることながら，そもそも顔のパーツの差など，ほんの数ミリ単位の違いにすぎないのである。しかしわたしたちの社会において，どの顔が美しく，どの顔が美しくないかは明確であり，さらに美しい顔の持ち主は社会的に得をする傾向にあることが多くの研究で報告されている（Sands & Adamson, 2014）。

たとえば見た目のよい人は就職が比較的楽なだけでなく，給料も高い（Frieze, Olson, & Russell, 1991；Watkins & Johnston, 2000）。また，同じ罪を犯しても，見た目のよくない人と比べると刑が軽かったり許されたりもする（Stewart II, 1984）。さらには，ふだんの生活においても，よりよいサービスや手助けを人から受けることが明らかにされている（Farrelly, Lazarus, & Roberts, 2007）。そしてこの不当な現実は，わたしたちの社会が定めた「美しい顔」の基準と価値によるものなのである。

一方，「魅力的な顔」とは，生物学的，進化論的な基盤があり，「平均値への愛着」と関わりが深いと考えられている。シモンズ（Symons, 1979）によれば，進化の過程で極値が徐々に減り，「平均的な」遺伝子プールが最も生存率と繁殖率を高めることとなった。そしてわたしたちの脳は，無意識のうちに今まで生きてきたなかで見てきた顔の総合的な平均像をつくりあげ，この平均的な顔のイメージがその個人にとっての魅力的な顔の基準となる（Sands & Adamson, 2014）。しかしこの平均的な顔のイメージは，メディアで見る顔も含め，新しい顔を見るたびに絶えずアップデートされつくり直される。ここでポイントとなるのは，「平均的な顔」は魅力的な顔の基準であるが，そこから1か所か2か所飛び抜けた特徴がある顔がさらに魅力的で理想的な顔として認識されるという点である（Perrett, May, & Yoshikawa, 1994）。たとえば人より顎がしゅっとしている，唇がぽてっとしている，鼻がツンとしている，目がくりっとしている，などである（図 16-3，図 16-4）。そしてわたしたちは化粧や，ときには美容整形により，そういった特徴をつくりあげようとするのである。そしてこの多文化な世界で，内面化された魅力的な顔や美しい顔も，グローバル化していっていると考えられる（Sands & Adamson, 2014）。これが意味するのは，普遍的で統一化された理想の顔が生まれつつあるということである。たとえば，日本人とスコットランド人の学生は，同じ西洋風の顔を魅力的な顔として選ぶことが示されている（Perrett et al., 1994）。

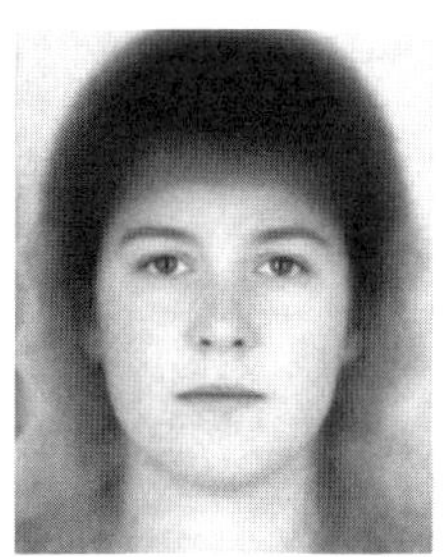
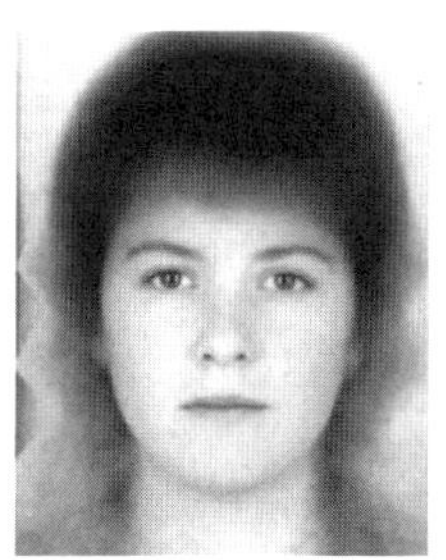

図 16-3　西洋人の平均的な顔（左）と突出した特徴をもたせた顔（右）
(Perrett et al., 1994)

図 16-4　日本人の平均的な顔（左）と突出した特徴をもたせた顔（右）
(Perrett et al., 1994)

北米の視点からみると，アジア系，アフリカ系，インド系，ヨーロッパ系，そしてヒスパニック系の容姿が，移民が増えるにつれ無意識のうちに理想的な容姿のイメージに取り込まれていっていると考えられている（Sands & Adamson, 2014）。アメリカの人口調査では，1960年には白人が人口の85%の割合を占めていたが，2005年には67%になり，2050年には半数を割ると予測されている（Shrestha & Heisler, 2011）。逆にヒスパニック系の人口は2050年には2倍に，アジア系の人口は3倍になると予測されている。さらには，異人種間の結婚が増え，それにより混血の人数も多くなる。これは日本においても同様で，2017年には過去最高の240万人以上の外国人が日本に住み（法務省, 2017），また，父親か母親どちらか一方が日本人以外の家庭も増えている（厚生労働省, 2016）。1987年には1%に満たなかった，いわゆるハーフの人の割合は，2015年には2%となり，倍増している。なお，2015年のミス・ユニバース世界大会の日本代表が，日本人とアフリカ系アメリカ人のハーフであったことは記憶に新しい。

このような背景もあり，平均値を基準とした美しい顔・魅力的な顔のグローバリゼーションが進んでいる。そして，北米ではアフリカ系の特徴である厚めの唇や幅の広い鼻，ヒスパニック系の特徴である腰のくびれがある身体など，これまでは特定の人種のなかでだけみられた容姿の特徴をもつ人を多く見るようになった（Sands & Adamson, 2014）。また，そのエキゾチックな見た目により人気を博すセレブも多い（たとえば，ルーシー・リュウ，ビヨンセ，そしてジェニファー・ロペス，キム・カーダシアン）。アメリカの代表的な下着ブランドである「ビクトリアズシークレット」の，エンジェルとよばれるモデルは現在16人いるが[1)]，そのうちアメリカ出身のモデルはたった4人であり，残りはほかの国の出身である（Harper's Bazaar, 2019）。こうしてさまざまな人種の顔はしだいに人びとの頭のなかで融合され，平均的で魅力的な顔のイメージをアップデートし，そこから美しい顔のイメージがつくられる。ファッション雑誌『アリューア（*Allure*）』の2011年のアンケート調査では，71%の読者が，もう「アメリカ人っぽい見た目」は存在しないと答えている。また，66%の読者が，混血の女性こそが今やアメリカの「典型的な美」を表していると答えている。現代の美の基準は，このように，複数の文化の融合からなる現代文化を反映しているのである（Sands & Adamson, 2014）。そしてそれにともない，その新しい美の基準に近づくための装いもグローバル化しているといえる。たとえば過去には特定の人種間で多く見られたコーンロウとよばれる編み込みや，ドレッドヘアなどをする人も，さまざまな人種のあいだで見られるようになってきている（図16-5）[2)]。

図 16-5 “*Black Magazine*”（vol.22）の表紙：
コーンロウの白人女性モデル（バーバラ・パルヴィン）
（BLK NZ Ltd., 2014）

5 まとめ

わたしたちは常に美や理想の容姿のイメージをつくりだし，そしてそのイメージを追い求めている。わたしたちはまばゆい景色，造形の美しいオブジェや彫刻，目を引く美術品など，自然と美しいものに惹かれる（Sands & Adamson, 2014）。そしてそれは，人の見た目においても同じである。美しい容姿とは，喜びや力をもつものとされ，その人がもつほかの欠点を補ったりごまかしたりもできる（Adamson & Doud Galli, 2009）。美しい容姿は性やアイデンティティの一部であり，しかも主たるものなのである（Morris, 2017）。そしてわたしたちは美しさや理想像について語り，その基準を内面化し，そのイメージを自分たちの日常生活に取り込むのである（Stobbe, 2005）。従来は，美しい見た目は文化により大きく異なり，それにともなう装いも文化によって異なっていた。ある文化で「美しい」と称賛された容姿も，ほかの文化ではそうとは限らなかったのである。

しかしグローバリゼーションが進む現代社会では，美の基準や理想の見た目も徐々に統一化され，結果として装いもグローバル化していった。メディア，国際展開された美容業界，そしてわたしたち消費者は，これからも絶えず美の基準を異なるものにし，グローバル化し，融合していくのであろう（Sands & Adamson, 2014）。さらにはInstagramやFacebookなどのSNSの普及により美の基準や理想像，そして装いのグローバリゼーションも急速に進みつづけるであろうと思われる。そのなかには服装や化粧，イレズミやピアッシング，美容整形やダイエッティングによる痩身体型といった装いなども含まれる。

もちろん1つの文化基準がほかの文化基準を完全に支配したり，1つの文化基準がそれにより完全に消失したりするとは考えにくい。装いが，ローカルな文化で美徳とされる外見的・内面的特性を強調する方法でありつづけることには変わりなく，装いにその文化固有の要素が少なからず反映されつづけるだろう。たとえば先述したフィジー人のメディア研究においても，思春期女子たちはテレビに出ている女性たちのように，痩せて美しくなりたいという願望とともに，痩せることが働く能力に結びつくに違いないとも答えている。これはフィジーにおける，女性が家族のために働くという美徳が痩身という装いに反映されたものといえるのかもしれない。

また，日本人の若い女性たちは化粧により，西洋文化に影響された，大きな目と小さな顔をめざしている。これは，成熟し人目を引くことをめざす西洋人のはっきりとしたメイク法とは異なっている。日本人のメイク法は目がくりっと大きくかわいらしい，ナチュラルで幼い顔立ちをめざしている（コラム25参照）。

しかしながら，文化の融合が人種や宗教，生活習慣のみでなく，見た目の美しさの基準や理想像，さらには装いにも生じていることは否定できない。そしてその過程において，伝統的な装い（日本の着物，韓国のチマチョゴリ，中国の満州服，首長族の首輪飾りなど）を日常的におこなう人は，徐々に少なくなっていくのであろう。わたしたちの社会における美しさの基準や理想像，そして装いが，この先10年後，50年後，さらには100年後どのようになっているのかは，これからのわたしたちの社会そのものを反映するのかもしれない。

注

1) 執筆時点においての数字である。

2) しかし，コーンロウやドレッドヘアが他人種（特にヨーロッパ系の人種）のあいだで流行として扱われることに対し，これは文化や歴史に対する侮辱もしくは盗用であるとする人たちもいる。

コラム 24

首長族カヤンの女性の首輪飾り

装身具による装いは非言語コミュニケーションの１つであり，さまざまな歴史と文化において，装飾，ステータスシンボル，人種や宗教の目印など，さまざまな役割を果たしてきた。ミャンマーの首長族カヤンの女性が身につける首輪飾り（図 0-6，p.4 参照）はその一例である。

カヤンの女性は首を長くするため，何世代にもわたり首に真ちゅう製の首輪飾りをしてきたが，この首輪飾りがいつどのようにカヤンの女性の伝統となったのかはまだ解明されていない。数ある説には，「ドラゴン・マザー（dragon mother）」とよばれる人類の祖先の美しさを讃えるためというもの（Khoo Thwe, 2006）や，女性が虎から首を守るためというものがある。重い首輪飾りで女性の動きを制限し他部族の男性と逃げるのを防ぐとともに，パーヴィ（Perve, 2006）が述べるように，首輪飾りにより女性の容姿を異様にし，魅力的に見えないようにすることで他部族がカヤンの女性を略奪するのを防ぐためだったという説もある。しかしカヤン族は，首輪飾りは女性を美しくし婚姻の可能性を高めると主張している点でこの説とは矛盾している（Khoo Thwe, 2006）。

近年の研究によると，男女の社会的な役割の変化や，首輪飾りが高額であることから，首輪飾りをする女性は減っていることが示されている（Ismail, 2008）。いまだ首輪飾りをしている女性の多くは（写真を撮影させることによる）観光収入のためであるが，それでも彼女たちは首輪飾りを誇りに思い，首輪飾りは体の延長であり，自分たちを美しく見せるとしている（Shimoda & Ohsawa, 2017）。

カヤンの女性の首輪飾りはいくつかの点において，装いの心理学にとって重要なテーマである。首輪飾りは根本的には身体の装飾という非言語コミュニケーションと文化的価値を象徴するとされているが，女性の身体を変化させることにより，彼女たちの動きを制限し服従させる手段として利用された可能性も言及されている（Theurer, 2014）。また，首輪飾りは貴重な文化遺産であるとする人びとがいる一方，首輪飾りをしたカヤンの女性を観光客向けの「現代の見世物小屋」と嘆く人びとも少なくはない（Trupp, 2011）。

コラム 25

海外の研究者からみた日本人の「装い」行動

ある日，海外の装い心理の研究者であるスワーミ教授に，日本と欧米の，特に若い人たちの装いに違いがあると感じるか尋ねてみた。スワーミ教授は多文化の比較研究に精通しており，日本人女性の理想体型についての研究もおこなっている。また，数年ほど前に，東京，京都，埼玉，大阪を訪れており，日本の装いをその目で実際に見ている。以下は，スワーミ教授から聞いた感想をまとめたものである。

基本的には，欧米と日本の都市部でみられる理想の容姿や装い行動には多くの類似点があったように思う。ただ，際立った違いもいくつかあった。まず，欧米とは違い，日本の若者には肥満や過体重の人はほとんどみられなかった。また，男女ともに欧米人と比較するとあまり「やってます感」（人より目立とうと派手にアピールする感じ）が前面に出ていないようにみえた。これは，集団主義の文化のためなのかもしれないと感じる。特に女性においてはその文化で理想とされる性格や態度も装いに反映される。たとえばアメリカでは強く独立した女性が理想とされ，日本ではかわいらしく親しみやすい女性が理想とされる。メイナードとテイラー（Maynard & Taylor, 1999）による，アメリカと日本のティーン向け雑誌『セブンティーン』の比較研究によると，アメリカのモデルはまじめな表情をし，挑戦的で独立心の強い女の子にみえるのに比べ，日本人のモデルはほぼすべて微笑み，キュートで，身近にいそうな女の子にみえる。

また日本には独特の，他国では見られない装いもいくつか見られた。たとえば「ガングロ」とよばれる，不自然なほどに日焼けした肌に，分厚く重ねたつけまつ毛，そして目のまわりと唇だけ真っ白に塗るメイクなどは日本でしかみられない。なぜこのような一見日本の文化とは何の関係もなさそうな装いが一部の若者のあいだで一時期流行となったのかはいまだ謎である。

このように，海外の研究者からみると，日本の若者の装いには独特な点がいくつかあったようである。それぞれの文化や社会では人の理想とされるイメージが異なるため，装いにもこうした文化差がみられるのであろう。

終章
装い再訪

人生というスパンでみてみると，生まれ落ち産着にくるまれてから死装束で荼毘に付すまで，一生のあいだ，毎日何かしらの装いがおこなわれています。人が生きるかたわらには常に装いがある。いや，むしろ，人と装いは不可分なのです。

自然の状態に意図的に手を加えるというのは，ヒトだけです。生まれたときの状態の身体を意図的に整え飾るのも，ヒトだけです。そしてそれこそが，ヒトとほかの生き物を区別するものの1つなのです。

われわれは心と同時に身体も有しており，そして，古くから自己の1つとして身体が位置づけられています。ジェイムズ（James, 1982）の自己（me）は「物質的自己」「社会的自己」「精神的自己」の3つに分類され，身体や衣服は「物質的自己」に含まれています。自己概念を分類した多くの研究において，身体的外見が含まれていることが確認できます（see, 榎本, 1998）。つまり，身体は自己の重要な一部であり，そこに変化を加えるということは，すなわち自己を変化させることといえるのです。また，衣服なども自己に含まれることを考慮すると，身につけるものによって自己が拡張することもありえるのです。

本書で扱ってきた「装い」は，つまり，自己を整え飾ることということができるでしょう。けっして卑近なくだらないものではない。自己の中核に関わり，人にとって重要なものなのです。そのため，装いの研究は，自己についての研究といえます。だからこそ，装いの心理学的研究は人に関わる現象の理解に役立ち，そして，人びとの生活に大いに寄与しうるのです。

1　「装い」という用語

類似した用語との差異

これまで装いという言葉を使ってきたが，改めてこの用語について確認しておきたい。「装い」は，外観を変化させることを意味する。装いと類似した一般的な用語として，外見，服装，着装，装飾などがあるが，それぞれ少しずつ意味が異なっている。多くの用語が重複した範囲の内容を意味すると同時に異なった範囲の内容も意味し，使用されている[1)]。

装いと同様の内容を意味する専門用語には，「化粧」や「身体装飾」などがある。日常では，化粧という用語は，限定された意味で使用されることのほうが多い。たいていは，化粧品をおもに顔に用いることによる装いのことを意味する。しかし，研究の世界では，化粧という用語は，化粧品による装いに限らず，衣服によるものや，装飾品によるもの，イレズミによるものなど，外観を変えるための行為全般を含み，幅広い内容を示す。なお，『世界大百科事典第2版 ベーシック版』（加藤, 1998）によると，「化粧」は「装身行為をさす。広義には身体装飾と身体変工を含む装身行為をさす」とあり，ここでも日常での用い方と異なることが確認できる。なお,「被服」という装いの道具を示す用語は，日常では一般的には着るものを意味するが，研究の世界では，身体の外観を変えるためのすべてのもの，たとえば衣服に限らず化粧品や装身具，履き物など広い内容を含むものとして使用されている[2)]。

先に出てきた「身体装飾（body adornment)」や「身体変工（body modification)」[3)] であるが，これらは，文化人類学などの分野で用いられている用語である。これらの専門用語は日常生活ではなじみがないものであり，心理学の分野でも十分には知られていない用語でもある。これらは，外観を変化させること全般をさす。『世界大百科事典第2版 ベーシック版』（加藤, 1998）によると,「身体装飾」は「身体に直接，装飾的加工を施す慣習。一時的装飾と永続的装飾に分けられる」とある。化粧，着装，装飾，ボディペインティングなどが含まれ，身体に一時的に何かを塗布したりつけたりといった，装飾により外観を変化させるが，身体そのものは加工しない装いである。一方,「身体変工」は「身体の一部に変形や損傷などの変工を加える慣習」とある。瘢痕文身，体型変化，美容整形施術による変化，ピアッシング，イレズミ，纏足などが含まれ，身体の一部に変形や損傷などの変工を加えることにより外観を変化させる装いである。なお，一般的である整髪・染髪（ヘアスタイリング）や脱毛，手入れされた爪も，身体に直接おこなっている加工であるため，身体変工に含まれる。

それでは，装いの定義はどのようになっているのであろうか。これまでさまざまな装いの定義がおこなわれてきた。辞書に目を向けてみると，たとえば『広辞苑 第7版』（新村, 2018）における「よそおい【装い・粧い】」の2つめの定義は,「外観や身なりなどを美しく飾りととのえること。装飾。装束」となっており，幅広い内容を示すものであることが読み取れる。『新版大言海』（大槻, 1956）の「よそふ」においては,「カザリトトノフ。容儀ヲヲサム。ヨソホフ。装飾ス」という記述もある。このように，身体を整えたり飾ることが装いとして定義されているといえよう。また，心理学の分野に目を向けてみても，やはり多様な定義がおこなわれてきたことが確認できる。たとえば，高木（2001）においては,「人間の装いとは，被服を用いて外見を装飾し（かざり），整容し（ととのえ），また変身させる（ふりをする）ことである」，とし，「装い」を「身体の外観を変えるために用いるすべてのものやそのための行為」と定義している。

英語においても用語の混乱は同様の状況といえる。基本的には，'adornment'，もしくは，'body adornment' という用語が用いられることが多い。'clothing' とセットで 'clothing and body adornment' として用いられることもある。また，'body modification' などの用語が用いられることもある。ただし，'dress' という用語を用いることを提唱し，それで幅広い装いを示そうとする研究者もいる（Roach-Higgins, Eicher, & Johnson, 1992；Ross, 2008）。また，'adornment' が美的要素を含む身体を覆う行為であるのに対し，'dress' は覆うというプロセスに焦点を置いた行為とする考え方もある（Entwistle, 2005）。なお，'fashion' を，歴史的地理的に特有な衣服のシステムと考えたり（Entwistle, 2005），上流社会の装いを前提とした装いとする考えもある（Ross, 2008）。

このように，現状においては，身体の外観変化を包括的に示す用語は共通見解としては存在せず，さまざまなものが用いられている。従来のように，「化粧」という用語を用いると，一般的には化粧品を用いた行為や状態のみを喚起させるために，誤解を生じかねない。そもそも，研究者間でも，化粧が示す範囲については異論があるため[4)]，その点でもむずかしさが残る。「身体装飾」は，一般の人だけでなく心理学の研究者にもなじみがあるものではない。そこで，本書では，広い範囲の外見変化を包括して示すために，比較的ニュートラルかつ範囲も広く誤解も生じにくいと考えられる「装い（よそおい）；adornment」という語を用いてきた。

変わる「こと」と変化した「状態」

ところで，装いのプロセスとして，「道具や手段」を用いて，何かしらの「行為」をおこない，そしてある「状態」になるという構造がある。たとえば，化粧品という「道具や手段」をもって，顔の特徴を隠したり際立たせたりする「行為」により変化させられた「状態」をつくりだすことが，「化粧」という装いである。そして，一般的には，「装い」といった場合，「変えること」のみならず，その行為によって変化した外観変化後の「状態」のことも意味する。たとえば，化粧をおこなった状態，アクセサリーやピアスを身につけた状態なども「装い」が意味するところとなる。『新明解国語辞典 第7版』（山田ほか, 2012）においても，「装い」が身なりなどの状態や様子を示すものとして定義されている。また，『新版大言海』（大槻, 1956）においても「よそほひ」には「カザリトトノフルコト」だけでなく「アリサマ。様子」とある。『広辞苑 第7版』（新村, 2018）においても，おこなうことだけでなく状態も示すものであることが読み取れる。何よりも，日常生活において，「装い」は状態と様子を示すものとして使用される。このように，変化した結果としての状態も装いの意味することといえる。

ところで，これまでの章で確認できるように，化粧などの静的な装い以外の装いも考えられる。それは，動的な装いである。動的な手段による装いにはいくつかの種類が考えられる。たとえば，ふるまい・しぐさ・みぶりなどである。歩容もある。これらも，外観の変化を生じさせるものの１つといえる。同じ衣服を身につけていても，動き方が異なれば，他者に与える印象も変わってくるであろう（第10章参照）。つまり，人の見た目を形づくるものとなっている。三浦（1994）も，階級や民族といったものが身体とその動きを変えていくとし，それらが装いの１つに含まれるとしている。

また，言葉という装いも存在する。同じ服装や化粧や髪型や体型であっても，どのような言葉を発するかによって印象は異なり，また，自身の気のもちようも変わってくる。言葉は発したあとも身体のまわりにとどまるわけではないが，その人の印象を形づくり，また，自分にも影響を与える。なお，文字として残せば視覚情報になるため，ある程度の期間それを発した者に付随したものとなり，その人を形づくるものとなる。

このように，広義の装いには，動きや言葉といったものが含まれる。第10章と第11章で，これらが装いであり，その影響力は小さくないことが確認できたと思う。動きや言葉は，基本的には従来の装いの範疇で扱われてこなかったものである。しかし，これらを含めた複合的な装いが，日常生活の人びとの営みにおいてあふれている。そこで，より広義には，動きや言葉といったものによる変化も装いに含むことに問題はないと考えられる。装いの範囲を図示したものが図E-1である。

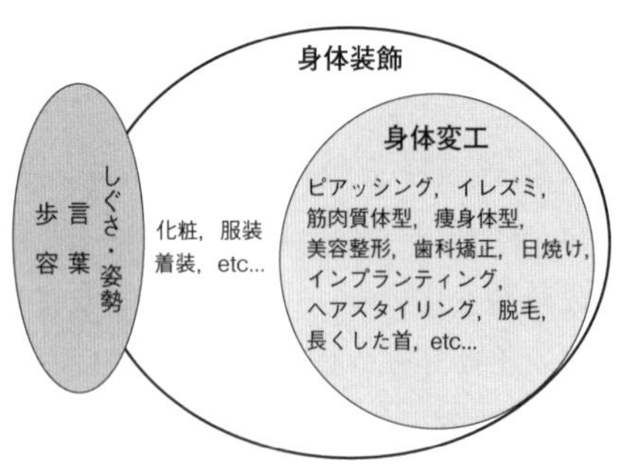

図E-1　装いの範囲

さらに広義の装いも考えられる。整え飾ることは，必ずしも自分の身体にのみおこなうことではない。家族または友人の髪を整え飾ることもあろう。装いは他者の身体におこなうこともある。これについては，先の身体装飾（body adornment）という用語の示す範囲であり，装いという用語を用いることになんの問題もないであろう。

加えて，装いは，所有物に対しておこなうこともある。所有物は物質的自己の１つであるが，その物質的自己を装うということはめずらしくない。たとえば，スマートフォンやバッグにアクセサリーを取りつけるといったデコレーションは，一般的におこなわれている装飾といえる。場合によっては，車や部屋や家に対しても装いはおこなわれる。そのような点では，従来の身体装飾という用語で示した範囲には含まれないものとなってしまう。しかし，装いという用語であれば，その制限は生じない。したがって，「装い」という用語で物質的自己の装いも包括してしまうこととしたい。このことは，今後の装い研究の展開において有用と考えられる。

2　分類の再確認

従来の分類軸の問題点

これまでみてきたように，装いは身体の外側で変化が生じるのか，身体そのもので変化が生じるのかという観点で分類可能である。前者は外部的装い，後者は身体的装いということができる。また，元に戻しうるかどうかといった，一時的か永続的かという観点からの分類もおこなわれている。これまでの古典的な分類においては，フリューゲル（Flügel, 1930）によるものがあり，装飾の形態を身体的と外部的の２つに分類している。また，カイザー（Kaiser, 1985）は，一時的－永続的，そして，身体的－外部的，の２つの軸から，装飾の形態を①一時的・身体的装飾（化粧），②一時的・外部的装飾（衣服やアクセサリー），③永続的・身体的装飾（入れ墨，ピアスや纏足），そして，④永続的・外部的装飾（該当する装いはなし）の４つに分類している。

カイザー（Kaiser, 1985）の分類が引用されることは多いが，以降に述べるように，その分類にはいくつかの問題があると考えられる。化粧は身体そのものの変容ではない。そのため，化粧は一時的・身体的装飾ではなく，一時的・外部的装飾へと分類するのが適切と考えられる。また，ピアッシングは永続的・身体的装飾に分類されているが，少なくとも近年の欧米や日本などにおけるピアスは，取り外すことが可能でその時々でつけるものを変えることができる。さらに，長いあいだピアスをしていないと，穴が閉じてしまうこともある。部族社会の文化においてみられたようなピアッシングによる装い（図 0-2，p.4 参照）であれば，カイザー（Kaiser, 1985）の分類は問題ないと考えられるが，現在のピアッシングはそれとは異なり，自由に脱着しそして変更できるという，多分にほかの装身具によるものと同様の性質になっている。そのため，ピアッシングについて検討する際には，永続的・身体的装飾に分類しないほうが，その事象と背景にある心理の理解に有用と考えられる[5)]。

精神的なものまで含む分類もある。山崎（1955）は，「ぬり＝第一化粧」「かざり＝第二化粧」「傷つけ＝第三化粧」「美容整形＝第四化粧」「教養美＝第五化粧」のように，段階的に分類している。第一化粧から第四化粧までは物理的なものであり，第一化粧と第二化粧が一時的装いもしくは外部的装い，そして，第三化粧と第四化粧が永続的装いもしくは身体的装いということも可能である。第五化粧は精神的なものである。この分類においても，「化粧」が幅広い装いを示している。山崎（1955）は，これらの段階が進むにつれて手軽に達成できるものではなくなると述べている。なお，装いは心身を装うと考えた場合には，教養美は興味深い観点といえる[6)]。

分類の再検討

ともあれ，従来の研究を概観すると，非常に幅広い種類の装いが存在することが確認できる。そして，身体的か外部的かという軸，一時的か永続的かという軸，それぞれによる記述は可能である。この 2 軸はある程度の重なりが見受けられる。基本的に，身体装飾は一時的なものである一方，身体変工は基本的に永続的なものが多い。実際，一時的な装飾を身体装飾，永続的装飾を身体変工とする考えもある（e.g., DeMello, 2007）。

ただし，明確に一時的か永続的か分類することがむずかしいものもある。類型的に非連続に分類されるというのではなく，連続線上の中間的な位置づけを有するものもあるといえよう。ダイエッティングやエクササイジング，ボディビルディングにより変化した体型は，完全に永続的な外観変化とは言いきれない。変化させた体型は，その後元の状態に戻ってしまう場合も多く，永遠に維持できるわけではないからである。身体的かつ一時的と永続的の中間といえよう。ピアッシングについても，先述のように，現代では短期的に変化させうる装身具（アクセサリー）による装いの一種でしかない。身体的と外部的の中間かつ一時的と永続的の中間に位置すると考えられる。日焼けは身体的ではあるが永続的ではないし，整髪・染髪した髪や手入れした爪については，伸びて生え替わるという性質があるために，これも同様に，身体的ではあるが完全に永続的なものとはいいがたい。フィッシャー（Fisher, 2002）は半永続的という分類について言及しているが，そのような分類は，装いの分類を考える際に有用といえる。

装いの付置についての実証的研究は，鈴木（2005）によっておこなわれているが，ここで，上述の軸を考慮しながら改めて位置づけてみたい。いくつかの装いの位置づけを試みたものが，図 E-2 である。各装いおよび軸の性質を考慮すると，コストという軸が装いの性質の理解に寄与すると考えられる。ここでのコストとは，費用であったり，痛みであったり，不可逆であるということ，おこなえる場所が限られるということ，そして，社会から受け入れられにくい（もしくは拒絶されやすい）といったことを意味する。

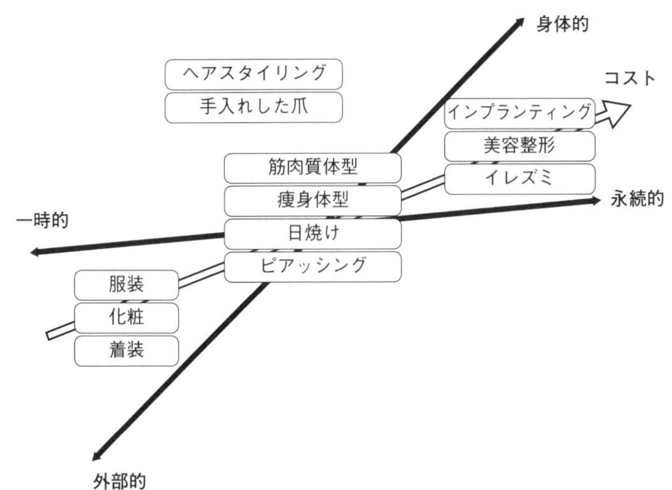

図 E-2　現代の装いの位置づけ

なお，装いは文化によって基準とされるものが異なっており，また，流行も存在する。そもそも，何を美しいと感じるかについては，その文化や時代で異なっている（第 16 章参照）。纏足や歯牙変工などは，基本的には特定の文化や時代においておこなわれていた装いであり，その文化や時代においては美しいと評価される一方，ほかの文化や時代では美しいと評価されないかもしれない。リップディスクにより広げられた唇や首輪を巻いて長くした首も同様である。また，ある時代には美しいとされたものがのちの時代にはそのようにみなされないことも多い。現在の日本では，涅歯(でっし)（お歯黒）を美しいと思う人は少ないであろう。さらに，現代日本においても，シーズンごとに流行とされる装いはめまぐるしく変化し，その流行のサイクルは非常に短い。ある時点で「かっこいい」「かわいい」とされた装いが，半年もすれば流行遅れとされ，「かっこわるい」「ダサイ」などと評価されるようになる。装いにみられる流行については，さまざまな観点からの説明が試みられている（see, Kaiser, 1985）。

3　心理的機能

装いにはいくつかの主要な機能があるが，そのなかでも心理学において重要度の大きい心理的機能について再度確認しておきたい。心理的機能とは，自他の心理面への影響を生じさせる機能である。序章で言及したように，また，これまでの各章で確認できたように，装いの心理的機能は，対自的機能と対他的機能の2つの側面があり，自分に対するルートと他者に対するルートをとおして効用を生じさせる。

対自的機能は，自分自身に心理的影響を与えるはたらきのことである。選択可能な装いをおこないそれを自身の目で確認することによって，気分を上昇させるなど自身の情動が変化し，行動が積極的になったりし，そして場合によっては精神的健康にも影響を及ぼしうる。自身の姿を確認することによって自己像を定着させ，自分がどのような人間であるか確認するといったはたらきなどもある。さらに，理想像に近づくために装うことによって，つまり，姿を変化させることによって，理想の自己を獲得することも可能ともなる。

対他的機能とは，他者に心理的影響を与えるはたらきのことである。簡単にいえば，他者にどのような人物であるか，どのような状態であるかを伝え，結果として他者が有する印象を形成するはたらきなどである。流行の衣服を身につけたり痩せた体型を獲得したり，イレズミを身体に入れたりと，人びとは他者がどのような印象を抱きどのような評価をするかを予期して装いをおこなう。社会的規範や流行などを参照しながら，どのような装いをおこなうかを決めていく。そこには，個々人が自身をどのように見てもらいたいかが反映されている。簡単に実施できない装いをおこなうこと自体も，他者に対して特定の印象を形成する。ロス（Ross, 2008）は，人はどんな人であるのか，そして何をしているかを示すために装うと述べている。

なお，他者の評価を気にしない場合は，社会的に不適応と判断されうる場合がある。汚れたワイシャツで会社に行く，結婚式によばれた際に白いドレスを着て参列するなど，社会の規範を逸脱しすぎると，社会から拒絶される可能性が生じる。気にしすぎは精神的に問題を生じうる場合もあるが，気にしなさすぎも社会的に問題を生じうる。

ところで，自他の目に映る自己と同様に重要なのは，「推測した自己（他者の目に映っていると想像した自己）」である。相手がどのように評価するかではなく，どのように評価するであろうかという想像が重要ということである。そこには他者からの賞賛や恐れといった直接的な行動や反応は必要とされない。相手がどのように評価するであろうかという想像が，自身の心理面への影響を及ぼす。直接に言葉などで評価されなくとも，自分が魅力的に他者の目に映っているであろうことを想像し，気分が高揚するということもありえる。もしかすると，われわれは他者による直接の評価よりも想像による評価のほうから大きな影響を受けている可能性はある。推測した自己像は，他者の側ではなく自身の側にある自己像であり，対自的機能のプロセスに含まれる要素であるといえる。

重要な他者，もしくは道行く見知らぬ人の目に映っているであろう自分の姿を，自分が理想とする姿に近づけるための試みの１つが装いといえる。つまり，他者の視線の先に想像した「推測した自己像」を自身の有する「理想の自己像」に近づけるために，「現在の自己」を整え飾るのが装いなのである。このように自己を確認しつつ変容させていくということが，他者の目を推測しながらの対自的機能と対他的機能のはたらきによって生じてくる。自身の評価，実際に確認できる他者からの評価と反応，そして推測された想像上の他者の評価，それらによる絶え間ないプロセスにより，自分がどのような人間であるのか確認しつつ，そして理想像に近づくために装いで自己像の調整をおこなっていくのである。

なお，うまく社会に適応し，他者とよい関係性を築き，精神的にも健康に生活していくには，対自的機能と対他的機能の両方の機能が適切にはたらくことが重要である。新しい装いにチャレンジしたがどうもしっくりこない。しかし，友人からは「別に変じゃない」と言われる。それで気分は簡単に回復するであろうか。いくら友人が肯定的な評価をしたとしても，あくまでも，自身が納得しないと気分は回復しないかもしれない。もしくは，他者は本当は変だと思っているのではないかという想像や懸念が生じる場合もあるかもしれない。またはこのようなこともあるかもしれない。新しい装いにチャレンジしたところ，友人から不評で遠回しにやめたほうがよいと言われる。その場合，簡単にやめるかどうか。他者から見て奇妙であっても，自分が満足していればよいと考え，その装いをやめないかもしれない。しかし，社会の規範から外れすぎると，まわりから拒絶されることもある。対自的機能と対他的機能が常に両方うまく機能するとは限らないが，社会適応という点では両方の機能が十分にはたらいたほうが望ましいといえる。おそらく，人は自分の目と他者の目の両方を大事にして装いをおこなっていくことにより，より充実した人生を送ることができるのであろう。

とはいえ，あえてこれまでの自分の装いとは大きく異なる装いをしたり，社会の規範から逸脱する装いをしたりすることで，自他の目に映る姿にゆさぶりをかけることもあろう。そこにこそ，装いの本質が表れるのかもしれない。自他のせめぎ合い，そして，すり合わせのうえで，人びとは装いを選択し採用し身体を整え飾っていく。

4 おわりに

装いの定義

ここで改めて「装い」を定義しておきたい。従来のさまざまな定義を概観したうえで，狭義の「装い（adornment）」を**「さまざまな道具や手段を用いて身体を整え飾り外観を変化させること，およびその結果としての状態」**と定義することができる。これまで化粧や身体装飾，身体変工などの用語で示されてきた内容をすべて包括するものとする。

さらに，この定義は拡張できると考えられる。先述のように，装いは自身の身体に限らず，他者の身体や，もしくは自他の所有物に対してもおこなわれる。さらに，動きや言葉によるものも含むと考えられる。非常に幅広く，深く，そして可能性と意義をもった現象といえる。そして，これまで確認されてきたように，心理的機能や社会的機能，そして身体管理機能など多様な機能を有しているという特徴がある。

それらの内容をふまえ，広義の「装い」を**「さまざまな道具や手段を用いて自他の身体もしくは自他の所有物を整え飾り外観を変化させること，およびその結果としての状態」**と定義することにしたい。そして，その特徴として，**「化粧，服装，着装，イレズミや美容整形，体型，そして動きや言葉によるものなど，さまざまな種類がある。また，心理的機能や社会的機能，そして身体管理機能などさまざまな機能を有している」**とまとめることができるであろう。

「装いとヒト」再考

そもそも，ヒトはなぜ装いをおこなうようになったのであろうか。さまざまな説があり，起源を確定することはむずかしい（e.g., 馬杉・苗村, 1996）。とはいえ，外観の変化を楽しむという純粋な欲求の表出が，装いの根源にあると思われる。それは，自身の身体をどのように見つめ，どのように扱うかという，まさしく自己との向き合い方と重なってくる。同時に，人は集団に所属したいという根源的な欲求があり（Baumeister & Leary, 1995），それを達成するために自己を呈示し，受け入れられるようにし，そして集団との同一化を図るために装いがおこなわれるようになってきたとも考えられる。装いは，人が社会で営みをおこなっていくうえで必須のものでもある。

そして，その装いの選択は，社会的な枠組みを参照しながらおこなわれる。ある文化において，その文化の基準に則した装いを選択するのか，それともそうでないのか，人は装いを日々，そして一生選択しつづけている。場合によっては，規範から離れすぎてしまい，社会からつまはじきされるかもしれない。場面による規範も存在する。軽装で冠婚葬祭に行けば，冷たい目で見られるであろう。海水浴など特定の場面を除き，水着で外に出かけることもできないし，基本的に，裸で外をうろつくことはできない。

このように社会的な制約があるなかで，人びとは個々の自己像を確認し拡張するための装いを，社会規範とのせめぎ合いのなかで選択していく。校則で禁止されているピアスをこっそりとつけてくる，もしくは放課後につける。現在では一般的ではないとされている美容整形をこっそりと，もしくは堂々とおこなう。内容や程度はともかく，このようなせめぎ合いが，あらゆるところでおこなわれているであろう。個人と社会の交差するところで装いはおこなわれており，そのプロセスにおいて，自己の確認や変容，拡張などが積み重ねられていく。

それは，ヒトという存在ならではといえる。意図的に装いをおこなえるのは，ヒトのみである。つまり，種々の装いを（制限があるとはいえある程度）自由に選択し，採用し，実施することができるのはヒトのみなのである。ヒトを人たらしめるものとして，一般的には，言語の使用や二足歩行があげられることが多いが，装いもそこに含まれる。装いがヒトを人たらしめているのである。

注

1）なお，美術の世界では，ボディアートという用語でいくつかの装いを示すことがあるようである。

2）神山（1994）は，「服（被服 clothing）」を広義に解釈して，「身体をおおい，装飾するすべてのもの，あるいは，身体の外見を変えるために使用するすべてのもの」とし，「「服」には，身体各部をおおい包むものをはじめ，かぶりもの，はきもの，ヘア・スタイル，かつら，ひげ，化粧，アクセサリー，入れ墨などが含まれる」としている。

3）身体変工は，身体変形（body deformation）と身体損傷（body mutilation）に分類される。なお，「身体加工」という用語もあるが，これは専門用語ではなく，近年のファッションとしての身体の変工（たとえば，セイリーン・インフュージョンやスプリットタンなど）をさす際に用いられる傾向にある。なお，これらも，身体変工に含まれる。

4)　たとえば，石井（2003）は，加工後に簡単に元に戻るものを化粧とよび，イレズミ（原典では刺青）や美容整形などは化粧ではなく身体加工と言いきったほうがよいと述べ，化粧を限定した内容で使用している。

5)　なお，雪村（2005）は，身体に直接穴をあけるという点で身体的であるとともに，その穴に埋め込む装身具という点では外部的であるとし，両義的な特徴を有していることを指摘している。

6)　近年，鈴森（2018）は，装いの広がりを考慮して現在の日本の化粧行為の分類をおこなっている。塗布，飾り，傷つけ，施術，付加，そして自然効用の6つである。付加は美容効果や身体機能の促進，自然効用は健康維持や身体鍛錬のための栄養補給や代謝促進を目的とした行為であり，たんに見た目だけではなく，健康や身体機能といったことが観点となっている。これも，たんなる外観だけの話ではなく，内的なものも含んでおり，興味深い分類といえよう。

コラム 26

生活科学からみた装いの心理学

生活科学とは，より快適な人間生活をめざし，人びとの生活をさまざま々な視点から分析，研究する学問である。以前は家政学とよばれていたが，研究対象は，家庭内におけるものだけでなく，社会や地域との関わりも含まれているため，現在では，生活科学という名称が多く使われる。

被服学は，この生活科学という学問分野に含まれる。被服学は，人と被服との関わりについて研究する学問であるが，その内容は，被服材料学，被服管理学，被服衛生学，被服構成学，服飾美学・服飾史，服飾デザインなどに分類され，繊維素材の開発・生産から被服のデザイン，縫製，販売，消費に至るまで，非常に広い観点から研究がおこなわれている。「人はなぜ服を着るのか」という問いへの答えは，被服学を専門とする研究者においても，その専門性により異なる。

外見より中身を大切にする文化をもち，そのような教育をおこなってきた日本も，今は「外見超重視時代」となり，人は，自己の装い（見た目）をとおして，知性，感情，美意識から身体的な特徴までの，自分は何者であるかのすべてを示し，そして，他者の装いからもそれらを受け取る。服でいうと，着ている服の素材，形，色，柄，服の種類がメッセージを送り，着ている人間と服との関係で他者に判断される。このように，誰もがおこなう日常的な服を着るという行為は，心理的・社会的な意味をおおいに含んでいる。

日本での被服の社会心理学的な研究は 1980 年頃から始まった。心理学と被服学という学際的分野では，相互に異なった領域の問題意識，方法論，学問的背景などをかなりの程度理解することが必要になる。それは非常にむずかしいことではあるが，社会心理学と被服学の研究者による地道な努力の結果，多くの成果をあげてきた。今後も研究者間のいっそうの対話が進み，また，インターネットの普及もともなって，装いの研究はさらなる広がりと深みを増し，社会への貢献ができると確信する。

文　献

▶序　章　装い探訪

飽戸 弘（1982）．化粧意識と化粧行動の研究　飽戸 弘・鈴木裕久・田崎篤郎・嶋田智光（著）経済心理学：マーケティングと広告のための心理学（pp.85–95）　朝倉書店

大坊郁夫（1996）．化粧心理学の動向　高木 修（監修）／大坊郁夫・神山 進（編）　服と化粧の社会心理学：人はなぜ装うのか　北大路書房

DeMello, M.（2007）. *Encyclopedia of body adornment.* Westport, CN: Greenwood Press.

Entwistle, J.（2000）. *The fashioned body: Fashion, dress and modern social theory.* Malden, MA: Polity Press.

石田かおり（2000）．化粧せずには生きられない人間の歴史　講談社

石井政之（2003）．肉体不平等：ひとはなぜ美しくなりたいのか？　平凡社

海部陽介（2005）．人類がたどってきた道："文化の多様化"の起源を探る　NHK 出版

Kaiser, S. B.（1985）. *The social psychology of clothing and personal adornment.* New York: Macmillan Publishing Company.

Kligman, A. M.（1985）. Medical aspects of skin and its appearance. In J. A. Graham & A. M. Kligman（Eds.）, *The psychology of cosmetic treatments*（pp.3–25）. New York: Prager.

Koda, H.（2004）. *Extreme beauty: The body transformed*（Metropolitan Museum of Art Series）. New York: Metropolitan Museum of Art.

神山 進（2003）．被服の社会心理学的研究：特集号の刊行によせて　繊維製品消費科学, *44*, 635–636.

前田和男（2009）．男はなぜ化粧をしたがるのか　集英社

松井 豊・山本真理子・岩男寿美子（1983）．化粧の心理的効用　マーケティング・リサーチ, *21*, 30–41.

Morris, D.（2004）. *The naked woman: A study of the female body.* London: Jonathan Cape.

大久保智生・鈴木公啓・井筒芽衣（2011）．青年期におけるピアッシング行為への許容と動機：身体装飾としてのピアスに関する研究（1）　繊維製品消費科学, *52*, 113–120.

Ross, R.（2008）. *Clothing: A global history: or, the imperialists' new clothes.* Cambridge: Polity Pres.

Rudofsky, B.（1971）. *The unfashionable human body.* New York: Doubleday.

Silvester, H.（2007）. *Les habits de la nature.* Paris: Éditions de La Martinière.

下田敦子（2015）．カヤン女性の身体変工・装飾と価値体系：ミャンマー最深部に於ける 2013–2014 年生活実態調査より　家政教育社

鈴木公啓（2012）．装いの枠組みによる痩身の心理的機能と効用についての確認：体型結果予期の分類および痩身願望との関連　パーソナリティ研究, *21*, 164–175.

Vanhaeren, M., d'Errico, F., Stringer, C., James, S. L., Todd, J. A., & Mienis, H. K.（2006）. Middle paleolithic shell beads in Israel and Algeria. *Science*, *312*(5781), 1785–1788.

Wohlrab, S., Stahl, J., & Kappeler, P. M.（2007）. Modifying the body: Motivations for getting tattooed and pierced. *Body Image*, 4, 87–95.

山村博美（2016）．化粧の日本史：美意識の移りかわり　吉川弘文館

吉岡郁夫（1996）．いれずみ（文身）の人類学　雄山閣出版

▶コラム 2　本書で頻出する統計用語

鈴木公啓（2018）．やさしく学べる心理統計法入門：こころのデータ理解への扉　ナカニシヤ出版

▶第 1 章　メイクアップ

阿部恒之・大川 恵・高野ルリ子（2008）．容姿の印象形成に及ぼす過般化の影響：顔だちまっぷの理論的基盤に関する実験的検討　日本顔学会誌, *8*, 87–96.

阿部恒之・佐藤智穂・遠藤光男（2009）．目の大きさ知覚に及ぼすアイシャドーの効果：まぶたの陰影の位置・範囲・濃さを操作した実験的検討　日本顔学会誌, *9*, 111–118.

相川 充（1996）．社会的スキルという概念：自己表現を援助する　相川 充・津村俊充（編）　社会的スキルと対人関係：自己表現を援助する（pp.3–21）　誠信書房

Berry, D. S., & McArthur, L. Z. (1986). Perceiving character in faces: The impact of age-related craniofacial changes on social perception. *Psychological Bulletin, 100*(1), 3–18.

Cash, T. F., Dawson, K., Davis, P., Bowen, M., & Galumbeck, C. (1989). Effects of cosmetics use on the physical attractiveness and body image of american college women. *The Journal of Social Psychology, 129*, 349–355.

Cox, C. L., & Glick, W. H. (1986). Resume evaluations and cosmetics use: When more is not better. *Sex Roles, 14*, 51–58.

Cunningham, M. R. (1986). Measuring the physical in physical attractiveness: Quasi-experiments on the sociobiology of female facial beauty. *Journal of Personality and Social Psychology, 50*, 925–935.

Cunningham, M. R., Roberts, A. R., Barbee, A. P., Druen, P. B., & Wu, C.-H. (1995). "Their ideas of beauty are, on the whole, the same as ours": Consistency and variability in the cross-cultural perception of female physical attractiveness. *Journal of Personality and Social Psychology, 68*, 261–279.

大坊郁夫（1993）．魅力の心理学（3）化粧文化, *29*, 75–91.

大坊郁夫（1995）．化粧行動と自己意識　感情心理学研究, *3*, 35.

大坊郁夫（1997）．魅力の心理学　ポーラ文化研究所

大坊郁夫（1998）．しぐさのコミュニケーション：人は親しみをどう伝えあうか　サイエンス社

大坊郁夫（2001）．美しさの社会性　大坊郁夫（編）／高木 修（監）化粧行動の社会心理学：化粧する人間のこころと行動（pp.34–46）北大路書房

ドゥ・ハウス（2017）．「メイクアップ」に関する調査結果（https://www.dohouse.co.jp/datacolle/rs20171219/）（最終確認日：2020 年 1 月 29 日）

遠藤健治・森川ひとみ・箕輪りゑ・結城智津子（2007）．対人積極性に及ぼす化粧の効果　青山心理学研究, *7*, 17–31.

Galton, F. (1883). *Inquiries into human faculty and its development*. London: Macmilan.

Graham, J. A., & Furnham, A. F. (1981). Sexual differences in attractiveness ratings of day/night cosmetic use. *Cosmetic Technology, 3*, 36–42.

Halberstadt, J. (2007). Proximate and ultimate origins of a bias for prototypical faces: An cognitive account. In J. P. Forgas, M. G. Haselton, & W. von Hippel (Eds.), *Evolution and the social mind: Evolutionary psychology and social cognition* (pp.245–262). New York: Psychology Press.

Hamid, P. N. (1972). Some effects of dress cues on observational accuracy, a perceptual estimate, and impression formation. *The Journal of Social Psychology, 86*, 279–289.

Harrell, W. A. (1978). Physical attractiveness, self-disclosure, and helping behavior. *The Journal of Social Psychology, 104*, 15–17.

平松隆円（2009）．化粧にみる日本文化：だれのためによそおうのか？　水曜社

蛭川 立・山口真美（1993）．性差の強調が顔の成熟および認知に与える影響　日本心理学会第 57 回論文集 , 779.

伊波和恵（2004）．顔と化粧　竹原卓真・野村理朗（編）「顔」研究の最前線（pp.171–186）北大路書房

岩男寿美子・松井 豊（1984）．化粧の心理的効用（Ⅲ）：化粧後の心理的変化　日本社会心理学会第 25 回大会発表論文集, 128–129.

岩男寿美子・菅原健介・松井 豊（1985）．化粧の心理的効用（Ⅳ）：化粧行動と化粧意識　日本社会心理学会第 26 回大会発表論文集, 102–103.

Jones, D. (1995). Sexual selection, physical attractiveness and facial neoteny: Cross-cultural evidence and implications. *Current Anthropology, 36*, 723–748.

加藤 隆・阿磨大介・森岡久美子・赤松 茂（1998）．顔の魅力度判断におけるパーツの魅力の影響　電子情報通信学会技術研究報告：HIP, ヒューマン情報処理, *97*, 17–22.

加藤孝央・石原俊一・大木桃代（2010）．女子大学生における化粧認知及び行動と心理的健康の関連性　生活科学研究, *32*, 81–89.

川名好裕（2012）．化粧と笑顔による魅力変化　立正大学心理学研究年報, *3*, 19–32.

木戸彩恵（2015）．化粧を語る・化粧で語る：社会・文化的文脈と個人の関係性　ナカニシヤ出版

九島紀子（2017）．化粧が対人印象に及ぼす影響：顔形態とメイクの差異による印象操作の実証的研究　応用心理学会大会シンポジウム

九島紀子・齊藤 勇（2015a）．顔パーツ配置の差異による顔印象の検討　立正大学心理学研究年報, *6*, 35–52.

九島紀子・齊藤 勇（2015b）．化粧が対人印象に及ぼす影響：顔形態とメイクの差異による印象操作の実証的研究　応用心理学研究, *41*, 39–55.

九島紀子・齊藤 勇（2016）．顔形態と化粧の差異による希望される関係性の検討　立正大学心理学研究年報, *7*, 65–83.

Langlois, J. H., & Roggman, L. A. (1990). Attractive faces are only average. *Psychological Science, 1*, 115–121.

松井 豊・山本真理子・岩男寿美子（1983）．化粧の心理的効用　マーケティング・リサーチ, *21*, 30–41.

Mims, P. R., Hartnett, J. J., & Nay, W. R. (1975). Interpersonal attraction and help volunteering as a function of physical attractiveness. *The Journal of Psychology*, *89*, 125–131.

森川和則（2012）．顔と身体に関連する形状と大きさの錯視研究の新展開：化粧錯視と服装錯視　心理学評論, *55*(3), 348–361.

森川和則・藤井佑美（2009）．アイメイクの錯視効果の測定　日本顔学会誌, *9*, 242.

村澤博人（2001）．化粧の文化誌・装いと変身の化粧　大坊郁夫（編）／高木 修（監）化粧行動の社会心理学：化粧する人間のこころと行動（pp.48–63）北大路書房

根ヶ山光一（1993）．顔から年齢を知る　吉川左紀子・益谷 真・中村 真（編）顔と心：顔の心理学入門（pp.88–99）サイエンス社

日本理容美容教育センター（2018）．美容技術理論 2　公益社団法人日本理容美容教育センター

小島伸俊・南 浩治（2008）．化粧顔画像の解析・合成技術　映像情報メディア学会誌 , 62, 1928–1932.

Pallett, P. M., Link, S., & Lee, K. (2009). New "golden" ratios for facial beauty. *Vision Research, 50*, 149.

Paquet, D. (1997). *Une histoire de la beauté: Miroir mon beau miroir.* Paris: Gallimard.（パケ, D.／石井美樹子（監）／木村恵一（訳）（1999）．美女の歴史：美容術と化粧術の 5000 年史　創元社）

Perrett, D. I., May, K., & Yoshikawa, S. (1994). *Attractive characteristics of female faces: preference for non-average shape.* Nature publishing group.

ポーラ文化研究所（2017）．女性の化粧行動・意識に関する実態調査 2017 メーク篇（https://www.cosmetic-culture.po-holdings.co.jp/report/pdf/20171120make2017.pdf）（最終確認日：2020 年 1 月 3 日）

Rhodes, G., Harwood, K., Yoshikawa, S., Nishitani, M., & McLean, I. (2002). The attractiveness of average faces: Cross-cultural evidence and possible biological basis. In G. Rhodes & L. A. Zebrowitz (Eds.), *Facial attractiveness: Evolutionary, cognitive, and social perspectives* (pp.35–85). Westport, CT: Ablex.

齊藤 勇（2008）．図解雑学　見た目でわかる外見心理学　ナツメ社

櫻井研三（1993）．メーキャップにおける錯視　資生堂ビューティーサイエンス研究所（編）化粧心理学：化粧と心のサイエンス（pp.75–84）フレグランスジャーナル社

佐藤智穂・阿部恒之（2008）．アイシャドーが目の大きさ知覚に及ぼす影響　日本顔学会誌, *8*, 170.

菅原健介（1993）．メーキャップとアイデンティティー　資生堂ビューティーサイエンス研究所（編）化粧心理学：化粧と心のサイエンス（pp.155–160）フレグナンスジャーナル社

菅原健介（2001）．化粧による自己表現　大坊郁夫（編）／高木 修（監）化粧行動の社会心理学：化粧する人間のこころと行動（pp.102–113）北大路書房

鈴木ゆかり（1993）．顔の形態と印象の関係　資生堂ビューティーサイエンス研究所（編）化粧心理学：化粧と心のサイエンス（pp.124–133）フレグナンスジャーナル社

高橋 翠（2011）．顔の魅力研究の現在：普遍性と個人差に対する進化心理学的アプローチ　東京大学大学院教育学研究科紀要, *51*, 183–190.

高橋良子・堀 洋道・岩男征樹（2000）．化粧の心理学的効果に関する基礎研究：化粧習慣と精神的健康度との関係について　教育相談研究, *38*, 33–41.

高野ルリ子（2001）．メーキャップのサイエンス　大坊郁夫（編）／高木 修（監）化粧行動の社会心理学：化粧する人間のこころと行動（pp.90–101）北大路書房

高野ルリ子（2010）．顔の印象評価におけるメーキャップと笑顔度の影響　日本顔学会誌, *10*, 37–48.

高野ルリ子（2015）．メイクアップの基礎　日本顔学会（編）顔の百科事典　丸善

高野ルリ子・阿部恒之（1997）．顔の印象評価における形態的背景　日本心理学第 61 回大会発表論文集, 707.

Takano, R., Abe, T., & Kobayashi, N. (1996). Relationship between facial feature and perceived facial image for application to image creation using cosmetics. *Proceeding of 70th Anniversary Conference on Color Materials*, 188–191.

鳥居さくら（2001）．顔のコミュニケーション　大坊郁夫（著）／高木 修（監）　化粧行動の社会心理学：化粧する人間のこころと行動（pp.12–21）　北大路書房

津田兼六・余語真夫・浜 治世（1989）．化粧と表情による容貌印象の変化　関西心理学会第 101 回大会発表論文集, 80.

宇山侊男・鈴木ゆかり・互 恵子（1990）．メーキャップの心理的有効性　日本香粧品科学会誌, *14*, 163–168.

Winslow, V. L. (2009). *Classic human anatomy: The artist's guide to form, function, and movement.* New York: Watson-Guptill .（ウィンスロゥ, V. L.／宮永美知代（訳）（2013）．アーティストのための美術解剖学：デッサン・漫画・アニメーション・彫刻など，人体表現，生体観察をするすべての人に　マール社）

Workman, J. E., & Johnson, K. K. P. (1991). The role of cosmetics in impression formation. *Clothing and Textiles Research Journal*, *10*, 63–67.

山本浩未（2004）．メイクのからくり 73：目の錯覚効果で驚きのキレイ！　学研マーケティング

余語真夫（1993）．感情および容貌印象に与える影響　資生堂ビューティーサイエンス研究所（編）　化粧心理学：化粧と心のサイエンス（pp.269–270）　フレグナンスジャーナル社

▶コラム 3　男性のメイクアップ化粧品の使用実態と化粧意識

九島紀子（2018a）．男性のメイクアップ実施状況と自分の顔の認知　日本顔学会第 23 回大会, *18*, 51.

九島紀子（2018b）．男性のメイクアップ化粧品の使用実態と化粧意識　日本応用心理学会第 85 回大会，98.

日本経済新聞（2017）「ACROD，メイク中心のメンズ総合コスメブランドを 2018 年秋に発売」（2017 年 12 月 5 日付）（https://r.nikkei.com/article/DGXLRSP465269_V01C17A2000000?s=3）（最終確認日：2018 年 5 月 1 日）

▶コラム 4　まつ毛エクステンション

リクルートライフスタイル（2013）．アイビューティーサロン用実態調査：①東名阪エリア 20–49 歳女性のアイビューティーサロン利用状況（http://hba.beauty.hotpepper.jp/wp/wp-content/uploads/2013/07/eye1.pdf）（最終確認日：2018 年 5 月 1 日）

リクルートライフスタイル（2017）．【美容センサス 2017 年上期】《アイビューティーサロン編》アイビューティーサロンの利用に関する実態調査（http://hba.beauty.hotpepper.jp/wp/wp-content/uploads/2017/07/E_eye_census_201706.pdf）（最終確認日：2018 年 5 月 1 日）

▶第 2 章　スキンケア

阿部恒之（2002）．ストレスと化粧の社会生理心理学　フレグランスジャーナル社

阿部恒之・高野ルリ子（2011）．化粧と感情の心理学的研究概観　におい・かおり環境学会誌, *42*(5), 338–343.

針谷 毅・小林雄輔・相原道子・石和万美子・柴田道男・市川秀之・池澤善郎（2002）．アトピー性皮膚炎患者に対する鎮静系香料曝露が及ぼす影響について　アレルギー, *51*(11), 1113–1122.

平松隆円（2007）．スキンケアによる感情調整作用に関する研究　繊維製品消費科学, *48*, 750–757.

平尾直靖（2002）．スキンケアの心理的な効果について：皮膚感覚，情動，肌改善効果の視点から　日本化粧品技術者会誌, *36*(1), 1–9.

飯田一郎・別府里奈（2015）．スキンケアユーザーの多次元データより質的指標を導出する　神戸山手短期大学紀要, *58*, 1–24.

飯田一郎・菅野真由美（2017）．化粧水を感覚的に探索する　神戸山手短期大学紀要, *60*, 1–22.

池山和幸（2013）．香粧品と高齢女性の行動変容　オレオサイエンス, *13*, 11–16.

伊波和恵・浜 治世（2000）．高齢女性と化粧：化粧の臨床心理学的適用の方法および実践　繊維工学, *53*, 10–16.

河島三幸・引間理恵（2013）．化粧品の感触が使用者の感情に与える影響：化粧版感情評価尺度を用いた

検討　感情心理学研究, *21*, 14.
河島三幸・引間理恵（2015）. 化粧が感情に与える影響　日本心理学会第79回大会発表論文集, 946.
河島三幸・引間理恵（2018）. 化粧行為の生理心理学的検討：スキンケアによる自己接触の生理心理作用　生理心理学と精神生理学, *35*(1), 33–42.
木戸彩恵（2015）. 心理・社会的発達と化粧行為の関連の検討：ライフ・ステージによる化粧意識の相違と老年期の化粧　コスメトロジー財団報告
菊地史倫・秋田美佳・阿部恒之（2013）. 嗅覚がリップクリームの使用感に与える影響　心理学研究, *84*, 515–521.
久家慶子・木藤恒夫（2015）. 高齢女性における化粧行動　久留米大学心理学研究, *14*, 17–24.
松本浩司（2016）. 教養としての被服教育を現代化するためのおしゃれ教育学（1）：序説・その背景と目指すべき方向性　名古屋学院大学論集社会学編 , *52*(3), 141–154.
西岡敦子（2012）. 男性の化粧は受け入れられるのか：男性の化粧行動から　繊維製品消費科学, *54*, 332–338.
ポーラ文化研究所（2018）.「女性の化粧行動・意識に関する実態調査 2018」調査報告 1（https://www.cosmetic-culture.po-holdings.co.jp/report/pdf/181214henka.pdf）（最終確認日：2019 年 7 月 7 日）
妹尾正巳・竹本裕子・飯田一郎・菅谷良夫・神宮英夫（2000）. スキンケア製剤使用による感情変化　日本化粧品技術者会誌, *34*, 267–272.
辻 幸恵（2012）. 女性の化粧品へのこだわり　神戸国際大学経済経営論集, *32*, 11–31.
宇野晶子・青木昭子（2010）. 化粧の力：自分らしさのお手伝い　2009 年度共愛学園前橋国際大学公開講座「人間らしさの探求」公演記録, 59–74.
山田雅子（2012）. 日本人女子短大生の化粧行動（2）：性差観と化粧行動の連関　埼玉女子短期大学研究紀要, *25*, 111–126.
余語真夫（1999）. 顔をつくる：化粧行動　中島義明・神山 進（編）　まとう：被服行動の心理学（pp.119–138）　朝倉書店

▶コラム5　化粧やおしゃれの教育

石田かおり（2014）. 女子大学における化粧教育の試み　駒沢女子大学研究紀要, *21*, 1–15.
松本浩司（2016）. 教養としての被服教育を現代化するためのおしゃれ教育学（1）：序説・その背景と目指すべき方向性, *52*(3), 141–154.
山田雅子（2011）. 日本人女子短大生の化粧行動（1）：性差観と化粧行動の連関　埼玉女子短期大学研究紀要, *24*, 147–163.
山田雅子（2012）. 日本人女子短大生の化粧行動（2）：性差観と化粧行動の連関　埼玉女子短期大学研究紀要, *25*, 111–126.

▶コラム6　男性の「身だしなみ」意識と清潔志向

石田かおり（2005）. 岐路に立つ「メトロセクシャル」：現在の日本の男性の化粧表現に見られる問題点と解決策　駒澤女子大学研究紀要, *12*, 1–13.
川野佐江子（2018）.「化粧学」とは何か：その学術的意義について再考　大阪樟蔭女子大学研究紀要, *8*, 137–144.
村澤博人（2006）. 顔と美（完）　繊維製品消費科学, *37*, 558–564.

▶第3章　衣服（アウター）

阿部久美子・高木 修・神山 進・牛田聡子・辻 幸恵（2001）. 着装規範に関する研究（第6報）：子どもの着装規範意識に及ぼす親の影響, 繊維製品消費科学, *42*, 718–727.
Adam, H., & Galinsky, A. D. (2012). Enclothed cognition. *Journal of Experimental Social Psychology*, *48*, 918–925.
Allport, G. (1937). *Personality: A psychological interpretation*. New York: Henry Holt and Company.
有元典文（2001）. 社会的達成としての学習　上野直樹（編）　状況のインタフェース（状況論的アプローチ 1）（pp.84–102）　金子書房

Arkin, R. M. (1981). Self presentation styles. In J. T. Tedeschi (Ed.), *Impression management: Theory and social psychological research* (pp.311-333). New York: Academic Press.

Asch, S. E. (1946). Forming impressions of personality. *Journal of Abnormal and Social Psychology, 41*, 258-290.

Bruner, J. S., & Tagiuri, R. (1954). The perception of people. In G. Lindzey (Ed.), *Handbook of social psychology* (*Vol.2*) (pp.634-654). Cambridge, MA: Addison-Wesley.

Conner, B. H., Peters, K., & Nagasawa, R. H. (1975). Person and costume: Effects on the formation of first impressions. *Home Economics Research Journal, 4*, 32-41.

Creekmore, A. M. (1966). *Methods of measuring clothing variables.* East Lansing: Michigan Agricultural Experiment Station.

Drake, M. F., & Ford, I. M. (1979). Adolescent clothing and adjustment. *Home Economic Journal, 7*, 283-291.

Forsythe, S., Drake, M. F., & Cox, C. E. (1985). Influence of applicant's dress on interviewer's selection decisions. *Journal of Applied Psychology, 70*, 374-378.

藤原康晴（1987）．女子大生の好きな被服のイメージと自己概念との関連性　家政学雑誌, *38*, 593-598.

福岡欣治（1999）．社会的規範としての着装規範　神山 進（編）　被服行動の社会心理学：装う人間のこころと行動（pp.30-42）　朝倉書店

Guéguen, N. (2010). Apparel appearance and helping behavior: A comparison of the military and civil effects. *Research Journal of Social Sciences, 1*, 65-68.

Halim, M. L., Ruble, D. N., Tamis-LeMonda, C. S., Zosuls, K. M., Lurye, L. E., & Greulich, F. K. (2013). Pink frilly dresses and the avoidance of all things "girly": Children's appearance rigidity and cognitive theories of gender development. *Developmental Psychology, 50*, 1091-1101.

Harrell, W. A. (1978). Physical attractiveness, self-disclosure, and helping behavior. *The Journal of Social Psychology, 104*, 15-17.

Harris, M. B., & Bays, G. (1973). Altruism and sex roles. *Psychological Reports, 32*, 1002.

Kaiser, S. B. (1985). *The social psychology of clothing and personal adornment.* London: Macmillan.（カイザー, S. B.／高木 修・神山 進（監訳），被服心理学研究会（訳）（1994）．被服と身体装飾の社会心理学：装いのこころを科学する（上）　北大路書房）

Kaiser, S. B. (1989). Clothing and the social organization of gender perception: A developmental approach. *Clothing and Textiles Research Journal, 7*(2), 46-56.

柏尾眞津子・箱井英寿（2016）．大学生における被服行動と時間的志向性との関連性について　繊維製品消費科学, *41*(11), 661-670.

木戸彩恵・荒川 歩・鈴木公啓・矢澤美香子（2015）．幼児期から青年期にかけて衣服を選び，着る行為の変容：女子大学生を対象としたインタビュー調査から　立命館人間科学研究, *32*, 85-103.

桐谷佳恵・田中美遠・小原康裕・玉垣庸一・宮崎紀郎（2007）．ストライプ柄スカートの着用時と柄としての印象の違いについて：ストライプ構成要素の印象への影響　デザイン学研究, *53*, 27-34.

小林茂雄（2003）．装いの心理：服飾心理学へのプロムナード　アイ・ケイコーポレーション

小林茂雄（2017a）．欲求選択動機と装い　小林茂雄・藤田雅夫（編）　装いの心理と行動：被服心理学へのいざない（pp.1-7）　アイ・ケイコーポレーション

小林茂雄（2017b）．自己概念と装い　小林茂雄・藤田雅夫（編）　装いの心理と行動：被服心理学へのいざない（pp.21-27）　アイ・ケイコーポレーション

髙坂康雅（2010）．大学生における同性友人，異性友人，恋人に対する期待の比較　パーソナリティ研究, 18, 141-151.

神山 進（1996）．装う：被服による装飾・整容・変身行動　中島義明・神山 進（編）　まとう：被服行動の心理学（pp.24-45）　朝倉書店

神山 進（1998）．被服の社会・心理的機能　繊維製品消費科学, *39*(11), 678-682.

神山 進（2011）．被服による消費者の自己拡張：被服は消費者の自己主張をいかに生み出すのか　繊維製品消費科学, *52*(2), 92-94.

神山 進・枡田 庸（1990）．容姿の情報伝達内容に関する研究：肌の露出度について　繊維製品消費科学, *31*(11), 539-548.

神山 進・苗村久恵・田中早苗・高木 修（1990）．'知覚されたファッション・リスク'とその低減戦略に

関する研究　繊維製品消費科学, *31*(10), 190–201.

神山 進・高木 修（1990）．知覚された“ファッション・ベネフィット”と“ファッション・リスク”との心理的取引に関する研究　繊維製品消費科学, *31*(10), 488–496.

神山 進・牛田聡子・枡田 庸（1987）．服装に関する暗黙裡のパーソナリティ理論 I：パーソナリティ特性から想起される服装特徴の構造（第 1 報）　繊維製品消費科学, *28*, 335–343.

Kwon, Y.-H. (1987). Daily clothing selection: Interrelationships among motivating factors. *Clothing and Textiles Research Journal*, *5*(2), 21–27.

Kwon, Y.-H., & Shim, S. (1999). A structural model for weight satisfaction, self-consciousness and women's use of clothing in mood enhancement. *Clothing and Textiles Research Journal*, *17*(4), 203–212.

Larrain, M. (2013). Adolescence: Identity, fashion and narcissism. In A. M. González & L. Bovone (Eds.), *Identities through fashion: A multidisciplinary approach* (pp.138–156). London: Berg Publishers.

Morris, D. (1977). *Manwatching: A field guide to human behavior.* London: Jonathan Cape.（モリス, D.／藤田 統（訳）（1991）．マンウォッチング（下）　小学館）

向川祥子（2005）．ファッション・被服と対人距離の関係：心理的距離と物理的距離　日本衣服学会誌, *49*, 31–38.

永野光朗（1996a）．まねる：被服と流行行動　中島義明・神山 進（編）　まとう：被服行動の心理学（pp.65–80）　朝倉書店

永野光朗（1996b）．交わる：被服コミュニケーション　中島義明・神山 進（編）　まとう：被服行動の心理学（pp.188–207）　朝倉書店

永野光朗・小嶋外弘（1990）．服装特徴と印象形成　手がかりの優位性の検討：手がかりの優位性の検討　繊維製品消費科学, *31*, 288–293.

中島義明（1996）．被服の人間行動学　中島義明・神山 進（編）　まとう：被服行動の心理学（pp.1–5）　朝倉書店

内藤章江（2014）．中学生・高校生・大学生の着装規範意識と着装に関する教育経験　繊維製品消費科学, *55*, 920–932.

日本応用心理学会（編）（1954）．文化心理（心理学講座第 12 巻）　中山書店

長田美穂・杉山真理・小林茂雄（1992）．服装の好感度に対する単純接触の効果　繊維機械学会誌, *45*, T193–T199.

西藤栄子・中川早苗・藤原康晴（1995）．服装によって生起する多面的感情状態尺度の作成　繊維機械学会誌, *48*, 57–64.

佐藤 園・平田美智子・河原浩子・小橋和子・原田省吾（2009）．中学校家庭科被服学習における子どもの被服関心・自尊感情形成評価への心理測定尺度適用の試み（1）：教科としての目標達成を目指す家庭科評価研究（第 3 報）　岡山大学大学院教育学研究科研究抄録, *140*, 105–117.

Simmel, G. (1904). Fashion. *International Quarterly*, *10*, 130–155.

菅原健介・COCOROS 研究会（2010）．下着の社会心理学：洋服の下のファッション感覚　朝日新聞出版

鈴木ちひろ・廣瀬直美・鬘谷 要（2010）．色彩および柄が着やせ・着太りに与える視覚効果　和洋女子大学紀要, *50*, 1–10.

高木麻未（2010）．友人とのつきあい方と被服行動の関連：被服が友人関係形成に及ぼす影響の探索的検討　繊維製品消費科学, *51*, 129–134.

高橋美登梨・大枝近子（2013）．就職活動の服装に対する意識：服装によって演出したい自己と被服行動の関連　目白大学総合科学研究, *9*, 81–91.

田中里奈・若林たけ子・東中須恵子（2016）．入院中の衣服の選択理由と衣服が闘病意欲に与える影響要因の考察　奈良学園大学紀要, *5*, 113–121.

Tes Tee Lab（2017）．現役 JK のぞき見企画【Vol.4】お小遣いに関する調査（https://lab.testee.co/jk-vl-4）（最終確認日：2018 年 8 月 31 日）

上林憲司・田戸岡好香・石井国雄・村田光二（2016）．白色または黒色の着衣が道徳性の自己認知に及ぼす影響　実験社会心理学研究, *55*, 130–138.

乳原 孝（2005）．西洋近代の流行：その視点　赤坂俊一・乳原 孝・辻 幸恵（編）　流行と社会：過去から未来へ（京都学園大学総合研究所叢書）（pp.111–124）　白桃書房

牛田聡子・高木 修・神山 進・阿部久美子・福岡欣治（1998）．着装規範に関する研究（第2報）：場面と基準の関連性を規定する個人差要因　繊維製品消費科学, *39*, 709–715.

牛田聡子・高木 修・神山 進・阿部久美子・辻 幸恵・房岡純子（2002）．着装規範に関する研究（第10報）：規範的着装行動に対する他者反応と着装感情の関係とその個人差　繊維製品消費科学, *43*(11), 739–748.

Walster, E., Aronson, V., Abrahams, D., & Rottmann, L.（1966）. Importance of physical attractiveness in dating behavior. *Journal of Personality and Social Psychology*, *4*, 508–516.

▶コラム7　双子コーデ

市村美帆・新井洋輔・今野裕之（2018）．双子コーデ現象の心理学的検討　目白大学心理学研究, *14*, 57–68.

▶コラム8　ファストファッション時代をとらえるための新しい被服心理学の必要性

河野哲也（2014）．真の自己としての表面的な自己　心理学評論, *57*, 350–356.

永野光朗（1996）．まねる：被服と流行行動　中島義明・神山 進（編）　まとう：被服行動の心理学（pp.65–80）　朝倉書店

大枝近子・佐藤悦子・高岡朋子（2013）．若者のファストファッション意識に関する調査　日本家政学会誌, *64*, 645–653.

吉川 孝（2014）．ファストファッション時代の自己形成：河野論文へのコメント　心理学評論, *57*, 350–356.

▶第4章　衣服（インナー）

馬場安希・菅原健介（2000）．女子青年における痩身願望についての研究　教育心理学研究, *48*, 267–274.

Baumeister, R. F., Schmeichel, B. J., & Vohs, K. D.（2007）. Self-regulation and executive functions: The self as controlling agent. In A. W. Kruglanski & E. T. Higgins（Eds.）, Social psychology: Handbook of basic principles（pp.516–539）. New York: Guilford Press.

神山 進（1996）．被服心理学の動向　高木 修（監修）／大坊郁夫・神山 進（編）　被服と化粧の社会心理学：人はなぜ装うのか（pp.2–24）　北大路書房

日本ボディファッション協会編集委員会（編）（1987）．日本洋装下着の歴史　文化出版局

笹山郁生・永松亜矢（1999）．化粧行動を規定する諸要因の関連性の検討　福岡教育大学紀要, *48*, 241–251.

菅原健介（2001）．化粧による自己表現　高木 修（監修）／大坊郁夫（編）　化粧行動の社会心理学（pp.103–113）　北大路書房

菅原健介（2003）．覆う，隠す：裸はなぜ恥ずかしいのか　根ヶ山光一・川野健治（編）　身体から発達を問う：衣食住のなかのからだとこころ（pp.3–19）　新曜社

菅原健介・COCOROS研究会（2010）．下着の社会心理学：洋服の下のファッション感覚　朝日新聞出版

菅原健介・鈴木公啓・完甘直隆・五藤睦子・藤本真穂（2010）．身体の露出に伴う羞恥感："肌みせ系ファッション"の着用行動を例に　聖心女子大学論叢, *114*, 177–200.

鈴木公啓（2017）．痩せという身体の装い：印象管理の視点から　ナカニシヤ出版

鈴木公啓・菅原健介・西池紀子・小松原圭司・西口天志・藤本真穂（2014）．男性における下着の消費行動：「こだわり」についての心理的要因の検討　日本繊維製品消費科学会, *55*, 677–686.

鈴木公啓・菅原健介・完甘直隆・五藤睦子（2010）．見えない衣服―下着―についての関心の実態とその背景にある心理的効用　日本繊維製品消費科学会, *51*, 113–127.

▶第5章　ピアッシング

Antoszewski, B., Sitek, A., Fijałkowska, M., Kasielska, A., & Kruk-Jeromin, J.（2010）. Tattooing and body piercing: What motivates you to do it? *International Journal of Social Psychiatry*, *56*, 471–479.

Baltes, P. B., Reese, H. W., & Lipsitt, L. P.（1980）. Life-span development psychology. *Annual Review of Psychology*, *31*, 65–110.

DeMello, M.（2000）. *Bodies of inscription: A cultural history of the modern tattoo community*. Durham;

London: Duke University Press.

金子智栄子・桜井礼子（2004）．女子大生のピアスに対する意識と人生観　文京学院大学研究紀要, *6*, 111–120.

苅田かなえ（2002）．ニッポンのお子さま（第６回）ボディピアス　家庭フォーラム, *10*, 44–47.

柏田 勉（1988）．Wrist Cutting Syndrome のイメージ論的考察：23 症例の動機を構成する３要因の検討　精神神経学雑誌, *90*(6), 469–496.

金 愛慶（2006）．日本の若者におけるピアッシング行為に関する一考察：自傷行為との関連性を中心に　白梅学園大学・短期大学紀要, *42*, 13–28.

間宮英三（1998）．ピアッシング・バイブル　株式会社コアマガジン

松岡依里子（2011）．ヘアカラー，ピアスにみる身体装飾意識の構造：帰国生徒校と一般校の比較から　日本家政学会誌, *62*, 101–108.

Millner, V. S., & Eichold II, B. H. (2001). Body piercing and tattooing perspectives. *Clinical Nursing Research*, *10*(4), 424–441.

村澤博人（2002）．ピアスの時代：「おしゃれ白書 1991-2000」より　化粧文化, *42*, 78–81.

内藤哲雄（1997）．PAC 分析実施法入門：個を科学する新技法への招待　ナカニシヤ出版

西園昌久・安岡 誉（1979）．手首自傷症候群　臨床精神医学, *8*, 59–65.

岡田 斉（2003）．自傷行為に関する質問紙作成の試み（2）：自傷行為を引き起こす要因についての検討　人間科学研究, *25*, 25–32.

大久保智生・井筒芽衣・鈴木公啓（2011）．PAC 分析を用いた青年のピアッシングへの意味づけの質的検討：身体装飾としてのピアスに関する研究（2）　繊維製品消費科学, *52*, 121–128.

大久保智生・井筒芽衣・高橋 護・鈴木公啓（2012）．青年のピアッシングは自傷行為的な意味をもっているのか：身体装飾としてのピアスに関する研究（3）　香川大学教育学部研究報告第１部（137）, 15–21.

大久保智生・鈴木公啓・井筒芽衣（2011）．青年期におけるピアッシング行為への許容と動機：身体装飾としてのピアスに関する研究（1）　繊維製品消費科学, *52*, 113–120.

Sanders, C. R. (1989). *Customizing the body: The art and culture of tattooing*. Philadelphia: Temple University Press.

鈴木公啓（2017）．美容医療（美容整形およびプチ整形）に対する態度：経験の有無や興味の程度による比較　東京未来大学紀要, *11*, 119–129.

田中 孝・水津幸恵・大久保智生・鈴木公啓（2014）．身体装飾としてのピアス・いれずみの実態とそのイメージの検討：賞賛獲得欲求と拒否回避欲求との関連から　香川大学教育学部研究報告第１部（142）, 53–62.

Wohlrab, S., Stahl, J., & Kappeler, P. M. (2007). Modifying the body: Motivations for getting tattooed and pierced. *Body Image*, *4*, 87–95.

雪村まゆみ（2005）．現代日本におけるピアスの普及過程：新聞および雑誌記事のフレーム分析　奈良女子大学社会学論集, *12*, 139–157.

▶第６章　イレズミ：彫り物・タトゥーイング

Antoszewski, B., Sitek, A., Fijałkowska, M., Kasielska, A., & Kruk-Jeromin, J. (2010). Tattooing and body piercing: What motivates you to do it? *International Journal of Social Psychiatry*, *56*, 471–479.

Degelman, D., & Price, N. D. (2002). Tatoos and ratings of personal characteristics. *Psychological Reports*, *90*, 507–514.

Dorfer, L., Moser, M., Bahr, F., Spindler, K., Egarter-Vigl, E., Giullén, S., Dohr, G., & Kenner, T. (1999). A medical report from the stone age? *Lancet*, *354*, 1023–1025.

江坂輝弥（1960）．土偶　校倉書房

Hill, B. M., Ogletree, S. M., & McCrary, K. M. (2016). Body modifications in college students: Considering gender, self-esteem, body appreciation, and reasons for tattoos. *College Student Journal*, *50*, 246–252.

観光庁（2015）．入れ墨（タトゥー）がある方に対する入浴可否のアンケート結果について（http://www.mlit.go.jp/kankocho/topics05_000160.html）（最終確認日：2017 年 12 月 15 日）

関東弁護士会連合会（2014）．平成 26 年度関東弁護士会連合会シンポジウム「自己決定権と現代社会：

イレズミ規制のあり方をめぐって」 関東弁護士会連合会
児玉作左衛門・伊藤昌一（1939）．アイヌ文身の研究　北海道帝国大学北方文化研究報告, 2.
礫川全次（1997）．刺青の民俗学　批評社
Laumann, A. E., & Derick, A. J. (2006). Tattoos and body piercings in the United States: A national data set. *Journal of the American Academy of Dermatology, 55,* 413–421.
小野友道（2010）．いれずみの文化誌　河出書房新社
大阪市（2015）．職員の入れ墨調査について（https://www.city.osaka.lg.jp/jinji/page/0000175974.html）（最終確認日：2017 年 10 月 27 日）
大槻文彦（1956）．いれずみ　大言海（新訂版）（p.219）　冨山房
Pew research center (2010). *Millennials: Confident. Connected. Open to Change.* Pew research center.（https://www.pewresearch.org/wp-content/uploads/sites/3/2010/10/millennials-confident-connected-open-to-change.pdf）（最終確認日：2020 年 1 月 6 日）
Stieger, S. 1., Pietschnig, J., Kastner, C. K., Voracek, M., & Swami, V. (2010). Prevalence and acceptance of tattoos and piercings: a survey of young adults from the southern German-speaking area of central Europe. *Perceptual and Motor Skills, 110,* 1065–1074.
Stirn, A., Hinz, A., & Brähler, E. (2006). Prevalence of tattooing and body piercing in Germany and perception of health, mental disorders, and sensation seeking among tattooed and body-pierced individuals. *Journal of Psychosomatic Research, 60,* 531–534.
鈴木公啓（2017）．美容医療（美容整形およびプチ整形）に対する態度：経験の有無や興味の程度による比較　東京未来大学研究紀要, *11,* 119–129.
鈴木公啓・大久保智生（2017）．イレズミを入れる人は何を求めているのか：効用の予期と結果が満足度や後悔そして今後の意図に及ぼす影響　日本パーソナリティ心理学会第 26 回大会発表論文集, 64.
鈴木公啓・大久保智生（2018）．いれずみ（タトゥー・彫り物）の経験の実態および経験者の特徴　対人社会心理学研究, *18,* 27–34.
Swami, V. (2012). Written on the body? Individual differences between British adults who do and do not obtain a first tattoo. *Scandinavian Journal of Psychology, 53,* 407–412.
Swami, V., & Harris, A. S. (2012). Body art: Tattooing and piercings. In T. F. Cash (Ed.), *Encyclopedia of body image and human appearance* (pp.58–65). Oxford: Academic Press.
田中 孝・水津幸恵・大久保智生・鈴木公啓（2014）．身体装飾としてのピアス・いれずみの実態とそのイメージの検討：賞賛獲得欲求と拒否回避欲求との関連から　香川大学教育学部研究報告第Ⅰ部（142）, 53–62.
田中香涯（1940）．医事雑考：妖・異・變　鳳鳴堂書店
The Harris Poll (2016). *Tattoo takeover: Three in ten Americans have tattoos, and most don't stop at just one.* The Harris Poll.
Tiggemann, M., & Hopkins, L. A. (2011). Tattoos and piercings: Bodily expressions of uniqueness? *Body Image, 8,* 245–250.
東京イセアクリニック（2017）．入れ墨・タトゥーへの認識・イメージに関するアンケート調査　東京イセアクリニック
山本芳美（2016）．イレズミと日本人　平凡社
吉田集而（2000）．鍼灸の起源を考える　全日本鍼灸学会雑誌, *50,* 623–637.
吉岡郁夫（1996）．いれずみ（文身）の人類学　雄山閣出版

▶第 7 章　美容整形

安保恵理子・須賀千奈・根建金男（2012）．健常者の身体不満足感の理解と認知行動的介入の可能性　カウンセリング研究, *45,* 62–69.
American Psychiatric Association (2013). *Diagnostic and statistical manual for mental disorders: DSM-5* (*5th Ed.*). Arlington, VA: American Psychiatric Association.（米国精神医学会／髙橋三郎・大野 裕（監訳）（2014）．DSM-5 精神疾患の診断・統計マニュアル　医学書院）
Brown, A., Furnham, A., Glanville, L., & Swami, V. (2007). Factors that affect the likelihood of undergoing cosmetic surgery. *Aesthetic Surgery Journal, 27,* 501–508.

Cash, T. F., Duel, L. A., & Perkins, L. L. (2002). Women's psychological outcomes of breast augmentation with silicone gel-filled implants: A 2-year prospective study. *Plastic and Reconstructive Surgery, 109*, 2112–2121.

Castle, D. J., Honigman, R. J., & Phillips, K. A. (2002). Does cosmetic surgery improve psychosocial wellbeing? *The Medical Journal of Australia, 176*, 601–604.

Castle, D. J., Molton, M., Preston, N. J., & Phillips, K. A. (2004). Correlates of dysmorphic concern in people seeking cosmetic enhancement. *Australian & New Zealand Journal of Psychiatry, 38*, 439–444.

Clark, L., & Tiggemenn, M. (2006). Appearance culture in nine to 12-year-old girls: media and peer influences on body dissatisfaction. *Social Development, 15*, 628–643.

Cook, S. A., Rosser, R., & Salmon, P. (2006). Is cosmetic surgery an effective psychotherapeutic intervention? A systematic review of the evidence. *Journal of Plastic, Reconstructive & Aesthetic Surgery, 59*, 1133–1151.

Fatemi, M. J., Rajabi, F., Moosavi, S. J., & Soltani, M. (2012). Quality of life among Iranian adults before and after rhinoplasty. *Aesthetic Plastic Surgery, 36*, 448–452.

Henderson-King, D., & Henderson-King, E. (2005). Acceptance of cosmetic surgery: Scale development and validation. *Body Image, 2*, 137–149.

Herruer, J. M., Prins, J. B., van Heerbeek, N., Verhage-Damen, G. W., & Ingels, K. J. (2015). Negative predictors for satisfaction in patients seeking facial cosmetic surgery: a systematic review. *Plastic and Reconstructive Surgery, 135*, 1596–1605.

Honigman, R. J., Jackson, A. C., & Dowling, N. A. (2011). The PreFACE: A preoperative psychosocial screen for elective cosmetic surgery and cosmetic dentistry patients. *Annals of Plastic Surgery, 66*, 16–23.

Honigman, R J., Phillips, K. A., & Castle, D. J. (2004). A review of psychosocial outcomes for patients seeking cosmetic surgery. *Plastic and Reconstructive Surgery, 113*, 1229–1237.

International Society of Aesthetic Cosmetic Surgery (2011). *ISAPS international survey on aesthetic/cosmetic procedures performed in 2011.* International Society of Aesthetic Cosmetic Surgery. (https://www.isaps.org/wp-content/uploads/2017/10/ISAPS-Results-Procedures-2011-1.pdf) (最終確認日：2018年4月10日)

International Society of Aesthetic Cosmetic Surgery (2015). *ISAPS international survey on aesthetic/cosmetic procedures performed in 2014.* International Society of Aesthetic Cosmetic Surgery. (https://www.isaps.org/wp-content/uploads/2017/10/2015-ISAPS-Results-1.pdf) (最終確認日：2018年4月10日)

International Society of Aesthetic Cosmetic Surgery (2017). *The international study on aesthetic/cosmetic procedures performed in 2016.* International Society of Aesthetic Cosmetic Surgery. (https://www.isaps.org/wp-content/uploads/2017/10/GlobalStatistics2016-1.pdf) (最終確認日：2018年4月10日)

Ishigooka, J., Iwao, M., Suzuki, M., Fukuyama, Y., Murasaki, M., & Miura, S. (1998). Demographic features of patients seeking cosmetic surgery. *Psychiatry and Clinical Neurosciences, 52*, 283–287.

Javo, I. M., & Sørlie, T. (2009). Psychosocial predictors of an interest in cosmetic surgery among young Norwegian women: a population-based study. *Plastic and Reconstructive Surgery, 124*, 2142–2148.

Kilmann, P. R., Sattler, J. I., & Taylor, J. W. (1987). The impact of augmentation mammoplasty: A follow-up study. *Plastic and Reconstructive Surgery, 80*, 374–378.

Lunde, C. (2013). Acceptance of cosmetic surgery, body appreciation, body ideal internalization, and fashion blog reading among late adolescents in Sweden. *Body Image, 10*, 632–635.

Marcus, P. (1984). Psychological aspects of cosmetic rhinoplasty. *British Journal of Plastic Surgery, 37*, 313–318.

Markey, C. N., & Markey, P. M. (2010). A correlational and experimental examination of reality television viewing and interest in cosmetic surgery. *Body Image, 7*, 165–171.

Matera, C., Nerini, A., Giorgi, C., Baroni, D., & Stefanile, C. (2015). Beyond sociocultural influence: Self-monitoring and self-awareness as predictors of women's interest in breast cosmetic surgery.

Aesthetic Plastic Surgery, 39, 331–338.

Menzel, J. E., Sperry, S. L., Small, B., Thompson, J. K., Sarwer, D. B., & Cash, T. F. (2011). Internalization of appearance ideals and cosmetic surgery attitudes: A test of the tripartite influence model of body image. *Sex Roles, 65*, 469–477.

Montemurro, P., Porcnik, A., Hedén, P., & Otte, M. (2015). The influence of social media and easily accessible online information on the aesthetic plastic surgery practice: literature review and our own experience. *Aesthetic Plastic Surgery, 39*, 270–277.

日本美容外科学会（JSAPS）(2018). 美容外科の手術（http://www.jsaps.com/surgery/）（最終確認日：2018年5月8日）

日本形成外科学会 (2018a). 一般の方へ（http://www.jsprs.or.jp/general/）（最終確認日：2018年5月8日）

日本形成外科学会 (2018b). 疾患紹介：こんな病気を治します！（http://www.jsprs.or.jp/general/disease/）（最終確認日：2018年5月8日）

Park, L. E., Calogero, R. M., Young, A. F., & DiRaddo, A.-M. (2010). Appearance-based rejection sensitivity predicts body dysmorphic disorder symptoms and cosmetic surgery acceptance. *Journal of Social and Clinical Psychology, 29*, 489–509.

ポーラ文化研究所 (2012). 女性の化粧行動・意識に関する実態調査 2012 美容篇（https://www.cosmetic-culture.po-holdings.co.jp/report/pdf/121031biyou2012.pdf）（最終確認日：2018年4月10日）

Rumsey, N., & Harcourt, D. (2005). *The psychology of appearance*. Maidenhead: Open University Press.（ラムゼイ, N.・ハーコート, D.／原田輝一・真覚 健（訳）(2017). アピアランス〈外見〉の心理学：可視的差異に対する心理社会的理解とケア　福村出版）

Sarwer, D. B., Wadden, T. A., Pertschuk, M. J., & Whitaker, L. A. (1998). Body image dissatisfaction and body dysmorphic disorder in 100 cosmetic surgery patients. *Plastic and Reconstructive Surgery, 101*(6), 1644–1649.

Sharp, G., Tiggemann, M., & Mattiske, J. (2014). The role of media and peer influences in Australian women's attitudes towards cosmetic surgery. *Body Image, 11*, 482–487.

鈴木公啓 (2017). 美容医療（美容整形およびプチ整形）に対する態度：経験の有無や興味の程度による比較　東京未来大学研究紀要, *11*, 119–129.

Swami, V. (2010). Translation and validation of the Malay Acceptance of Cosmetic Surgery Scale. *Body Image, 7*, 372–375.

Swami, V., Hwang, C. S., & Jung, J. (2012). Factor structure and correlates of the acceptance of cosmetic surgery scale among South Korean university students. *Aesthetic Surgery Journal, 32*, 220–229.

田中勝則 (2018). Acceptance with Cosmetic Surgery Scale 日本語版の作成　日本心理学会第82回大会発表論文集, 92.

谷本奈穂 (2014). 社会学からひもとく美容整形と美容医療　国民生活 ウェブ版：消費者問題をよむ・しる・かんがえる, *20*, 1–5.

Thompson, J. K., Heinberg, L. J., Altabe, M., & Tantleff-Dunn, S. (1999). *Exacting beauty: Theory, assessment, and treatment of body image disturbance*. Washington, DC: American Psychological Association.

Vindigni, V., Pavan, C., Semenzin, M., Grana, S., Gambaro, F., Marini, M., Bassetto, F., & Mazzoleni, F. (2002). The importance of recognizing body dysmorphic disorder in cosmetic surgery patients: do our patients need a preoperative psychiatric evaluation? *European Journal of Plastic Surgery, 25*, 305–308.

von Soest, T., Kvalem, I. L., Skolleborg, K. C., & Roald, H. E. (2006). Psychosocial factors predicting the motivation to undergo cosmetic surgery. *Plastic and Reconstructive Surgery, 117*, 51–62.

von Soest, T., Kvalem, I. L., Skolleborg, K. C., & Roald, H. E. (2011). Psychosocial changes after cosmetic surgery: A 5-year follow-up study. *Plastic and Reconstructive Surgery, 128*, 765–772.

Walster, E., Aronson, E., Abrahams, D., & Rottman, L. (1966). Importance of physical attractiveness in dating behavior. *Journal of Personality and Social Psychology, 4*, 508–516.

Wildgoose, P., Scott, A., Pusic, A. L., Cano, S., & Klassen, A. F. (2013). Psychological screening measures for cosmetic plastic surgery patients: a systematic review. *Aesthetic Surgery Journal, 33*, 152–159.

Abell, S. C., & Richards, M. H. (1996). The relationship between body shape satisfaction and self-esteem: An investigation of gender and class differences. *Journal of Youth and Adolescence, 25*, 691–703.

Avalos, L. C., Tylka, T. L., & Wood-Barcalow, N. (2005). The body appreciation scale: Development and psychometric evaluation. *Body Image, 2*, 285–297.

馬場安希・菅原健介（2000）．女子青年における痩身願望についての研究　教育心理学研究, *48*, 267–274.

Cash, T. F. (2002). Cognitive?: Behavioral perspectives on body image. In T. F. Cash & T. Pruzinsky (Eds.), *Body image: A handbook of theory, research, and clinical practice* (pp.38–46). New York: Guilford Press.

Cooper, P. J., Taylor, M. J., Cooper, Z., & Fairburn, C. G. (1987). The development and validation of the body shape questionnaire. *Journal of Eating Disorders, 6*, 485–494.

藤瀬武彦（2003）．日本人及び欧米人女子学生におけるボディイメージの比較　体力科学, *52*, 421–432.

Garner, D. M., Garfinkel, P. E., Schwartz, D., & Thompson, M. (1980). Cultural expectations of thinness in women. *Psychological Report, 47*, 483–491.

後藤美代子・鈴木道子・佐藤玲子・菅野美千代（2002）．女子学生と中年期女性の体型認識と「ダイエット」に関する実態と意識調査　日本食生活学会誌, *12*, 323–328.

Groesz, L., Levine, M., & Murnen, S. K. (2002). The effect of experimental presentation of thin media images on body satisfaction: A meta-analytic review. International *Journal of Eating Disorders, 31*, 1–16.

半藤 保・川嶋友子（2009）．女子大学生の体型とやせ願望　新潟青陵学会誌, *1*, 53–59.

Herman, K. M., Hopman, W. M., & Rosenberg, M. W. (2013). Self-rated health and life satisfaction among Canadian adults: associations of perceived weight status versus BMI. *Quality of Life Research, 22*, 2693–2705.

Holland, G., & Tiggemann, M. (2016). A systematic review of the impact of the use of social networking sites on body image and disordered eating outcomes. *Body Image, 17*, 100–110.

本川 裕（2018）．統計から社会の実情を読み取る：第 82 回 肥満と痩身の世界動向　ESTRELA, *290*, 28–31.

池田順子・福田小百合・村上俊男・河本直樹（2008）．青年女子の痩せ志向：栄養系短期大学学生の 14 年間の推移　日本公衆衛生雑誌, *55*, 777–785.

Jarry, J., Polivy, J., Herman, C., Arrowood, A., & Pliner, P. (2006). Restrained and unrestrained eaters' attributions of success and failure to body weight and perception of social consensus: The special case of romantic success. *Journal of Social and Clinical Psychology, 25*, 885–905.

切池信夫（2009）．摂食障害：食べない，食べられない，食べたら止まらない（第２版）　医学書院

岸田典子・上村芳枝（2002）．体型意識に関する女子大学生と母親との世代比較　栄養学雑誌, *60*, 179–188.

厚生省（1947）．昭和 22 年 国民栄養の現状

厚生省特定疾患治療研究事業未対象疾患の疫学像を把握するための調査研究班（2000）．平成 11 年研究事業　特定疾患治療研究事業未対象疾患の疫学像を把握するための調査研究班研究業績集（pp.266–310）

厚生労働省（2008）．平成 20 年度 国民健康・栄養調査報告

厚生労働省（2013）．平成 25 年度 国民健康・栄養調査報告

Mase, T., Ohara, K., Miyawaki, C., Kouda, K., & Nakamura, H. (2015). Influences of peers' and family members' body shapes on perception of body image and desire for thinness in Japanese female students. *International Journal of Women's Health, 7*, 625–633.

松澤佑次・井上修二・池田義雄・坂田利家・齋藤 康・佐藤祐造…中村 正（2000）．新しい肥満の判定と肥満症の診断基準　肥満研究, *6*, 18–28.

MODE PRESS（2007）．ウルグアイ人モデル死亡，拒食症が原因の可能性も（http://www.afpbb.com/articles/modepress/2182046）（最終確認日：2018 年 8 月 11 日）

中井義勝（2005）．摂食障害の疫学　心療内科, *9*, 299–305.

小澤夏紀・富家直明・宮野秀市・小山徹平・川上祐佳里・坂野雄二（2005）．女性誌への曝露が食行動異常に及ぼす影響　心身医学, *45*, 521–529.

Pietiläinen, K. H., Saarni, S. E., Kaprio, J., & Rissanen, A. (2012). Does dieting make you fat? A twin study. *International Journal of Obesity, 36*, 456–464.

文献

Polivy, J., & Herman, C. P. (2002). If at first you don't succeed. False hopes of self-change. *American Psychologist, 57*, 677–689.

Putterman, E., & Linden, W. (2004). Appearance versus health: Does the reason for dieting affect dieting behavior? *Journal of Behavioral Medicine, 27*, 185–204.

Sands, R. (2000). Reconceptualization of body image and drive for thinness. *The International Journal of Eating Disorders, 28*, 397–407.

摂食障害談話会（2011）．3. 欧米各国の痩せすぎモデル規制（世界の痩せすぎモデル規制の経緯と日本）（http://eatingdisorderforum.net/model3.html）（最終確認日：2018 年 8 月 14 日）

社会実情データ図録（2018）．日本人の体格（BMI）の変化（https://honkawa2.sakura.ne.jp/2200.html）（最終確認日：2018 年 8 月 5 日）

重田公子・笹田陽子・鈴木和春・樫村修生（2008）．若年女性の痩身志向が血液へモグロビン値を指標とした貧血に与える影響　日本食生活学会誌, *19*, 155–162.

Shih, M.-Y., & Kubo, C. (2005). Body shape preference and body satisfaction of Taiwanese and Japanese female college students. *Psychiatry Research, 133*, 263–271.

新村 出（編）（2018）．広辞苑（第 7 版）　岩波書店

Stice, E. (2001). A prospective test of the dual-pathway model of bulimic pathology. *Journal of Abnormal Psychology, 110*, 124–135.

Stice, E., Gau, J. M., Rohde, P., & Shaw, H. (2017) . Risk factors that predict future onset of each DSM-5 eating disorder: Predictive specificity in high-risk adolescent females. *Journal of Abnormal Psychology, 126*, 38–51.

Stice, E., Schupak-Neuberg, E., Shaw, H. E., & Stein, R. I. (1994). Relation of media exposure to eating disorder symptomatology: an examination of mediating mechanisms. *Journal of Abnormal Psychology, 103*, 836–840.

鈴木眞理（2006）．思春期に多いダイエット障害：ストレスとやせ願望の奥にひそむ，摂食障害という心の病　少年写真新聞社

鈴木公啓（2007）．新しい身体シルエット図（J-BSS-I）の作成，評価，および使用法　繊維製品消費科学, *48*, 768–775.

鈴木公啓（2012a）．装いの枠組みによる痩身の心理的機能と効用についての確認：体型結果予期の分類および痩身願望との関連　パーソナリティ研究, *21*, 164–175.

鈴木公啓（2012b）．痩身願望および痩身希求行動の規定要因：印象管理の観点から　心理学研究, *83*, 389–397.

鈴木公啓（2014）．新しいシルエット図による若年女性のボディイメージと身体意識の関連についての再検討　社会心理学研究, *30*, 45–56.

鈴木公啓（2017）．痩せという身体の装い：印象管理の視点から　ナカニシヤ出版

田崎慎治（2006）．痩せ願望と食行動に関する研究の動向と課題　広島大学大学院教育学研究科紀要第 1 部 学習開発関連領域, *55*, 45–52.

田崎慎治（2007）．大学生における痩身願望と主観的健康感，および食行動との関連　健康心理学研究, *20*, 55–63.

Thompson, J. K., & Stice, E. (2001). Thin-ideal internalization: Mounting evidence for a new risk factor for body image disturbance and eating pathology. *Current Directions in Psychological Science, 10*, 181–183.

Tokunaga, K., Matsuzawa, Y., Kotani, K., Keno, Y., Kobatake, T., Fujioka, S., & Tarui, S. (1991). Ideal body weight estimated from the body mass index with the lowest morbidity. *International Journal of Obesity, 15*, 1–5.

海野 弘（1998）．ダイエットの歴史：みえないコルセット　新書館

浦上涼子・小島弥生・沢宮容子（2013）．男女青年における痩身理想の内在化と痩身願望との関係についての検討　教育心理学研究, *61*, 146–157.

浦田秀子・福山由美子・勝野久美子・野田 淳・北島浩美・田代隆良…田原靖昭（2001）．青年期学生の体型認識に関する研究　長崎大学医療技術短期大学部紀要, *14*, 23–29.

山田 恒（2018）．世界の痩せすぎモデル規制の経緯と日本 なんばながたクリニック HP 摂食障害学

会，痩せすぎモデル禁止法ワーキンググループ（http://nanbanagata.com/medical/eatingdisorders/overweight/）（最終確認日：2018 年 8 月 14 日）

▶コラム 13　ウエイトトレーニング実践者の心理

American Psychiatric Association（2013）. *Diagnostic and statistical manual for mental disorders: DSM-5*（5th Ed.）. Arlington, VA: American Psychiatric Association.（米国精神医学会／髙橋三郎・大野 裕（監訳）（2014）．DSM-5 精神疾患の診断・統計マニュアル　医学書院）

dos Santos, C. A., Tirico, P. P., Stefano, S. C., Touyz, S. W., & Claudino, M. A.（2016）. Systematic review of the diagnostic category muscle dysmorphia. *Australian & New Zealand Journal of Psychiatry, 50,* 322–333.

Mitchell, L., Murray, S. B., Cobley, S., Hackett, D., Gifford, J., Capling, L., & O'Connor, H.（2017）. Muscle dysmorphia symptomatology and associated psychological features in bodybuilders and non bodybuilder resistance trainers: A systematic review and meta-analysis. *Sports Medicine, 47,* 233–259.

Rhea, D. J., Lantz, C. D., & Cornelius, A. E.（2004）. Development of the muscle dysmorphia inventory（MDI）. *The Journal of Sports Medicine and Physical Fitness, 44,* 428–435.

Tod, D., Edwards, C., & Cranswick, I.（2016）. Muscle dysmorphia: current insights. *Psychology Research and Behavior Management, 9,* 179–188.

▶第９章　ヘアスタイリング・脱毛

朝日新聞（2010）．子ども脱毛エステ時代　「毛深い」かわらわれたくない：3 歳も利用（2010 年 5 月 9 日付朝刊）

朝日新聞（2013）．魅惑のツルスベ：むだ毛処理，欧州男子の常識（2013 年 5 月 3 日付朝刊）

Borough, M. S., & Thompson, J. K.（2014）. Correlates of body depilation: An exploratory study into the health implications of body hair reduction and removal among college-aged men. A*merican Journal of Men's Health, 8,* 217–225.

ゴリラクリニック（2017）．男性の脱毛・むだ毛ケア意識調査

インターワイヤード（2017）．「ヘアスタイル」に関するアンケート（http://www.dims.ne.jp/timelyresearch/2017/170412/）（最終確認日：2020 年 1 月 29 日）

石原久代・大澤香奈子（2005）．若年女性の肌色とヘアカラーのコーディネート要因について　名古屋女子大学紀要, *51,* 1–10.

ジンコーポレーション（2014）．脱毛に関する意識調査

金子智栄子・門脇幹雄（2001）．外見の印象：髪型が性格のイメージに及ぼす影響　日本教育心理学会総会発表論文集, *43,* 35.

花王（2010）．みんなの意識調査（http://www.kao.co.jp/blaune/point/02/）（最終確認日：2020 年 1 月 29 日）

厚生労働省（2019）．平成 30 年度衛生行政報告例の概況（http://www.mhlw.go.jp/toukei/saikin/hw/eisei_houkoku/16/）（最終確認日：2020 年 1 月 28 日）

九島紀子（2019）．女子大学生のヘアスタイル選好とパーソナリティの関連　立正大学心理学研究年報, *10,* 9–20

九島紀子（2019）．ヘアスタイルの差異による顔形態印象の違い　日本社会心理学会第 60 回大会発表論文集, 207.

リビングくらし HOW 研究所（2014）．美容室についてのアンケート（2014 年／全国）（https://www.kurashihow.co.jp/markets/7020/）（最終確認日：2020 年 1 月 6 日）

リビングくらし HOW 研究所（2017）．ムダ毛処理事情についてのアンケート（女性／ 2017 年／全国）（https://www.kurashihow.co.jp/markets/9608/）（最終確認日：2020 年 1 月 6 日）

McCracken, G.（1995）. *Big hair: A journey into the transformation of self.* Tronto: Viking.（マックラケン，G.／成実弘至（訳）（1998）．ヘア・カルチャー：もうひとつの女性文化論　PARCO 出版）

森川和則（2012）．顔と身体に関連する形状と大きさの錯視研究の新展開：化粧錯視と服装錯視　心理学評論, *55,* 348–361.

森岡陽介（2015）．髪色と長さが第一印象に及ぼす影響　人間文化研究所紀要, *20,* 53-67.

武藤祐子・森川和則・富田知子・野村弘平（2014）．シニョン（おだんご髪型）による横顔の錯視と印象

変化　日本顔学会誌, *14*, 161
武藤祐子・富田知子・鎌田正純（2012）．髪の毛の分け目による顔印象変化の一考察2　日本顔学会誌, *2*, 122.
武藤祐子・富田知子・鎌田正純（2013）．髪の毛の分け目による顔印象変化の一考察3　日本顔学会誌, *14*, 209.
武藤祐子・富田知子・鎌田正純（2014）．髪の毛の分け目が顔印象と美容師の視線パターンに及ぼす影響：評価用紙法と視線解析法の比較　日本顔学会誌, *14*, 61-69.
中川登紀子・朴 映宣（2015）．平均顔を用いたヘアカラーの印象評価　日本顔学会誌, *15*, 84.
日本フランチャイズチェーン協会（2018）．コンビニエンスストア統計調査月報 2019 年 12 月度（https://www.jfa-fc.or.jp/particle/320.html）（最終確認日：2020 年 1 月 28 日）
日本理容美容教育センター（2018）．美容技術理論 1　公益社団法人日本理容美容教育センター
オレンジページくらし予報（2016）.「顔・体のむだ毛」について
ポーラ文化研究所（1988）．アンケートに見る現代人の体毛観：無毛化を求める時代に
リクルートライフスタイル（2015）．美容センサス 2015 年下期《美容行動編》（http://hba.beauty.hotpepper.jp/wp/wp-content/uploads/2015/12/2_census_kodo_201512.pdf）（最終確認日：2020 年 1 月 6 日）
リクルートライフスタイル（2017a）．美容センサス 2017 年下期《美容への意識》（http://hba.beauty.hotpepper.jp/wp/wp-content/uploads/2017/12/census_ishiki_201712.pdf）（最終確認日：2020 年 1 月 6 日）
リクルートライフスタイル（2017b）．2017 年薄毛・白髪調査報告書（http://hba.beauty.hotpepper.jp/wp/wp-content/uploads/2017/10/usugeshiraga_2017.pdf）（最終確認日：2020 年 1 月 6 日）
三枝千尋・渡邊克巳（2014）．髪色と顔の「似合い」と魅力度：自己評価と他者評価　日本感性工学会論文誌, *13*, 253-258.
シックジャパン（2017）．男性のむだ毛に関する意識調査
鈴木公啓（2018）．日本人におけるむだ毛処理の実態および心理的関連要因　フレグランスジャーナル, *46*, 56-61.
Tiggemann, M., & Hodgson, S.（2008）. The hairlessness norm extended: Reasons for and predictors of women's body hair removal at different body sites. *Sex Roles*, *59*, 889-897.

▶コラム 15　薄　毛

Butler, J., Pryor, B., & Grieder, M.（1998）. Impression formation as a function of male baldness. *Perceptual and Motor Skills*, *86*, 347-350.
Cash, T. F.（1990）. Losing hair, losing points?: The effects of male pattern baldness on social impression formation. *Journal of Applied Social Psychology*, *20*, 154-167.
坪井良治（2008）．男性型脱毛症　日本皮膚科学会雑誌, *118*, 163-170.

▶第 10 章　しぐさ・歩容

相越麻里（2009）．身体接触の臨床心理学的効果と青年期の愛着スタイルとの関連　岩手大学大学院人文社会科学研究科研究紀要, *18*, 1-18.
青木滉一郎・加藤徹也・菅原 徹・宮崎正己（2014）．会話場面における笑顔表出の変化と印象形成の関係性分析　日本顔学会誌, *14*, 105-114.
荒川 歩（2003）．会話場面における「空書」行動の研究　日本認知心理学会発表論文集, *2003*, 239-239.
Bailenson, J. N., & Yee, N.（2005）. Digital chameleons: Automatic assimilation of nonverbal gestures in immersive virtual environments. *Psychological Sciences*, *16*, 814-819.
Blakemore, J. E. O., Berenbaum, S. A., & Liben, L. S.（2012）. *Gender development*. Hove: Psychology Press.
Braun, S. S., & Davidson, A. J.（2017）. Gender（non）conformity in middle childhood: A mixed methods approach to understanding gender-typed behavior, friendship, and peer preference. *Sex Roles*, *77*, 16-29.
Brunswik, E.（1956）. *Perception and the representative design of psychological experiments*（2nd ed.）. Berkeley, CA: University of California Press.
Buller, D. B., & Burgoon, J. K.（1996）. Interpersonal deception theory. *Communication Theory*, *6*, 203-242.
Carter, D. B., & McCloskey, L. A.（1984）. Peers and the maintenance of sexy-typed behavior: The development

of children's conception of cross-gender behavior in their peers. *Social Cognition, 2*(4), 294–314.

大坊郁夫（1998）．しぐさのコミュニケーション：人は親しみをどう伝えあうか　サイエンス社

Damasio, A.（1994）. *Descartes' error: Emotion, reason, and the human brain.* New York: Avon Books.

DePaulo, B. M.（1992）. Nonverbal behavior and self-presentation. *Psychological Bulletin, 111*, 203–243.

Ekman, P., & Friesen, W. V.（1969）. Nonverbal leakage and clues to deception. *Psychiatry, 32*, 88–106.

Feldman, R.（2011）. Maternal touch and the developing infant. In M. J. Hertenstein & S. J. Weiss（Eds.）, *The handbook of touch: Neuroscience, behavioral, and health perspectives*（pp.373–407）. New York: Springer.

Field, T. M.（1998）. Massage therapy effects. *American Psychologist, 53*, 1270–1281.

深山 篤・大野健彦・武川直樹・澤木美奈子・萩田紀博（2002）．擬人化エージェントの印象操作のための視線制御方法　情報処理学会論文誌, *43*, 3596–3606.

福原省三（1990）．アイ・コンタクトと印象の評価が受け手の対人感情に及ぼす効果　心理学研究, *61*, 177–183.

Gifford, R.（1994）. A lens-mapping framework for understanding the encoding and decoding of interpersonal dispositions in nonverbal behavior. *Journal of Personality and Social Psychology, 66*, 398–412.

Gosselin, P., Kirouac, G., & Doré, F. Y.（1995）. Components and recognition of facial expression in the communication of emotion by actors. *Journal of Personality and Social Psychology, 68*, 83–96. doi: 10.1037/0022-3514.68.1.83

Götz-Neumann, K.（2003）. *Gehen verstehen: Ganganalyse in der Physiotherapie.* Stuttgart: Georg Thieme Verlag.（ゲッツ＝ノイマン, K.／月城慶一・山本澄子・江原義弘・盆子原秀三（訳）（2005）．観察による歩行分析　医学書院）

Granhag, P. A., Vrij, A., & Verschuere, B.（2014）. *Detecting deception: Current challenges and cognitive approaches.* Chichester: Wiley-Blackwell.（ギヨンゴビ, P. A.・ヴレイ, A.・フェルシュクーレ, B.（編著）／荒川 歩・石崎千景・菅原郁夫（監訳）（2017）．虚偽検出：嘘を見抜く心理学の最前線　北大路書房）

Hall, E. T.（1966）. T*he hidden dimension.* Garden City, NY: Doubleday.

Hall, J. A., Coats, E. J., & LeBeau, L. S.（2005）. Nonverbal behavior and the vertical dimension of social relations: A meta-analysis. *Psychological Bulletin, 131*, 898–924.

春木 豊・山口 創（編）（2016）．身体心理学：身体行動（姿勢・表情など）から心へのパラダイム　川島書店

Hassin, R., & Trope, Y.（2000）. Facing faces: studies on the cognitive aspects of physiognomy. *Journal of Personality and Social Psychology, 78*, 837–852.

平野 拓・石王拓斗・神田智子（2016）．視線行動の文化差が対話相手の印象に及ぼす影響分析　HAI シンポジウム 2016

廣岡秀一・横矢 規（2003）．対人コミュニケーションにおける予言の自己実現：自らの微笑が相手に対する好意に及ぼす効果　三重大学教育学部研究紀要, *54*, 131–144.

Hundhammer, T., & Mussweiler, T.（2012）. How sex puts you in gendered shoes: sexuality-priming leads to gender-based self-perception and behavior. *Journal of Personality and Social Psychology, 103*, 176–193.

飯塚雄一（2004）．視線量の多少が印象形成に及ぼす影響　島根県立看護短期大学紀要, *10*, 69–76.

石井 亮・宮島俊光・藤田欣也（2008）．アバタ音声チャットシステムにおける会話促進のための注視制御　ヒューマンインタフェース学会論文誌, *10*, 87–94.

磯友輝子・木村昌紀・桜木亜季子・大坊郁夫（2003）．発話中のうなずきが印象形成に及ぼす影響：3者間会話場面における非言語行動の果たす役割　電子情報通信学会技術研究報告：HCS ヒューマンコミュニケーション基礎, *103*, 31–36,

Johansson, G.（1973）. Visual perception of biological motion and a model for its analysis. *Perception & Psychophysics, 14*, 201–211.

Jones, A. L., Kramer, R. S. S., & Ward, R.（2012）. Signals of personality and health: The contributions of facial shape, skin texture, and viewing angle. *Journal of Experimental Psychology: Human Perception and Performance, 38*, 1353–1361.

JSTnews（2018）．「歩くだけ」でわかること　JSTnews, 2月号, 8–11.

Kendon, A. (1967). Some functions of gaze-direction in social interaction. *Acta Psychologica, 26*, 22–63.

喜多壮太郎（2002）．ジェスチャー：考えるからだ　金子書房

Kita, S., Alibali, M. W., & Mingyuan, C. (2017). How do gestures influence thinking and speaking? The gesture-for-conceptualization hypothesis. *Psychological Review, 124*, 245–266.

工藤 力・西川正之（1984）．姿勢の意味次元構造の検討　心理学研究, 55, 36–42.

Lucero, C., Zaharchuk, H., & Casasanto, D. (2014). Beat gestures facilitate speech production. *Proceedings of the Annual Meeting of the Cognitive Science Society, 36*, 898–903.

Martin, K. (1998). Becoming a gendered body: Practices of preschools. *American Sociological Review, 63*, 494–511.

Mather, G., & Murdoch, L. (1994). Gender discrimination in biological motion displays based on dynamic cues. *Proceedings of the Royal Society of London, Series B: Biological Sciences, 258*, 273–279.

松村悠実子（2013）．演技の授業におけるジェンダーの影響を考える：日常の「かわいい」キャラと演劇のキャラクターという演技の二重構造についての考察　芸術研究：玉川大学芸術学部研究紀要, *5*, 9–15.

Mehrabian, A. (1972). *Nonverbal communication*. Chicago, IL: Aldine-Atherton.

Naumann, L. P., Vazire, S., Rentfrow, P. J., & Gosling, S. D. (2009). Personality judgments based on physical appearance. *Personality & Social Psychology Bulletin, 35*, 1661–1671.

Neff, M., Toothman, N., Bowmani, R., Fox Tree, J. E., & Walker, M. (2011). Don't scratch! : Self-adaptors reflect emotional stability. In H. H. Vilhjalmsson, S. Kopp, S. Marsella, & K. R. Thorisson (Eds.), *Intelligent Virtual Agents: IVA 2011: Lecture notes in computer science* (vol.6895) (pp.398–411). Berlin; Heidelberg: Springer.

Neff, M., Wang, Y., Abbott, R., & Walker, M. (2010). Evaluating the effect of gesture and language on personality perception in conversational agents. In J. Allbeck, N. Badler, T. Bickmore, C. Pelachaud, & A. Safonova (Eds.), *Intelligent Virtual Agents: IVA 2010: Lecture notes in computer science* (vol.6356) (pp.222–235). Berlin; Heidelberg: Springer.

野中陽一朗・沼 昂佑・井上 弥（2010）．教示場面における姿勢刺激に含まれる意味次元構造の検討　広島大学大学院教育学研究科紀要：第 1 部 学習開発関連領域, *59*, 79–87.

大森慈子・山田冨美雄・宮田 洋（1997）．対人認知における瞬目の影響　社会心理学研究, *12*, 183–189.

Penton-Voak, I. S., Pound, N., Little, A., & Perrett, D. (2006). Personality judgments from natural and composite facial images: More evidence for a "kernel of truth" in social perception. *Social Cognition, 24*, 607–640.

Rime, B., & Schiaratura, L. (1991). Gesture and speech. In R. S. Feldman & B. Rime (Eds.), *Fundamentals of nonverbal behavior* (pp.239–284). Cambridge; Paris: Cambridge University Press.

Rauthmann, J. F., Seubert, C. T., Sachse, P., & Furtner, M. R. (2012). Eyes as windows to the soul: Gazing behavior is related to personality. *Journal of Research in Personality, 46*, 147–156.

Ruhland, K., Zibrek, K., & McDonnell, R. (2015). Perception of personality through eye gaze of realistic and cartoon models. *SAP '15: Proceedings of the ACM SIGGRAPH Symposium on Applied Perception*, 19–23.

定廣英典・望月 聡（2010）．日常生活における演技についての探索的研究　筑波大学心理学研究, *40*, 73– 82.

Sadr, J., Troje, N. F., & Nakayama, K. (2006a). A pedestrian courtship: Attractiveness and symmetry of humans walking. *Journal of Vision, 6*, 797–798.

Sadr, J., Troje, N. F., & Nakayama, K. (2006b). Axes vs. averages: High-level representations of dynamic point-light forms. *Visual Cognition, 14*, 119–122.

齋藤洋典・喜多壮太郎（2002）．ジェスチャー・行為・意味　共立出版

Saito, H., Arakawa, A., Kawano, N., & Mano, Y. (2004). Effects of delayed auditory feedback on representative and beat gestures. *Paper presented at International Conferences of Psychology*, Beijing.

Sato, W., Hyniewska, S., Minemoto, K., & Yoshikawa, S. (2019). Facial expressions of basic emotions in Japanese laypeople. *Frontiers of Psychology, 10*. doi.org/10.3389/fpsyg.2019.00259

新宅由紀乃・渡邊伸行（2016）．姿勢が表情の印象に与える影響　電子情報通信学会技術研究報告, *115*, 25–28.

Stennes, L. M., Burch, M. M., Sen, M. G., & Bauer, P. J. (2005). A longitudinal study of gendered vocabulary and communicative action in young children. *Developmental Psychology, 41*, 75–88.

杉本絢奈・本元小百合・菅村玄二（2016）．右に首を傾げると疑い深くなる：頭部の角度が対人認知，リスクテイキングおよび批判的思考に及ぼす影響　実験社会心理学研究, *55*(2), 150–160.

Thoresen, J. C., Vuong, Q. C., & Atkinson, A. P. (2012). First impressions: Gait cues drive reliable trait judgements. *Cognition, 124*, 261–271.

Todorov, A., Mandisodza, A. N., Goren, A., & Hall, C. C. (2005). Inferences of competence from faces predict election outcomes. *Science, 308*(5728), 1623–1626.

Todorov, A. (2017). *Face value: The irresistible influence of first impressions*. Princeton, NJ; Oxford: Princeton University Press.

徳永弘子・木村 敦・武川直樹・玉木智英・和田有史（2015）．飲料容器への接触行為がコミュニケーションの印象に及ぼす影響　電子情報通信学会技術研究報告, *114*, 187–192.

Troje, N. F., Westhoff, C., & Lavrov, M. (2005). Person identification from biological motion: Effects of structural and kinematic cues. *Perception & Psychophysics, 67*(4), 667–675.

Wiggins, J. S., Trapnell, P., & Phillips, N. (1988). Psychometric and geometric characteristics of the Revised Interpersonal Adjective Scales (IAS-R). *Multivariate Behavioral Research, 23*, 517–530.

山谷奈緒子（2008）．話し手の姿勢とあいづちが対人認知に及ぼす影響：カウンセリング場面を想定した実験的検討　人間福祉研究, *11*, 171–186.

▶コラム 16　しぐさと欺瞞

Vrij, A. (2008). *Detecting lies and deceit: Pitfalls and opportunities* (2nd ed.). Chichester: John Wiley & Sons.（ヴライ, A.／太幡直也・佐藤 拓・菊地史倫（監訳）(2016)．嘘と欺瞞の心理学：対人関係から犯罪捜査まで 虚偽検出に関する真実　福村出版）

Vrij, A., Hartwig, M., & Granhag, P. A. (2019). Reading lies: Nonverbal communication and deception. *Annual Review of Psychology, 70*, 295–317.

▶第 11 章　言　葉

秋山 胖・上杉 喬・鈴木賢男（1992）．「はやりことば」に関する研究（2）：人間科学部学生の場合　言語と文化, *5*, 15–36.

Allport, G. W., & Cantril, H. (1934). Judging personality from voice. *The Journal of Social Psychology, 5*, 37–55.

荒川 歩（2005）．顔文字をいつ使用するかについての語りとその質的分析　同志社心理, *51*, 17–26.

荒川 歩（2015）．「顔的な表現」の使用：顔文字研究からみた「顔」　基礎心理学研究, *34*, 127–133.

張 夢圓（2016）．日本語の女性語について：少女漫画に見る女性語の推移　日本文学研究, *51*, 15–29.

Feldstein, S., Dohm, F.-A., & Crown, C. L. (2001). Gender and speech rate in the perception of competence and social attractiveness. *Journal of Social Psychology, 141*, 785–806.

Feldstein, S., & Sloan, B. (1984). Actual and stereotyped speech tempos of extraverts and introverts. *Journal of Personality, 52*, 188–204.

深田博己（2006）．話し手の方言使用と印象：コードスイッチの適切さと聞き手の出身地による影響　社会心理学研究, *21*, 173–186.

福島和郎（2005）．「よ」・「ね」の使用におけるパーソナリティ要因の検討　日本パーソナリティ心理学会大会発表論文集, *13*, 58–59.

花井 裕（2001）．規範意識とゆれ　ロング, D.・中井精一・宮治弘明（編）応用社会言語学を学ぶ人のため（pp.16–25）世界思想社

蓮見陽子（1993）．同一情報に基づく文章表現の印象・評価の差異について　学習院大学人文科学論集, *2*, 43–67.

日高水穂（2001）．ことばとイメージ　ロング, D.・中井精一・宮治弘明（編）応用社会言語学を学ぶ人のために（pp.26–33）世界思想社

Higgins, E. T. (1987). Self-discrepancy: A theory relating self and affect. *Psychological Review, 94*(3),

319–340.

池田理恵子・岡 隆・永瀬治郎（1995）．集団語の知識・使用と言語意識・パーソナリティの関係について 専修国文, *56*, 1–10.

籠宮隆之・山住賢司・槙 洋一・前川喜久雄（2007）．聴取実験に基づく講演音声の印象評定データの構築とその分析 社会言語科学, *9*(2), 65–76.

金 廷珉（2017）．商品名の表記に関する日韓両言語の比較調査：お菓子類を事例に 言語と文明：論集, *15*, 125–137.

木村文佳・藤田智香子（2008）．津軽地方における理学療法士の言葉遣いに対する患者の意識 2007年度日本理学療法学術大会, A0489–A0489.

Miyake, K. (2007). How young Japanese express their emotions visually in mobile phone messages: A sociolinguistic analysis. *Japanese Studies*, *27*, 53–72.

新見直子・丸目 祐（2015）．話し手の印象に及ぼす方言と参加者の出身地の影響 対人コミュニケーション研究, *3*, 19–32.

Noels, K. A. (2014). Language variation and ethnic identity: A social psychological perspective. *Language & Communication*, *35*, 88–96.

小川一美・吉田俊和（1998）．発話スタイルがパーソナリティ認知に及ぼす効果：決めつけ型発話と会話場面の観点から 名古屋大學教育學部紀要：教育心理学科, *45*, 9–15.

小川早百合（2006）．話しことばの終助詞の男女差の実際と意識：日本語教育での活用へ向けて 日本語ジェンダー学会（編）『日本語とジェンダー』（pp.39–52） ひつじ書房

岡本真一郎（2001）．名古屋方言の使用が話し手の印象に及ぼす影響：Matched-guise techniqueを用いて 社会言語科学, *3*, 4–16.

Olivola, C. Y., & Todorov, A. (2010). Elected in 100 milliseconds: Appearance-based trait inferences and voting. *Journal of Nonverbal Behavior*, *34*, 83–110.

真田信治・宮治弘明（1990）．奈良県西吉野・大塔地域の言語調査報告 大阪大学日本学報, *9*, 133–180.

佐山公一（1992）．言葉の“あや”の印象の分類：言語表現の心理的効果測定のための形容語尺度の選定 教育心理学研究, *40*, 204–212.

清水由紀（2010）．小中学生と大学生における自発的特性推論 心理学研究, *81*, 462–470.

玉岡賀津雄・トクソズ, L.（2010）．新しく作られた短縮語使用に関する世代間比較 ことばの科学, *23*, 85–99.

田口雅徳（2014）．顔文字の付与および文頭・文末の小文字化がメール文の印象に与える影響：お礼文，挨拶文，依頼文を用いての分析 情報学研究, *3*, 105–111.

とらばーゆ総研（2007）．ラララとらばーゆ総研：20代の女性が彼氏に求めるもの，結婚相手に求めるもの（https://toranet.jp/contents/trend/soken/875/（最終確認日：2020年2月26日））

内田照久（2005a）．音声の発話速度と休止時間が話者の性格印象と自然なわかりやすさに与える影響 教育心理学研究, *53*, 1–13.

内田照久（2005b）．音声中の抑揚の大きさと変化パターンが話者の性格印象に与える影響 心理学研究, *76*, 382–390.

内田照久（2006）．未知のイントネーションから想起される話者の性格印象と方言地域の特徴 音声研究, *10*(3), 29–42.

内田照久・中畝菜穂子（2005）．声の高さと発話速度が話者の性格印象に与える影響 心理学研究, *75*, 397–406.

渡辺 匠・唐沢かおり（2013）．共通語と大阪方言に対する顕在的・潜在的態度の検討 心理学研究, *84*, 20–27.

Yamada, N., Hakoda, Y., Yuda, E., & Kusuhara, A. (2000). Verification of impression of voice in relation to occupational categories. *Psychological Reports*, *86*, 1249–1263.

山中靖子（2008）．現代日本語の性差に関する研究：文末表現を中心に 東京女子大学言語文化研究, *17*, 87–100.

山住賢司・籠宮隆之・槙 洋一・前川喜久雄（2007）．講演音声の印象評価尺度 日本音響学会誌, *61*, 303–311.

米川明彦（1998）．若者語を科学する 明治書院

▶コラム 18　オノマトペ
宮沢賢治（1967）．童話集　風の又三郎　岩波書店
鈴木公啓・磯友輝子（2013）．オノマトペの使用が印象形成に及ぼす影響：言葉による装いの効果　日本心理学会第 77 回大会発表論文集, 137.

▶コラム 19　音楽の好みを装う？
Hansen, C. H., & Hansen, R. D.（1991）. Constructing personality and social reality through music: Individual differences among fans of punk and heavy metal music. *Journal of Broadcasting & Electronic Media, 35*(3), 335–350.
HMV ONLINE（2009）.「音楽とモテに関する意識調査」発表！ カルモン（Culture Monster）, 第 5号,（https://www.hmv.co.jp/news/article/908110047/）（最終確認日：2020 年 2 月 26 日）
Hargreaves, D. J., MacDonald, R. A., & Miell, D.（Eds.）.（2002）. *Musical identities.* Oxford: Oxford University Press.（ハーグリーヴズ, D.・マクドナルド, R.・ミエル, D.（編著）／岡本美代子・東村知子（共訳）（2011）．音楽アイデンティティ：音楽心理学の新しいアプローチ　北大路書房）

▶第 12 章　コスプレ
相田美穂（2004）．現代日本におけるコミュニケーションの変容：おたくという社会現象を通して　広島修道大論集人文編, *45*(1), 87–127.
コスプレイヤーズアーカイブ（2016）．コスプレイヤーズアーカイブ：アンケート（https://www.cosp.jp/community_quest.aspx?id=1&qi=31925）（最終確認日：2019 年 1 月 15 日）
コスプレイヤーズアーカイブ（2018）．アーカイブニュース編集部が選ぶ 2018 年コスプレ界 10 大ニュース（後編）（https://www.cosp.jp/news.aspx?id=561&p=3）（最終確認日：2019 年 1 月 15 日）
コスプレイヤーズアーカイブ（2019）．コスプレイヤーズアーカイブ：未来のイベント一覧（https://www.cosp.jp/event_list.aspx）（最終確認日：2019 年 1 月 15 日）
コミケット（1999a）．コスプレって何？（https://www.comiket.co.jp/info-p/WhatIsCosPlay.html）（最終確認日：2019 年 1 月 15 日）
コミケット（1999b）．コスプレ＆コスプレ撮影サポートページ（https://www.comiket.co.jp/info-p/）（最終確認日：2019 年 1 月 15 日）
コミケット（2018）．コミックマーケット年表（https://www.comiket.co.jp/archives/Chronology.html#graph_area）（最終確認日：2019 年 1 月 15 日）
外国人観光客研究所（2017）．世界が注目する日本のハロウィン文化（https://inbound-lab.info/archives/755）（最終確認日：2019 年 1 月 15 日）．
外務省（2018）．「世界コスプレサミット 2018」参加国代表による外務省表敬（https://www.mofa.go.jp/mofaj/p_pd/ca_opr/page25_001518.html）（最終確認日：2019 年 1 月 15 日）．
Giard, A.（2006）. *L'imaginaire érotique au Japon.* Grenoble: Albin Michel.（ジアール, A.／にむらじゅんこ（訳）（2010）．エロティック・ジャポン　河出書房新社）
堀田純司（2005）．萌え萌えジャパン：2 兆円市場の萌える構造　講談社
貝沼明華（2017）．コスプレの意味世界：写真をめぐるコミュニケーションの分析　金城学院大学大学院文学研究科論集, *23*, 46–18.
松谷創一郎（2017）．都市のハロウィンを生み出した日本社会　吉光正絵・池田太臣・西原麻里（編）ポスト〈カワイイ〉の文化社会学：女子たちの「新たな楽しみ」を探る（pp.201–225）　ミネルヴァ書房
松浦李恵（2015）．人工物の利用を通した成員性と「境界する物」：キャラクターを支える遊びとしてのコスプレを対象に　質的心理学フォーラム, *7*, 14–23.
森本季沙・大久保智生・鈴木公啓（2017）．青年期におけるコスプレに関する動機と心理的効用の検討：大学生とコスプレイヤーの比較から　香川大学教育学部研究報告 第 1部, *147*, 13–25.
日本政府観光局（2018）．訪日外客数・出国日本人数データ（統計・データ）（https://www.jnto.go.jp/jpn/statistics/visitor_trends/）（最終確認日：2019 年 1 月 15 日）
野村総合研究所オタク市場予測チーム（2005）．オタク市場の研究　東洋経済新報社

大石さおり（2011）．ピアッシング，コスプレ，自傷行為と自己概念との関連性の検討　日本家政学会誌, *62*, 59–68.
岡部大介（2014）．コスプレイヤーの学び　宮台真司（監）／辻 泉・岡部大介・伊藤瑞子（編）　オタク的想像力のリミット：〈歴史・空間・交流〉から問う（pp.371–404）　筑摩書房
奥村知里（2017）．コスプレ体験におけるコスプレ体験における参加創造型意味生成のプロセス：レイヤーという当事者による語り合いからの考察　立命館大学大学院応用人間科学研究科臭素（人間科学）学位請求論文
Rosenberg, R. S., & Letamendi, A. M.（2013）. Expressions of fandom: Finding from a psychological crvey of cosplay and costume wear. *Intensities: The journal of Cult Media*, *5*, 9–18.
Reysen, S., Plante, C. N., Roberts, S. E., & Gerbasi, K. C.（2018）. Motivations of cosplayers to participate in the anime fandom. *The Phoenix Papers*, *4*, 29–40.
シムサム・メディア（2019）．COSPLAY MODE（https://cosplaymode.net/）（最終確認日：2019 年 1 月 15 日）
杉浦由美子（2008）．コスプレ女子の時代　ベストセラーズ
田中東子（2012）．メディア文化とジェンダーの政治学：第三波フェミニズムの視点から　世界思想社
八島心平（2009）．性とコスプレ・コミュニケーション　関 修・志田哲之（編）　挑発するセクシュアリティ：法・社会・思想へのアプローチ（pp.259–292）　新泉社．
財経新聞（2013）．日本のハロウィン，起源はディズニーランドと川崎市？（https://www.zaikei.co.jp/article/20131029/159567.html）（最終確認日：2019 年 1 月 15 日）

▶第 13 章　化粧療法

Derogatis, L. R., Morrow, G. R., Fetting, J. et al.（1983）. The prevalence of psychiatric disorders among cancer patients. *JAMA*, *1249*, 751–757.
原田輝一・浅井真太郎・川名誠司・提橋義則・松本 梓（2011）．瘢痕カバー用ファンデーション使用による火傷・外傷・ざ瘡後瘢痕患者の QOL 改善効果　日本形成外科学会会誌, *31*, 605–612.
Hey, H.（1970）. Dekorative Behandlung beim Naevus flammeus. *Cosmetologica*, *19*, 71–76.
土方僚子・鈴木裕美子・竹内裕美・松本 梓・田崎弥八子・大沢かおり・岡田直美（2013）．化学療法の美容上の副作用に対する美容ケアによる乳がん患者の QOL 改善効果　日本香粧品学会誌, *37*, 171–176.
平松隆円（2009）．化粧にみる日本文化：だれのためによそおうのか？　水曜社
池山和幸（2012）．高齢者に対する化粧療法プログラムによる心身改善効果　人間生活工学, *13*, 26–29.
池山和幸（2013）．香粧品と高齢女性の行動変容　オレオサイエンス, *13*, 11–16.
池山和幸（2016a）．要介護高齢女性の化粧行動と化粧療法効果　*BIO Clinica*, *31*(4), 54–58.
池山和幸（2016b）．知っていますか？　お化粧と口腔の意外な関係　デンタルハイジーン, *36*(9), 986–990.
池山和幸（2019）．「粧う」ことで健康寿命を伸ばす化粧療法：エビデンスに基づく超高齢社会への多職種連携アプローチ　クインテッセンス出版
飯野京子・嶋津多恵子・佐川美枝子・綿貫成明・市川智里・栗原美穂…長岡波子（2017）．がん治療を受ける患者への外見変化に対するケア：がん専門病院の看護師へのフォーカス・グループインタビューから　Palliat Care Res, *12*(3), 709–715.
河合 恒・猪股高志・大塚理加・杉山陽一・平野浩彦・大渕修一（2016）．化粧ケアが地域在住高齢者の主観的健康感へ及ぼす効果：傾向スコア法による検証　日本老年医学会誌, *53*, 123–132.
かづきれいこ（編）（2018）．化粧医学：リハビリメイクの心理と実践　全日本病院出版会
かづきれいこ・百束比古（2012）．注視点から見たリハビリメイクの概観改善効果および満足度調査：単純性血管腫症例での検討　第 55 回日本形成外科学会抄録集, 169.
国立がん研究センター研究開発費がん患者の外見支援に関するガイドラインの構築に向けた研究班（2016）．がん患者に対するアピアランスケアの手引き　金原出版
厚生労働省（2010）．平成 22 年国民生活基礎調査
Look good feel better（n.d.）.（http://lookgoodfeelbetter.org/）（最終確認日：2019 年 2 月 28 日）
Machida, A., Shirato, M., Tanida, M., Kanemaru, C., Nagai, S., & Sakatani, K.（2016）. Effects of cosmetic therapy on cognitive function in elderly women evaluated by time-resolved spectroscopy study. *Oxygen Transport to Tissue XXXVII*, *876*, 289–295.

毎日新聞（2018）．ユニバ・リポート：目が見えなくても楽しめる化粧：資生堂とTBSが共生セミナ（http://mainichi.jp/universalon/articles/20180907/org/00m/040/015000c）（最終確認日：2019年2月28日）

村井明美・青木昭子（2015）．小児頭頚部のあざに対するカバーメーキャップ　Pepars, *102*, 70–76.

Murakami-Yoneda, Y., Hata, M., Shirahige, Y., Nakai, K., & Kubota, Y. (2015). Effects of makeup application on diverting the gaze of others from areas of inflammatory lesions in patients with acne vulgaris. *Journal of Cosmetics, Dermatological Sciences and Applications*, *5*, 134–141.

日本眼科医会研究班（2009）．日本眼科医会研究班報告2006–2008：日本における視覚障害の社会的コスト　日本の眼科, *80*, 別冊．

野澤桂子・小越明美・斉藤善子・青木理美（2015）．Cosmetic Programによる入院患者のQOL改善の試み　健康心理学研究, *18*(1), 35–44.

小川朝生・内富庸介（編）（2010）．これだけは知っておきたいがん医療における心のケア：精神腫瘍学ポケットガイド　医療研修推進財団

大石華法・平野隆之・松久充子（2017）．視覚障害者のための「ブラインドメイク・プログラム」　フレグランスジャーナル, *8*, 39–44.

Pal, S. K., & Hurria, A. (2010). Impact of age, sex, and comorbidity on cancer therapy and disease progression. *Journal of Clinical Oncology*, *28*(26), 4086–4093.

重松 剛・宮原幹夫・片岡俊紀・昆 宰市・堀 恵二・伊崎正勝・横田篤三（1982）．らい患者のリハビリテーションにおける化粧品の心理学的効果　日本香粧品科学会誌, *6*, 181–187.

資生堂ライフクオリティーメーキャップ（n.d.）．（https://www.shiseidogroup.jp/sustainability/slq/）（最終確認日：2019年2月28日）

谷岡未樹（2011）．白斑に対するメイクアップ外来は白斑患者のQOLを改善する　コスメトロジー研究報告会, *19*, 134–136.

田崎美弥子・中根允文（2007）．WHO QOL26　手引（改訂版）金子書房

寺田朱里・花房昭彦・池田知純・不破輝彦（2010）．視覚障がい者のメイク支援システムに関する研究：教示機能のユーザビリティ評価　ライフサポート, *22*, 152–159.

宇山侊男・阿部恒之（1998）．化粧療法の概観と展望　フレグランスジャーナル, *26*, 97–106

分田貴子（2019）．がん治療による見た目の変化へのケアとしてのメイク　フレグランスジャーナル, 臨時増刊号, 102–105.

渡邊 裕（2017）．地域在住高齢者の口腔機能の低下とフレイルの関係について　日本老年歯学会誌, *31*, 405–411.

山口昌子・小松浩子（2018）．がん化学療法を受けた患者の外見の変化とそれに伴う心理的苦痛の実態：システマティックレビュー　日本がん看護学会誌, *32*, 170–179.

吉田 醇（1981）．メイクアップの効用　日本香粧品科学会誌, *5*, 137–144.

▶第14章　装い起因障害

天野由紀・西脇祐司（2013）．まつ毛エクステンションの経験者割合とその健康障害に関する全国調査　日本衛生學雑誌, *68*, 168–174.

Chrysmela（2012）．ピアスアンケートデータ2012 2-10-10 ピアスケアに関する知識が少ない（http://www.chrysmela.com/column/2012/02/-20.php）（最終確認日：2018年6月28日）

Herr, P. M., Kardes, F. R., & Kim, J. (1991). Effects of word-of-mouth and product-attribute information on persuasion: An accessibility-diagnosticity perspective. *Journal of Consumer Research*, *17*, 454–462.

平松隆円・牛田聡子（2004）．化粧に関する研究（第4報）：大学生の化粧意識とそれを規定する個人差要因　繊維製品消費科学, *45*, 847–854.

国民生活センター（2008）．つけ爪による危害：かぶれ，やけど，カビが生えることも（http://www.kokusen.go.jp/news/data/n-20081016_1.html）（最終確認日：2018年6月30日）

国民生活センター（2011）．アートメイクの危害（http://www.kokusen.go.jp/pdf/n-20111027_1.pdf）（最終確認日：2018年8月16日）

国民生活センター（2014）．カラーコンタクトレンズの安全性：カラコンの使用で目に障害も（http://www.kokusen.go.jp/news/data/n-20140522_1.html）（最終確認日：2018年6月28日）

国民生活センター（2015）．後を絶たない，まつ毛エクステンションの危害（http://www.kokusen.go.jp/pdf/n-20150604_1.pdf）（最終確認日：2018 年 8 月 16 日）
国民生活センター（2017）．なくならない脱毛施術による危害（http://www.kokusen.go.jp/pdf/n-20170511_1.pdf）（最終確認日：2018 年 6 月 28 日）
国民生活センター（2018）．2017 年度の PIO-NET にみる危害・危険情報の概要（http://www.kokusen.go.jp/pdf/n-20180808_2.pdf）（最終確認日：2018 年 8 月 16 日）
厚生労働省医薬・生活衛生局医薬品審査管理課化学物質安全対策室（2014）．平成 27 年度家庭用品等に係る健康被害病院モニター報告（https://www.mhlw.go.jp/stf/houdou/0000146846.html）（最終確認日：2020 年 1 月 9 日）
厚生労働省健康局（2014）．パーマネント・ウエーブ用剤の目的外使用について（https://www.city.chiba.jp/hokenfukushi/kenkou/hokenjo/kankyo/documents/pa-ma.pdf）（最終確認日：2018 年 6 月 25 日）
町田英一（2003）．第 3 部 その他のおしゃれ障害：足に合わない靴　岡村理栄子（監修）（2016）．おしゃれ障害：子どものうちに知っておきたい！（pp.50–53）　少年写真新聞社
Miller, L., & Cox, C. L. (1982). For appearance sake: Public self-consciousness and makeup use. *Personality and Social Psychology Bulletin, 8*, 748–751.
元吉忠寛（2009）．化粧品のリスク認知に関する心理学的研究：安全とリスクのバランス　コスメトロジー研究報告, *17*, 117–120.
日本経済新聞（2014）．アートメーク被害多発：違法施術で「腫れ引かず」（https://www.nikkei.com/article/DGXLZO75170710S4A800C1CR8000/）（最終確認日：2018 年 6 月 28 日）
岡村理栄子（編著）（2003）．おしゃれ障害：健康を害する誤った“おしゃれ”に警告　少年写真新聞社
岡村理栄子（監修）（2016）．おしゃれ障害：子どものうちに知っておきたい！　少年写真新聞社
ポーラ文化研究所（2017）．化粧と生活の調査レポート：SNS と化粧品情報源（http://www.po-holdings.co.jp/csr/culture/bunken/report/topics_015.html）（最終確認日：2018 年 6 月 29 日）
ロート製薬（2018）．現代女性の目の健康と美容を考えた目周りのアイスキンケアブランド「mesiru〈メシル〉」新発売（https://www.rohto.co.jp/news/release/2018/0125_02/）（最終確認日：2018 年 6 月 25 日）
消費者庁（2015）．毛染めによるアレルギーに御注意（http://www.caa.go.jp/policies/policy/consumer_safety/other/information_001/）（最終確認日：2018 年 8 月 16 日）
Sundaram, D. S., & Webster, C. (1999). The role of brand familiarity on the impact of word-of-mouth communication on brand evaluations. *Advances in Consumer Research, 26*, 664–670.
東京都生活文化局（2014）．気をつけて！ ヘアアイロンでやけど事故（https://www.shouhiseikatu.metro.tokyo.jp/attention/documents/h26heaairon.pdf）（最終確認日：2018 年 6 月 25 日）
東京都生活文化スポーツ局消費生活部（2010）．日焼けマシンの安全な利用に関する調査（https://www.shouhiseikatu.metro.tokyo.jp/anzen/test/documents/hiyake_all.pdf）（最終確認日：2018 年 6 月 25 日）
多屋淑子（2003）．第 3 部 その他のおしゃれ障害：体を冷やす服装　岡村理栄子（監修）（2016）．おしゃれ障害：子どものうちに知っておきたい！（pp.46–49）　少年写真新聞社
杉本徹雄（編）（1997）．消費者理解のための心理学　福村出版
鈴木公啓（2018）．子どものおしゃれの低年齢化：未就学児から高校生におけるおしゃれの実態　慶應義塾大学日吉紀要：言語・文化・コミュニケーション, *50*, 53–69.
鈴木公啓・矢澤美香子（2014）．大学生及び短期大学生における装い起因障害の実態把握　フレグランスジャーナル, *42*, 52–60.
鈴木公啓・矢澤美香子（2016a）．日本人成人女性における装い起因障害の実態　フレグランスジャーナル, *44*, 66–73.
鈴木公啓・矢澤美香子（2016b）．装い起因障害に対する心理教育的介入の試み　東京未来大学研究紀要, *9*, 75–82.
Wilson, W. R., & Peterson, R. A. (1989). Some limits on the potency of word-of-mouth information. *Advances in Consumer Research, 16*, 23–29.

▶コラム 22　子どもにおける装い起因障害

岡村理栄子（編著）（2003）．おしゃれ障害：健康を害する誤った“おしゃれ”に警告　少年写真新聞社
岡村理栄子（2011）．子どもたちのおしゃれ障害　日本香粧品学会誌, *35*, 113–117.

鈴木公啓（2018）．子どものおしゃれの低年齢化：未就学児から高校生におけるおしゃれの実態　慶應義塾大学日吉紀要：言語・文化・コミュニケーション, *50*, 53–69.

東京都生活文化局（2007）．化粧品類の安全性等に関する調査結果【概要】抜粋（https://www.shouhiseikatu.metro.tokyo.jp/anzen/test/documents/kesyouhinn.pdf）（最終確認日：2020 年 1 月 9 日）

▶第 15 章　装いの低年齢化

在塚実季・大川知子（2018）．市場環境の変化にみる「子供服の大人化」に関する検討　実践女子大学生活科学部紀要, *55*, 14–25.

馬場安希・山本真規子・小泉智恵・菅原ますみ（1998）．家族関係と子どもの発達（7/7）：小学生の痩身願望の検討　日本心理学会第 62 回大会発表論文集, 277.

ベネッセコーポレーション（2001）．子どものやせ願望：見た目を気にする子どもたち　モノグラフ・小学生ナウ, *21*(2).

Bird, S. (2008). Miss Bimbo website promotes extreme diets and surgery to 9-year-olds. *The Times*. (https://www.thetimes.co.uk/article/miss-bimbo-website-promotes-extreme-diets-and-surgery-to-9-year-olds-mc7bjv9r036)（最終確認日：2018 年 4 月 30 日）

池永佳司・切池信夫・岩橋多加寿・濱田亜樹子・永田利和・池谷俊哉（1993）．小学生および中学生におけるやせ願望について　臨床精神医学, *22*, 1455–1461.

石田かおり（2006）．児童・生徒の化粧実態とその問題点：化粧教育提案のための実態分析　駒澤女子大学研究紀要, *13*, 27–41.

ガールズ向上委員会（編）（2018）．ミラクルハッピーおしゃれ＆きれいの法則 MAX　西東社

ジンコーポレーション生活総合研究所（2014）．脱毛に関する意識調査

ジェイ・エム・アール生活総合研究所（2013）．女子小学生とその母親 1,200 名に聞く，「女子小学生の化粧意識と実態調査」（https://kyodonewsprwire.jp/prwfile/release/M102217/201309104486/_prw_PR1fl_SkMUyyHe.pdf）（最終確認日：2020 年 1 月 31 日）

風戸真理（2017）．身体装飾をめぐる子ども・大人・社会の交渉　コンタクト・ゾーン, *9*, 347–366.

近藤洋子（2001）．青少年の体格とボディ・イメージの関連について：玉川学園における小・中・高・大学生生活習慣調査より　玉川学園・玉川大学体育・スポーツ科学研究紀要, *2*, 23–32.

眞榮城和美（2000）．児童・思春期における自己評価の構造　応用社会学研究, *10*, 63–82.

丸山千寿子・伊藤桂子・木地本礼子・今村素子・土井佳子・田中たえ子…江澤郁子（1993）．女子学生における食行動異常に関する研究（第 1 報）：小学生高学年より大学生までのやせ願望とダイエットについて　思春期学, *11*, 51–56.

文部科学省（2019）．学校保健統計調査年次統計 政府統計の総合窓口（Retrieved from https://www.e-stat.go.jp/stat-search/files?page=1&layout=datalist&tstat=000001011648&cycle=0&tclass1=000001020135&second2=1）（最終確認日：2019 年 9 月 7 日）

向川祥子（2006）．被服に対する意識及び行動とそれに影響する要因　神戸大学博士論文（未公刊）

岡村理栄子（編著）（2003）．おしゃれ障害：健康を害する誤った“おしゃれ”に警告　少年写真新聞社

岡村理栄子（2011）．子どもたちのおしゃれ障害　日本香粧品学会誌, *35*, 113–117.

大久保香梨・斉藤ふくみ（2014）．小中学生のおしゃれに関する研究：主におしゃれ障害に関して　茨城大学教育学部紀要：教育科学, *63*, 219–230.

新潮社（2019）．ニコ☆プチ, 2019 年 2 月号（https://www.nikopuchi.jp/nico_cover）（最終確認日：2020 年 1 月 13 日）

鈴木公啓（2018）．子どものおしゃれの低年齢化：未就学児から高校生におけるおしゃれの実態　慶應義塾大学日吉紀要：言語・文化・コミュニケーション, *50*, 53–69.

鈴木公啓・矢澤美香子（2016）．日本人成人女性における装い起因障害の実態　フレグランスジャーナル, *44*, 66–73.

東京都生活文化局（2007）．化粧品類の安全性等に関する調査結果【概要】抜粋（https://www.shouhiseikatu.metro.tokyo.jp/anzen/test/documents/kesyouhinn.pdf）（最終確認日：2020 年 1 月 9 日）

Adamson, P. A., & Doud Galli, S. K. (2009). Modern concepts of beauty. *Plastic Surgical Nursing, 29,* 5–9. doi: 10.1097/01.PSN.0000347717.98155.8d

Allure (2011). Is all-American beauty obsolete? (https://www.allure.com/story/is-all-american-beauty-obsolete)（最終確認日：2018年5月10日）

Anderson-Fye, E., & Becker, A. E. (2004). Socio-cultural aspects of eating disorders. In J. K. Thompson (Ed.), *Handbook of eating disorders and obesity* (pp.565–589). Hoboken, NJ: Wiley.

American Psychiatric Association (2013). *Diagnostic and statistical manual for mental disorders: DSM-5* (5th Ed.). Arlington, VA: American Psychiatric Association.（米国精神医学会／髙橋三郎・大野 裕（監訳）(2014). DSM-5 精神疾患の診断・統計マニュアル　医学書院）

Becker, A. E. (1995). *Body, self, and society: The view from Fiji.* Philadelphia, PA: University of Pennsylvania Press.

Becker, A. E. (2004). Television, disordered eating, and young women in Fiji: Negotiating body image and identity during rapid social change. *Culture, Medicine and Psychiatry, 28,* 533–559. doi: 10.1007/s11013-004-1067-5

Becker, A. E., Burwell, R. A., Gilman, S. E., Herzog, D. B., & Hamburg, P. (2002). Eating behaviors and attitudes following prolonged television exposure among ethnic Fijian adolescent girls. *The British Journal of Psychiatry, 180,* 509–514.

Bjerke, R., & Polegato, R. (2001). Cross-cultural meaning of healthy and beautiful in words, beauty types, and products: Implications for international advertising. *Journal of Promotion Management, 7,* 117–139. doi: 10.1300/J057v07n01_08

BLK NZ Ltd (2014). *Black Magazine, 22.*

Bossen, L., & Gates, H. (2017). *Bound feet, young hands: Tracking the demise of footbinding in village China.* Stanford, CA: Stanford University Press.

Bourdieu, P.; Nice, R. (transl.) (1984). *Distinction: A social critique of the judgement of taste.* Cambridge, MA: Harvard University Press.

Cheung, C. K., & Chan, C. F. (1996). Television viewing and mean world value in Hong Kong's adolescents. *Social Behavior and Personality: An International Journal, 24,* 351–364. doi: 10.2224/sbp.1996.24.4.351

Farrelly, D., Lazarus, J., & Roberts, G. (2007). Altruists attract. *Evolutionary Psychology, 5,* 313–329. doi: 10.1177/147470490700500205

Finnane, A. (2008). *Changing clothes in China: Fashion, history, nation.* New York: Columbia University Press.

Frieze, I. H., Olson, J. E., & Russell, J. (1991). Attractiveness and income for men and women in management. *Journal of Applied Social Psychology, 21,* 1039–1057. doi: 10.1111/j.1559-1816.1991.tb00458.x

Gao, J. (2012). Chinese women's clothing in transition during the 20th century. *Quarterly Journal of Chinese Studies, 1,* 8–28.

Garner, D. M., Garfinkel, P. E., Schwartz, D., & Thompson, M. (1980). Cultural expectations of thinness in women. *Psychological Reports, 47,* 483–491.

Gill, T., Hughes, R., Tunidau-Schultz, J., Nishida, C., Galea, G., & Cavalli-Sforza, L. (2002). *Obesity in the Pacific: Too big to ignore.* Noumea, New Caledonia: Secretariat of the Pacific Community.

Granzberg, G. (1985). Television and self-concept formation in developing areas: The central Canadian Algonkian experience. *Journal of Cross- Cultural Psychology, 16,* 313–328.

Grosvenor, G. H. (1907). The maoris of New Zealand. *The National Geographic Magazine, 18*(3), 191–199.

Harper's Bazaar (2019). A complete list of all the Victoria's Secret Angels for 2019 (so far) (https://www.harpersbazaar.com.au/fashion/victorias-secret-angels-2019-18411)（最終確認日：2020年1月29日）

Healthline (2017). What's the average weight for women? (https://www.healthline.com/)（最終確認日：2018年5月26日）

Herreria, C. (2017). Painful Chinese foot-binding was more than an erotic practice, study finds.（https://www.huffingtonpost.com/entry/chinese-foot-binding-for-work-in-home_us_5920f47fe4b03b485cb20dc8）（最終確認日：2018 年 5 月 10 日）

Hinsch, H. B.（2016）. *Women in early imperial China.* Lanham, MD: Rowman & Littlefield.

法務省（2017）. 平成 29 年 6 月末現在における在留外国人数について（確定値）（http://www.moj.go.jp/index.html）（最終確認日：2018 年 5 月 27 日）

International Society of Aesthetic Plastic Surgery（2017）. ISAPS global statistics（https://www.isaps.org/medical-professionals/isaps-global-statistics/）（最終確認日：2018 年 5 月 10 日）

厚生労働省（2016）. 人口動態調査（http://www.mhlw.go.jp/toukei/list/81-1.html）（最終確認日：2018 年 5 月 10 日）

Lasch, C.（1979）. *The culture of narcissism: American life in an age of diminishing expectations.* New York, NY: Warner Books.

Łopaciuk, A., & Łoboda, M.（2013）. Global beauty industry trends in the 21st century. *Proceedings of the Management, Knowledge and Learning,* Croatia, 1079–1987.

MacRury, I.（2009）. *Advertising.* New York: Routledge.

Mazzarella, W.（2003）. *Shoveling smoke: Advertising and globalization in contemporary India.* Durham, NC: Duke University Press.

Miller, C. J.（1998）. The social impacts of televised media among the Yucatec Maya. *Human Organization, 57,* 307–314. doi: 10.17730/humo.57.3.54q3ur774hrm5226

Morris, P. K.（2017）. Looking through outdoor advertising images for beauty in Argentina, Chile, Hungary, and Romania. *Journal of Promotion Management, 23,* 791–812. doi: 10.1080/10496491.2017.1323257

Morris, P. K., & Nichols, K.（2013）. Conceptualizing beauty: A content analysis of U.S. and French women's fashion magazine advertisements. *Online Journal of Communication and Media Technologies, 3,* 49–74.

Nikora, L. M., Rua, M. R., & Te Awekotuku, N.（2007）. Renewal and resistance: Moko in contemporary New Zealand. *Journal of Community & Applied Social Psychology, 17,* 477–589. doi: 10.1002/casp.942

Perrett, D. I., May, K. A., & Yoshikawa, S.（1994）. Facial shape and judgments of female attractiveness. *Nature, 368,* 239–242. doi: 10.1038/368239a0

Pollock, N.（1995）. Cultural elaborations of obesity-fattening practices in Pacific societies. *Asia Pacific Journal of Clinical Nutrition, 14,* 357–360.

Reis, R.（1998）. The impact of television viewing in the Brazilian Amazon. *Human Organization, 57,* 300–306. doi: 10.17730/humo.57.3.v23r600076793n26

Roth, H. L.（1901）. Maori tatu and moko. *Journal of the Anthropological Institute of Great Britain and Ireland, 31,* 29–64.

Sands, N. B., & Adamson, P. A.（2014）. Global facial beauty: Approaching a unified aesthetic ideal. *Facial Plastic Surgery, 30,* 93–100. doi: 10.1055/s-0034-1371905

Shephered, J. W., & Deregowski, J. B.（1981）. Races and faces: A comparison of the responses of African and Europeans to faces of the same and different races. *British Journal of Social Psychology, 20,* 125–133. doi: 10.1111/j.2044-8309.1981.tb00485.x

Shrestha, L. B., & Heisler, E. J.（2011）. The changing demographic profile of the United States.（https://fas.org/sgp/crs/misc/RL32701.pdf）（最終確認日：2020 年 1 月 29 日）

Solomon, M. R., Ashmore, R. D., & Longo, L. C.（1992）. The beauty match-up hypothesis: Congruence between types of beauty and product images in advertising. *Journal of Advertising, 21,* 23–34. doi: 10.1080/00913367.1992.10673383

Stewart II, J. E.（1984）. Appearance and punishment: The attraction-leniency effect in the courtroom. *The Journal of Social Psychology, 125,* 373–378. doi: 10.1080/00224545.1985.9922900

Stice, E., Ziemba, C., Margolis, J., & Flick, P.（1996）. The dual pathway model differentiates bulimics, subclinical bulimics, and controls: Testing the continuity hypothesis. *Behavior Therapy, 27,* 531–549. doi: 10.1016/S0005-7894(96)80042-6

Stobbe, L.（2005）. Doing machismo: Legitimating speech acts as a selection discourse. *Gender, Work*

and Organization, 12, 105–123. doi: 10.1111/j.1468-0432.2005.00265x
Striegel-Moore, R. H., Silberstein, L. R., & Rodin, J. (1986). Toward an understanding of risk factors for bulimia. *American Psychologist, 41*, 246–263.
Superdrug Online Doctor (n.d.). Perceptions of perfection. (https://onlinedoctor.superdrug.com/perceptions-of-perfection/) (最終確認日：2019 年 4 月 24 日)
Symons, D. (1979). *The evolution of human sexuality*. New York: Oxford University Press.
Tan, A. S., Tan, G. K., & Tan, A. S. (1987). American TV in the Philippines: A test of cultural impact. *Journalism Quarterly, 64*, 65–144.
TSM Agency (2017). What is the average model height and weight? (https://tsmagency.com/) (最終確認日：2018 年 5 月 26 日)
Watkins, L. M., & Johnston, L. (2000). Screening job applicants: The impact of physical attractiveness and application quality. *International Journal of Selection and Assessment, 8*, 76–84. doi: 10.1111/1468-2389.00135
Wiles, J. A., Wiles, C. R., & Tjernlund, A. (1995). A comparison of gender role portrayals in magazine advertising: The Netherlands, Sweden, and the USA. *European Journal of Marketing, 29*, 35–49. doi: 10.1108/03090569510100696

▶コラム 24　首長族カヤンの女性の首輪飾り

Ismail, J. (2008). *Ethnic tourism and the Kayan long-neck tribe in Mae Hong Son, Thailand*. Masters Thesis, Victoria University.
Khoo Thwe, P. (2002). *From the land of green ghosts: A Burmese odyssey*. London: Harper Collins.
Perve, E. (2006). *The hill tribes living in Thailand*. Chiang Mai: Alligator Service Company.
Shimoda, A., & Ohsawa, S. (2017). Perception of neck ring wear using the SD method. *International Journal of Human Culture Studies, 27*, 638–644.
Theurer, J. (2014). Trapped in their own rings: Padaung women and their fight for traditional freedom. *International Journal of Gender and Women's Studies, 2*, 51–67.
Trupp, A. (2011). Exhibiting the "other" then and now: "Human zoos" in southern China and Thailand. *Austrian Journal of South-East Asian Studies, 4*, 1–11.

▶コラム 25　海外の研究者からみた日本人の「装い」行動

Maynard, M. L., & Taylor, C. R. (1999). Girlish images across cultures: Analyzing Japanese versus U.S. Seventeen magazine ads. *Journal of Advertising, 28*, 39–48. doi: 10.1080/00913367.1999.10673575

▶終章　装い再訪

Baumeister, R. F., & Leary, M. R. (1995). The need to belong: Desire for interpersonal attachments as a fundamental human motivation. *Psychological Bulletin, 117*, 497–529.
榎本博明（1998）．「自己」の心理学：自分探しへの誘い　サイエンス社
DeMello, M. (2007). *Encyclopedia of body adornment*. Westport, CT: Greenwood Press.
Entwistle, J. (2005). *The Fashioned body: Fashion, dress and modern social theory* (2nd ed.). Cambridge: Polity.
Fisher, J. A. (2002). Tattooing the body, marking culture. *Body & Society, 8*, 91–107.
Flügel, J. C. (1930). *The psychology of clothes*. London: Hogarth Press.
石井政之（2003）．肉体不平等：ひとはなぜ美しくなりたいのか？　平凡社
James, W. (1892). *Psychology: Briefer course*. New York: Henry Holt.
Kaiser, S. B. (1985). *The social psychology of clothing and personal adornment*. New York: Macmillan Publishing Company.
加藤周一（編）（1998）．『世界大百科事典第 2 版 ベーシック版』日立デジタル平凡社
神山 進（1994）．記号としての服装　木下冨雄・吉田民人（編）　記号と情報の行動科学（pp.189–222）福村出版

馬杉一重・苗村久恵（1996）．なぜまとう：人間の着衣動機　中島義明・神山 進（編）　まとう：被服行動の心理学　朝倉書店

三浦雅士（1994）．身体の零度：何が近代を成立させたか　講談社

新村 出（編）（2018）．よそおい【装い・粧い】　広辞苑（第7版）（p.3032）　岩波書店

大槻文彦（1956）．よそふ　大言海（新訂版）（p.2090）　冨山房

Roach-Higgins, M. E., Eicher, J. B., & Johnson, K. K. P.（Eds.）（1995）. *Dress and identity*. New York: Fairchild Publications.

Ross, R.（2008）. *Clothing: a global history: Or, the imperialists' new clothes*. Cambridge: Polity Press.

鈴木公啓（2005）．装いとしてのダイエット：イメージ，そして興味と経験の側面から　繊維製品消費科学, *46*, 725–731.　、

鈴森正幸（2018）．人はなぜ化粧をするのか　日本香粧品学会誌, *42*, 27–35.

高木 修（2001）．21世紀に開かれた被服社会心理学　繊維製品消費科学, *42*, 63–64.

山田忠雄・柴田 武・酒井憲二・倉持保男・山田明雄・上野善道・井島正博・笹原宏之（編）（2012）．よそおい（装い）　新明解国語辞典（第7版）（p.1563）　三省堂

山崎 清（1955）．人間の顔：生涯かけたあなたの芸術　読売新聞社

雪村まゆみ（2005）．現代日本におけるピアスの普及過程：新聞および雑誌記事のフレーム分析　奈良女子大学社会学論集, *12*, 139–157.

◆事項索引

◆人名索引

【S】

【T】

あとがき

自分の研究の専門テーマである「装い」の心理学についての専門書を，ようやく公刊することができた。装いというテーマは低俗とみなされることが多く，このテーマを研究する心理学の研究者はけっして多くはない。

そのような状況において，ここ10年ほど，少しでも装いの心理学的研究が発展することを期待し，また，そのためにも装い研究をおこなう若い研究者が増えることを期待し，いくつかの取り組みをおこなってきた。本書の作成はその一環であり，取り組みの1つである研究会（よそおい・しぐさ研究会；YS研；2008–2020年）の活動の成果も反映されている。この書籍が少しでも装い心理学研究の進展に寄与することを願っている。もしも本書が，読者の装いの心理学についての興味を増すことに寄与し，そして，読者の装いの心理学についての理解を深める助けになったのであれば幸いである。

さて，本書を無事に公刊することができたのも，北大路書房の大出ひすい様と若森乾也様のおかげである。書籍執筆を考え相談させていただいてから，多大なご迷惑をおかけしてきた。それでも公刊まで至らせていただいた。本書が日の目を見ることができたのも，お2人のおかげである。心からお礼申し上げます。

各章をご執筆いただいた先生方にもお礼申し上げたい。私の何度にもわたる細かい修正依頼に対応していただいた。かけがえのない原稿をご執筆いただいたおかげで，本書がある。編者としての力不足でご迷惑をおかけしたこともあるかと思われるが，なにとぞご容赦いただけたらと思う。とにもかくにも，感謝申し上げます。

そして，これまで出会ってきた多くの方々に感謝の言葉を述べさせていただきたい。この本を出版できたのも，みなさまのおかげによる今の私があるからである。ありがとうございます。そうそう，西のR氏に書籍公刊の報告をするのが原動力の1つだったりもする。さんきゅう。

さて，最後の最後に，妻と子と実家の家族のみなさまに感謝の言葉を述べてキーボードから手を離したいと思う。ありがとう。

さてさて，最後までお読みいただき，ありがとうございました。
それでは，またご縁がありましたら……。

2020年2月吉日
次の段階に目を向けながら
鈴木公啓

◆執筆者一覧（所属などは書籍発刊時のもの）

鈴木 公啓（編著者）
序章，第6章，第9章2・3節，第12章，第15章，終章，あとがき，コラム2，コラム11，コラム15，コラム18，コラム22，コラム23

大坊 郁夫（北星学園大学 学長）
コラム1

九島 紀子（一般社団法人 日本 顔・印象コンサルティング協会 代表理事）
第1章，第9章1節，コラム3，コラム4

木戸 彩恵（関西大学文学部 准教授）
第2章，第3章，コラム5，コラム6，コラム8

市村 美帆（和洋女子大学人文学部 助教）
コラム7

菅原 健介（聖心女子大学現代教養学部 教授）
第4章，第10章2節，コラム9

大久保 智生（香川大学教育学部 准教授）
第5章，第12章

三木 芽衣
第5章，コラム10

田中 勝則（北海学園大学経営学部 准教授）
第7章，コラム12

矢澤 美香子（武蔵野大学人間科学部 准教授）
第8章，第14章，コラム22

涌井 佐和子（順天堂大学スポーツ健康科学部 先任准教授）
コラム13

岡本 悦美（株式会社ビューティ岡本 代表取締役）
コラム14

荒川 歩（武蔵野美術大学造形構想学部 教授）
第10章1・3節，第11章

太幡 直也（愛知学院大学総合政策学部 准教授）
コラム16

島本 健太郎
コラム17

牟田 季純（早稲田大学文学学術院 次席研究員）
コラム19

浅沼 季沙
第12章

家島 明彦（大阪大学キャリアセンター 准教授）
コラム20

池山 和幸（株式会社資生堂社会価値創造本部 マネージャー）
第13章

野澤 桂子（国立研究開発法人国立がん研究センター中央病院 アピアランス支援センター長）
コラム21

山宮 裕子（テンプル大学ジャパン大学学部課程心理研究学科 非常勤講師）
第16章，コラム24翻訳，コラム25

ヴィーレン・スワーミ（アングリアラスキン大学，パーダナ大学 教授）
コラム24，コラム25

牛田 好美（京都ノートルダム女子大学現代人間学部 教授）
コラム26

◆編著者略歴

鈴木 公啓（すずき ともひろ）
1976 年　岩手県に生まれる
2008 年　東洋大学大学院社会学研究科博士後期課程修了　博士（社会学）
現在　東京未来大学こども心理学部 准教授

［主著・論文］
荒川 歩・鈴木公啓・木戸彩恵（編著）（2023）.〈よそおい〉の心理学：サバイブ技法としての身体装飾　北大路書房
鈴木公啓（2017）. 痩せという身体の装い　ナカニシヤ出版

装いの心理学
整え飾るこころと行動

2020 年 3 月 31 日　初版第 1 刷発行
2023 年 9 月 20 日　初版第 2 刷発行

定価はカバーに
表示してあります。

編著者　鈴木 公啓
発行所　（株）北大路書房
〒 603-8303
京都市北区紫野十二坊町 12-8
電話（075）431-0361（代）
FAX（075）431-9393
振替 01050-4-2083

編集・制作　（株）灯光舎
装丁　こゆるぎデザイン
印刷・製本　創栄図書印刷（株）

 ISBN978-4-7628-3103-4　Printed in Japan
検印省略　落丁・乱丁本はお取り替えいたします。